Die zivilrechtliche Haftung des Mehrheitsgesellschafters einer GmbH

AF884080

Europäische Hochschulschriften
Publications Universitaires Européennes
European University Studies

Reihe II
Rechtswissenschaft

Série II Series II
Droit
Law

Bd./Vol. 3353

PETER LANG
Frankfurt am Main · Berlin · Bern · Bruxelles · New York · Oxford · Wien

Patricia Becker

Die zivilrechtliche Haftung des Mehrheitsgesellschafters einer GmbH

Deutsche und französische Haftungsgrundlagen resultierend aus nachteiligen Geschäftsführungsmaßnahmen in der Tochtergesellschaft

PETER LANG
Europäischer Verlag der Wissenschaften

Die Deutsche Bibliothek - CIP-Einheitsaufnahme

Becker, Patricia :

Die zivilrechtliche Haftung des Mehrheitsgesellschafters einer GmbH : deutsche und französische Haftungsgrundlagen resultierend aus nachteiligen Geschäftsführungsmaßnahmen in der Tochtergesellschaft / Patricia Becker. - Frankfurt am Main ; Berlin ; Bern ; Bruxelles ; New York ; Oxford ; Wien : Lang, 2002

(Europäische Hochschulschriften : Reihe 2, Rechtswissenschaft ; Bd. 3353)
Zugl.: Kiel, Univ., Diss., 2001
ISBN 3-631-38926-4

D 8
ISSN 0531-7312
ISBN 3-631-38926-4

© Peter Lang GmbH
Europäischer Verlag der Wissenschaften
Frankfurt am Main 2002
Alle Rechte vorbehalten.

Das Werk einschließlich aller seiner Teile ist urheberrechtlich geschützt. Jede Verwertung außerhalb der engen Grenzen des Urheberrechtsgesetzes ist ohne Zustimmung des Verlages unzulässig und strafbar. Das gilt insbesondere für Vervielfältigungen, Übersetzungen, Mikroverfilmungen und die Einspeicherung und Verarbeitung in elektronischen Systemen.

www.peterlang.de

Meiner Familie und besonders meinem Mann

Vorwort

Die vorliegende Arbeit hat im Sommersemester 2001 der Rechtswissenschaftlichen Fakultät der Christian-Albrechts-Universität zu Kiel als Dissertation vorgelegen.

Mein Dank gilt Herrn Prof. Dr. Dr. Dr. *Franz-Jürgen Säcker*, der mir das Thema vorgeschlagen und die Arbeit betreut und begutachtet hat. Dank gilt auch Frau Prof. Dr. *Dorothee Einsele* für ihr Zweitgutachten.

Gewidmet ist die Arbeit meinem Mann, der mir durch seine bedeutende Unterstützung die Promotion ermöglicht hat, und meiner Familie. Ihnen danke ich an dieser Stelle vom ganzen Herzen.

Berlin, im Oktober 2001 Patricia Becker

Inhaltsverzeichnis

Einleitung

In der vorliegenden Arbeit wird untersucht, wie die Haftung des Mehrheitsgesellschafters aufgrund nachteiliger Geschäftsführungsmaßnahmen in der Tochtergesellschaft sowohl nach deutschem als auch nach französischem Recht geregelt ist. Das Thema ist von großer Bedeutung, weil das deutsche Konzernrecht kein französisches Pendant hat. Besonders interessant ist der faktische Konzern in Deutschland und in Frankreich, weil in Frankreich mangels einer gesetzlichen Regelung nur faktische Konzerne existieren. Durch die Gesellschafterversammlung kann die GmbH als Tochtergesellschaft geführt und durch den Mehrheitsgesellschafter beherrscht werden. Wenn die Tochtergesellschaft gut prosperiert, profitiert auch der Mehrheitsgesellschafter davon. Die Interessen des Mehrheitsgesellschafters und die der abhängigen Gesellschaft sind jedoch nicht immer identisch, und dieser Interessenkonflikt führt oft zur Schädigung der Tochtergesellschaft. Deshalb ist die Haftung im faktischen GmbH-Konzern - vor allem die Frage der Haftung gegenüber den Gläubigern der Tochtergesellschaft - häufig untersucht worden. Dass die Gläubiger zusätzliche Schutzmaßnahmen hinsichtlich der Geschäftsführung durch den Mehrheitsgesellschafter benötigen, ist nicht Gegenstand der vorliegenden Arbeit. Aber die Frage der Haftung des Mehrheitsgesellschafters gegenüber der abhängigen Gesellschaft für nachteilige Geschäftsführungsmaßnahmen wird hier für beide Rechtsordnungen untersucht.

Festzustellen ist, dass das Recht der faktischen GmbH-Konzerne in Deutschland und die faktische Gruppierung in Frankreich hauptsächlich auf richterlicher Rechtsfortbildung beruht. Nach der deutschen Rechtslage wird sogar die Frage der konzernrechtlichen Haftung häufig mit der Übertragung der aktienkonzernrechtlichen Lösung auf die GmbH geregelt. Die Rechtsprechung hinsichtlich der Haftung im faktischen GmbH-Konzern wird durch die Literatur uneinheitlich bewertet. Die Frage, ob eine Reform im französischen Gesellschaftsrecht und im deutschen Konzernrecht nötig ist, ist m. E. zu bejahen, auch wenn *Gäbelein* der Meinung ist, dass die Konzernhaftung nicht ein Bedürfnis der Praxis, sondern der in der Literatur so überaus produktiven Kräfte sei[1].

Zunächst sollen die Haftungsgrundlagen des Geschäftsführers einer nicht-konzernierten GmbH (Teil I) dargestellt werden. Hierbei dient eine vorhergehende Behandlung des faktischen Geschäftsführers in der nicht-konzernierten GmbH in beiden Rechtsordnungen als Grundlage (Teil II B). Zum besseren Verständnis der Komplexität der Haftungsfragen in den verbundenen Unternehmen werden die deutschen Konzernformen und die französische Gesellschaftsgruppierungen vorher aufgezeigt (Teil II C 1, 2, 3), um nachfolgend den Kernpunkt

---

1 GÄBELEIN, GmbHR 1987, S. 223;

der Untersuchung - d. h. die Haftung des Mehrheitsgesellschafters bei der Übernahme der Geschäftsführungsmaßnahmen (Teil II C 4, 5) - zu behandeln.

I. Die Haftung des Geschäftsführers in der nicht-konzernierten GmbH in Deutschland und in Frankreich

Die deutschen und französischen Gesellschaften mit beschränkter Haftung werden erst durch ihre Organe handlungsfähig. Sie verfügen, soweit es sich nicht um eine nicht-mitbestimmte GmbH mit obligatorischer Aufsichtsratsverfassung handelt, aber nur über zwei notwendige Organe, die Gesamtheit der Gesellschafter und den Geschäftsführer[2]. Der Geschäftsführer vertritt die Gesellschaft nach außen und vollzieht die Geschäftspolitik der Gesellschafterversammlung. Da er die Verwaltung des Vermögens der Gesellschaft treuhänderisch wahrnehmen soll, muss der Geschäftsführer einige Regeln bezüglich der Geschäftsführungsmaßnahmen sorgfältig beachten. Gegenstand des ersten Teils dieser Dissertation ist die Haftung des Geschäftsführers gegenüber der Gesellschaft im Falle der Missachtung dieser Regeln.

Zuerst werden die verschiedenen Haftungsgrundlagen, die im deutschen und im französischen Recht festgeschrieben sind, dargestellt. Dann wird gezeigt, wie die Haftungsansprüche geltend gemacht werden und ob die Haftung des Geschäftsführers für Geschäftsführungsmaßnahmen unter Umständen beschränkt oder sogar ausgeschlossen werden darf.

A. Haftungsgrundlagen in Deutschland und in Frankreich

1. Die deutsche Rechtslage

Die deutschen Haftungsgrundlagen beruhen im Wesentlichen auf dem GmbH-Gesetz[3].

a) Die Haftung des Geschäftsführers gemäß § 43 GmbHG

Die erste und vor allem zentrale Haftungsgrundlage des Geschäftsführers bietet § 43 GmbHG. Diese Vorschrift regelt die Pflichten des Geschäftsführers und dessen Haftung im Falle einer Pflichtverletzung.

(1) Die Pflichten des Geschäftsführers

Die Pflichten des Geschäftsführers umfassen alle anfallenden rechtsgeschäftlichen und tatsächlichen Handlungen innerhalb der Gesellschaft, also die Organisation, die Produktion ebenso wie den Einkauf und den Verkauf, die Personalpolitik und die Betriebsabläufe. Um diese Pflichten einwandfrei zu erfüllen, muss der Geschäftsführer bei der Wahrnehmung seiner Organfunktion Verlet-

---

2 §§ 6, 35, 45 GmbHG.

3 Gesetz betreffend die Gesellschaften mit beschränkter Haftung vom 20.04.1892, RGBl. 1892, S. 477.

zungen von Gesetzen, vom Gesellschaftsvertrag und von verbindlichen Beschlüssen anderer Organe der Gesellschaft strikt vermeiden. Vor allem muss er für ein gesetzmäßiges Verhalten der Gesellschaft nach außen sorgen[4].

Der Geschäftsführer hat eine sorgfältige Geschäftsführung zu leisten[5]. Der Begriff der Geschäftsführung betrifft allgemein das Handeln für die Gesellschaft[6] und ist weder im BGB noch im HGB behandelt worden. Die "Vertretung" der Gesellschaft ist nur ein Teil dieses Handelns, nämlich das rechtsgeschäftliche Handeln nach außen nach den Grundsätzen des Stellvertretungsrechts. Da die Pflicht zur sorgfältigen Geschäftsführung nur gegenüber der Gesellschaft besteht, hat der Geschäftsführer allein den Vorteil der Gesellschaft zu wahren und Schaden zu vermeiden. Beim Abschluss von wünschenswerten vorteilhaften Geschäften für die GmbH trifft ihn jedoch keine Erfolgshaftung[7]. D. h. nicht, dass der Geschäftsführer alle Geschäftsführungsmaßnahmen zu unterlassen hat, die möglicherweise der Gesellschaft zum Nachteil gereichen könnten, sondern nur, dass ein fehlender Unternehmenserfolg, ein mangelhaftes Unternehmensergebnis oder erhebliche Verluste allein noch keine Schadensersatzpflicht begründen[8].

Die Leitungsentscheidungen und deren Durchführung müssen jedoch innerhalb der Grenzen der gesicherten Erkenntnisse und der bewährten Erfahrungen unternehmerischen Verhaltens bleiben[9]. D. h. der Geschäftsführer hat sich über alle unternehmenspolitisch relevanten wirtschaftlichen Umstände und Entwicklungen zu informieren und sich regelmäßig ein genaues Bild von der Lage des Unternehmens, insbesondere seiner Rentabilität und Liquidität, dem Gang der Geschäfte, der Umsatzentwicklung und der Konkurrenzfähigkeit seines Angebots, zu machen. Schnelles Handeln und kurzfristige Entscheidungen sind vom Geschäftsführer für Geschäfte, die für die Rentabilität und Liquidität von Bedeutung sein können, zu erwarten. Dazu gehören auch die nach außen wirkende Gesellschaftermeldepflicht gemäß § 40 GmbHG, die Buchführungs- und Bilanzpflicht gemäß § 41 GmbHG und die Konkursantragspflicht gemäß

---

4 Hier gilt der Grundsatz der Gesetzmäßigkeit der Unternehmensleitung, siehe dazu MERTENS, § 43, Rdn 24; SCHOLZ/SCHNEIDER, § 43, Rdn 52, 68; REHBINDER, ZHR 148, S. 569; KUST, WM 1980, S. 762.

5 RAISER, S. 389; LANG, S. 34; MERTENS, § 43, Rdn 23 ff; EBENROTH/LANGE, GmbHR 1992, S. 70 ff.

6 FLUME, S. 357.

7 HÖHN, Die Geschäftsleitung der GmbH, S. 142; MERTENS, § 43, Rdn 23.

8 SONNENBERGER, GmbHR 1973, S. 28; MERTENS, § 43, Rdn 23; HÖHN, S. 142.

9 SCHOLZ/SCHNEIDER, § 43, Rdn 70; ROWEDDER/KOPPENSTEINER, § 43, Rdn 14.

§ 64 GmbHG[10]. Dies soll hier jedoch nicht weiter vertieft werden. Zum besseren Verständnis der Haftung des Geschäftsführers gemäß § 43 GmbHG werden nur die Berücksichtigung des Unternehmensinteresses und die Zusammenarbeits- und Informationspflicht des Geschäftsführers näher behandelt.

(a) Die Berücksichtigung des Unternehmensinteresses

Der Geschäftsführer ist ein Organ mit einer besonderen treuhänderischen Funktion und muss in seiner Vertrauensstellung die Gesellschaft leiten und deren Vermögen dementsprechend gut verwalten. Für eine sorgfältige Unternehmensleitung muss der Geschäftsführer nicht nur die Gesetze und die Satzung der Gesellschaft beachten, sondern auch das Unternehmensinteresse berücksichtigen[11]. Dies wurde auch vom Bundesverfassungsgericht in einem Mitbestimmungsurteil[12] erklärt: Das Geschäftsführungs- und Vertretungsorgan der Gesellschaft ist bei der Wahrnehmung seiner Aufgaben an die Interessen des Unternehmens gebunden. D. h. der Geschäftsführer hat die Vorteile der GmbH zu bewahren und mögliche wirtschaftliche Nachteile oder Schäden zu vermeiden, und er muss darüber hinaus alle Geschäftsführungsmaßnahmen, die dem Unternehmensinteresse entsprechen, durchführen[13]. Dies sind z. B. Geschäftsführungsmaßnahmen, die der Erhaltung und der Rentabilität des Unternehmens dienen.

In der Literatur[14] gilt das Unternehmensinteresse als unbestimmter Rechtsbegriff, der die Grenzen für die Geschäftsführungsmaßnahmen festlegt. *Junge*[15] meint, dass das Unternehmensinteresse lediglich eine gesetzgeberische Maxime sei, wie erwerbswirtschaftliche Unternehmensformen organisatorisch auszuges-

---

10 Siehe dazu EBENROTH/LANGE, GmbHR 1992, S. 70; FLECK, GmbHR 1974, S. 229; SUDHOFF, S. 246; BAUMBACH/HUECK/ZÖLLNER, § 37, Rdn 8 ff; KION, BB 1984, S. 865.

11 ZACHER, GmbHR 1994, S. 847; EBENROTH, S. 54; LANG, S. 34; Siehe auch GIESECKE, GmbHR 1996, S. 488.

12 BVerfGE 50, S. 374; § 2 Abs. 1 BetrVG; SCHOLZ/SCHNEIDER, § 43, Rdn 60. EBENROTH/LANGE, GmbHR 1992, S. 72; KION, BB 1984, S. 865: Die Interessenwahrnehmung hat ... nicht nur im Rahmen bestehender vertraglicher Bestimmungen, sondern auch unter Beachtung der allgemeinen Rechtsordnung zu erfolgen; Siehe auch JUNGE, FS v. CAEMMERER, S. 552 ff.

13 ZACHER, GmbHR 1994, S. 847; JUNGE, FS v. CAEMMERER, S. 556; RAISER, FS SCHMIDT, S. 113.

14 SCHOLZ/SCHNEIDER, § 43, Rdn 60; RAISER, S. 70; Ders., FS SCHMIDT, S. 101: "Der Begriff des Unternehmensinteresses ist bis heute kein anerkannter oder gar allgemein gebräuchlicher rechtswissenschaftlicher Terminus, der einen klar umrissenen und im dogmatischen Gebäude fest verankerten Sinn manifestierte". EBENROTH/LANGE, GmbHR 1992, S. 72.

15 JUNGE, FS v. CAEMMERER, S. 548.

talten sind. Deshalb sei es als Interesse an der Rentabilität des Unternehmens und damit seiner dauerhaften Erhaltung zu definieren[16]. Nach *Raiser*[17] bezeichnet der Begriff des Unternehmensinteresses eine Generalklausel, welche die Richtung weist und Grenzen absteckt, dem Geschäftsleiter im Übrigen aber einen weiten Spielraum unternehmerischen Ermessens belässt, der rechtlicher Nachprüfung nicht zugänglich ist. *Raiser* meint weiter, dass das Unternehmensinteresse eine multidimensionale und dynamische Größe sei, deren Inhalt nicht abstrakt, sondern nur situationsgebunden und daher von den jeweils zur Entscheidung berufenen Personen definiert werden könne[18]. Dem ist zuzustimmen.

In der wirtschaftlichen Praxis ist das Unternehmensinteresse eine ungeschriebene Regel, die eine wichtige Rolle spielt[19]. Der Geschäftsführer kann sich auf keinen gesetzlichen Verhaltensmaßstab beziehen, und das Unternehmensinteresse ist für ihn ein normativer Verhaltensmaßstab, der dazu dient, seine Haftung inhaltlich zu präzisieren. Dies wird mit der hM bejaht[20]. Als Unternehmensleiter verfügt der Geschäftsführer über einen weiten unternehmerischen Ermessensspielraum, dessen Grenze das Unternehmensinteresse ist[21]. Wenn durchgeführte Geschäftsführungsmaßnahmen mit dem Unternehmensinteresse nicht vereinbar sind, sind sie pflichtwidrig und der Geschäftsführer haftet dafür[22]. Drei Fallgruppen kommen dabei besonders in Betracht:

- Der Geschäftsführer darf seine Organstellung nicht zu seinen eigenen Gunsten auf Kosten des Unternehmens ausnutzen. Eine Entscheidung des BGH

---

16 JUNGE, FS v. CAEMMERER, S. 554: "Die wirtschaftliche Aufgabe des Unternehmens hat den obersten Rang", "Rentabilität darf in diesem Zusammenhang nicht als kurzfristige Gewinnmaximierung missverstanden werden, sondern ist als langfristige Daueraufgabe zu sehen", S. 555.

17 RAISER, S. 70; Dies wird allerdings auch von JUNGE bestätigt, JUNGE, FS v. CAEMMERER, S. 550 ff; RAISER hat sogar eine interessante Betrachtungsweise bezüglich des Wortes Interesse in dem GmbHG. Er meint, das Gesetz spricht vom Interesse oder vom Wohl der Gesellschaft, wie z. B. in § 49 Abs. 2 GmbHG, RAISER, FS SCHMIDT, S. 102.

18 Siehe auch RAISER, FS SCHMIDT, S. 108: "Das Unternehmensinteresse ... als Größe ... , deren zahllose Komponenten sich nicht auf einen einfachen gemeinsamen Nenner bringen lassen, sondern einander widersprechen und aufheben können".

19 EBENROTH, S. 54; SCHOLZ/SCHNEIDER, § 43, Rdn 121; SCHUKNECHT, S. 10.

20 SCHOLZ/SCHNEIDER, § 43, Rdn 60; BGHZ 64, S. 325 ("Bayer").

21 RAISER, S. 89, 389; VON GERKAN, ZHR 154, S. 39, 55; EBENROTH/LANGE, GmbHR 1992, S. 71; Zur Haftung des Geschäftsführers, weil er bei der Gewährung eines Darlehens an seine Ehefrau die Grenze des zulässigen unternehmerischen Ermessens deutlich überschritten hatte, OLG Düsseldorf, GmbHR 1995, S. 227 f.

22 ZACHER, GmbHR 1994, S. 843.

BGH vom 12. Juni 1989[23] besagt, dass der Geschäftsführer einer GmbH bei der Wahrnehmung der ihm übertragenen Aufgaben nur das Wohl des Unternehmens im Auge haben soll, aber hingegen nicht seine eigenen wirtschaftlichen Vorteile verfolgen darf. Sobald die Aussicht besteht, dass eine mit der Erstellung von Wohnraum befasste gemeinnützige Gesellschaft Grundstücke erwerben kann, hat der Geschäftsführer alles zu unterlassen, was einen solchen Erwerb verhindert. Der BGH erklärt dann die Handlungen des Geschäftsführers für sittenwidrig, wenn dieser die Möglichkeit des Erwerbs zu einem günstigen Preis nicht nutzt, sondern den Erwerb einem anderen Unternehmen, an dessen Gewinn er beteiligt ist, in der Absicht überlässt, den Ankauf von diesem Unternehmen für die von ihm geführte Gesellschaft zu einem unverhältnismäßig höheren Preis vorzunehmen. Der Geschäftsführer, so das BGH-Urteil, handele hier treuwidrig dem Unternehmen gegenüber, weil er seine Interessen nicht gut genug wahrnahm.

- Durch ein Wettbewerbsverbot dem Unternehmen gegenüber muss der Geschäftsführer die Interessenkollision bei der Wahrnehmung seiner Aufgaben vermeiden. Eine gesetzliche Vorschrift bezüglich des Wettbewerbsverbots besteht jedoch für den Geschäftsführer einer GmbH nicht[24]. In der richterlichen Rechtsfortbildung[25] und in der Literatur[26] wird ein Konkurrenzverbot[27] des GmbH-Geschäftsführers gegenüber der Gesellschaft anerkannt, damit gewährleistet ist, dass die aktive Förderpflicht des Geschäftsführers nicht wieder durch ein Konkurrentenverhältnis gefährdet wird.

- Aus dem Unternehmensinteresse ergibt sich auch die Pflicht, Geheimnisse und Vertraulichkeiten der Gesellschaft, insbesondere Betriebs- oder Geschäftsgeheimnisse, die dem Geschäftsführer durch seine Tätigkeit bekanntgeworden sind, für sich zu behalten. Es handelt sich hier um die Verschwie-

---

23 BGH GmbHR 1989, S. 368.

24 § 71 RegE GmbHG hatte ein gesetzliches Wettbewerbsverbot vorgesehen, damit diese Gesetzeslücke geschlossen sei. Die in § 88 Abs. 1 S. 1 und 2 AktG formulierten Grenzen lassen sich zur inhaltlichen Bestimmung des Wettbewerbsverbots heranziehen.

25 BGH, GmbHR 1977, S. 43; BGH, GmbHG 1989, S. 365.

26 BAUMBACH/HUECK/ZÖLLNER, § 35, Rdn 22; LUTTER/HOMMELHOFF, § 6, Rdn 20; MERTENS; § 43, Rdn 41; ROWEDDER/KOPPENSTEINER, § 43, Rdn 17; SCHOLZ/SCHNEIDER, § 43, Rdn 126.

27 Dem Geschäftsführer unterliegt jedoch ein umfassendes Wettbewerbsverbot, auch wenn dies nicht ausdrücklich in dem Gesellschaftsvertrag oder in dem Anstellungsvertrag erwähnt oder vorgesehen ist, siehe dazu SCHOLZ/SCHNEIDER, § 43, Rdn 126; Siehe auch TILLMANN, Wettbewerbsverbot des Gesellschaftergeschäftsführers einer GmbH, GmbHR 1991, S. 26; BGH GmbHR 1977, S. 43: "Denn der Geschäftsführer darf, auch wenn ihm das ausdrücklich nicht verboten ist, im Geschäftszweig der GmbH keine Geschäfte auf eigene Rechnung machen".

genheitspflicht, die sich direkt aus § 85 Abs. 1 GmbHG ergibt. Diese Pflicht umfasst alle Tatsachen und Angaben, deren Geheimhaltung oder vertrauliche Behandlung im Interesse der Gesellschaft liegen. Wo es das Unternehmensinteresse gebietet zu reden, hört die Schweigepflicht auf. Diese Pflicht wirkt auch über die Amtszeit des Geschäftsführers hinaus, d. h. der ausgeschiedene Geschäftsführer darf den Gang der Verträge, die von der Gesellschaft abgeschlossen worden sind, weder durch Abwicklung auf eigene Rechnung noch in anderer Weise erschweren oder zunichte machen[28].

Fraglich ist ferner auch, was der Terminus "Unternehmensinteresse" inhaltlich bedeutet. Einige Autoren sind der Meinung, dass das Unternehmensinteresse einen "überhöhten Maßstab bilde, wobei die Interessen der Anteilseigner und der Arbeitnehmer, aber auch die Interessen Dritter, etwa der Zulieferer und der Abnehmer, einzubinden seien"[29]. Die Interessen Dritter werden im Organisationsrecht nur geschützt, wenn es sich um gegenwärtige und zukünftige Gläubiger handelt[30]. Nach *Schneider* ist dem nicht zu folgen[31]. *Schneider* meint, die GmbH sei, auch wenn sie im Anwendungsbereich des Mitbestimmungsgesetzes liege, eine Veranstaltung der Gesellschafter: "Bei der GmbH legen die Gesellschafter das Unternehmensziel und das Unternehmensinteresse fest". Im Zweifel werden daher ihre Interessen vorgehen[32]. Für *Mertens*[33] richtet sich das Unternehmensinteresse auf den Unternehmenserfolg; es wird getragen vom "Selbsterhaltungstrieb der verfestigten Institution" Unternehmen. D. h. der Geschäftsleiter hat im Konflikt zwischen Gesellschafter- und Unternehmensinteressen die Gesellschafterinteressen "nur unter Abwägung mit den Belangen des Unternehmens als solchen" zu wahren[34]. Für *Raiser*[35] ist das Unternehmensinteresse darauf gerichtet,

28 Nach dem BGH dürfte der Geschäftsführer die Ergebnisse aus der Erfüllung seiner Dienstpflichten nicht nachträglich wieder abbauen, insofern seine Treuepflicht als Unterlassungspflicht fortwirke, siehe BGH GmbHR 1977, S. 43.

29 So HANAU/ULMER, MitbestG, § 25, Rdn 94; FITTING/WLOTZKE/WIßMAN, MitbestG, § 25, Rdn 95; SCHOLZ/SCHNEIDER, § 43, Rdn 62; GIESECKE, GmbHR 1996, S. 488.

30 SCHOLZ/SCHNEIDER, § 43, Rdn 62.

31 SCHOLZ/SCHNEIDER, § 43, Rdn 63.

32 SCHOLZ/SCHNEIDER, § 43, Rdn 63: Dies schließt zwar die Berücksichtigung der Interessen der Arbeitnehmer nicht aus; WIEDEMANN, Gesellschaftsrecht, Band I, S. 627: "Bei einem Widerspruch zwischen Arbeitnehmer- und Kapitalinteresse muss entschieden werden, ob das letztere im Zweifel vorgeht. Die Frage ist zu bejahen"; Ders. ZGR, 1977, S. 164; H.P. WESTERMANN, ZGR 1977, S. 224 ff.

33 MERTENS, Kölner-Kom., § 76 AktG, Rdn 5.

34 MERTENS, Kölner-Kom., § 76 AktG, Rdn 6.

35 RAISER, FS SCHMIDT, S. 105.

die Selbsterhaltung und den Erfolg des Unternehmens zu sichern. *Junge*[36] stimmt dem zu: Er definiert, wie oben erwähnt, das Unternehmensinteresse als Rentabilität und Erhaltung des Unternehmens. Deshalb erhalten diese beiden Gesichtspunkte für ihn Priorität vor allen anderen Interessen im Unternehmen. Auch weitere unternehmensrechtlich relevante Interessen müssen sich demnach diesem gemeinsamen und übergeordneten Ziel unterordnen; sie können erst danach zum Zuge kommen. Deshalb hat das Unternehmensinteresse keinen eigenen Träger und wird auch keinem Unternehmensorgan speziell zugeordnet; es gilt vielmehr für alle Unternehmensorgane[37]. Das Unternehmensinteresse ist m. E. eine kompromissvolle Lösung von Interessenkonflikten innerhalb des Unternehmens. Wenn das Unternehmensinteresse unmittelbar hervorgehoben wird, kann die Gesellschaft vorteilhafte Geschäfte abschließen, höhere Gewinne erzielen und dadurch bestehen bleiben. Dadurch wird jedem Interesse Rechnung getragen: Erhaltung und Wettbewerbsfähigkeit der Gesellschaft, Gewinnverteilung für die Gesellschafter, Zufriedenheit der Kundschaft, Gehaltserhöhung für die Belegschaft usw. Das Unternehmensinteresse wird also schon bei der Lösung unternehmensinterner Meinungsverschiedenheiten als Richtschnur benutzt[38].

(b) Die Zusammenarbeits- und Informationspflicht

Die Geschäftsführer haben aufgrund des geltenden Grundsatzes einer Gesamtgeschäftsführung[39] untereinander kollegial zusammenzuarbeiten und für ein internes Gleichgewicht innerhalb der Gesellschaft zu sorgen[40]. Aus diesem Grund sind die die Gesellschaft betreffenden Entscheidungen gemeinsam vorzubereiten. Diese Zusammenarbeitspflicht des Geschäftsführers gilt nicht nur für die Geschäftsführer untereinander, sondern auch gegenüber den anderen Gesellschaftsorganen. Auf diese Weise soll ein besseres Funktionieren innerhalb des Unternehmens erzielt werden. Außer der kollegialen Zusammenarbeitspflicht

---

36 JUNGE, FS v. CAEMMERER, S. 554 f.: JUNGE meint, dass die Rangfrage zwischen Rentabilität und Erhaltung klar ist: Rentabilität rangiert vor Erhaltung, weil bloße Erhaltung ohne Gewinnabsicht als generelles Unternehmensziel im Widerspruch zu der Notwendigkeit stände, das stets zu knappe Kapital dort einzusetzen, wo es volkswirtschaftlich wirksamer ist.

37 JUNGE, FS v. CAEMMERER, S. 556.

38 Zust. JUNGE, FS v. CAEMMERER, S. 552: Die verschiedenen Sachverhalte verdecken dabei die gemeinsame rechtspolitische Grundlage, dass alle Interessen im Unternehmen sich an der gemeinsamen wirtschaftlichen Aufgabe des Unternehmens auszurichten haben.

39 Die Geschäftsführer führen die Geschäfte der Gesellschaft und vertreten sie nach außen nach Maßgabe des Gesellschaftsvertrages. Wenn der Gesellschaftsvertrag keine Regelung über die Verteilung der Zuständigkeit jedes Geschäftsführers enthält, gilt die Gesamtgeschäftsführung bzw. die Gesamtvertretung, KRAFT/KREUZ, Gesellschaftsrecht, S. 249.

40 Es besteht die Pflicht zu kollegialer Zusammenarbeit.

wird dem Geschäftsführer auch noch eine Informationspflicht gegenüber den Gesellschaftern[41] auferlegt, die u. a. die Angelegenheiten umfasst, die dem Geschäftsführer außerhalb seiner Leitungstätigkeit bekanntgeworden sind. Unter "Informationspflicht des Geschäftsführers"[42] werden alle Berichts- und Auskunftspflichten bezüglich der Gesellschaft verstanden sowie unternehmenspolitische Neuigkeiten, die außerhalb der Gesellschaft eine Rolle spielen[43]. Dies erfordert die ständige Initiative des Geschäftsführers. Zwar haben die Gesellschafter auch ein zwingendes Auskunfts- und Einsichtsrecht gemäß § 51 a GmbHG[44], diese Vorschrift ist aber unzulänglich, weil der Geschäftsführer den Gesellschaftern Auskunft und Einsicht in die Unterlagen der Gesellschaft verweigern kann, wenn die Gesellschafter diese Informationen zum Nachteil der Gesellschaft verwenden können. Für *Mertens* ist der Gesetzgeber bezüglich dieser Vorschrift "bei der GmbH-Novelle von allen guten Geistern verlassen" gewesen[45]. *Schmidt* stimmt ihm zu[46], weil § 51 a GmbHG zweimal begrenzt ist. Erstens sollte ein Informationsbedürfnis der Gesellschafter bestehen. Der Gesellschafter soll nach *Schmidt* die Initiative ergreifen, sich zu informieren, sonst könnte der Geschäftsführer Informationen geheim halten. Zweitens müsse der Geschäftsführer dies verweigern, wenn zu besorgen ist, dass der Gesellschafter die Information zu gesellschaftsfremden Zwecken verwenden und dadurch der Gesellschaft oder einem verbundenen Unternehmen einen nicht unerheblichen Nachteil zufügen könnte. Demnach verfügt der Geschäftsführer hier über einen weiten unternehmerischen Spielraum, weil er auslegen darf, ob die Weitergabe von Informationen für die Gesellschaft schädlich sein kann.

---

41 SCHMIDT, § 36 III 2a); WIEDEMANN, Gesellschaftsrecht, S. 373 ff; RAISER, S. 301, 388; Siehe auch JEASTEDT, GmbHR 1994, S. 442 ff; Es muss daran erinnert werden, dass der Informationsverpflichtete nicht der Geschäftsführer, sondern die Gesellschaft ist, FISCHER/LUTTER/HOMMELHOFF, GmbHG, § 51 a, Rdn 15, BAUMBACH/HUECK/ZÖLLNER, § 51 a, Rdn 8, SCHOLZ/SCHMIDT, § 51 a, Rdn 16; Der Geschäftsführer erfüllt diese Informationspflicht der Gesellschaft als gesetzlicher Vertreter gem. § 35 Abs. 1 GmbHG.

42 BOPP, Die Informationsrechte des GmbH-Gesellschafters, S. 5.

43 Z. B. neue Produkte von der Konkurrenz auf dem Markt, Steuererhöhung, wirtschafliche Ereignisse, usw.

44 Dieses Informationsrecht ist seit der GmbH-Novelle 1980 gesetzlich geregelt worden. Zur alten Rechtslage, vgl. BGHZ 14, S. 53.

45 MERTENS, FS WERNER 1984, S. 557.

46 SCHMIDT bezeichnet diese Vorschrift als "unausgereift" und "unklar", SCHMIDT, Gesellschaftsrecht, § 33 II 2b; Dies wurde auch von FISCHER/LUTTER/ HOMMELHOFF, GmbHG, § 51 a, Rdn 22 ("wenig durchdachte Informationsrecht"), BAUMBACH/HUECK/ZÖLLNER, GmbHG, § 51 a, Anm. 1 ("legislatorisch misslungen"), SCHOLZ/SCHMIDT, § 51 a, Rdn 7 ("missglückt") bestätigt.

Diese Informationspflicht des Geschäftsführers gehört tatsächlich zur kollegialen Zusammenarbeitspflicht, damit die Gesellschafter über alle Angelegenheiten der Gesellschaft rechtzeitig informiert werden können[47]. Dies setzt allerdings auch für den Gesellschafter bestimmte Kenntnisse in den Bereichen der Buchführung und der Bilanz voraus, weil er entsprechende Unterlagen vernünftig bewerten können muss. Die Gefahr ist, dass ein Geschäftsführer in diesem Fall Fehler in der Buchhaltung oder in der Bilanz begehen kann, ohne dass der Gesellschafter sie entdeckt. Diese Informationspflicht dient auch der Kontrolle des Geschäftsführers von Seiten der Gesellschafter. Darum ist diese Pflicht von besonderer Bedeutung. *Bopp* meint, dass die Geschäftsführerkontrolle durch diese Informationspflicht den Geschäftsführer veranlassen würde, etwaiger Kritik früher vorzubeugen oder Fehler zu vermeiden[48]. Es wirke dann prohibitiv. Der Gesetzgeber wollte schon immer diese Wirkung erreichen: Gemäß § 49 GmbHG hat der Geschäftsführer z. B. die Gesellschafterversammlung für eine wichtige Angelegenheit der Gesellschaft einzuberufen und sie in einer angemessenen Weise vorzubereiten. Da die Gesellschafter die Geschäftspolitik des Unternehmens bestimmen, muss der Geschäftsführer sie über die wichtigen Punkte bei der Umsetzung dieser Geschäftspolitik informieren. Außerdem hat jeder Geschäftsführer nicht nur die Verpflichtung, die Gesellschafter über die Geschäfte zu informieren, sondern er muss ihnen mitteilen, wenn ein anderer Geschäftsführer Pflichtverletzungen begeht oder seinen Aufgaben nicht gewachsen zu sein scheint. Die Verletzung dieser Pflicht begründet die Haftung[49]. Sobald der Gesellschafter der GmbH besser informiert ist, kann er besser handeln und die Geschäftspolitik der GmbH nach Kenntnis der Sachlage bestimmen.

Diese Informationspflicht des Geschäftsführers ist m. E. besonders interessant, weil Berichte und andere wichtige Unterlagen der Gesellschaft den Minderheitsgesellschaftern vom geschäftsführenden Mehrheitsgesellschafter zugeführt werden[50]. Im Fall eines begründeten Misstrauens des Minderheitsgesellschafters gegenüber dem Geschäftsführer kann dann entschieden werden, ob Schadensersatzansprüche zugunsten der Gesellschaft im Falle einer unsorgfältigen Geschäftsführung geltend gemacht werden können.

(2) Die Sorgfaltspflichtverletzung

Eine Pflichtverletzung des Geschäftsführers liegt nicht nur vor, wenn er bei der Unternehmensleitung gegen die oben dargestellten Pflichten, die Satzung oder

---

47 Dies gilt auch für den Betriebsrat, falls vorhanden, BOPP, S. 20.

48 BOPP, S. 27.

49 Siehe OLG Saarbrücken, GmbHR 1994, S. 474.

50 Dadurch wird auch eine Gleichbehandlung der Gesellschafter erreicht, indem der nicht geschäftsführende Gesellschafter über alle Angelegenheiten der Gesellschaft informiert werden muss.

die Beschlüsse der Gesellschafter verstößt, sondern auch, wenn er gegen die allgemein anerkannten, praktisch bewährten betriebswirtschaftlichen Erkenntnisse und Erfahrungen verstößt. Denn es sind die Regeln der fachlich einwandfreien Unternehmensleitung zu beachten. § 43 GmbHG erlegt dem Geschäftsführer eine Sorgfaltspflicht[51] auf und konkretisiert die in § 276 BGB enthaltene Regelung, nach der die Vertragsparteien Vorsatz und Fahrlässigkeit zu vertreten haben. Diese Sorgfaltspflicht hat eine Doppelfunktion[52]:

- Der Geschäftsführer haftet automatisch, sobald er seine Pflichten gegenüber der Gesellschaft verletzt hat[53]. Ein Verstoß gegen die Sorgfaltspflicht des Abs. 1 begründet das für die Haftung vorausgesetzte Verschulden des Geschäftsführers. § 43 GmbHG stellt daher eine Verschuldenshaftung dar[54].

- § 43 Abs. 1 GmbHG ist als allgemeiner Auffangtatbestand[55] dergestalt konzipiert worden, dass er alle Pflichten, die sich aus dem GmbHG - wie § 43 Abs. 3 GmbHG -, aus der Satzung, aus den Gesellschafterbeschlüssen oder aus dem Anstellungsvertrag ergeben, umfasst[56]. Die Sorgfalt eines ordentlichen Geschäftsmannes fungiert als Verschuldensmaßstab.

§ 43 GmbHG stellt daher selbst eine maßgebliche Haftungsgrundlage dar. Eine Haftung des Geschäftsführers gemäß § 43 GmbHG liegt nicht vor, wenn der Geschäftsführer nachweist, dass er eine sorgfältige Geschäftsführung des Unternehmens durchgeführt und treuhänderisch gegenüber der Gesellschaft gehandelt hat. Eine sorgfältige Geschäftsführung wird angenommen, wenn sich der Geschäftsführer gemäß einem Sorgfaltsmaßstab verhalten hat. Problematisch ist, dass § 43 Abs. 1 GmbHG nicht den Sorgfaltsmaßstab für die Pflichterfüllung des Geschäftsführers beschreibt. Da der Sorgfaltsmaßstab als Verschuldensmaßstab nach hM[57] gilt, ist für unsere Untersuchung relevant, was unter Sorgfalt ver-

---

51 Die Organstellung des Geschäftsführers als solche unterscheidet sich von derjenigen des Vorstands einer AG, der die Gesellschaft gemäß § 76 AktG "unter eigener Verantwortung" zu leiten hat, siehe näher KUST, Zur Sorgfaltspflicht und Verantwortlichkeit eines ordentlichen und gewissenhaften Geschäftsleiters, WM 1980, S. 758.

52 Bejahend EBENROTH/LANGE, GmbHR 1992, S. 70; MERTENS, § 43, Rdn 22; SCHOLZ/SCHNEIDER, § 43, Rdn 7.

53 Zur Frage der Haftung des GmbH-Geschäftsführers und Einwand des Auswahl- und Überwachungsmitverschulden der Gesellschafter, siehe LINDACHER, JuS 1984, S. 672.

54 SCHOLZ/SCHNEIDER, § 43, Rdn 7.

55 EBENROTH/LANGE, GmbHR 1992, S. 70; MERTENS, § 43, Rdn 2.

56 RAISER, S. 388.

57 BAUMBACH/HUECK/ZÖLLNER, § 43, Rdn 11; SCHOLZ/SCHNEIDER, § 43, Rdn 7; MERTENS, § 43, Rdn 22; EBENROTH/LANGE, GmbHR 1992, S. 70.

standen werden kann. Nach dem Reichsgericht[58] wird die Sorgfaltspflicht nach § 43 Abs. 1 GmbHG "als diejenige Sorgfalt verstanden, die ein ordentlicher Geschäftsmann[59] in verantwortlich leitender Position bei selbstständiger treuhänderischer Wahrnehmung fremder Vermögensinteressen einzuhalten hat"[60]. Inhalt dieser Sorgfalt ist, dass der Geschäftsführer auch die wirtschaftlichen Interessen der Gesellschaft und die Beschlüsse der Gesellschafterversammlung zu berücksichtigen hat.

Der Sorgfaltsmaßstab eines ordentlichen Geschäftsmannes hängt von betriebsbezogenen und persönlich-fachlichen Faktoren ab: Die Person des Geschäftsführers, Faktoren wie Alter, Gesundheit, Ausbildung, Unerfahrenheit, Unkenntnis sind nicht relevant für die Betrachtungsweise des Sorgfaltsmaßstabs. Daher kann sich ein Geschäftsführer nicht darauf berufen, ihm fehle die erforderliche Ausbildung, er sei den Aufgaben der Leitung einer Gesellschaft aus persönlichen Gründen oder wegen Arbeitsüberlastung nicht gewachsen, was den Gesellschaftern bei seiner Bestellung bekannt gewesen sei[61]. Ein Geschäftsführer ist m. E. sorgfältig genug, wenn er den Willen hat, einer bis jetzt unbekannten Sachlage auf den Grund zu gehen, indem er sich besser darüber informiert. Die Sorgfalt wird dadurch mit dem Versuch und dem Willen einer

---

58 RGZ 64, S. 254 über die Sorgfalt eines ordentlichen Lagerhalters; Dies wurde vom OLG Bremen GmbHR 1964, S. 8, wieder bestätigt: "Der Geschäftsführer einer GmbH hat bei der ihm obliegenden Besorgung von Angelegenheiten der Gesellschaft nicht nur wie ein beliebiger Geschäftsmann, sondern wie ein Mann in der verantwortlichen leitenden Stellung des Verwalters fremden Vermögens zu handeln". MERTENS, § 43, Rdn 23; ROWEDDER/KOPPENSTEINER, § 43, Rdn 5; SCHOLZ/SCHNEIDER, § 43, Rdn 32; BAUMBACH/HUECK/ZÖLLNER, § 43, Rdn 8 ff.

59 § 43 Abs. 1 GmbHG entspricht § 93 Abs. 1 AktG "die Sorgfalt eines ordentlichen und gewissenhaften Geschäftsleiters" und ergänzt § 347 HGB "die Sorgfalt eines ordentlichen Kaufmannes", KUST, WM 1980, S.759.

60 Daher sind dem Geschäftsführer schärfere Anforderungen auferlegt. Er muss im Gegensatz zum ordentlichen Geschäftsmann noch sorgfältiger handeln, weil er entgegen dem ordentlichen Geschäftsmann nicht für sein eigenes, sondern für ein fremdes Unternehmen handelt, EBENROTH/LANGE, GmbHR 1992, S. 70; SCHOLZ/SCHNEIDER, § 43, Rdn 32; MERTENS, § 43, Rdn 23; HÖHN, Die Geschäftsleitung der GmbH, S. 141; Siehe auch HABETHA, S. 83 ff (für die AG).

61 BGH WM 1981, S. 440: "Denn der Beklagte muss sein Verhalten an den Maßstäben messen lassen, die das GmbHG in § 43 Abs. 1 für die Sorgfaltspflicht eines Geschäftsführers einer GmbH aufstellt, so dass es grundsätzlich auf die individuellen Eigenschaften seiner Person nicht ankommt"; Siehe auch BGH WM 1971, S. 1548; OLG Köln GmbHR 1972, S. 65: "Wer sich als Geschäftsführer einer GmbH betätigt, muss es sich gefallen lassen, dass sein Handeln an handelsrechtlichen Grundsätzen gemessen wird. Er kann sich nicht mit Erfolg auf mangelnde Erfahrung berufen"; BAUMBACH/HUECK/ZÖLLNER, § 43, Rdn 10; MERTENS, § 43, Rdn 56; SCHOLZ/SCHNEIDER, § 43, Rdn 165.

Schadensvermeidung erbracht. Darum begründet ein mangelhaftes Unternehmensergebnis allein keine Schadensersatzpflicht[62]. Die Sorgfalt stellt daher einen Maßstab zur Begrenzung eines von der Gesellschaft erwarteten bestimmten Verhaltens dar, da weder das Gesetz noch der Anstellungsvertrag einen genaueren Verhaltensmaßstab oder eine richtige Verhaltensnorm enthalten. Der Sorgfaltsmaßstab ist situationsgebunden, weil etwa auch die Branchenzugehörigkeit eine Rolle spielen kann: Die Anforderungen für den Geschäftsführer einer kleinen Holzfirma sind andere als die eines Geschäftsführers eines mittelständischen Chemieunternehmens. Demnach variiert der Sorgfaltsmaßstab nach Art, Größe und Zweck der Gesellschaft[63].

Sobald der Geschäftsführer seine Sorgfaltspflichten verletzt hat, haftet er demnach der Gesellschaft für den entstandenen Schaden. Drei Haftungsvoraussetzungen müssen vorliegen:

- Der Geschäftsführer verletzt eine Pflicht[64], die ihm persönlich gegenüber der Gesellschaft obliegt[65].

- Diese Pflichtverletzung verursacht einen Schaden bei der Gesellschaft.

- Der Schaden der Gesellschaft muss durch ein Verschulden des Geschäftsführers verursacht worden sein (Kausalität).

(3) Wegfall der Haftung bei Befolgung von Weisungen

Die Zuständigkeit zur Unternehmensleitung ist zwischen dem Geschäftsführer und den Gesellschaftern aufgeteilt. Die Gesellschafter bestimmen die Unternehmenspolitik, die in der Praxis vom Geschäftsführer umgesetzt wird[66]. Von dieser gesetzlichen Kompetenzverteilung zwischen Gesellschaftern und Geschäftsführer ausgehend, darf der Geschäftsführer nichts tun, von dem anzunehmen ist, dass die Gesellschafter damit nicht einverstanden wären. Im Gegensatz zum Vorstand einer Aktiengesellschaft leitet der Geschäftsführer dann das Un-

---

62 HÖHN, Die Geschäftsleitung der GmbH, S. 142.

63 HÖHN, S. 142; MERTENS, § 43, Rdn 23; SCHOLZ/SCHNEIDER, § 43, Rdn 76.

64 Gemäß § 41 GmbHG hat der Geschäftsführer auch für die ordnungsgemäße Buchführung der Gesellschaft zu sorgen. Im Gegensatz zum § 43 Abs. 1 GmbHG, der ihm im Rahmen seiner Dienstgeschäfte die Sorgfalt eines ordentlichen Geschäftsmannes vorschreibt, handelt es sich bei § 41 GmbHG um eine spezielle Gebotsnorm, die ihm die Haftung für die einzelnen Buchführungs-, Bilanzierungs-, und Publizitätsaufgaben der Gesellschaft zuweist, Siehe näher STAPPELFELD, GmbHR 1991, S. 94; EBENROTH/LANGE, GmbHR 1992, S. 69.

65 SCHOLZ/SCHNEIDER, § 43, Rdn 22; EBENROTH/LANGE, GmbHR 1992, S. 70. HÖHN, Die Geschäftsleitung der GmbH, S. 141.

66 BGH NJW 1984, S. 1461; BGH WM 1992, S. 731; SCHOLZ/EMMERICH, Anhang Konzernrecht, Rdn 118, 127 ff . LANG, S. 34.

ternehmen nicht in eigener Verantwortung[67]. Er ist verpflichtet, die von den Gesellschaftern erteilten Weisungen auszuführen. Hier gilt der Grundsatz der Weisungsabhängigkeit, die sich aus § 37 Abs. 1 GmbHG ergibt. Demnach haben die Gesellschafter ein Weisungsrecht[68] und der Geschäftsführer eine Folgepflicht[69]. Die Gesellschafter können dem Geschäftsführer Weisungen auch ohne satzungsgemäße Grundlage in jeder beliebigen Angelegenheit der Geschäftsführung und mit jedem beliebigen Inhalt erteilen[70]. Diese Weisungen können genereller Art sein. Dadurch können einzelne Maßnahmen des Tagesgeschäfts an die Zustimmung der Gesellschafter gebunden werden[71].

Dies führt zur Problematik der Geschäftsführerhaftung. Da der Geschäftsführer diese Folgepflicht hat, müsste er im normalen Fall eine Weisung der Gesellschafter ausführen, auch wenn diese für die Gesellschaft seiner Einschätzung nach nicht vorteilhaft wäre. Fraglich ist, ob der Geschäftsführer seine Sorgfaltspflicht tatsächlich verletzt, wenn er eine Weisung, die dem Unternehmensinteresse zuwider läuft, ausführt.

(a) Die Haftung bei gültigen Weisungen

Weisungen, die gegen zwingende gesetzliche Vorschriften verstoßen, sind gemäß § 134 BGB nichtig. Daher haftet der Geschäftsführer bei Durchführung solcher Weisungen, weil er dadurch die Gesellschaft geschädigt hat[72], obwohl er nur die Wünsche der Gesellschafter durchgesetzt hat. Fraglich ist dann, ob und inwieweit einem Geschäftsführer, der auf Weisung sämtlicher Gesellschafter handelt, oder einem geschäftsführenden Alleingesellschafter ein Missbrauch

---

67 § 76 Abs. 1 AktG; Siehe auch MAIER, S. 50; KONZEN, NJW 1989, S. 2977.

68 Siehe auch LANG, S. 34; EBENROTH; S. 54; BOPP, S. 29; VAN VENROY, Beeinträchtigung der dienstvertraglichen Freistellung des GmbH-Geschäftsführers von Weisungen durch den GmbH-Gesellschaftsvertrag und durch Gesellschafterbeschlüsse?, GmbHR 1982, S. 175: Falls der Anstellungsvertrag eine Freistellung der Weisungen der Gesellschafter zugunsten des Geschäftsführers vorsieht und falls der Gesellschaftsvertrag diese Freistellung nicht zulässt, hat der Gesellschaftsvertrag den Vorrang vor dem Anstellungsvertrag des Geschäftsführers, auch wenn der Anstellungsvertrag längst nach der Satzung des Gesellschaftsvertrags abgeschlossen wurde; RAISER, S. 390; BEUTHIEN/GÄTSCH, ZHR 157, S. 497 ff.

69 BGHZ 31, S. 278; BAUMS, § 12 I; FLUME, S. 61, Fn 128; SCHOLZ/EMMERICH, Anhang Konzernrecht, Rdn 11; EMMERICH/SONNENSCHEIN, § 24 I; Wenn der Geschäftsführer verbindliche Weisungen missachtet, haftet er nach § 43 GmbHG; KONZEN, NJW 1989, S. 2977; FLECK, GmbHR 1974, 226; BEUTHIEN/GÄTSCH, ZHR 157, S. 498; Die Nichtachtung von Weisungen kann auch einen wichtigen Abberufungsgrund darstellen, STEINACKER, ZIP 1984, S. 1482; RAISER, S. 368.

70 OLG Düsseldorf ZIP 1984, S. 1476.

71 SCHOLZ/SCHNEIDER, § 37, Rdn 30.

72 Also seine Sorgfaltspflicht verletzt hat.

seiner Befugnis, über fremdes Vermögen zu verfügen, oder die Verletzung seiner Treuepflicht vorgeworfen werden kann.

§ 75 Abs. 4 RegE GmbHG 1971 sah in diesem Fall folgendes vor[73]: Die Ersatzpflicht tritt nicht ein, wenn die Handlung in Übereinstimmung mit Gesetz und Gesellschaftsvertrag auf einem Beschluss der Gesellschafter oder einer für die Geschäftsführung verbindlichen Weisung beruht. Dies gilt nach geltendem Recht[74]. Die Voraussetzung dafür ist eine zulässige Weisung der Gesellschafterversammlung. Haftungsbefreiend sind nur Weisungen, die durch einen rechtlich bindenden, wirksamen Gesellschafterbeschluss[75] erteilt wurden. Die Haftungsbefreiung gilt für "ausdrückliche Weisungen, aber auch für sonstige Entschließungen der Gesellschafter, die den Willen erkennen lassen, eine beabsichtigte Maßnahme nicht nur - unter Wahrung der vollen Verantwortung des Geschäftsführers - unverbindlich zur Kenntnis zu nehmen, sondern sie darüber hinaus in verantwortlicher Mitentscheidung zu billigen"[76].

(b) Die Haftung bei ungültigen Weisungen

Die pflichtwidrige Beeinflussung des Geschäftsführers auf die Entscheidung der Gesellschafter, sei es durch unrichtige oder unvollständige Information, durch Unterlassen von Hinweisen auf eventuelle Gefahr für die GmbH oder durch Verheimlichung von persönlichen Interessen an der Maßnahme, wird den Geschäftsführer nicht von seiner Haftung befreien[77]. Für *Mertens* besteht hier keine Haftungsbefreiung bei pflichtwidriger Einflussnahme auf die Weisung[78]. Der Grund liegt darin, dass der Geschäftsführer das weisungsberechtigte Organ darauf hätte hinweisen müssen. Er hat dann seine Informations- und Zusammenarbeitspflicht verletzt, was ihn auf keinem Fall von der Haftung befreit. *Fleck*[79] stimmt ihm zu. Die Haftungsbefreiung sei dann möglich, wenn der Geschäfts-

---

73 BT-Druck. 1971 VII/253; SCHOLZ/SCHNEIDER, § 43, Rdn 95; MERTENS, § 43, Rdn 67.

74 BAUMS, § 12 I; STEIN, S. 155 ff; SCHOLZ/SCHNEIDER, § 43, Rdn 95; MERTENS, § 43, Rdn 67; FLECK, GmbHR 1974, S. 224; BAUMBACH/HUECK/ZÖLLNER, § 37, Rdn 12; KONOW, GmbHR 1968, S. 219 ff; Siehe auch BGHZ 31, S. 278, GmbHR 1974, S. 132: In diesem Fall ist der Gesellschafter durch Weisungen an die Geschäftsführer als mittelbarer Geschäftsführer anzusehen und unter diesem Gesichtspunkt aus § 826 BGB schadensersatzpflichtig.

75 Vor allem durch das zuständige Organ. Der Gesellschaftsvertrag kann ein anderes Organ vorsehen, beispielsweise den Aufsichtsrat. Siehe auch ROWEDDER/KOPPENSTEINER, § 43, Rdn 26; HÖHN, S. 149.

76 FLECK, GmbHR 1974, S. 226; Vgl. MERTENS, § 43, Rdn 68.

77 Vgl. HÖHN, S. 150; SCHOLZ/SCHNEIDER, § 43, Rdn 96.

78 MERTENS, § 43, Rdn 73.

79 FLECK, GmbHR 1974, S. 226; Siehe auch EBENROTH/LANGE, GmbHR 1992, S. 73.

führer die Gesellschafter vorher pflichtgemäß voll unterrichtet und dabei vor allem auf etwaige Bedenken oder Risiken hingewiesen hat. Für *Schneider*[80] entfällt die Haftungsbefreiung nicht, jedoch liegt in der mangelhaften Unterrichtung ein selbständiger Verstoß gegen die dem Geschäftsführer obliegenden Pflichten vor. Dem ist zuzustimmen. Der Geschäftsführer muss m. E. die Sorgfalt eines ordentlichen Geschäftsmannes gemäß § 43 GmbHG anwenden und nur im Gesellschaftsinteresse handeln. Wenn er die Gesellschafter nicht auf Risiken einiger Weisungen hinweist, also die Informationspflicht nicht beachtet, verstößt er vor allem gegen seine Sorgfaltspflicht. Es wäre für ihn später zu vorteilhaft, sich auf die Weisung berufen zu können, obwohl er pflichtwidrig gehandelt hat. Die Gesellschaft hätte dann den Schaden und die Folgen zu tragen.

Nicht haftungsbegründend ist auch das Handeln eines geschäftsführenden Alleingesellschafters, weil sich die Ausführung der Weisung stets mit dem Willen der Gesellschaft deckt[81]. Haftungsbegründend ist jedoch die Weisung des geschäftsführenden Mehrheitsgesellschafters, weil er sich sonst immer darauf berufen könnte, dass er diese Weisung ausführen muss[82]. Haftungsbegründend ist ebenfalls eine Weisung, die von einem Gesellschafter erteilt worden ist, die aber nicht durch einen Gesellschafterbeschluss gedeckt war. Der Geschäftsführer haftet dann trotzdem, weil er sich durch eine Rückfrage hätte vergewissern müssen, ob ein Gesellschafterbeschluss vorlag.

Die freistellende Wirkung einer Weisung der Gesellschafter für die Haftung des Geschäftsführers wird nur durch eine zwingende gesetzliche Norm bezüglich des öffentlichen Interesses, der guten Sitten, des Schutzes der Gläubiger oder der Erhaltung des Stammkapitals gemäß § 43 Abs. 3 GmbHG begrenzt[83]. Hier

---

80 SCHOLZ/SCHNEIDER, § 43, Rdn 96.

81 SCHOLZ/SCHNEIDER, § 43, Rdn 108; BGHZ 31, S. 258; MERTENS, § 43, Rdn 70. EBENROTH, S. 54; EBENROTH/LANGE, GmbHR 1992, S. 73; ROWEDDER/KOPPENSTEINER, § 43, Rdn 27; FLECK, GmbHR 1974, S. 224; KUST, WM 1980, S. 758.

82 Dies gilt ebenfalls für den Geschäftsführer, der gemäß einer Weisung allein seitens des Mehrheitsgesellschafters handelt. Sonst würden die Mitwirkungsrechte der Minderheitsgesellschafter beeinträchtigt. Dies führt zur Nichtigkeit des Beschlusses, jedoch unter der Voraussetzung, dass der Eingriff durch die Weisung in die Rechtsposition des Minderheitsgesellschafters als unzulässig anzusehen ist, Vgl. MERTENS, § 43, Rdn 69, 78; RAISER, S. 390; Siehe auch ITT-Urteil, BGHZ 65, S. 15.

83 Siehe auch HÖHN, S. 150; LANG. S.36; EMMERICH/SONNENSCHEIN, § 24 I; KONZEN, NJW 1989, S. 2981; SCHOLZ/SCHNEIDER, § 43, Rdn 98; SCHOLZ/SCHNEIDER, § 37, Rdn 51; FLECK, GmbHR 1974, S. 227; Anders bei GRIBBOHM; ZGR 1990, S. 24 ff; Zur Frage der strafrechtlichen Haftung des Geschäftsführers für die Schädigung des zu erhaltenden Kapitals, siehe SCHOLZ/SCHNEIDER, § 43, Rdn 96; KOHLMANN, FS für WERNER, S. 387 ff; RAISER, S. 390;

spielt das GmbH-Recht wieder eine größere Rolle als die des Willensbildungsorgans[84] der GmbH. Der Grund liegt darin, dass der alleinige oder die sämtlichen Gesellschafter im Wege von Weisungen an den Geschäftsführer über das Gesellschaftsvermögen grundsätzlich nicht verfügen dürfen, wenn dieses unterhalb der vom § 30 GmbHG vorgesehenen Vermögensgrenze liegt.

Die Unwirksamkeit des Gesellschafterbeschlusses hat hiernach zivilrechtlich zur Folge, dass der Geschäftsführer der Haftung nach § 43 Abs. 2 GmbHG nicht durch die Berufung auf einen solchen Beschluss entgehen kann. In allen anderen Fällen schließt die Weisung der Gesellschafter die Haftung des Geschäftsführers nach 43 Abs. 2 GmbHG aus[85].

(4) Die verschärfte Haftung gemäß § 43 Abs. 3 GmbHG

Nach § 43 Abs. 3 GmbHG ist der Geschäftsführer zum Schadenersatz verpflichtet, wenn er die Bestimmung des § 30 Abs. 1 GmbHG verletzt. Es handelt sich um einen Schutz des Stammkapitals, der im § 43 Abs. 3 GmbHG enthalten ist. Dem Geschäftsführer ist eine Zahlung an die Gesellschafter aus dem zur Erhaltung des Stammkapitals erforderlichen Vermögen der Gesellschaft verboten, sofern es gegen § 30 GmbHG verstößt. Unter Zahlung ist jede Leistung der Gesellschaft an die Gesellschafter zu verstehen. Verstößt der Geschäftsführer schuldhaft gegen diese Pflicht, muss er der GmbH mindestens den entgegen § 30 Abs. 1 GmbHG ausgezahlten, zur Erhaltung des Stammkapitals erforderlichen Betrag ersetzen[86]. Der BGH ist diesbezüglich sehr streng. Das Stammkapital soll unbedingt erhalten bleiben, und der Verhaltensmaßstab ist sehr hoch gelegt. In einer Entscheidung des BGH[87] hatte der Geschäftsführer das zur Erhaltung des Stammkapitals erforderliche Vermögen an sich als Gesellschafter ausgezahlt und damit gegen § 30 GmbHG verstoßen. Da der Mitgeschäftsführer nichts unternommen hatte, um dies zu vermeiden, entschied der BGH, dass die Geschäftsführer, die solche Zahlungen durch Mitgeschäftsführer erkennen und

---

RAISER, S. 390; SCHOLZ/TIEDEMANN, vor § 82 f, Rdn 15; BGH DB 1987, S. 1930.

84 Die Gesellschafterversammlung gilt als "oberstes Vertretungsorgan der Körperschaft überhaupt", FLUME, Die juristische Person, S. 189; Mot. I, 106.

85 Anders ist die Lage, wenn der Beschluss aus verfahrensrechtlichen Gründen nichtig ist. Falls diese Situation vorliegt, muss der Geschäftsführer gründlich und nach pflichtgemäßem Ermessen entscheiden, ob er den Beschluss ausführt. Wenn ja, handelt er eigenverantwortlich. Mit der Eintragung im Handelsregister ist dieser Beschluss mit einem völlig wirksamen Beschluss gleichzusetzen und der Geschäftsführer kann sich darauf berufen, SCHOLZ/SCHNEIDER, § 43, Rdn 100; Siehe auch BAUMS, Eintragung und Löschung von Gesellschafterbeschlüssen, S. 21 ff.

86 Siehe auch SCHMIDT, S. 940 ff; LANG, S. 38; RAISER, S. 437 ff; SUDHOFF, S. 241; KONOW, S. 219 ff ; BRANDNER, FS FLECK, S. 26.

87 BGH WM 1986, S. 789.

nicht dagegen einschreiten, gesamtschuldnerisch haften. Deswegen hat eine vom Gesellschafter erteilte Weisung, die ihm erlaubt, zum Nachteil der Gesellschaft über deren Vermögen gemäß § 43 GmbHG zu verfügen, keine haftungsbefreiende Wirkung.

§ 43 Abs. 3 GmbHG weist auf § 33 GmbHG bezüglich des Erwerbs eigener Geschäftsanteile durch die GmbH hin. Der Geschäftsführer darf keine eigenen Geschäftsanteile der Gesellschaft erwerben oder als Pfand nehmen, wenn die Einlage noch nicht oder nicht vollständig geleistet ist.

§ 43 Abs. 3 GmbHG[88] zählt die Pflichtverletzungen durch den Geschäftsführer auf und stellt eine verschärfte Haftung des Geschäftsführers zum Schutz des Stammkapitals dar. Dies darf nicht überraschen, weil der Bestand der Gesellschaft gesichert werden soll und die Gläubiger unbedingt befriedigt werden sollen. Der Grund liegt darin, dass, obwohl die Gesellschafter über eine beschränkte Haftung verfügen, die Gläubiger die Möglichkeit haben, auf das Kapital der GmbH zurückzugreifen. Falls der Bestand der GmbH nicht bewahrt wird, liegt eine solche Möglichkeit für die Gläubiger nicht vor. Daher ist § 43 Abs. 3 GmbHG gläubigerschutzorientiert und zwingend. Es darf aber nicht vergessen werden, dass die GmbH eine Kapitalgesellschaft ist, die von zwingenden Kapitalsicherungsvorschriften als Ausgleich und Legitimation beherrscht wird, so dass eine persönliche Haftung der Gesellschafter für Verbindlichkeiten der Gesellschaft gemäß § 13 Abs. 2 GmbHG ausgeschlossen ist. Steht dieses Kapital nicht mehr zur Verfügung, wird die Existenz der Gesellschaft geschwächt, und die Gläubiger werden benachteiligt. Deswegen treffen den Geschäftsführer gemäß § 43 Abs. 3 GmbHG strengere Pflichten, deren Nichtbeachtung eine Haftung zur Folge hat. Die Einstellung des deutschen Gesetzgebers hat sich hier geändert. Das Kriterium der "Sorgfalt eines ordentlichen Geschäftsmannes" im § 43 Abs. 1 GmbHG spielt hier nur eine geringe Rolle, da zwingende Vorschriften im Interesse der Gläubiger und auch der Gesellschaft vorliegen. Die Sorgfalt des Geschäftsführers, Schäden zu vermeiden, wird demnach nicht mehr berücksichtigt. Der Gedanke von "Es kann trotz Sorgfalt passieren" ist durch "Es darf nicht passieren" ersetzt worden. Die verschärfte Haftung liegt schon vor, wenn nur ein einziger Gesellschaftsgläubiger bei Fälligkeit seiner Forderung aus dem Gesellschaftsvermögen nicht voll befriedigt werden kann.

Verletzt der Geschäftsführer § 43 Abs. 3 GmbHG, so ist nicht nur der Tatbestand des § 43 Abs. 2 GmbHG erfüllt, sondern die Haftung des Geschäftsführers wird auch dreifach verschärft:

---

88 § 43 Abs. 1 GmbHG wird darüber hinaus durch mehrere Vorschriften zum Schutz des Stammkapitals ergänzt, in denen die Haftung des Geschäftsführers verschärft wird: § 9 a GmbHG, § 64 Abs. 2 S. 3 GmbHG.

- Aufgrund der Erforderlichkeit des Ersatzes zur Befriedigung der Gläubiger der Gesellschaft besteht keine Möglichkeit für den Geschäftsführer, sich auf einen Gesellschafterbeschluss[89] gemäß § 43 Abs. 3 S. 3 GmbHG zu berufen.

- Soweit der Ersatz zur Befriedigung der Gläubiger der Gesellschaft erforderlich ist, sind Verzichtleistungen und ein Vergleich mit der Gesellschaft hinsichtlich ihres Ersatzanspruchs unzulässig gemäß §§ 9 b Abs. 1, 43 Abs. 3 S. 2 GmbHG. Der Grund liegt darin, dass jeder Verzicht auf einen Schadensersatzanspruch der Gesellschaft gegenüber dem Geschäftsführer das Gesellschaftsvermögen schmälert und damit gegen die Interessen der Gläubiger verstößt[90].

- Der Geschäftsführer hat der Gesellschaft die von ihr erbrachte Leistung zurückzuerstatten, und darüber hinaus hat die Gesellschaft gegen den Geschäftsführer einen Schadensersatzanspruch.

(5) Der Schaden

Der Wortlaut des § 43 Abs. 2 GmbHG ist klar: Geschäftsführer, welche ihre Obliegenheiten verletzen, haften der Gesellschaft solidarisch für den entstandenen Schaden. Voraussetzung für die Haftung des Geschäftsführers ist, dass er schuldhaft - vorsätzlich und/oder fahrlässig - seine Sorgfaltspflicht verletzt hat. Der Schaden muss aber unmittelbar, persönlich und konkret sein.

Fraglich ist, was hier unter Schaden zu verstehen ist. Schaden im Sinne des § 43 GmbHG ist jede dem Unternehmenszweck widersprechende Beeinträchtigung des Vermögens, der Tätigkeit oder der Organisation der Gesellschaft und des von ihr betriebenen Unternehmens, die in Geld messbar ist[91]. Darunter ist zu verstehen, dass die zweckwidrige Vermögensminderung als Schaden in Betracht kommt. Soweit der Geschäftsführer der Gesellschaft ideelle Nachteile verursacht, wie z. B. deren Ruf schädigt, ohne dass dies zu gesellschaftlichen Nachteilen führt, ist dies auch als Schaden anzunehmen[92].

Hinsichtlich § 43 Abs. 3 GmbHG und der Grundsätze über die Kapitalaufbringung und die Kapitalerhaltung wird angenommen, dass ein Schaden für die Ge-

---

89 Oder auf die Zustimmung des Aufsichtsrates.

90 Es heißt aber nicht, dass bei allen Fragen der Geschäftsführerhaftung die Gläubigerinteressen zu berücksichtigen sind. KONOW meint eher, dass die Gläubigerinteressen nur insoweit als schutzwürdig angesehen werden, als durch bestimmte gesetzlich umschriebene Handlungen der Geschäftsführer unmittelbar das Stammkapital der Gesellschaft verringert werden kann, KONOW, GmbHR 1968, S. 220.

91 MERTENS, § 43, Rdn 60; SCHOLZ/SCHNEIDER, § 43, Rdn 159; ROWEDDER/KOPPENSTEINER, § 43, Rdn 20.

92 BAUMBACH/HUECK/ZÖLLNER, § 43, Rdn 13 a.

sellschaft eingetreten ist, wenn, wie § 75 Abs. 3 RegE GmbHG 1971 es angeboten hat, entgegen dem GmbH-Gesetz:

(1) Leistungen an die Gesellschafter aus dem zur Erhaltung des Stammkapitals erforderlichen Vermögen der Gesellschaft erfolgen,

(2) eigene Anteile der Gesellschaft oder einer anderen Gesellschaft gezeichnet, erworben, als Pfand genommen oder eingezogen werden,

(3) Gesellschaftsvermögen verteilt wird,

(4) Zahlungen geleistet werden, nachdem die Zahlungsunfähigkeit der Gesellschaft eingetreten ist oder sich ihre Überschuldung ergeben hat,

(5) Kredite aus dem zur Erhaltung des Stammkapitals erforderlichen Vermögen der Gesellschaft gewährt werden.

Der Geschäftsführer haftet der Gesellschaft grundsätzlich nur für sein eigenes Verschulden. Pflichtverletzungen, die durch andere Geschäftsführer, Mitarbeiter oder Dritte verursacht worden sind, werden dem Geschäftsführer nicht zugerechnet[93]. Ausschließlich die Gesellschaft ist der Geschäftsherr des Personals. Demnach sind alle Angestellten keine Erfüllungsgehilfen des Geschäftsführers. Daher finden weder § 831 BGB noch § 278 BGB hier Anwendung. Das gleiche gilt ebenfalls bei der unechten Gesamtvertretung für den Prokuristen, der den Geschäftsführer bei der Vertretung der Gesellschaft ersetzt. Er ist nicht sein Erfüllungsgehilfe und handelt aus eigener Verantwortung gegenüber der Gesellschaft[94]. Eine Haftung des Geschäftsführers einer GmbH für Fehler des Personals ist ausschließlich nur bei schuldhafter Verletzung seiner eigenen Prüfungs- und Überwachungspflicht möglich,[95] weil er als sorgfältiger Geschäftsmann seine Angestellten hätte besser überwachen müssen.

Die Gesellschaft muss die Ursache ihres Schadens darlegen und beweisen. In der Rechtsprechung zur Geschäftsführerhaftung nach § 43 GmbHG hat der BGH[96] der Gesellschaft jedoch "Beweiserleichterungen" gewährt. In der Entscheidung des BGH hat die Gesellschaft nur den Fehlbestand zu beweisen, weil sie nicht wissen kann, ob der Geschäftsführer die Gelder ordnungsgemäß verwendet hat oder nicht. Als ersatzfähigen Schaden sah das Gericht dabei nicht

---

93 Die Mitarbeiter sind nur gegenüber der GmbH verpflichtet, ihre arbeitsrechtlichen Verpflichtungen zu erfüllen, nicht dem Geschäftsführer gegenüber; BGH NJW 1974, S. 1371.

94 MERTENS, § 43 Rdn 19; BGHZ 62, S. 166.

95 FLECK, GmbHR 1974, S. 225.

96 BGH WM 1980, S. 1190; BGH WM 1985, S. 1293; Siehe auch VON GERKAN, Die Beweislastverteilung beim Schadensersatzanspruch der GmbH gegen ihren Geschäftsführer, ZHR 154, S. 39, 54.

schon den Fehlbestand als solchen, sondern erst die "zweckwidrige Verwendung der Geldbeträge" an[97].

b) Die Haftung aus dem Anstellungsvertrag

Die Ansprüche der Gesellschaft aus § 43 GmbHG schließen die Ansprüche aus dem Anstellungsvertrag[98] des Geschäftsführers nicht aus. Da das Gesetz den Umfang der Geschäftsführerpflichten nicht abschließend regelt oder regeln kann, weil der Gesetzgeber das GmbH-Recht eher als Jurist denn als erfahrener Betriebswirtschaftler verfasst, ist es schwierig, genauer zu erfahren, welche Pflichten dem Geschäftsführer obliegen. Der Anstellungsvertrag kann diese Pflichten je nach Belieben der Gesellschafter erweitern oder einschränken. Deswegen wird dieser Vertrag als Haftungsgrundlage bei Pflichtverletzungen angesehen.

Rechtsprechung und Literatur sind sich nicht darüber einig, ob neben dem Anspruch aus § 43 GmbHG gesonderte Ansprüche aus dem Anstellungsvertrag bestehen. Nach *Schneider* ist die Haftung aufgrund von Pflichtverletzung aus dem Anstellungsvertrag in die Haftung aus § 43 GmbHG mitaufgenommen[99]. Beide Anspruchsgrundlagen stehen nebeneinander und ergänzen sich[100]. *Mertens* stellte demgegenüber die These auf, die Haftung aus § 43 GmbHG treffe ohne Rücksicht auf das Bestehen eines wirksamen Anstellungsvertrages jeden, der das Amt eines Geschäftsführers ausübt[101]. *Baums* unterscheidet nicht zwischen dem aufgrund der Organstellung entstandenen Organverhältnis und dem Anstellungsverhältnis. Er reduziert die Geschäftsleiterhaftung auf eine Vertragshaftung aufgrund einvernehmlicher Bestellung[102]:

---

97 Siehe auch HABETHA, S. 72.

98 Der Unterschied zwischen Anstellungsvertrag und Bestellungsakt des Geschäftsführers muss hier präzisiert werden. Die Bestellung ist der körperschaftliche Organisa tionsakt, durch den der Geschäftsführer zum Vertretungsorgan der GmbH wird und die Stellung als gesetzlicher Vertreter der GmbH erlangt. Die Anstellung ist die vertragliche Begründung des Dienstverhältnisses zwischen Gesellschaft und Geschäftsführer. Zur Frage des Verhältnisses von Anstellungs- und Organverhältnis siehe auch OSTROWICS/WESSEL, S. 1 ff.

99 SCHOLZ/SCHNEIDER, § 43, Rdn 208: "§ 43 GmbHG ist keine Sondernorm".

100 Bejahend SCHOLZ/SCHNEIDER, § 43, Rdn 208; BGH, WM 1992, S. 691; BGHZ 75, S. 321.

101 MERTENS, § 43, Rdn 10.

102 BAUMS, Der Geschäftsleitervertrag, S. 56, 211: "Die in den §§ 93 Abs. 2 AktG, 43 Abs. 2 GmbHG, 34 Abs. 2 GenG vorausgesetzte Haftung der Geschäftsleiter der Gesellschaft gegenüber ist Haftung wegen Vetragsverletzung ... . Die §§ 93 AktG, 43 GmbHG statuieren keine gesetzliche Haftung"; Siehe auch RAISER, Recht der Gesellschafterklagen, ZHR 153, S. 24 : "Pflichtverletzungen der geschäftsführenden Gesellschafter einer GmbH bei der Unternehmensleitung sind Vertragsverletzungen."

"... so tritt diese Haftung zwar kraft Gesetzes, aber doch nur im Hinblick darauf ein, dass ... der Geschäftsführer sich vertraglich, durch Zustimmung zur Bestellung zum Geschäftsleiter, durch Vereinbarung im Gesellschaftsvertrag oder durch Unterzeichnung eines Geschäftsführervertrages oder Anstellungsvertrages zur ordnungsgemäßen Geschäftsbesorgung verpflichtet, diese Verpflichtung aber nicht erfüllt hat".

Habetha[103] meint, dass die Organpflicht nach § 43 GmbHG maßgeblich ist. Wenn ein Anstellungsvertrag besteht, verweist dieser inhaltlich auf die ordnungsgemäße Geschäftsleitung und nimmt daher Bezug auf die Organpflicht. *Schmidt* vertritt eine andere Meinung: Ob neben § 43 GmbHG aus dem organschaftlichen Sonderrechtsverhältnis auch noch eine besondere Haftung aus dem bestehenden Dienstvertrag besteht, sei zweifelhaft[104]. *Zöllner* verneint eine besondere Haftung[105]. Nach *Fleck* kann eine Anspruchskonkurrenz angenommen werden, was insbesondere eine Rolle spielt, wenn der Anstellungsvertrag nicht mit der GmbH selbst geschlossen wurde[106]. Die Rechtsprechung[107] kommt in dieser Frage jedoch zu anderen Ergebnissen. Der BGH hat erklärt, dass die Vorschrift des § 43 GmbHG die vertragliche Grundlage, die zur Haftung des Geschäftsführers einer GmbH auf Leistung von Schadensersatz führt, als Spezialregelung in sich aufnimmt. Demnach unterliegen Schadensersatzansprüche aus dem Geschäftsführervertrag der Verjährung nach § 43 Abs. 4 GmbHG. Die Haftung aus der Verletzung gesellschaftlicher Treuepflicht ist von dieser Regelung jedoch nicht betroffen[108].

Meiner Meinung nach sollte ein Anspruch aus dem Anstellungsvertrag bestehen. Die Gründe liegen darin, dass erstens die Annahme des Geschäftsführeramts durch den Abschluss des Anstellungsvertrags tatsächlich konkretisiert wird und zweitens zahlreiche Pflichten, die über diejenigen des § 43 GmbHG im Anstellungsvertrag hinausgehen, eingefügt oder präzisiert werden könnten. Dieser Vertrag begründet nach § 305 BGB ein Schuldverhältnis unter den Parteien; für den Geschäftsführer und die Gesellschaft gilt daher der Grundsatz *pacta sunt servanda.* Der Anstellungsvertrag ist ein Dienstvertrag in der Form eines Geschäftsbesorgungsvertrags nach §§ 611 ff, 675 BGB. Verletzt der Geschäftsführer eine der im Vertrag enthaltenen Pflichten, haftet er aufgrund einer vertraglichen Verletzung gegenüber der Gesellschaft für jeden Schaden (§ 276 BGB).

---

103 HABETHA, DZWir 1995, S. 273.

104 SCHMIDT, Gesellschaftsrecht, § 36 II 4 a).

105 BAUMBACH/HUECK/ZÖLLNER, § 43, Rdn 7: "§ 43 tritt nicht als weitere Anspruchsgrundlage gesetzlicher Natur neben diese Haftungsgrundlage, sondern nimmt sie als Spezialregelung in sich auf".

106 FLECK, Die Drittanstellung des GmbH-Geschäftsführers, ZHR 149, S. 409.

107 BGH, GmbHR 1989, S. 368.

108 So GmbHR 1989, S. 368.

Außerdem haftet der Geschäftsführer nach einem Urteil des BGH wegen Verletzung des Geschäftsführervertrages, wenn er die "dienstvertraglich gezogenen Grenzen seiner Geschäftsführerbefugnis missachtet" oder einem vertraglichen Unterlassungsgebot zuwiderhandelt[109]. Ein Beispiel dafür ist die Verletzung der Treuepflicht aus dem Anstellungsvertrag zwischen der GmbH und dem Geschäftsführer[110].

c) Die Haftung aus unerlaubter Handlung

Die Gesellschaft kann auch gegen ihren Geschäftsführer einen Schadensersatzanspruch aus unerlaubter Handlung geltend machen. Diese Haftung aus unerlaubter Handlung kommt zum Beispiel aufgrund einer Verletzung absoluter Rechte der Gesellschaft durch den Geschäftsführer oder durch Zerstörung eines Fahrzeuges der Gesellschaft bei einer Dienstfahrt des Geschäftsführers in Betracht. Auch wenn ein Anspruch aus § 43 GmbHG oder aus vertraglichen Grundlagen abgelehnt wird, hat die Gesellschaft immer noch die Möglichkeit, einen Anspruch aus einer Haftung aus unerlaubter Handlung geltend zu machen. Diese Haftung liegt vor, wenn einer Person durch eine andere ein Schaden entstanden ist nach §§ 823 ff BGB[111]. § 823 Abs. 1 BGB gewährt Schadensersatzansprüche nur der Person, die selbst an Lebensgütern oder Rechten verletzt worden ist (Leben, Körper, Eigentum)[112]. § 823 Abs. 2 BGB gewährt aber auch Schadensersatz aufgrund von Verstößen gegen Schutzgesetze, die den Schutz der Person (mit-) bewahren. § 823 Abs. 2 BGB erfordert aber ein Verschulden, auch wenn das Schutzgesetz selbst diese Voraussetzung nicht enthält[113]

Die Voraussetzung für die Geltendmachung eines Schadensersatzes gemäß § 823 BGB ist eine rechtswidrige und schuldhafte Pflichtverletzung, für die der Schädiger kausal geworden ist. Eine Handlung, welche ein absolutes Recht[114] verletzt, d. h. die im absoluten Recht geschützten Interessen beeinträchtigt, ist, sofern die Beeinträchtigung vorsätzlich oder fahrlässig geschieht[115], als unerlaubt anzusehen. Z. B. kann die GmbH einen Schadensersatzanspruch aus

---

109 BGH, AG 1989, S. 354.

110 BGHZ 91, S. 1; Siehe auch BUYER, GmbHR 1996, S. 98 ff m.w.N.

111 Zur Haftung aus § 826 BGB, siehe WESTERMANN/MUTTER, DZWir 1995, S. 191; LUTTER, GmbHR 1997, S. 333 ff m.w.N.

112 MEDICUS, GmbHR 1993, S. 539; KEßLER, GmbHR 1994, S. 431; Baustoff-Urteil, BGHZ 109, S. 297 f; MERTENS/MERTENS, JZ 1990, S. 488.

113 MERTENS, MK-BGB, § 823, Rdn 160; KEßLER, GmbHR 1994, S. 432.

114 Absolute Rechte sind solche, die gegenüber jedermann wirken, wie z. B. das Persönlichkeitsrecht, die Herrschaftsrechte an Sachen und die Immaterialgüterrechte. Sie sind daher von jedermann zu beachten und können von jedermann verletzt werden, RÜTHERS, Rdn 62 ff; SCHWAB, S. 123.

115 SCHWAB, S. 123; BGHZ 109, S. 297 ff; KEßLER, GmbHR 1994, S. 429 f; OLG GmbHR 1994, S. 467.

§ 826 BGB bei der pflichtwidrigen Wahrnehmung von Geschäftschancen des Geschäftsführers geltend machen. Nach einem BGH-Urteil[116] hatte ein GmbH-Geschäftsführer seine Treuepflicht verletzt, weil er Grundstücke nicht für die GmbH, sondern für ein anderes Unternehmen gekauft hatte, an dessen Gewinn er beteiligt war, obwohl der Unternehmensgegenstand der GmbH die Erstellung von Wohnbauten auf gesellschaftseigenen Grundstücken vorgesehen hatte. Das Grundstück wurde später mit Gewinn an die GmbH weiterveräußert. In seinem Urteil hob der BGH hervor, dass nicht jedes eigennützige Handeln des Geschäftsführers zugleich ein vorsätzlich sittenwidriger Verstoß gegen die sich aus der Organstellung oder dem Geschäftsführervertrag ergebenden Pflichten darstellt[117]. Ein solches Zuwiderhandeln ist jedoch dann gegeben, wenn der Treueverpflichtete seine Organstellung zur Durchsetzung seiner privaten Interessen in einer Weise missbraucht, dass sich sein Verhalten als grobe Missachtung des Mindestmaßstabes an Loyalität und Rücksichtnahme gegenüber der GmbH darstellt[118].

Fraglich ist, wer aufgrund unerlaubter Handlungen, die von der geführten GmbH ausgehen, in Anspruch genommen werden kann. Die Frage ist berechtigt, weil einem Dritten nicht unbedingt klar ist, wer seinen Schaden ersetzen kann. In der juristischen Person sieht er nur eine Gesellschaftsform, also eine Struktur, und die einzige Person, die innerhalb dieser Gesellschaft handelt, ist eben der Geschäftsführer, den der Dritte schadensersatzpflichtig betrachtet. Die Lösung ist für die Gesellschaftsrechtler anders als für Laien: Möglichst alle im Unternehmen begangenen unerlaubten Handlungen werden der Gesellschaft haftungsrechtlich zugerechnet. Überschreitet beispielsweise der Geschäftsführer einer GmbH seine Vertretungsmacht und begeht gleichzeitig eine unerlaubte Handlung durch einen Betrug gegenüber dem Vertragspartner, so haftet grundsätzlich die GmbH aus §§ 31, 823 BGB auf Schadensersatz gegenüber dem Dritten für das Fehlverhalten ihres Geschäftsführers[119]. *Otto von Gierkes*[120] meint: "Insoweit ... eine Körperschaftshandlung vorliegt, haben die Träger oder Mitträger der Organschaft nicht gehandelt". Für ihn haftet allein die juristische Person im Außenverhältnis bei Körperschaftshandlungen. Dem wurde auch von *Loebe*[121] zu-

116 BGH, GmbHR 1989, S. 365 ff; Siehe auch SCHUKNECHT, S. 119.

117 BGH, GmbHR 1989, S. 365 ff.

118 BGH, GmbHR 1989, S. 368.

119 SUDHOFF, S. 243; STAUDINGER/COING, § 31, Rdn 16; OSTRWICS/WESSEL, S. 30 ff; KEßLER, GmbHR 1994, S. 429 ff ; HABETHA, DZWir 1995, S. 273; MEDICUS, GmbHR 1993, S. 534, 539.

120 OTTO von GIERKES, In HABETHA, DZWir 1995, S. 273.

121 Von LOEBE, In HABETHA, DZWir 1995, S. 273: Er meint weiter, dass die wettbewerbsrechtliche Haftung nicht den organrechtlichen Vertreter, sondern allein die juristische Person treffe.

gestimmt. *Reuter*[122] meint, es liege in der "Natur" der juristischen Person, dass diese (rechtsgeschäftliche) Handlungsfähigkeit nur vermittels ihrer organschaftlichen Vertreter als "Repräsentanten" erlangt. Dies wurde schon lange von der Rechtsprechung[123] und der Literatur[124] bejaht. Der Grund der Haftung der juristischen Person liegt darin, dass die GmbH als juristische Person erst durch die Integration natürlicher Personen als Organwalter handlungsfähig wird und dass sie für das Handeln dieser Personen so verantwortlich sein soll, wie eine natürliche Person für ihr eigenes Handeln[125]. Für *Keßler*[126] betrifft dies nicht nur das Verfahren interner Willensbildung und Wissenszurechnung, sondern erfasst notwendig rechtsgeschäftliche und tatsächliche Handlungen als Manifestation des Verbandes im Verhältnis zur Außenwelt. Voraussetzung dieser Haftung ist, dass der Geschäftsführer als Organ der Gesellschaft eine zum Schadensersatz verpflichtende Handlung begangen hat und ein innerer Zusammenhang zwischen dem Aufgabenkreis des Geschäftsführers und der schädigenden Handlung bestehen muss[127]. Dem ist m. E. zuzustimmen.

Fraglich ist jedoch, ob die Haftung der juristischen Person anstelle der Haftung ihres eigenen Organs tritt, oder ob eine Haftung des Geschäftsführers trotzdem besteht. Diese Haftung ist additiv zu sehen[128]. In der Literatur[129] liegt diesbezüg-

---

122 REUTER, MK-BGB, § 31, Rdn 18 ff, 21 ff.

123 RGZ 91, S. 72; BGH GmbHR 1959, S. 132; BGH NJW 1993, S. 57; Siehe auch BAUMS, § 11 I; KEẞLER, GmbHR 1994, S. 430 ff; HAẞ, GmbHR 1994, S. 667.

124 Siehe auch MAIER, S. 4 ff; STAUDINGER/COING, § 31 BGB, Rdn 16; SUDHOFF, S. 243; BAUMS, § 11 I, GRUNEWALD, S. 452; LUTTER, Zur persönlichen Haftung des Geschäftsführers aus deliktischen Schäden im Unternehmen, ZHR 157, S. 464 ff.

125 KEẞLER, GmbHR 1994, S. 431: "Bereits auf den ersten Blick erscheint es im Lichte eines funktional verstandenen Haftungsrecht sinnvoll, neben dem persönlichen Schädiger auch denjenigen mit Ausgleichspflichten zu betrachten, in dessen Interessenkreis - oder genauer: in dessen Interessenwahrnehmung - die gefahrbegründende Tätigkeit erfolgte. Dies erscheint um so mehr geboten, als die juristische Person zur Gewährleistung ihrer Handlungsfähigkeit notwendig der (Mit-) Wirkung natürlicher Personen als Handlungsträger bedarf".

126 KEẞLER, GmbHR 1994, S. 431.

127 MERTENS, § 35, Rdn 279.

128 PALANDT/HEINRICHS, § 31 BGB, Rdn 1; REUTER, MK-BGB, § 31, Rdn 28; Siehe auch BGH GmbHR 1959, S. 132; HAẞ, GmbHR 1994, S. 668; MEDICUS meint, dass diese Außenhaftung der GmbH aber nicht die des Geschäftsführers verdrängt, weil eine solche Verdrängung nach geltendem Recht nur für die Eigenhaftung des Beamten (§ 839 BGB) durch die Staatshaftung (Art. 34 GG) gilt, MEDICUS, GmbHR 1993, S. 539; KEẞLER, GmbHR 1994, S. 431: "Die Haftung der GmbH tritt regelmäßig neben - keinesfalls an die Stelle - der persönlichen Eigenhaftung des Organverwalters".

129 SCHOLZ/SCHNEIDER, § 43, Rdn 52; HABETHA, DZWir 1995, S. 273, 274; Zur Frage einer Repräsentantenhaftung, siehe FLUME, S. 340 ff, 377 ff, 381 ff; REU-

lich Einigkeit vor, wenn der organschaftliche Vertreter seinerseits der juristischen Person gegenüber pflichtwidrig handelt, sobald er diese gegenüber Dritten deliktsrechtlich schadensersatzpflichtig werden lässt. Dies lässt sich dadurch begründen, dass der Geschäftsführer die Pflicht hat, Verletzungen einer Verhaltensnorm durch die Gesellschaft zu verhindern. In diesem Sinne hat der BGH[130] in einer Entscheidung festgestellt, dass die externe Haftung einer Kapitalgesellschaft nach § 31 BGB für eine pflichtwidrige Geschäftsführung nicht dadurch ausgeschlossen wird, dass die Gesellschaft ihrerseits Schadensersatzansprüche gegenüber dem Organmitglied geltend machen kann. In dem Sporthosen-Urteil[131] aus dem Jahre 1985 hatte der BGH der Unterlassungsklage gegen den Geschäftsführer in Bezug auf künftige rechtsverletzende Handlungen stattgegeben. Die Begründung:

> "Hat der Geschäftsführer, wie er auch anerkennt, gegenüber seinem Dienstherrn, der GmbH, die Verpflichtungen, fremde absolute Rechte zur Vermeidung von Schadensersatzansprüchen und dergleichen zu respektieren, so verursacht er die Rechtsverletzung, wenn er pflichtwidrig sein Weisungsrecht nicht ausübt, ist also Störer."[132]

Die Erweiterung des Haftungsumfangs des Geschäftsführers ist m. E. begründet, weil dadurch ein Ersatzschuldner in der Person des Geschäftsführers im Falle der Zahlungsunfähigkeit der juristischen Person gefunden wird. Wenn der Geschäftsführer gleichzeitig Gesellschafter ist, könnte er dank seiner beschränkten Haftung einen Ausweg gegenüber geschädigten Dritten finden.

Wenn das Organ der juristischen Person eine unerlaubte Handlung begangen hat, aus welcher die juristischen Person gemäß § 31 BGB haftet, sind die juristische Person und ihr Organ gemäß §§ 421, 840 BGB Gesamtschuldner[133]. Da der Geschäftsführer die Gesellschaft gegenüber Dritten deliktsrechtlich schadensersatzpflichtig gemacht hat, entstand ihr ein Schaden durch ihre Haftung auf Schadensersatz dem geschädigten Dritten gegenüber nach § 31 BGB und § 823 BGB, weil ihr Gesellschaftsvermögen mit solchen deliktsrechtlichen Verbindlichkeiten belastet wird[134]. Dann hängt die Haftung der Gesellschaft und des

---

TER, MK-BGB, § 31, Rdn 3 ff, 14; Hier führt § 31 BGB zu einer "mehrfachen Außenhaftung, Siehe auch HABETHA, DZWir, 1995, S. 273; Ders., Corporate-purchased directors' and officers' liability insurance und der Regress der deliktsrechtlichen Verbindlichkeiten belasteten Korporation gegen ihren organschaftlichen Vertreter", S. 72 ff.

130 BGH, NJW 1993, S. 57.

131 BGH, GRUR 1986, S. 248 ff.

132 BGH, GRUR 1986, S. 251.

133 STAUDINGER/COING, § 31, Rdn 49; HABETHA, DZWir 1995, S. 273; RGZ 91, S. 72; BGHZ 99, S. 298.

134 HABETHA, S. 1, 72; WESTERMANN/MUTTER, DZWir 1995, S. 186.

Geschäftsführers zunächst davon ab, ob die Gesellschaft gegen ihr Organ wegen ihres Schadens einen Rückgriffanspruch hat[135]. Dies ist dadurch gerechtfertigt, dass dem Geschäftsführer das rechtmäßige Verhalten der Gesellschaft im Außenverhältnis obliegt[136]. Dies wurde von der Literatur bejaht[137]. Der Rückgriffanspruch der juristischen Person besteht jedesmal, wenn der Geschäftsführer aus dem Rechtsverhältnis, in welchem er zur Gesellschaft steht, dieser schadensersatzpflichtig ist. In diesem Fall trifft die Haftung, die nach außen für die juristische Person und das Organ als Gesamtschuldner besteht, im Verhältnis der beiden Gesamtschuldner zueinander lediglich auf das Organ zu. Hier hat der Geschäftsführer demnach analog § 840 Abs. 2 BGB intern allein einzustehen[138]. *Westermann* und *Mutter* vertreten die Meinung, dass ein Regressanspruch nach Maßgabe des § 43 Abs. 1, 2 GmbHG denkbar sei[139]. Ein Gesamtschuldnerausgleich gemäß § 426 Abs. 1 BGB sei auch anwendbar, weil § 43 Abs. 2 GmbHG "ein anderes" i.S.d. § 426 Abs. 1 S. 1 BGB und damit das Maß des Ausgleichs bestimmt[140]. Somit wirkt sich die Belastung des Gesellschaftsvermögens mit einem Schadensersatzanspruch Dritten gegenüber auf die interne Haftung des Geschäftsführers aus[141].

Eine Ausnahme zur Zurechnung der Handlungen des Geschäftsführers zu der juristischen Person bildete das Baustoff-Urteil[142]. Es handelte sich hier um einen fehlgeschlagenen verlängerten Eigentumsvorbehalt. Der Vorbehaltslieferant hat-

---

135 WESTERMANN/MUTTER, DZWir 1995, S. 186, 188; OSTROWICS/WESSEL, S. 31.

136 SCHOLZ/SCHNEIDER, § 43, Rdn 42; HABETHA, S. 70; MERTENS, § 43, Rdn 24: Beachtet man dies nicht, so haftet die Gesellschaft für jede Überschreitung einer Verhaltensnorm. Der Geschäftsführer sollte demnach schadensersatzpflichtig sein, weil er nicht verhindert hat, dass die Gesellschaft diese Verhaltensnorm verletzt.

137 REHBINDER, ZHR 148, 555; MERTENS/MERTENS, JZ 1990, 488. SCHOLZ/SCHNEIDER, § 43, Rdn 52: Anders aber § 37 Rdn 50-53a, § 43 Rdn 63, 95: Der Geschäftsführer könne in Befolgung einer zulässigen Weisung der Gesellschafter nach außen haftbar werden, ohne § 43 Abs. 1 zu verletzen.

138 REUTER, MK-BGB, § 31, Rdn 28; SCHOLZ/SCHNEIDER, § 43, Rdn 253. GRUNEWALD, S. 462; PALANDT/THOMAS, § 840, Rdn 10; ERMANN/H.P. WESTERMANN, § 31, Rdn 9; HABETHA meint weiter, dass sie im System mehrfacher Außenhaftung ebenso zur einseitigen Belastung des organschaftlichen Vertreters gemäß §§ 440, 426 Abs. 1, 2 BGB führen, wie dieser umgekehrt keinen Ausgleichsanspruch gegen die juristische Person hat, wenn der Deliktsgläubiger ihn in Anspruch nimmt, HABETHA, S. 99; HAß, GmbHR 1994, S, 669.

139 WESTERMANN/MUTTER, DZWir, S. 186, 188.

140 HABETHA, DZWir 1995, S. 278; ROWEDDER/KOPPENSTEINER, § 43, Rdn 25; MERTENS, § 43, Rdn 73.

141 HABETHA, S. 1.

142 Baustoff-Urteil, BGHZ 109, S. 297 ff.

te sein Eigentum an dem Vorbehaltsgut nach § 946 BGB verloren, hatte aber wegen eines zwischen der GmbH und dem Bauherrn vereinbarten Abtretungsverbots keine Forderung anstelle seines Eigentums erworben. Da der Geschäftsführer weder am Einbau des Vorbehaltsguts noch an der Vereinbarung des Abtretungsverbots beteiligt gewesen war, hätte er den Tatbestand des § 823 Abs. 1 BGB nur durch pflichtwidriges Unterlassen verwirklicht haben können. Nach dem BGH traf die allgemeine Verkehrssicherungspflicht aufgrund der faktischen Einwirkungsmöglichkeit auf das Vorbehaltsgut nicht den Geschäftsführer, sondern die GmbH[143]. Trotz Anerkennung des BGH, dass die den Geschäftsführer treffenden Organpflichten grundsätzlich nur gegenüber der GmbH bestehen, hob er jedoch hervor, der Geschäftsführer hätte eine Garantenstellung gehabt, damit die aus seiner Zuständigkeit für die Organisation und Leitung und der daraus erwachsenden persönlichen Einflussnahme auf die Gefahrenabwehr und -steuerung verbundene persönliche Verantwortung dem Vorbehaltslieferanten gegenüber zum Tragen kam[144]. Der BGH hat hier den Schluss gezogen, dass die allgemeine Verkehrssicherungspflicht der GmbH in einer Garantenpflicht des Geschäftsführers eine inhaltsgleiche Parallele fand[145], so dass der Geschäftsführer wegen Eigentumsverletzung schadensersatzpflichtig aus § 823 Abs. 1 BGB geworden ist. Ausgangspunkt ist, dass der Geschäftsführer nicht wegen Verletzung einer ihn selbst treffenden Verkehrssicherungspflicht schadensersatzpflichtig geworden war, sondern weil er die Verletzung der Verkehrssicherungspflicht durch die GmbH nicht verhindert hat[146]. So die Begründung des BGH:

> Indem er unterlassen habe, "ausreichende Vorsorge für die Beachtung des Vorbehaltseigentums der Klägerin zu treffen, hat er die abredewidrige Verwendung der von ihr gelieferten Baustoffe ermöglicht. Den durch die Verwendung der Baustoffe eingetretenen Eigentumsverlust der Klägerin muss der Beklagte sich demgemäß zurechnen lassen. Er haftet der Klägerin nach § 823 Abs. 1 BGB".

---

143 Nach MEDICUS kann eine solche Verkehrssichungspflicht nur derjenige verletzen, den sie trifft, MEDICUS, GmbHR 1993, S. 539; KEßLER, GmbHR 1994, S. 432: "Die Verpflichtung definiert sich im Wesentlichen durch die Person des Sicherungspflichtigen als Destinatär des gesetzlichen Sorgfaltsgebots".

144 BGHZ 109, S. 303.

145 BGHZ 109, S. 302, 304.

146 Dieses Urteil hob heftige Reaktionen in der Literatur, so MERTENS/MERTENS, JZ 1990, S. 488: "Die Geschäftsführungs- und Organisationspflicht gegenüber der GmbH kann nicht schon selbst die Rechtspflicht sein, deren mangelhafte Beachtung eine Haftung Dritten gegenüber wegen deliktischen Handels oder Unterlassens begründen kann"; SCHMIDT; Gesellschaftsrecht, S. 903 ff; LUTTER/HOMMELHOFF, § 43, Rdn 35; MEDICUS, GmbHR 1993, S. 540; SCHNEIDER sieht jedoch die Entscheidung in Übereinstimmung mit den tragenden "Eckpfeilern" der Zivilrechtsordnung, SCHOLZ/SCHNEIDER, § 43, Rdn 229 ff.

Durch das Lederspray-Urteil[147] wurde diese Auffassung erneut bestätigt. Hier handelte es sich um ein Lederspray, das bei den Benutzern Übelkeiten verursachte. Der Geschäftsführer, der schon darüber informiert war, unternahm nichts, um solche Nebenwirkungen zu verhindern. Der BGH erklärte den Geschäftsführer schadensersatzpflichtig aufgrund pflichtwidrigen und vor allem bewussten Unterlassens.

Mithin bleibt festzustellen, dass der Geschäftsführer einer GmbH als vertretungsberechtigtes Organ nicht nur neben der Gesellschaft für im Unternehmen begangene Verstöße persönlich in Anspruch genommen werden kann, sondern auch in Fällen, in denen er die Verletzung von Verhaltensnormen durch die Gesellschaft nicht verhindert hat.

d) Ergebnis

Hauptgrundlage der Haftung des Geschäftsführers bildet § 43 GmbHG. Hier ist der Wille des deutschen Gesetzgebers zur Präzision bemerkbar. In seiner Suche nach Genauigkeit hat der Gesetzgeber erstaunlicherweise nicht ausführlich beschrieben, welche Pflichten mit welchem Umfang dem Geschäftsführer genau obliegen. Daher spielt der Anstellungsvertrag des Geschäftsführers eine wichtige Rolle, weil dieser Geschäftsführerpflichten nennt, erweitert oder einschränkt.

Demgegenüber hat der Gesetzgeber den Begriff der Sorgfalt in dem § 43 GmbHG geschickt eingefügt, so dass alle Geschäftsführungsmaßnahmen dann als pflichtwidrig anzusehen sind, wenn sie diesem Begriff nicht entsprechen. Keine Erfolgshaftung bildet eine Sorgfaltspflichtverletzung. Es handelt sich hier nur um eine Verschuldenshaftung: Wer pflichtwidrig handelt, der haftet. Nach dieser Gesetzeslage haftet der Geschäftsführer jedesmal für solche Maßnahmen, ohne dass der Gesetzgeber die einzelnen Geschäftsführerpflichten für eine einwandfreie Geschäftsführung im § 43 GmbHG eingehend auflistet. Dann ist die Haftung als Verhaltenskontrolle anzusehen. Das Unternehmensinteresse bildet, soweit normative Handlungsmaßstäbe fehlen, die Grenze des Ermessensspielraums des Geschäftsführers für seine unternehmerischen Entscheidungen, weil ein Geschäftsführer mit zu vielen unbeschränkten Befugnissen zu gefährlich für eine Gesellschaft wäre.

Gefährlich ist die Lage einer Gesellschaft, die nichts von den Handlungen des Geschäftsführers ahnt. Deswegen ist eine Zusammenarbeits- und Informationspflicht des Geschäftsführers den Gesellschaftern gegenüber erforderlich, damit Weisungen von der Gesellschafterversammlung zur Bestimmung der Geschäftspolitik der Gesellschaft in voller Kenntnis der Sachlage besser erteilt werden. Die Weisungen sind haftungsbegründend, wenn sie trotz Erkenntnis der

---

[147] Lederspray-Urteil, DB 1990, S. 1859.

Rechtswidrigkeit vom Geschäftsführer vollzogen werden. Die Haftungsgrundlagen sind gezielt auf den Erhalt der Gesellschaft gerichtet. Dies ist im § 43 Abs. 3 GmbHG vorgesehen, damit die Gesellschaft ihren Ruf in der Geschäftswelt nicht verliert, falls sie in Schwierigkeiten geraten sollte.

Andere Haftungsgrundlagen stellen die Haftung aus unerlaubter Handlung und der Anstellungsvertrag des Geschäftsführers dar, insbesondere, weil hier die Geschäftsführerpflichten aufgelistet werden können. Wenn die Gesellschaft selbst von Dritten in Anspruch genommen wird, kann sie einen Rückgriffanspruch gegen ihren Geschäftsführer geltend machen. Die Haftung des GmbH-Geschäftsführers hat sich seit dem Baustoff-Urteil erweitert, indem der Geschäftsführer von Dritten wegen Verletzung von Unterlassungspflichten unmittelbar aus § 823 BGB in Anspruch genommen werden kann, wenn er eine Verhaltensnormverletzung durch die Gesellschaft nicht verhindert hat. Hier gilt dann: Wer pflichtwidrig auf aktives Handeln verzichtet, haftet nach §§ 823 ff BGB.

2. Die französische Rechtslage

Da das deutsche GmbH-Gesetz als Vorbild[148] für das französische S.A.R.L.-Gesetz galt, sind die französischen Haftungsgrundlagen den deutschen oft sehr ähnlich. Bezüglich der Geschäftsleitung beruhen die Grundlagen der zivilrechtlichen Haftung in erster Linie auf dem Gesetz vom 24. Juli 1966 über die Handelsgesellschaften, welches das Vorschriften betreffend die S.A.R.L. beinhaltet.

a) Haftung gemäß Art. L 223-22 C.Com.

Die Funktionen des Geschäftsführers führen zur Zuteilung verschiedener Befugnisse, enthalten aber auch Pflichten für den Inhaber des Amtes. Der Geschäftsführer haftet gemäß Art. L 223-22 C.Com (vormals Art. 52 G 1966[149]), wenn er seinen Pflichten in der Geschäftsführung der S.A.R.L. nicht nachkommt oder wenn er einen Fehler in der Ausübung seiner Pflichten begeht.

---

148 Die große Anzahl der nach dem deutschen Gesetz von 1892 gegründeten GmbH in Elsass-Lothringen und der Wunsch der Geschäftswelt innerhalb der durch den Versailler Vertrag an Frankreich gefallenen "Départements recouvrés", eine so nützliche Institution unbedingt zu behalten, erforderten die Einführung einer gesetzlichen Regelung bezüglich der S.A.R.L. in das französische Gesellschaftsrecht. Siehe auch den Bericht des Abgeordneten MANCEAU am 16.11.1921, J.O. 19.04.1922, S. 146 und den Bericht des Handelsministers CHAPSAL am 18.12.1924, J.O. 06.03.1925, S. 691.

149 Gesetz vom 24. Juli 1966, D. 1966, S. 265, und im Folgenden G 1966.

(1) Die Pflichten des Geschäftsführers

(a) Beachtung der gesetzlichen Vorschriften

Das französische Gesellschaftsrecht ist sehr formal und erlegt dem Geschäftsführer verschiedene Vorschriften[150] auf. Der Geschäftsführer muss diese Vorschriften beachten, da ansonsten eine einfache Unterlassung die Verletzung eines Gesetzes begründen und mithin zur zivilrechtlichen Haftung führen kann. Deswegen haftet der Geschäftsführer systematisch, wenn er gegen die Gesetze und die Verordnungen[151], die die S.A.R.L. betreffen, verstößt, insbesondere wenn er die Artikel L 223-1 bis L 224-3 C.Com. (vormals Artikel 34 bis 72-1 G 1966) über die Handelsgesellschaften und die Artikel 20 bis 52 der Verordnung vom 23. März 1967 über die Handelsgesellschaften[152] verletzt[153].

Wenn die Sanktionen solcher Verstöße im Allgemeinen sehr streng sind, ist es angebracht, anzunehmen, dass sie begründet sind. Die Verletzung der Gesetze und Verordnungen über die S.A.R.L., die sich häufig aus einer gesetzwidrigen Einstellung ergibt, ist dem Geschäftsführer bewusst. Einige Beispiele stellen Art. L 223-40 C.Com. (vormals Artikel 67 G 1966) und Art. L 241-3 C.Com. (vormals Art. 425 G 1966) bezüglich der Rückerstattung verdeckter Gewinnausschüttungen[154] dar. Diese Vorschriften schützen das Gesellschaftskapital. Also weiß der Geschäftsführer, dass er gegen diese Vorschriften aufgrund der Kapitalerhaltung und der Kreditwürdigkeit der Gesellschaft nicht verstoßen darf. Falls dies doch der Fall ist, haftet er aus bewusster Vorschriftsverletzung.

Unabhängig von der zivilrechtlichen Haftung sind strafrechtliche Sanktionen vorgesehen. Dies wird aber in unserer Untersuchung nicht vertieft. Der Verstoß gegen das Gesetz von 1966 und die Verordnung von 1967 kann also entweder eine zivilrechtliche Haftung oder die Anwendung einer doppelten zivilrechtlichen und strafrechtlichen Haftung zur Folge haben.

---

150 ROUSSEAU, Rdn 402; LAMY, Rdn 2748.

151 Der Unterschied zwischen dem gesetzgeberischen und exekutiven Bereich hat dazu geführt, diese Vorschrift mit "Verstöße gegen Gesetze oder Verordnungen" zu ergänzen. Dies ist durch Art. 9 des Gesetzes vom 12. Juli 1967 in das Gesetz vom 24. Juli 1966 eingeführt worden, LAMY, Rdn 2750.

152 Verordnung vom 23. März 1967, D. 1967, S. 137.

153 Der Geschäftsführer hat hier eine - Obligation de résultat - Verpflichtung zur Herbeiführung eines Erfolges, d. h. der Geschäftsführer muss die gesetzlichen Bestimmungen beachten, damit er nicht haftet; Es ist eine Art Erfolgshaftung, BULLE, Rdn 815.

154 Siehe auch BULLE, Rdn 954.

(b) Beachtung der Satzung

Die Satzung ist von der Gesellschafterversammlung verfasst worden, und der Geschäftsführer hat sie zu beachten. Der Verstoß gegen die Satzung ist ausdrücklich als Haftungsgrundlage geregelt: Der Gesetzgeber stellt die Nichtbeachtung der gesetzlichen Bestimmungen und den Verstoß gegen den Gesellschaftsvertrag auf eine Stufe, weil er die gesetzlichen Bestimmungen und die in der Satzung enthaltenen Vorschriften gleichsetzt[155]. Der Grund liegt darin, dass Art. 1134 cc vorsieht, dass die gesetzmäßig zustandegekommenen Verträge wie Gesetze gelten für diejenigen, die sie geschlossen haben.

Hier handelt es sich um Maßnahmen des Geschäftsführers, die die verfassungsmäßigen Befugnisse des Geschäftsführers überschreiten[156]. Die Überschreitung dieser satzungsmäßigen Befugnisse stellt ein Verschulden dar, ohne nachweisen zu müssen, ob die Maßnahme des Geschäftsführers gut oder schlecht durchgeführt worden ist. Es genügt, dass die Satzungsverletzung und der Schaden festgestellt werden, damit der Geschäftsführer haftet[157]. Die Praxis hat gezeigt, dass Verstöße gegen die Satzung im Allgemeinen aus Fahrlässigkeiten, die sich aus Unkenntnis des Gesellschaftsvertrages ergeben[158], geschehen können. Deswegen ist es sehr wichtig, dem Geschäftsführer ein aufmerksames Lesen der Satzung aufzuerlegen. Dies ist insbesondere dann der Fall, wenn der Geschäftsführer, der sein Amt mit dem Anstellungsvertrag angenommen hat, an der Ausarbeitung der Satzung nicht teilgenommen hat. Deswegen ist es dem Geschäftsführer nicht gestattet, die Begrenzungen seiner Befugnisse zu ignorieren.

Die Vorschriften der Betriebsordnung[159] - "réglement d'entreprise" - müssen auch der Satzung entsprechen[160]. Eine Betriebsordnung ergänzt die Satzung oder enthält zusätzliche Informationen, die im Laufe des Bestehens der Gesellschaft benötigt werden[161]. Sie wird von der Gesellschafterversammlung verfasst und braucht nicht bekanntgegeben zu werden. Durch ein Urteil vom 9. Oktober

---

155 BULLE, Rdn 903; ROUSSEAU sagt: Les statuts forment une sorte de loi conventionnelle - die Satzung bildet eine Art konventionnelles Gesetzes, ROUSSEAU, Rdn 403.

156 ROUSSEAU, Rdn 403.

157 PRIETO, Rdn 116.

158 BULLE, Rdn 903; LAMY 1996, Rdn 841; LEFEBVRE, Sociétés, Rdn 5360; RIPERT/ROBLOT, Rdn 971.

159 Der Code civil und das Gesetz vom 24. Juli 1966 erwähnen die Betriebsordnung gar nicht.

160 BULLE, Rdn 903; Le CANNU, Bull.Joly 1986, S. 723; RIPERT/ROBLOT, Rdn 747; GUYON, Rdn 142; STORCK, D. 1989, Chr., S. 269.

161 Sie wird "convention extra-statutaire" genannt. Siehe STORCK, D. 1989, S. 267 ff.

1985[162] wurde entschieden, dass alle Bestimmungen einer Betriebsordnung, die der Satzung zuwider laufen, einen Verstoß gegen die Satzung begründen[163]. Dies wird dadurch begründet, dass die Satzung kraft Gesetzes Grundregelungen einer Gesellschaft erlässt, deren Respekt allen auferlegt wird. Deswegen haftet der Geschäftsführer, wenn er eine satzungswidrige Geschäftsführungsmaßnahme durchführt.

Die Satzung wurde von den Gesellschaftern verfasst, und der Geschäftsführer darf keine Satzungsänderungen vornehmen. Er darf nur die Satzung beachten. Als Beispiele von Verstößen gegen die Satzung können benannt werden:

- Die Ausübung einer anderen beruflichen Tätigkeit, die nicht im Wettbewerb mit der Gesellschaft steht, jedoch von der Satzung untersagt wird[164].

- Die Nichtbeachtung der Frist der Einberufung der Gesellschafterversammlung (wenn sie länger als die gesetzliche Frist ist) gem. Art. 38 der Verordnung vom 23. März 1967[165].

- Der Abschluss eines Darlehens bei einem Kreditinstitut ohne die vorherige Zustimmung der Gesellschafter[166].

Solche Verstöße gegen die Satzung begründen demnach eine Haftung des Geschäftsführers.

Ein Dilemma besteht jedoch für die Verfasser der Satzung, die sich vor allem an dem Schutz der Gesellschafter orientieren. Für die Verfasser besteht die Gefahr, zu viel Fälle der vorherigen Gesellschafteranhörung und Gesellschafterzustimmung vorzusehen, damit die Interessen aller Gesellschafter sicher geschützt werden können. Dadurch wird auch eine zeitliche und wirtschaftliche Beeinträchtigung des Unternehmens durch eine Haftungsklage gegen den Geschäftsführer vermieden. In der Praxis müssen wirtschaftliche Entscheidungen jedoch schnell getroffen werden, und eine vorherige Zustimmung der Gesellschafter stellt dann ein schwerfälliges Verfahren dar. Deshalb schränken die Gesellschafter die Geschäftsführerbefugnisse in der Satzung nicht allzu sehr ein[167].

---

162 Paris, 09.10.1985, D. 1986, I.R., S. 72; Siehe auch com. 02.06.1987, Rev.soc. 1988, S. 223; Versailles, 08.07.1993, Rev.soc.1994, S. 112; GUYON, Rdn 142.

163 Demnach kann die Nichtigkeit solcher Bestimmungen von allen Betroffenen beantragt werden, STORCK, D. 1989, Chr., S. 269.

164 BULLE, Rdn 904.

165 Verordnung vom 23.03.1967 über die Handelsgesellschaften, J.O. vom 24.03.1967, S. 2870 ff, im folgenden VO 1967.

166 BOUFFANDEAU, Rdn 5.1.2.

167 Siehe auch BULLE, Rdn 904.

(c) Fehlerfreie Geschäftsführung

Der Geschäftsführer hat eine fehlerfreie Geschäftsführung zu leisten. Art. L 223-22 C.Com. sieht eine Geschäftsführerhaftung für einen Fehler in der Geschäftsführung vor. Das Gesetz definiert jedoch den Begriff "Faute de gestion" nicht[168]. Dies wird dadurch begründet, dass es zum einen keine Definition für "acte de gestion" gibt[169], und dass zum anderen der Gesetzgeber einen umfangreichen aber vagen Begriff suchte, damit alle oder fast alle Ansprüche der Gesellschaft gegen den Geschäftsführer aufgrund eines Fehlers in der Geschäftsführung unter dem Art. L 223-22 C.Com. stehen. Im allgemeinen Sinne setzt der Fehler in der Geschäftsführung eine Schlecht- und/oder Nichtdurchführung - "mauvaise ou non-execution" - einer notwendigen Maßnahme voraus[170]. Für den Geschäftsführer wird der Fehler in der Geschäftsführung strenger ausgelegt, weil der Geschäftsführer durch seine Befugnisse geeignet ist, einen bestimmten Einfluss auf das Funktionieren der Gesellschaft auszuüben und er täglich in der Geschäftsführung der Gesellschaft tätig ist, so dass er so einen Fehler vermeiden sollte. Einige Entscheidungen zeigen durch ihre Strenge die wichtigen Pflichten des Geschäftsführers. So hat ein Berufungsgericht entschieden, dass die Tatsache, eine Gesellschaft mit einem minimalen Kapital zu gründen, einen Fehler in der Geschäftsführung bildet[171]. Der Grund lag darin, dass der Geschäftsführer wegen seiner Unkenntnis nicht so sehr geeignet war, die Gesellschaft zu führen.

(d) Die Berücksichtigung des Unternehmensinteresses

Um ein sorgfältiger Geschäftsführer der S.A.R.L. zu werden, hat der Geschäftsführer das Unternehmensinteresse zu berücksichtigen. Das Unternehmensinteresse - "Intérêt social" - ist zwar ein grundlegender aber leider auch vager Begriff[172] des französischen Gesellschaftsrechts. Die hier verwendete deutsche Übersetzung des Wortes "social" dürfte für den Leser etwas verwirrend sein. Deswegen soll die Bedeutung dieses Wortes präzisiert werden. In dem hier the-

---

168 JEANTIN, Rdn 267.

169 NOTTE, S. 126.

170 ROUSSEAU, Rdn 404; Der Fehler in der Geschäftsführung ist oft ein Fehler mangels "Vernunft". Dies schwächt den Gedanken, dass die Geschäftsführer einen bestimmten Ausbildungsgrad haben sollten, weil "Vernunft" nicht gelehrt werden kann, VIANDIER/CAUSSAIN, J.C.P. 1994, Ed. E, I, Nr. 392; Siehe auch PIROVANO, D. 1995, S. 477 ff.

171 Rouen Rev.soc. 1984, S. 764; D. 1985, S. 161.

172 Siehe auch HÜPPER, S. 250; SOUSI, Diss., S. 26 ff; Obwohl der Begriff des Unternehmensinteresses im Gesellschaftsrecht kaum Interesse findet, bleibt es einer der grundlegenden Begriffe des Gesellschaftsrechts, PAILLUSSEAU, Diss., S. 173.

matisierten Sinne darf es ausschließlich als Adjektiv des Wortes "société"[173] - gesellschaftlich - verstanden werden. Also bedeutet "Intérêt social" wortwörtlich "gesellschaftliches Interesse".

Das Unternehmensinteresse ist ein Institut der richterlichen Rechtsfortbildung[174] und wird weder von dem Gesetzgeber, noch von der Lehre definiert[175]. Art. L 221-4 C.Com. (vormals Art. 13 G 1966) ist der einzige gesetzliche Hinweis auf das Unternehmensinteresse, obwohl diese Vorschrift sich auf die offene Gesellschaft bezieht[176]. Gem. Art. L 223-18 C.Com. (vormals Art. 49 Al. 4 G 1966)[177] ist diese Vorschrift für den S.A.R.L.-Geschäftsführer anwendbar. Genauer festgestellt werden muss, ob die rechtsgeschäftliche Handlung umfangreicher als die "Actes de gestion" - Handlung im Rahmen der Geschäftsführung[178] - ist und dass sie ebenfalls die "Actes de disposition" - Verfügungsgeschäfte[179] - umschließt, wenn diese den Betrieb des Unternehmens betreffen.

Der Begriff des Unternehmensinteresses unterscheidet sich von dem Unternehmensgegenstand, der als Maßstab für das Verhältnis des Geschäftsführers gegenüber Dritten gilt. Aber das Unternehmensinteresse umfasst in einem weiteren

173 Nach dem Lexikon Micro Robert bedeutet "social" im Sinne vom Gesellschaftsrecht: "Relatif à une société commerciale"- bezüglich einer Handelsgesellschaft.

174 Seit dem grundlegenden Urteil "Fruehauf" vom 22 Mai 1965, D. 1968, J., S. 147 mit Anmerkung CONTIN.

175 PAILLUSSEAU, Diss., S. 1; SOUSI, Diss., S. 1, 23, 266; Die Literatur der letzten 15 Jahre hat es aufgrund der Relevanz dieses Begriffs jedoch versucht: DUCOULOUX-FAVARD: "Das Unternehmensinteresse ist ein Kriterium, um eine Geschäftsführungsmaßnahme als solche anzunehmen. Es ist ein ausländischer Begriff und kommt aus Deutschland. Dieser Begriff könnte aber nicht bestehen, da zu viele Juristen überzeugt waren, dass die Gesellschaft rechtlich ein Vertrag ist", D. 1983, S. 287; Vgl. CD-L., Rdn 272; "Das Unternehmensinteresse ist ein zu vages Konzept, um gesetzlich geregelt zu werden", so SCHAPIRA, Rev.trim.dr.com. 1971, S. 62; PRIETO, Rdn 46.

176 Diese Vorschrift hat keine besonderes Interesse der Literatur geweckt, und die Frage, was unter Unternehmensinteresse bezüglich der Befugnisbeschränkung des Geschäftsführers wirklich bedeutet, wurde in der richterlichen Rechtsfortbildung nicht gestellt. SOUSI meint, dass der Begriff "Unternehmensinteresse" eine negative Bedeutung darstellt, weil es nur über Verstöße gegen das Unternehmensinteresse, oder über Handlungen, die dem Unternehmensinteresse zuwider sind, spreche. SOUSI meint weiter, dass dieser Begriff zur Pathologie der Gesellschaften gehört, SOUSI, J.C.P. 1975, II, Ed. CI, Nr. 11816, Rdn 25; Ders., Diss., S. 293.

177 Diese Vorschrift ist nach dem Modell des § 37 GmbHG verfasst worden.

178 Eine Handlung im Rahmen der Geschäftsführung hat als Ziel die normale Geschäftsführung eines Vermögens, in dem der Wert erhalten wird.

179 Ein Verfügungsgeschäft kann Rechte über ein Vermögen übertragen und dadurch den Wert dieses Vermögens vermindern.

Sinne auch den Unternehmensgegenstand, da es den Unternehmensgegenstand mit dem Ziel eines finanziellen Gewinns verwirklicht[180]. Die Übereinstimmung einer Maßnahme mit dem Unternehmensinteresse hängt nur von dem Vorteil der Maßnahme und deren Zweckmäßigkeit für die Gesellschaft ab. Daher kann eine unternehmenspolitische Maßnahme sehr vorteilhaft für die Gesellschaft sein, obwohl sie den Unternehmensgegenstand überschreitet[181].

Wenn die Gesellschafter eine Gesellschaft gründen, schaffen sie eine juristische Person, die autonom ist. Diese Gesellschaft hat dann ein eigenes "Leben"[182]; sie stellt Arbeitnehmer ein, spielt eine wirtschaftliche Rolle, hat ein eigenes Ziel. Sie hat deswegen ein eigenes Interesse[183], das einen Schutz benötigt, wenn ein Interessenkonflikt mit den Gesellschaftern entsteht.

Das Unternehmensinteresse steht zwischen den zwei Gedanken Vertrag-Gesellschaft und Institut-Gesellschaft[184]:

- In der ersten Hypothese entspricht das Unternehmensinteresse dem Gesellschafterinteresse als Kapitalanleger und als einzigen Interessierten an den finanziellen Gesellschaftsergebnissen[185] gem. Art. 1833 cc.

- In der zweiten Hypothese, die der neuesten Tendenz der Rechtsprechung entspricht[186], hat das Unternehmensinteresse eine wirtschaftliche Bedeutung und entspricht der Summe aller Interessen verschiedener Agenten[187], die an der Finanzierung des Unternehmens teilnehmen, was eine positive Entwicklung zur Berücksichtigung der wirtschaftlichen Funktion der Gesellschaft

---

180 Das Unternehmensinteresse ist hier mit dem Zweck der Gesellschaft gleich zu setzen, weil der Zweck der Gesellschaft die Gewinnerzielung gem. Art. 1832 cc ist; Siehe auch PRIETO, Rdn 59, 63.

181 Siehe LEFEBVRE, Sociétés, Rdn 5361, 3882.

182 CD-L., Rdn 253.

183 JAUFFRET, Rdn 213; COZIAN/VIANDIER, Rdn 467.

184 CD-L, Rdn 272; SOUSI, Diss., S. 21.

185 SOUSI, DISS., S. 189 f, 192 ff; SOUSI legt diese Hypothese wie folgt aus: Das Unternehmensinteresse ist das Interesse der Gesellschaftermehrheit, es sei denn, dass die Gesellschaftermehrheit die Interessen der Gesellschafterminderheit beeinträchtigt hat. In diesem Fall stellt das Unternehmensinteresse auch das Symptom eines Interessenumbruchs innerhalb der Gesellschaft dar, SOUSI, Diss., S. 294 f.

186 Tendenz, die sich schon 1965 mit der Angelegenheit der Gruppe Fruehauf entwickelt hat, Paris 22.05.1965, D. 1968, S. 45; Siehe auch CD-L, Rdn 272, RIPERT/ROBLOT, Rdn 786, SCHAPIRA, R.T.D.Com. 1971, S. 957.

187 Wenn der Wohlstand der Gesellschaft besteht, werden den Aktionären Gewinne ausgeschüttet. Die Interessen der Aktionäre nehmen auch Rücksicht auf die Interessen aller wirtschaftlichen Agenten. Das sind die Arbeitnehmer, die Lieferanten, die Gläubiger, die Kunden, CD-L, Rdn 253; SOUSI, DISS., S. 6, 234 ff; CONTIN meint auch, es wird zu einem "Intérêt de l'entreprise sociale", CONTIN, D. 1968, J., S. 147.

bedeutet. Es handelt sich dann um ein eigenständiges Unternehmensinteresse, das nicht ganz mit dem Gesellschafterinteresse identisch ist[188].

Nach der Literatur und der Rechtsprechung wird die zweite Hypothese zu Recht angenommen[189]. Deswegen hat die Literatur das Interesse der Gesellschaft mit dem des Unternehmens gleichgesetzt[190].

Da das Unternehmensinteresse als ein Institut zur Unternehmenserhaltung konzipiert worden ist, beherrscht es das Funktionieren der Gesellschaft[191] und ist als Korrektiv für die Überschreitungen des Geschäftsführers anzusehen[192]. Der Geschäftsführer hat hier keine Möglichkeit, sich an einem Verhaltensmaßstab zu orientieren. Das Unternehmensinteresse bildet deshalb eine solche Verhaltensnorm, die der Geschäftsführer einhalten muss[193]. Alle Geschäftsführungsmaßnahmen, die innerhalb des Unternehmensinteresses getätigt wurden, sind zulässig. Die anderen Maßnahmen führen zur Geschäftsführerhaftung[194]. In einer Entscheidung von 1952[195] hatte der Geschäftsführer einen Teil des Umsatzes der Gesellschaft für sich behalten und argumentierte, dass die S.A.R.L. gar nicht existiere, da es sich nur um den Anschein einer Gesellschaft handele, und deshalb hätte er auch keine gesetzwidrige Vermögensverschiebungen durchgeführt. Das Gericht hob hervor, dass der Geschäftsführer einen Rechtsirrtum bezüglich des Gesellschaftsvermögens begangen und dass dieser Rechtsirrtum das Unternehmensinteresse beeinträchtigt habe. Deshalb musste der Geschäftsführer für

---

188 PAILLUSSEAU, Diss., S. 196; SCHMIDT, S. 57; SOUSI, DISS., S. 5; MERLE, Rdn 195.

189 Fruehauf-Entscheidung, Paris 22.05.1965, D. 1968, J., S. 147; CD-L, Rdn 272; SOUSI, Diss., S. 249 ff; PAILLUSSEAU, Diss., S. 200: "Das Unternehmen ist der Treffpunkt mehrerer Interessen. Diese Interessen zu addieren definiert das Unternehmensinteresse der Gesellschaft nicht"; CONTIN, D. 1968, S. 51.

190 Siehe näher SOUSI, DISS., S. 235 ff; CONTIN, Rev.soc. 1968, S. 373 ff; MERLE, Rdn 52.

191 COZIAN/VIANDIER, Rdn 469; SOUSI, J.C.P. 1975, II, Nr. 11816, Rdn 20; Ders., S. 10.

192 SOUSI nennt das Unternehmensinteresse "Kriterium der Zulässigkeit der Geschäftsführungsmaßnahmen", SOUSI, DISS., S. 15 ff.

193 SOUSI, J.C.P. 1975, II, Ed. CI., Nr. 11816, Rdn 19; SOUSI meint weiter, dass das Unternehmensinteresse die Kontrolle der Zulässigkeit einiger Geschäftsführungsmaßnahmen - "contrôle de la conformité des actes sociaux à l'intérêt social" - ermöglicht, SOUSI, DISS., S. 8; Wenn die Maßnahme dem Unternehmensinteresse entspricht, dann ist sie zulässig. Wenn nicht, dann sollte diese Maßnahme unterbunden werden.

194 SOUSI, J.C.P. 1975, II, Ed. CI., Nr. 11816, Rdn 19.

195 Tribunal correctionnel 16.05.1952, In Légistlation pénale en matière économique et financière, 1959, S. 260.

den Schaden der Gesellschaft haften. Allerdings erklärte das Gericht nicht, was unter dem Unternehmensinteresse zu verstehen ist.

Manchmal genügen schon Rechtsverhältnisse mit anderen Gesellschaften, in denen der Geschäftsführer Beteiligungen hat, um das Unternehmensinteresse zu verletzen. Nach einer Entscheidung des Berufungsgerichts[196] begründet aber die Tatsache, dass eine S.A.R.L. eine Geschäftsführerin hat, deren Mann Arbeitnehmer einer anderen im Wettbewerb stehenden Gesellschaft ist, keine Verletzung des Unternehmensinteresses für sie. Die Lage ist jedoch anders, wenn der Geschäftsführer seine eigenen Interessen in einer Gesellschaft mit dem gleichen Unternehmensgegenstand gegenüber dem Unternehmensinteresse der von ihm geführten Gesellschaft bevorzugt[197]. Er darf daher keine Geschäfte in derselben Geschäftsbranche machen, in der die auch von ihm geführte Gesellschaft tätig ist. Hier handelt es sich dann um einen Fall von Wettbewerbsverbot, aufgrund dessen er haftbar gemacht werden kann.

Nach dem Fruehauf-Urteil[198] des Berufungsgerichts im Jahre 1965 ist das Unternehmensinteresse ein Grundgedanke[199] des gesamten Gesellschaftsrechts geworden. In der besagten Entscheidung ging es darum, den Untergang des Unternehmens zu verhindern, und es wurde hervorgehoben, dass die persönlichen Interessen der Gesellschafter vor dem Unternehmensinteresse zurückstehen müssen[200]. Deswegen sind alle Geschäftsführermaßnahmen rechtswidrig, wenn sie nur nach dem eigenen Geschäftsführerinteresse oder zum Vorteil einzelner Gesellschafter und nicht nach dem Unternehmensinteresse ausgeführt werden[201].

Mithin ist festzustellen, dass das Unternehmensinteresse ein Verhaltensmaßstab für die Geschäftsführungsmaßnahmen ist, die der Geschäftsführer zu entscheiden und/oder durchzuführen hat. Aber in der täglichen Geschäftsführung der S.A.R.L. wird dieser Begriff Unternehmensinteresse nicht gebraucht. Fraglich ist, ob sich der Geschäftsführer Gedanken über die Übereinstimmung einer Ge-

---

196 C.A. 13.12.1984, G.P. 1985, II, Som. S. 233; LAMY, Rdn 3814.

197 Douai 13.05.1955, J.C.P.1956, II, Nr. 9062; BEZARD, Fascicule 74-1, Rdn 107.

198 Paris, 22.05.1965, D. 1968, D. 1968, S. 147; Siehe auch FARNACCHIO, S. 429 ff; SOUSI, Diss., S. 245 ff.

199 Siehe auch Willot-Saint-Frères-Urteil, Trib.corr. Paris, 16.05.1974, G.P. 1974, II, S. 890, und Rozenblum-Urteil, Cass.crim. 04.02.1985, Rev.soc. 1985, S. 648.

200 Die Maßnahmen in der Fruehauf-Entscheidung beeinträchtigten den finanziellen Ausgleich und die Glaubwürdigkeit der Gesellschaft Fruehauf-France, führte zur Entlassung von 600 Mitarbeitern und zur Liquidation des Unternehmens. Dies verstieß gegen den wirtschaftlichen und sozialen Platz von Fruehauf in Frankreich, also gegen das Unternehmensinteresse von Fruehauf selbst.

201 REINHARD, S. 35; Cass.com. 18.04.1961, D. 1961, S. 661; Siehe auch MESTRE, S. 435; COZIAN/VIANDIER, Rdn 471ff, 757.

schäftsführungsmaßnahme mit dem Unternehmensinteresse macht. Er leitet die S.A.R.L. nach anderen Kriterien. Nur wenn diese Geschäftsführungsmaßnahme der Gesellschaft Schäden zufügt, taucht der Begriff des Unternehmensinteresses wieder auf. Die richterliche Rechtsfortbildung behält sich das Recht vor, zu erklären, ob eine Geschäftsführungsmaßnahme dem Unternehmensinteresse entspricht oder nicht, ohne allerdings eine genaue Definition des Unternehmensinteresses zu geben. Dies ist sehr bedauerlich, weil es sonst dem Geschäftsführer ermöglicht würde, zu vergleichen, ob sein Verhalten und die Geschäftsführungsmaßnahmen dieses Unternehmensinteresse beachtet oder nicht. Ein Versuch, das Unternehmensinteresse zu definieren, befindet sich im Teil II C 3 bezüglich der Haftung des Mehrheitsgesellschafters für Geschäftsführungsmaßnahmen in der abhängigen S.A.R.L.

(e) Die Zusammenarbeits- und Informationspflicht

Eine Gesellschaft ist nicht *per se* handlungsfähig. Sie bedarf besonderer Organe, nämlich eines allgemeinen Beschlussorgans, der Gesellschafterversammlung sowie eines Geschäftsführungsorgans. Daher gefährdet eine Gesellschaft, deren Organe nicht oder nur unvollkommen arbeiten, den Bestand des Unternehmens. Deswegen wird dem Geschäftsführer die Pflicht auferlegt, mit den Gesellschaftsorganen[202] der S.A.R.L. - immer mit dem Ziel der Unternehmenserhaltung als Grundgedanken - zusammenzuarbeiten. Wenn die Gesellschaft über mehrere Geschäftsführer verfügt, haben die Geschäftsführer die Pflicht, untereinander zusammenzuarbeiten, damit die Gesellschaft ihren Unternehmensgegenstand am besten erfüllen kann.

Der Geschäftsführer hat dem Gesellschafter gegenüber eine Vorlagepflicht bezüglich der Geschäftsführung der Gesellschaft[203]. Das Gesetz vom 24. Juli 1966 verstärkt die Gesellschafterrechte, indem es die Informationspflichten des Geschäftsführers erweitert. Dank des Informationsrechts[204] der Gesellschafter können ihnen zu jeder Zeit bestimmte Geschäftsunterlagen der letzten drei Jahre, wie z. B. die Bilanz, zugänglich gemacht werden[205] [206]. Der Geschäftsführer hat

---

202 Cass.com. 12.03.1974, G.P. 1974, 2, S. 662; LEFEBVRE, Sociétés, Rdn 5360; z. B. siehe auch Art. L 241-5 C.Com.; LAMY, Rdn 2741.

203 BARBIERI, S. 189; BULLE, Rdn 912; LAMY, Rdn 2742 ff.

204 Es handelt sich dabei um ein individuelles Recht, das aus einem Frage- und einem Einsichtsrecht besteht. Art. 223-26 Al. 3 C.Com. erlaubt es dem Gesellschafter bei der Ausübung seines Informationsrechts schriftliche Fragen zu stellen, auf die der Geschäftsführer im Verlauf der nächsten Gesellschafterversammlung antworten muss. COZIAN/VIANDIER, Rdn 1341.

205 LAMY, Rdn 2742.

ihnen diese Unterlagen zukommen zu lassen. Aus Art. L 223-36 C.Com. (vormals Art. 64-1 G 1966) kann jeder Gesellschafter dem Geschäftsführer - aber nur zweimal im Geschäftsjahr[207] - schriftliche Fragen stellen. Der Geschäftsführer hat einen Monat Zeit, um eine Antwort zu geben. Aufgrund seiner Informationspflicht muss der Geschäftsführer schnell und präzise antworten. Bei dem Einsichtsrecht des Gesellschafters handelt es sich um die Möglichkeit des Gesellschafters, die wesentlichen Unterlagen der Gesellschaft der letzten drei Jahren gem. Art. L 223-26 C.Com. (vormals Art. 56 Al. 4 G 1966) einzusehen. Da die Gesellschafter diese Unterlagen nicht unmittelbar einsehen können, ist die Pflicht des Geschäftsführers zur Zusammenarbeit von besonderer Bedeutung. Ohne seine Mitarbeit kann der Gesellschafter nicht genau erfahren, ob die Geschäfte und ihre Auswirkungen in den drei letzten Jahren von Vorteil oder von Nachteil für die Gesellschaft waren. *Guyon* ist der Meinung, dass diese Pflicht wichtig ist, auch wenn sie sich lediglich auf Vorgänge der Vergangenheit erstreckt[208]. Er meint zu Recht, dass der Gesellschafter die momentane Gesellschaftslage besser mit Unterlagen aus der früheren Zeit vergleichen kann, um Schadensersatz geltend zu machen. Der Nachteil ist, dass der Gesellschafter nicht unmittelbar die Unterlagen des Geschäftsjahres, in dem er sich befindet, einsehen kann, und dass diese Einsichtnahme nur die Rechenschaftslegung betrifft.

Diese Informationspflichten des Geschäftsführers dienen einer gründlicheren Vorbereitung der Gesellschafterversammlung und dem besseren Funktionieren der Gesellschaft. Deshalb ist es wichtig, dass sich der Geschäftsführer innerhalb seiner sorgfältigen Geschäftsführung daran hält. Die Nichtbeachtung dieses Informationsrechts[209] wird streng bestraft[210]. Der Kassationshof hat auch die Haftung des Geschäftsführers in einer strengen Entscheidung erklärt[211]: Eine unvollständige oder falsche Information der Gesellschafter begründet weiterhin einen Verstoß gegen die Informationspflicht, auch wenn er sich persönlich nicht verweigert hat, ihnen Dokumente zukommen zu lassen. Der Justitiar einer GmbH

---

206 D. h. der Gesellschafter, der mindestens die Hälfte des Stammkapitals besitzt, kann die Berufung der Gesellschafterversammlung verlangen. Durch die Bestimmung der Tagesordnung kann er auch die Fragen bestimmen.

207 Die Beschränkung des Fragerechts auf zweimal im Jahr stellt m. E. einen Nachteil für die Gesellschafter dar, wenn die Gesellschaft tatsächlich in wirtschaftlichen Schwierigkeiten geraten ist. Denn in diesem Fall sind nämlich mehr Fragen notwendig.

208 GUYON, Rdn 505.

209 Siehe Art. L 241-4-3° C.Com.. Siehe auch BARBIERI, S. 191; RIPERT/ROBLOT, Band I, Rdn 975, 979; MERLE, Rdn 208.

210 Nämlich durch eine Geldstrafe von 2000 F bis 60 000 F und/oder eine Freiheitsstrafe von zwei bis sechs Monaten gem. Art. L 241-5 C.Com.

211 Ch.crim. C.C. 18.04.1983, Rev.soc. 1983, S. 803; Siehe auch BULLE, Rdn 912.

hatte die Weitergabe von Informationen in diesem Fall verweigert, und der Geschäftsführer übte keinen ausreichenden Druck auf ihn aus, was für die Gesellschafter bedeutete, dass dieser vielleicht insgeheim damit einverstanden war, diese Information nicht weiterzuleiten.

(2) Die Sorgfaltspflicht

Die allgemeinen Bestimmungen des Code Civils genauso wie die speziellen Bestimmungen des Gesetzes und der Verordnung über die Handelsgesellschaften vom 24. Juli 1966 erwähnen ausdrücklich den Begriff "faute" - Fehler. Unter "faute" wird das Verhalten einer Person verstanden, die durch Nachlässigkeit, durch Fahrlässigkeit oder durch Vorsatz ihre vertraglichen Verpflichtungen oder ihre Pflicht, jemandem nicht zu beschädigen, nicht beachtet hat. Der Inhalt dieses Begriffs hängt von dem Bereich ab, in dem der Rechtsstreit stattfindet. Wenn es sich um eine Verletzung eines Gesetzestextes oder einer Satzungsbestimmung handelt, begründet die Verletzung der Regelung selbst das Verschulden und daher die Haftung. Wenn die Haftung im Rahmen eines Fehlers in der Geschäftsführung geltend gemacht wird, kommt aber der Begriff der Sorgfalt eines ordentlichen Geschäftsmannes in Betracht[212], weil der Geschäftsführer eine Sorgfaltspflicht bezüglich der Geschäftsführung der Gesellschaft hat. Um einen Fehler in der Geschäftsführung zu vermeiden, muss der Geschäftsführer die Sorgfaltspflicht eines ordentlichen Geschäftsmannes - "Tous les soins d'un bon père de famille"[213] - beachten.

Diese Sorgfaltspflicht - "obligation de diligence" - ist im französischen Recht sehr wichtig, weil sie den Verhaltensmaßstab des Geschäftsführers darstellt[214]. Die Sorgfaltspflicht des Geschäftsführers beinhaltet eine - "obligation de moyen" - Pflicht, auf das angestrebte Ergebnis unter Einsatz aller Fähigkeiten gemäß

212 GUYON, Rdn 497; BULLE, Rdn 813 ff.

213 Hier gilt der Begriff des *bonus pater familias* nach französischem Recht als Äquivalenz für den ordentlichen Geschäftsmann; Siehe auch M-C.BERNARD, S. 12.

214 GUYON ist der Meinung, dass eine Geschäftsführerhaftung ohne einen Verhaltensmaßstab wie die Sorgfalt eines ordentlichen Geschäftsmannes eine Hinderung der Eigeninitiative des Geschäftsführers im Bereich der wirtschaftlichen Entwicklung der Gesellschaft wäre. Er sagt, dass es keinen fachkundigen und vorsichtigen Geschäftsmann gibt, der noch keinen Fehler in der Geschäftsführung begangen hat. Deshalb muss das Verhalten des Geschäftsführers mit dem des Geschäftsführers eines anderen, aber ähnlichen Unternehmens verglichen werden, der auch häufig Entscheidungen in komplexen Fragen trifft, ohne immer die beste Lösung auszuwählen, GUYON, Rdn 497; Zust. BULLE, Rdn 815; LAMY vertritt eine andere Meinung. Er meint zu Unrecht, ein Fehler in der Geschäftsführung genügt als Haftungsgrund genau wie eine Gesetz- oder Satzungsverletzung, LAMY, Rdn 2752.

Art. 1137 cc hinzuwirken[215]. Diese "obligation de moyen[216]" legt dem Schuldner die vertragliche Pflicht auf, auf die Erhaltung einer Sache aufzupassen, wie z. B. bei einem Kaufvertrag bis zur Übergabe oder bei einem Mietvertrag. Diese Pflicht kann auch zur Aufgabe eines Geschäftsführers gehören[217].

Fraglich ist, wie sich dieser ordentliche Geschäftsmann verhalten soll, um seiner Pflicht nachzukommen. Im Allgemeinen beruht das Idealbild dieses Geschäftsmannes auf der Berücksichtigung eines durchschnittlichen Menschens[218], der sorgfältig, tüchtig und vorsichtig ist. Er wird als schuldig betrachtet, wenn er sich nicht sorgfältig verhalten hat, d. h. im Vergleich mit einem ordentlichen Geschäftsmann, der sich in gleichen Umständen anders - also sorgfältiger - verhalten hätte. Die Gesellschaft, die eine Aufgabe - die Geschäftsführung der Gesellschaft - dem Geschäftsführer überlassen hat und die deren Nichterfüllung beklagt, muss beweisen, dass der Geschäftsführer fahrlässig gehandelt hat und dass er die Sorgfaltspflicht eines ordentlichen Geschäftsmannes nicht beachtet hat. Deswegen wird dieser Sorgfaltsmaßstab für Fehler in der Geschäftsführung angewandt[219].

Der Geschäftsführer hat in der Praxis oft zu wenig Zeit, sich nach einer Rechtsfrage bezüglich der Geschäftsführung der Gesellschaft zu erkundigen. Auch mit Hilfe von Gesetzestexten sind die Fachtermini häufig zu spezifisch, so dass er trotz seiner Bemühungen zur guten Geschäftsführung Verständnisprobleme haben und deshalb einen Fehler in der Geschäftsführung begehen kann. Im Fall eines Fehlverhaltens kann sich der Geschäftsführer aber nicht auf seine Un-

---

215 Der Geschäftsführer hat keine Erfolgshaftung. Vgl. BULLE, Rdn 815; BARBIERI, S. 189; BESSON-GRANGE, S. 419, 421; RODIERE, Rdn 115; MARTY/RAYNAUD, Rdn 534; SONNENBERGER, S. 28; Siehe auch ROUSSEAU, Rdn 404.

216 Analoge Anwendung bei BULLE, Rdn 815.

217 Aufgrund eines Auftrags, WEIL/TERRE, Rdn 396, 398; Einige Artikel des Code du Commerce erwähnen den "mandat" - Auftrag: Art. L 223-22 Al. 5 C.Com., Art. L 225-253 Al. 2 C.Com.; Durch eine analoge Anwendung mit dem Begriff "mandataire social" siehe dann BARBIERI, S. 189; JEANTIN, Rdn 267; SONNENBERGER, S. 27; BEZARD, Fascicule 74-1, Rdn 3 ff; Siehe auch REINHARDS Anmerkung, D. 1981, S. 257 ff; Siehe D. 1967, J., S. 618 über den "mandataire légal"; RIPERT/ROBLOT, Rdn 695, 784; Ablehnend JUGLART/IPPOLITO, Band 2, Rdn 452; MERLE, Rdn 94.

218 WEIL/TERRE, Rdn 396, 398; Das Verhalten des Schuldners wird " *in abstracto* " betrachtet. Siehe auch Jurisclasseur civil, Art. 1136-1270, Fasc. 2, Rdn 19 ff.

219 Allein schon, weil der Geschäftsführer die Zukunft nicht vorhersehen kann, wenn er eine wichtige wirtschaftliche Entscheidung trifft. Er kann sich über die Marktlage gründlich und sorgfältig erkundigen und trotzdem eine künftige Wirtschaftskrise nicht vorhersehen.

kenntnis, seine Ausbildung oder seine Unerfahrenheit in diesem Bereich berufen[220]. Er haftet in jedem Fall, wenn er sich nicht sorgfältig erkundigt hat.

Ebenso haftet der Geschäftsführer, wenn ihm das Verschulden aufgrund seiner Inaktivität als Geschäftsführer nicht unmittelbar vorgeworfen werden kann, weil er sich also nicht als ordentlicher Geschäftsmann verhalten hat. Die Rechtsprechung hat beispielsweise mit einem Fall die Haftung des Geschäftsführers für einen Fehler in der Geschäftsführung angenommen, weil dieser die Krankenkassenbeiträge für zwei Jahre nicht bezahlt hatte[221]. In einem Urteil des Kassationshofs[222] wurde entschieden, dass ein Geschäftsführer seiner Haftung für Geschäftsführungsmaßnahmen auch dann nicht entkommen dürfe, wenn er in die Geschäftsführung der Gesellschaft tatsächlich nicht eingegriffen habe. Die erste Pflicht eines Geschäftsführers ist es, die Befugnisse, die er vom Gesetz erlangt, anzuwenden. Wenn er dieser Pflicht nicht nachkommt, begeht er ein Verschulden. Dieses Verschulden begründet eine Haftung, weil der Geschäftsführer Auswirkungen der Geschäftsführungsmaßnahmen, die von einem anderen aufgrund seiner Inaktivität durchgeführt worden sind, stillschweigend akzeptiert. Die Literatur[223] stimmt zu, dass diese Inaktivität nicht geltend gemacht werden kann, um eine Haftung zu vermeiden[224].

Als Fehler in der Geschäftsführung gilt auch das Desinteresse des Geschäftsführers für die Geschäftsführung und deren wirtschaftliche Auswirkungen. In einer Entscheidung haftete der Geschäftsführer dafür, dass er seine Aufgaben während seiner Abwesenheit nicht delegiert hatte[225].

(3) Die Weisungsunabhängigkeit des Geschäftsführers

Im Gegensatz zum deutschen Recht sind Weisungen eines anderen Organs im französischen Recht im Prinzip ausgeschlossen[226]. Das Ziel, das erreicht werden soll, ist die Unmöglichkeit für den Mehrheitsgesellschafter oder sämtliche Gesellschafter, über das Vermögen der Gesellschaft oder über die Unternehmens-

---

220 Cass.com. 01.04.1981, Bull.cass.civ. 1981, IV, S. 140; Siehe auch BULLE, Rdn 815.

221 Douai, 19.10.1965, Douai J.C.P. 1966, Nr. 14847.

222 Cass.crim. 22.01.1965, Rev.soc. 1975, S. 297.

223 RIVES-LANGES, La notion de dirigeant de fait, D. 1975, S. 41.

224 So eine Art "qui ne dit mot, consent"- wer schweigt, stimmt zu.

225 Rouen, 20.10.1983, Rev.soc. 1984, S. 764; BULLE, Rdn 870.

226 C.C. 04.06.1946, D.S. 1947, S.153; Ob die Statuten darüber hinaus den Geschäftsführer wenigstens im Innenverhältnis verpflichten können, auch Beschlüsse der Gesellschafter zu beachten, ist zweifelhaft nach MEZTGER, S. 182. Eine Weisung des Aufsichtsrats scheitert auch, wenn der obligatorische Aufsichtsrat für eine S.A.R.L. mit 20 Gesellschaftern gemäß Art. 32 des Gesetzes vom 7. März 1925 nicht in dem Handelsgesetzbuch erwähnt worden ist.

leitung frei zu verfügen[227]. Früher waren die Mitglieder des Aufsichtsrats zwingend unter den Gesellschaftern gemäß Art. 32 G 1925 gewählt worden[228], so dass die Gesellschafter immer eine weitere Möglichkeit hatten, Kontrolle über den Geschäftsführer auszuüben[229]. Der Aufsichtsrat konnte dem Geschäftsführer seine "Meinung" und "Ratschläge" bezüglich der Geschäftsführung geben. Diese breite Kontrolle über die Geschäftsführung erlaubte dem Aufsichtsrat, die Abberufung des Geschäftsführers zu beantragen, wenn dieser einen Fehler in der Geschäftsführung begangen hatte[230]. Falls der Aufsichtsrat die Gesellschafterversammlung darüber nicht informierte, sollte der Geschäftsführer bereit sein, den Mitgliedern des Aufsichtsrats einen gewissen Gefallen zu tun. Es war sehr einfach für diese Gesellschafter, inoffizielle Weisungen zu erteilen, damit ihre Interessen in der Unternehmensleitung besser durchkamen. Der Gesetzgeber hat den Aufsichtsrat im S.A.R.L.-Recht nicht geregelt. Es heißt dort auch nicht, dass ein fakultativer Aufsichtsrat nicht bestehen dürfte. Bis jetzt ist allerdings diese Möglichkeit in der richterlichen Rechtsfortbildung der S.A.R.L. nicht aufgetaucht. Das bedeutet jedoch nicht, dass der Geschäftsführer völlig unabhängig vom Gesellschafter ist. In der Praxis haben die Gesellschafter andere Wege gefunden, um dem Geschäftsführer ihre Entscheidungen aufzuerlegen.

Oft wird der Geschäftsführer schon bei seiner Bestellung gebeten, ein Blankokündigungsschreiben zu unterschreiben. Dieses unzulässige Verfahren[231] hat das einfache Ziel, sich von dem Geschäftsführer trennen zu können, wenn ihnen dieser nicht mehr "gefällt"[232], ohne seine Abberufung offiziell beschließen zu müssen. Der Geschäftsführer "gefällt nicht mehr", wenn die Gesellschafter z. B. der Meinung sind, dass der Geschäftsführer nicht über genügende Kenntnisse für eine fachlich einwandfreie Unternehmensleitung verfügt oder wenn es zu einer Auseinandersetzung über die Art und Weise der Unternehmensleitung zwischen den Gesellschaftern und dem Geschäftsführer gekommen ist oder wenn der Geschäftsführer Meinungsverschiedenheiten mit den Gesellschaftern hat. Dieses

---

227 Obwohl der Gesellschafter an der Entscheidungsfindung häufig beteiligt ist, da er oft gleichzeitig Geschäftsführer der Gesellschaft ist, GUYON, Rdn 500.

228 GAIN/ALAISI, Rdn 88.

229 Seine Aufgaben sind dieselben wie diejenigen des Aufsichtsrats der französischen KG aA, GAIN/ALAISI, Rdn 87.

230 GAIN/ALAISI, Rdn 86.

231 Die Zulässigkeit dieses Verfahrens bleibt für die Literatur zweifelhaft, weil es von den gesetzlichen Vorschriften bezüglich der Abberufung des Geschäftsführers der S.A.R.L. abweicht; Siehe auch im selben Sinne HEMARD/TERRE/MABILAT, Band 1, Rdn 456; PARIENTE, Rdn 62.

232 Paris 20.11.1980, Rev.soc. 1981, S. 583: Wenn der Geschäftsführer sich geweigert hat, einen Beschluss der Gesellschafterversammlung durchzuführen, weil er für die Belebung der Gesellschaft nicht wirksam gewesen wäre; Siehe auch LEFEBVRE, Rdn 5326.

Blankokündigungsschreiben ist bei den Gesellschaftern besonders beliebt und weiterhin vorteilhaft, weil es die Kündigung des Geschäftsführers ermöglicht, ohne eine Entschädigung aufgrund einer Abberufung ohne wichtigen Grund gewährleisten zu müssen[233]. Dieses Blankokündigungsschreiben wird meistens bei der Bestellung oder dem Amtseintritt des Geschäftsführers von diesem unterschrieben, so dass die Gesellschafter eine "Erpressungsmöglichkeit" gegen den Geschäftsführer in der Hand haben.

In der Satzung werden die Geschäftsführerbefugnisse gegenüber den Gesellschaftern gemäß Art. L 223-18 C.Com. (vormals Art. 49 Al. 4 G 1966)[234] festgelegt. Die Vorschrift sieht für die Gesellschafter darin die Möglichkeit vor, den Umfang der Befugnisse des Geschäftsführers zu bestimmen, d. h. ihn im Allgemeinen einzuschränken[235]. Dabei kann dem Geschäftsführer durch die Satzung eine vorherige Zustimmung der Gesellschafterversammlung zum Abschluss von Verträgen oder zur Ausführung von Maßnahmen auferlegt werden[236]. Falls der Geschäftsführer keine solche Gesellschafterzustimmung zur Nichtausführung einer Maßnahme, die dem Unternehmensinteresse zuwider läuft[237], einholt, verstößt er gegen eine Satzungsbestimmung. Er haftet deswegen und kann abberufen werden.

---

233 Art. L 223-25 Al. 1 C.Com.: Der Geschäftsführer ist durch Beschluss der mehr als die Hälfte der Geschäftsanteile repräsentierenden Gesellschafter abberufbar. Jede gegenteilige Bestimmung ist nichtig. Wenn die Abberufung ohne berechtigten Grund vorgenommen wurde, kann sie Anspruch auf Schadensersatz begründen. Die Gültigkeit des Blankokündigungsschreiben ist aber zweifelhaft, weil sie die gesetzmäßigen Regelungen bezüglich der Abberufung des Geschäftsführers umgeht; Vgl. De JUGLART/IPPOLITO, S. 759; LEFEBVRE, Sociétés, Rdn 5326, 5360, REINHARD, Fascicule II, S. 29, MERLE, Rdn 187, RIPERT/ROBLOT, Rdn 962, LEFEBVRE, Sociétés, Rdn 865, La S.A.R.L, Rdn 160, BARBIERI, S. 187, HÜPPER, S. 156, RODIERE, Rdn 114; BEZARD, Fascicule 74-1, Rdn 120; COZIAN/VIANDIER, Rdn 1317, 1357; Siehe auch GUYENOT unter Cass.com. 05.01.1973, D. 1973, S. 581 oder ROUSSEAU 05.01.1973, J.C.P. 1973, Nr. 17407 oder Rev.soc. 1973, S. 495: Hier war das Blankokündigungsschreiben, das beim Amtseintritt des Geschäftsführers unterschrieben war, in der Tat eine Abberufung; Siehe auch Paris 04.01.1957, G.P. 1957, 1, S. 235.

234 Hier präzisiert Art. L 223-18 C.Com. ganz genau den Platz des vertraglichen Willens der Gesellschafter, ALIBERT, Rev. soc. 1975, S. 605.

235 Es scheint, dass die Freiheit der Gesellschafter in einer S.A.R.L., die Befugnisse des Geschäftsführers einzuschränken, ohne Begrenzung sei, LEFEBVRE, Sociétés, Rdn 5360; Siehe auch MERLE, Rdn 195; RIPERT/ROBLOT, Rdn 698, 967.

236 RIPERT/ROBLOT, Rdn 698, 967; BEZARD, Rdn 5 ff; BARBIERI, S. 187.

237 Diese Geschäftsführungsmaßnahme könnte nur dem Vorteil einzelner Gesellschafter entsprechen und dadurch die Minderheit und/oder die Gesellschaft schädigen.

Eine andere Möglichkeit für die Gesellschafter, den Geschäftsführer weisungsabhängig zu machen, ist von der Literatur angeboten worden[238]. Diese Abhängigkeit ergibt sich aus dem Anstellungsvertrag, den der Geschäftsführer auch während seiner Funktion als Geschäftsführer unterschreiben kann[239]. Damit eine Vereinbarkeit zwischen den Funktionen von Arbeitnehmer und Geschäftsführer durchaus möglich ist, muss ein Subordinationsverhältnis zwischen dem Geschäftsführer-Arbeitnehmer und einem Gesellschaftsorgan bestehen[240]. Dies lässt vermuten, dass einem anderen Gesellschaftsorgan erlaubt wird, dem Geschäftsführer Anweisungen während der Ausübung seiner Arbeitnehmerfunktion zu geben[241].

Mithin bleibt festzustellen, dass der Geschäftsführer unter Umständen weisungsabhängig werden kann und dass die französischen Gesellschafter dadurch über die Macht in der S.A.R.L. verfügen.

(4) Der Schaden

Damit der Geschäftsführer haftbar gemacht werden kann, setzt jede Gesellschaftsklage einen Schaden voraus. Aus zivilrechtlicher Sicht hat die Haftung des Geschäftsführers die Entschädigung des Schadens als Ziel. Deswegen ist der Schaden das wesentliche Element der Geschäftsführerhaftung, bei der der Geschäftsführer aufgrund seines Verschuldens haftet.

Der Kassationshof hat erklärt, dass eine Gesellschaft ihre Entschädigung nicht durch den Geschäftsführer erlangen könne, weil sie ihren Schaden nicht gründlich nachgewiesen habe[242]. Der Schaden muss deshalb unmittelbar, konkret und persönlich sein. Ein Schaden ist unmittelbar, wenn er allein aufgrund des Verschuldens des Geschäftsführers verursacht worden ist. Ein Schaden ist konkret, wenn er bereits eingetreten ist. Ein tatsächliches Recht muss beeinträchtigt wer-

---

238 BESSON-GRANGE, S. 420.

239 Nach der Rechtsprechung darf nur der Geschäftsführer, der kein Mehrheitsgesellschafter ist, einen Arbeitsvertrag als Arbeitnehmer in der S.A.R.L. unterschreiben, Cass.com. 08.10.1980, D. 1981, S. 257 ff.

240 BEZARD, Fascicule 74-1, Rdn 5 ff; MERLE, Rdn 186: Dies gilt aber nicht für den Mehrheitsgesellschafter-Geschäftsführer; Siehe auch RIPERT/ROBLOT, Rdn 963 ff; PRIETO, Rdn 226 ff.

241 Dies wäre eine "psychologische Subordination", also eine moralische Pflicht des Geschäftsführers. Die "psychologische Subordination" unterstellt die Macht der Gesellschafter, den Fremdgeschäftsführer nicht wieder zu bestellen, sobald seine Amtszeit abgelaufen ist, BESSON-GRANGE, S. 420; Sie hat keinen Erfolg gehabt, weil die Kontrolle über die Geschäftsführungsmaßnahmen keine unmittelbare Ausübung einer hierarchischen Macht auf die Arbeitnehmerfunktion des Geschäftsführers bedeutet, REINHARD, D. 1981, S. 258.

242 Cass.com. 04.10.1976, Bull.Cass.civ. 1976, IV, S. 210.

den[243]. Es wird kein Unterschied bezüglich der Natur des Schadens gemacht, weil es sich meistens um einen materiellen Schaden, einen Vermögensschaden oder einen Schaden aufgrund eines entgangenen Gewinns handelt. Der Schaden kann aber auch immateriell sein, wie etwa bei einer Verleumdung[244].

b) Die Haftung aus dem Anstellungsvertrag

Wie im deutschen Recht schließen die Ansprüche der Gesellschaft aus Art. L 223-22 C.Com. den Rückgriff auf andere Haftungsgrundlagen aus dem Anstellungsvertrag des Geschäftsführers nicht aus. Solange es keine Gesetzestexte ausdrücklich vorsehen, sind die Literatur[245] und die Rechtsprechung[246] der Meinung, dass sich die Geschäftsleiterhaftung gegenüber der Gesellschaft in allen Gesellschaftsformen aus den vertraglichen Grundlagen ergibt[247]. Der Grund liegt darin, dass sich der Geschäftsführer bei seiner Bestellung und Anstellung auch vertraglich verpflichtet hat, die Geschäftsführerpflichten sorgfältig zu beachten und zu erfüllen[248]. Der Anstellungsvertrag des Geschäftsführers ist durch die Gesellschaft als Vertragspartner gemäß Artikel 1780 cc unterschrieben. Bei Vertragsverletzung gilt dann die vertragliche Haftung aus Art. 1134, 1142 ff cc.

Die vertragliche Haftung, nämlich die Haftung aus dem Anstellungsvertrag, hat nach französischem Recht die Pflicht, den Schaden, der einem Vertragspartner aufgrund der Nichterfüllung oder Schlechterfüllung des Vertrags verursacht wird, zu entschädigen[249]. Die vertragliche Haftung[250] setzt voraus:

- Einen gültigen Vertrag wie z. B. den Anstellungsvertrag des Geschäftsführers zwischen den Parteien gemäß Art. 1780 cc.

---

243 BULLE, Rdn 829.

244 Seine 18.02.1966, R.T.D.C. 1967, S. 190; Paris, 25.05.1950, D. 1950, S. 439; Bulle, Rdn 829; Siehe auch 06.01.1987, D.S. 1988, Som. S. 211: "Es kommt jedoch vor, dass Schadensersatzansprüche als Entschädigung für einen "immateriellen" Schaden geleistet werden, was in Wirklichkeit den Richter ermöglicht, ein unfaires Verhalten zu sanktionieren, auch wenn kein Schaden messbar ist".

245 LAMY, Rdn 840; SONNENBERGER, Handels- und Wirtschaftsrecht, Rdn III 97.

246 Cass.com. 04.10.1976, Bull.Cass.civ. 1976, IV, S. 210.

247 Die Geschäftsleiterhaftung gegenüber Dritten ergibt sich im Gegenteil aus einer Grundlage aus unerlaubter Handlung, weil der Anstellungsvertrag des Geschäftsführers mit den Gesellschaftern nicht unterschrieben wurde. Siehe Cass. com. 08.03.1982, Rev.soc. 1983, S. 573; LAMY 1996, Rdn 840; ROUSSEAU, Rdn 401.

248 Cass.com. 08.03.1982, Rev.soc.1983, S. 573 ff.

249 Siehe in code civil, Livre III, Titre III, Chapitre III: "De l'éffet des obligations".

250 Was die Haftungsbeschränkungen und den Haftungsausschluss betrifft, siehe MARTY/RAYNAUD, Rdn 553 ff.

- Einen Schaden, der sich aus der Verletzung einer vertraglichen Pflicht ergibt. Hier wird es sich um eine Pflicht des Geschäftsführers gegenüber seinem Vertragspartner handeln: z. B. die Nichterfüllung des Vertrages oder der Verstoß gegen das Wettbewerbsverbot gemäß Art. 1142 cc, das der Anstellungsvertrag beinhaltet[251].

Der Geschäftsführer haftet auch auf vertraglicher Grundlage, wenn er den guten Ruf[252] der Gesellschaft beschädigt hat. Die Rechtsprechung hat angenommen, dass der immaterielle Schaden der Gesellschaft vom Geschäftsführer aufgrund der vertraglichen Haftung ersetzt werden könnte[253].

Die Haftung der Geschäftsführer auf vertraglicher Grundlage bleibt in allen Fällen eine subsidiäre Haftung. Die Literatur[254] meint, dass diese Haftung das letzte Mittel ist, das die Gesellschafter und Dritte geltend machen, wenn alle anderen Wege oder *Lex specialis* nicht mehr in Betracht kommen können.

c) Die Haftung aus unerlaubter Handlung

Die Haftung aus unerlaubter Handlung aus Art. 1382 cc ist die Pflicht, die schädlichen Folgen einer Handlung - positives Tun oder Unterlassung, die eine Person geschädigt hat - zu entschädigen[255]. Die Haftung aus unerlaubter Handlung kann in Betracht kommen, sobald die Voraussetzungen für die vertragliche Haftung fehlen[256]. Der Geschäftsführer haftet der Gesellschaft gegenüber auch aus unerlaubter Handlung, wenn sein Verschulden nicht Gegenstand der Durchführung seines Amts ist[257].

Art. 1382 cc ist im Prinzip klar. Der Geschäftsführer haftet für jede seiner Handlungen, die der Gesellschaft einen Schaden verursacht. Damit diese Haftung in Betracht kommt, müssen drei Voraussetzungen vorliegen:

---

251 *Pacta sunt servanda*; Siehe auch MARTY/RAYNAUD, Rdn 533 bis.

252 Er hat dann keine Loyalität der S.A.R.L. gegenüber gezeigt.

253 Paris, 25.05.1950, D. 1950, S. 439.

254 GUYON, Jurisclasseur responsabilité civil, Fascicule IX bis, Rdn 5; LAMY 1996, Rdn 840.

255 Siehe in code civil Livre III, Titre IV, Chapitre II. "Des délits et des quasi-délits"; Der Begriff des Deliktes ist im Zivilrecht und im Strafrecht unterschiedlich. Es gibt Delikte, die mangels einer strafrechtlichen Sanktion nicht zugleich auch "délits pénaux" darstellen und umgekehrt führen viele "délits pénaux" nicht zu einer zivilrechtlichen Sanktion, da sie das Vorliegen eines Schadens, dessen es zur Anwendung der Art. 1382 ff cc stets bedarf, nicht immer voraussetzen.

256 Aufgrund des Prinzips "Non-cumul des responsabilités délictuelle et contractuelle"; Siehe auch LEFEBVRE, Contrats, Rdn 7502; PRIETO, Rdn 819 f.

257 ROUSSEAU, Rdn 401; GAIN/ALAISI, Rdn 75.

- Der Gläubiger muss einen Schaden erlitten haben; dieser Schaden muss unmittelbar, konkret und persönlich sein. Ob eine Rechtsverletzung, ein reiner Vermögensschaden oder ein Personenschaden vorliegt, spielt keine Rolle gemäß Art. 3 Al. 2 Code de Procédure Pénale. Die Verletzung der Persönlichkeitsrechte, insbesondere der Ehre, des Rufes, des Namens, stellt einen immateriellen Schaden - *pretium doloris* - dar. Ein Urteil des Tribunal de Grande Instance hat anerkannt, dass eine juristische Person auch einen solchen immateriellen Schaden erleiden kann[258].

- Der Schuldner muss den Schaden, den er durch ein Verschulden verursacht hat, ersetzen. Ein Urteil hat erklärt, dass der Geschäftsleiter systematisch haftet, wenn er sich in einem Zustand krankhafter Störung der Geistestätigkeit gemäß Art. 489-2 cc[259] befindet. In dieser Entscheidung haftete der Geschäftsleiter, der unter Vormundschaft gestellt worden ist, für einen Schaden gemäß Art. 1382 cc[260]. Das Verschulden kann vorsätzlich[261], fahrlässig oder nachlässig[262] sein.

- Der Schuldner haftet grundsätzlich nur, wenn das Vorliegen eines Kausalzusammenhanges nachgewiesen ist. Die Kausalität liegt vor, wenn das Verschulden, das dem Schuldner zurechenbar ist, eine unmittelbare Rolle in der Ursache des Schadens gespielt hat.

Aus dem Grundsatz der ordentlichen Buchführung des Geschäftsführers und aus der Pflicht des Geschäftsführers zur Beachtung wahrheitsgetreuer Bilanzierung dürfen keine unzulässigen Gewinnausschüttungen aufgrund falscher oder gefälschter Bilanz gemäß Art. L 223-40 C.Com. (vormals Art. 67) und Art. L 241-3 C.Com. (vormals Art. 425 G 1966) vorgenommen werden. Eine Deliktshaftung gemäß Art. 1382 ff cc kommt gegen den Geschäftsführer in Betracht[263].

---

258 T.G.I. Paris 08.07.1970, D. 1972, S. 88 betreffend den Ruf eines Vereins gegen Alkoholismus; LEFEBVRE, Contrats, Rdn 7506; Die Entschädigung des immateriellen Schadens wird auch angenommen, wenn es sich um die vertragliche Haftung handelt, Paris 25.05.1950, D. 1950, S. 439, R.T.D.Civ. 1950, S. 495; Siehe auch MARTY/RAYNAUD, Rdn 431, 432; Das Gericht kann in Fällen von Ehrverletzungen die Veröffentlichung seines Urteils in den verschiedenen Medien (Presse, Rundfunk, Fernsehen) auf Kosten des Schädigers anordnen, Art. 1036 c.pr.civ. und den Schädiger darüber hinaus zum Ausgleich des von ihm zugefügten immateriellen Schadens zur Zahlung von Schadensersatz in Höhe eines "franc symbolique" bis hin zu einer erheblichen Geldsumme verurteilen; CHERCHOULY-SICARD, S. 203.

259 Dieser Artikel sieht keine besondere Haftung vor und ist für Art. 1382 cc anwendbar.

260 Siehe DERRIDA, D. 1984, S. 139; LEFEBVRE, Contrats, Rdn 7515.

261 Art. 1382 cc: Faute délictuelle.

262 Art. 1383 cc: Faute quasi délictuelle.

263 Siehe näher ROUSSEAU, Rdn 308; ERNAELSTEN, S. 57 ff.

Der Kassationshof hat in einer Entscheidung vom 8. Juli 1956[264] erklärt, dass der Berechtigte - die S.A.R.L. Coprim - eines einseitigen Vorkaufsrechts gegen einen Geschäftsführer der S.A.R.L.-Pravat eine Haftungsklage aufgrund eines vom Geschäftsführer begangenen Verschuldens laut Art. 1382 cc geltend machen kann. Der Geschäftsführer der S.A.R.L.-Pravat hatte ein Gebäude gekauft, das den Gegenstand des Vorkaufsrechts zugunsten der S.A.R.L.-Coprim darstellte, obwohl er vom Vorkaufsrecht Kenntnis hatte.

Die Rechtsprechung[265] und die Literatur[266] erwähnen den Begriff "Responsabilité des commettants pour la faute commise par leur préposé-dirigeant sur la base de l'article 1384 al. 5 cc" - Haftung für Verrichtungsgehilfen, also die Haftung der Gesellschaft für Verschulden ihres Geschäftsführers. Vorausgesetzt wird, dass der Geschäftsführer einen Anstellungsvertrag gem. Art. 1384 Al. 5 cc hat. Diese Voraussetzung muss erfüllt werden, sonst besteht kein Subordinationsverhältnis zwischen der juristischen Person und ihm[267], und Art. 1384 Al. 5 cc findet dann hier keine Anwendung[268]. In einer Entscheidung hatte der Kassationshof[269] erklärt, dass eine juristische Person für Fehler ihres Vertretungsorgan aus unerlaubter Handlung haftet[270]. Hier hat der Kassationshof den im Verwaltungsrecht benutzten Unterschied zwischen Amtspflichtverletzung und eigenem Verschulden auf das Gesellschaftsrecht übertragen[271]. Für eigenes Verschulden außerhalb der Geschäftsführungstätigkeit haftet der Geschäftsführer Dritten gegenüber gemäß Art. 1382 ff cc selbst: Demnach ist die juristische Person von der Haftung befreit, wenn der Geschäftsführer außerhalb der Geschäftsführungstätigkeit gehandelt hat[272]. Nur für Amtspflichtverletzung bzw. Pflichtverletzung in der Geschäftsführung haftet die juristische Person[273]. Der Grund einer solchen Haf-

---

264 Cass.civ. 08.07.1975, D. 1975, I.R., S. 200.

265 Civ. 17.07.1967, G.P. 1967, S. 235; Civ. 27.04.1977, Bull.cass.civ. 1977, II, S. 74; Civ. 27.05.1986, Bull.cass.civ. 1986, I, S. 134.

266 BULLE, Rdn 774; LEFEBVRE, Contrats, Rdn 7515, 7525 ff; LEFEBVRE, Sociétés, Rdn 2251; GUYON, Rdn 193.

267 Cass.crim. 28.05.1980, Bull.cass.crim. 1980, Nr. 160; Siehe auch LAMY, Rdn 594.

268 Im französischen Recht kennt die Bestimmung über die Haftung für Verrichtungsgehilfen, Art. 1384 Al. 5 cc, im Gegensatz zum § 831 BGB keinen Entlastungsbeweis des Bestellenden.

269 Civ. 17.07.1967, G.P. 1967, S. 235; Siehe auch MARTY/RAYNAUD, Rdn 458, 492.

270 Jurisclasseur civil, Article 1382 á 1386, Fasc. 143, Rdn 69.

271 BULLE, Rdn 775; GUYON, Rev.soc.1983, S. 573; Der Kreis der Haftenden ist dann breiter geworden, und der Geschädigte kann zwischen der juristischen Person und dem Geschäftsführer wählen, wer ihm gegenüber haftet.

272 Ass. plén. 19.05.1988, D. 1988, S. 513 mit Anmerkung Larroumet.

273 So GUYON, Rdn 192 ff: "Das Verschulden des Geschäftsführers ist als Verschulden der juristischen Person anzusehen"; Civ., 16.11.1976, Bull.cass.civ. 1976, I, S. 277; Com. 05.02.1991, Bull.cass.civ. 1991, IV, S. 34.

tung der juristischen Person liegt darin, dass Dritte einen Schadensersatz aufgrund der Zahlungsfähigkeit der juristischen Person sicherer und schneller bekommen können. Da die Gesellschaft einen vermögensrechtlichen Schaden aufgrund des Geschäftsführerverschuldens erlitten hat, kann sie jedoch eine "action récursoire" - Rückgriffsanspruch - für ihren Schaden geltend machen[274]. Demnach haftet der Geschäftsführer der Gesellschaft aus Art. 1382 ff cc.

d) Ergebnis

Weil die S.A.R.L. fast 30 Jahre nach dem deutschen GmbH-Recht in das französische Gesellschaftsrecht eingefügt worden ist, sind die französischen Haftungsgrundlagen dem deutschen Recht sehr ähnlich. Die zentrale Haftungsgrundlage des Art. L 223-22 C.Com. ist explizit und bestimmt eingehend jeden haftungsbegründenden Fehler des Geschäftsführers in seiner Geschäftsführung. Dies geschieht, indem Art. L 223-22 C.Com. auch in Al. 1 auf andere Gesetzestexte wie etwa Vorschriften des Gesetzes 1966 und der Verordnung 1967 und auf die Satzung der Gesellschaft verweist, die streng vorsehen, was der Geschäftsführer in seinen Geschäftsführungsmaßnahmen vornehmen oder nicht vornehmen darf. Hier distanziert sich das französische Recht von dem deutschen, das diesbezüglich sehr vage geblieben ist. Demgegenüber lässt der umfangreiche Begriff "Fehler in der Geschäftsführung" wie im deutschen Recht zu, den Geschäftsführer für eine Vielzahl von Fehlern haftbar zu machen. Dabei ist es unerheblich, ob es sich um Fehler aufgrund mangelnder Erfahrenheit oder Kenntnisse für eine einwandfreie Geschäftsführung oder absichtliche Verstöße zu seinen Gunsten handelt.

Im französischen Recht wie im deutschen GmbH-Recht spielt der Begriff "Tous les soins d'un bon père de famille" - Sorgfalt eines ordentlichen Geschäftsmannes - eine maßgebende Rolle. Die Sorgfaltspflicht ist als Pflichtenquelle einer guten Unternehmensleitung und als Pflichtengrenze der Befugnisse und Einwirkungsmöglichkeiten des Geschäftsführers anzusehen. Deshalb haftet der Geschäftsführer, wenn er diese Sorgfaltspflicht nicht beachtet. Im Gegensatz zum deutschen Recht, insbesondere zum § 43 Abs. 3 GmbHG, enthält Art. L 223-22 C.Com. keinen Hinweis auf die Erhaltung des Stammkapitals oder den Erwerb der Geschäftsanteile der Gesellschaft. Demgegenüber werden die Sorgfalt eines ordentlichen Geschäftsmannes und das Unternehmensinteresse hier als Verhaltensmaßstab in Betracht gezogen.

---

274 Civ. 13.11.1964, D. 1965, S. 346, 838; 28.01.1955, D. 1955, 449; CC 20.03.1979, D. 1980, S. 29 ff; Cass.civ. 27.05.1986, Bull.cass.civ.1986, I, S. 134; Civ. 22.02.1984, D. 1984, S. 19; Siehe auch MARTY/RAYNAUD, Rdn 492, 494; Jurisclasseur civil, Article 1382 á 1386, Fasc. 143, Rdn 219 ff; LEFEBVRE, Contrats, Rdn 7530; BULLE, Rdn 776, 799.

Eine Weisung der Gesellschafter und deren Folgepflicht besteht für den französischen Geschäftsführer nicht. Daher ist der französische Geschäftsführer ein wenig unabhängiger in der Umsetzung der von den Gesellschaftern bestimmten Geschäftspolitik als der deutsche Geschäftsführer. Die Berücksichtigung des Unternehmensinteresses spielt aber auch eine große Rolle in der Auslegung, ob der Geschäftsführer sorgfältig gehandelt hat oder nicht.

Wie auch im deutschen Recht schließt die überragende Haftungsgrundlage des Art. L 223-22 C.Com. den Rückgriff auf andere Haftungsgrundlagen aus dem Code Civil, wie die Haftung aus unerlaubter Handlung, nicht aus. Dies gilt auch für die Haftungsgrundlage aus dem Anstellungsvertrag.

B. Haftung des Geschäftsführers bei einer nicht-ordnungsgemäßen Bestellung

Fraglich ist, ob und auf welcher Grundlage der Geschäftsführer haftet, wenn er trotz einer nicht-ordnungsgemäßen Bestellung[275] sowohl im Innenverhältnis als auch im Außenverhältnis als ein wirksam bestellter Geschäftsführer gehandelt hat, da sowohl Auswirkungen für die Gesellschaft als auch für Dritte entstehen. Daher wird ebenfalls untersucht, ob die vom Geschäftsführer für die Gesellschaft abgeschlossenen Rechtsgeschäfte weiterhin gültig sind und inwieweit sie die Gesellschaft nach dem Prinzip *pacta sunt servanda* verpflichten.

1. Die deutsche Rechtslage

Betrachten wir die folgende Sitatuation: Die Gesellschafterversammlung einer GmbH beschließt, einen neuen Fremdgeschäftsführer zu bestellen. Gesellschafter haben aufgrund einer Nichteinladung nicht daran teilnehmen können, so dass der Bestellungsbeschluss deshalb nichtig ist[276]. Ein Anstellungsvertrag wird nach Aufnahme der Bestellung des neuen Geschäftsführers abgeschlossen. Es ist wichtig zu erfahren, welche Auswirkungen sich aus dieser unwirksamen Bestellung auf die Pflichten der Unternehmensleitung und auf den Geschäftsverkehr ergeben. Zwei Situationen werden dargestellt: In erster Linie wird die Situation des unwirksam bestellten Geschäftsführers vor einer Eintragung ins Handelsre-

---

[275] Mit Bestellung wird häufig nicht der Akt oder Beschluss, sondern die Rechtsstellung des Geschäftsführers gemeint. Z. B. der Widerruf der Bestellung des § 38 Abs. 1 GmbHG: Es handelt sich hier nicht um den Widerruf des Bestellungsakts sondern um die Beendigung der Vertretungsmacht und der Rechte und Pflichten als Geschäftsführer.

[276] Zur Voraussetzung der Eintragung des fehlerhaften Gesellschafterbeschlusses, siehe BAUMS, Eintragung und Löschung von Gesellschafterbeschlüssen, S. 73 ff, 80 ff, 88 ff.

gister dargestellt, anschließend die gleiche Situation, jedoch nach der Eintragung des unwirksamen Bestellungsakts ins Handelsregister.

a) Auswirkungen der nicht-ordnungsgemäßen Bestellung vor Eintragung ins Handelsregister

Der unwirksam bestellte Geschäftsführer ist nicht zur Aufnahme[277] der Geschäftsführertätigkeit verpflichtet und damit nicht veranlasst, die ihm auferlegten Pflichten zu erfüllen. Er kann daher selbst auf den Formfehler des Bestellungsakts hinweisen und eine neue und gesetzmäßige Bestellung beantragen. Gleichzeitig kann auch der Mehrheitsgesellschafter immer noch auf die Unwirksamkeit der Bestellung hinweisen und damit die Tätigkeit des unwirksam bestellten Geschäftsführers unterbinden[278].

Die Situation des unwirksam bestellten Geschäftsführers und der im Namen der Gesellschaft abgeschlossenen Rechtsgeschäfte hängen davon ab, ob der Bestellungsmangel dem Geschäftsführer verborgen bleibt oder nicht.

- Falls der Geschäftsführer nichts von der Unwirksamkeit des Bestellungsakts weiß und falls die Gesellschaft seine Geschäftsführungstätigkeit nicht unterbindet, wird er im Innen- wie auch im Außenverhältnis wie ein wirksam bestellter Geschäftsführer auftreten[279]. Wenn die von ihm für die Gesellschaft abgeschlossenen Rechtsgeschäfte nicht nachträglich genehmigt werden, kann hier ein Dritter gemäß § 179 Abs. 2 BGB den Geschäftsführer auf Schadensersatz in Anspruch nehmen, aber nur wenn der Dritte gutgläubig gemäß § 179 Abs. 3 S. 1 BGB war[280].

- Falls der Geschäftsführer, insbesondere der Gesellschafter-Geschäftsführer von der Unwirksamkeit des Bestellungsakts weiß und trotzdem bewusst seine Tätigkeit aufnimmt, ist die Gesellschaft an die von ihm abgeschlossenen Rechtsgeschäfte gebunden. Sie ist damit verpflichtet, diese Rechtsgeschäfte

---

277 Die Frage, ob auch ohne Zustimmung, allein durch den Bestellungsbeschluss bereits die Vertretungsmacht als Geschäftsführer begründet wird, ist zu verneinen. Siehe näher BAUMS, § 4 II c.

278 Es handelt sich aber mehr um eine theoretische Möglichkeit. Der Mehrheitsgesellschafter hätte aus zwei Gründen kaum Interesse daran, den Mangel hervorzuheben. Erstens würde er ungern gestehen, dass er den Mangel der Bestellung verursacht hat. Zweitens hätte er einen Vorteil von der mangelhaften Bestellung. Dadurch könnte er den unwirksam bestellten Geschäftsführer aufgrund der prekären Stellung noch besser beeinflussen.

279 BAUMS. § 8 II 2.

280 Nach BAUMS, § 8 II 2, können die Geschäftspartner der GmbH u. U. den Einwand treuwidrigen Verhaltens erheben, oder es kann ihnen neben den Ansprüchen gegen den Geschäftsführer persönlich ein Anspruch aus *culpa in contrahendo* gegen die GmbH zustehen; Vgl. BGH WM 1960, S. 803.

aus irgendwelchen Gründen - sei es aufgrund der Geschäftspolitik oder aufgrund von Nachlässigkeit - gegen sich gelten lassen zu müssen, wenn "eine Vertretungsmacht kraft wissentlicher Duldung besteht[281]". Wenn die GmbH hierdurch einen Schaden erleiden sollte, steht ihr gemäß § 43 GmbHG ein Ersatzanspruch gegen den Geschäftsführer zu.

b) Auswirkungen bei Eintragung in das Handelsregister

Die Auswirkungen bei der Eintragung in das Handelsregister ergeben sich aus § 15 Abs. 3 HGB.

(1) Auswirkungen der nichtigen Bestellung auf die Geschäftsführerpflichten

Sobald der unwirksam bestellte Geschäftsführer sein Amt antritt, muss er die Pflichten eines Geschäftsführers ordnungsgemäß beachten, solange er tatsächlich tätig ist. Mit Übernahme des Amtes und nicht mit der Eintragung ins Handelsregister ist der Geschäftsführer verpflichtet und haftet bei Pflichtverletzung[282]. Die Gesellschafter können dann nicht mehr die Tätigkeit des Geschäftsführers aufgrund der nichtigen Bestellung unterbinden. Die Pflicht zur sorgfältigen Geschäftsleitung kann aber keine Pflicht aus dem Anstellungsvertrag sein, sondern wird bereits durch Bestellungserklärung und Annahme begründet[283]. Der BGH[284] hat sich in einer Entscheidung mit der Frage auseinandergesetzt, ob ein aufgrund eines ungültigen Aufsichtsratbeschlusses angestelltes Vorstandsmitglied nach den Vorschriften über die Organhaftung zu belangen ist. Der BGH erklärte, dass der Beklagte noch so lange die Rechte und Pflichten eines Vorstandsmitgliedes hatte, wie er unangefochten als Vorstandsmitglied tätig war. Wer zwar ohne wirksamen Anstellungsvertrag, aber mit Wissen des Aufsichtsrats als Vorstandsmitglied tätig wird, ist für die Dauer der Beschäftigung so zu behandeln, als sei der Vertrag wirksam[285]. Dieser richterlichen Einstellung ist

---

281 BAUMS, § 8 II 2.

282 Siehe auch GÜBEL, S. 56 ff, 101 ff; SCHOLZ/SCHNEIDER, § 43, Rdn 14; MERTENS, § 43, Rdn 10: "Diese Haftung trifft ohne Rücksicht auf das Bestehen eines wirksamen Anstellungsvertrages jeden, der das Amt eines Geschäftsführers ausübt" und § 43, Rdn 14: "Die Haftung beginnt mit der Annahme des Amtes; auf die Eintragung im Handelsregister kommt es nicht an"; Diese strenge Position der Literatur dient dem Schutz der Gesellschaft, weil der Geschäftsführer mit unwirksamer Bestellung dann immer schadensersatzpflichtig ist.

283 BAUMS, § 8 I 2 a.

284 BGHZ 47, S. 341, DB 1967, S. 1032; Siehe auch BGHZ 41, S. 282; REICH, DB 1967, S. 1663: "Der BGH-Entscheidung ist allerdings vorzuhalten, dass sie nicht mit der hM scharf zwischen dem körperschaftsrechtlichen Akt der Bestellung und dem privatrechtlichen Vorgang des Anstellungsvertrags unterscheidet".

285 So BGHZ 41, S. 282.

m. E. zuzustimmen. Wenn der unwirksam bestellte Geschäftsführer nicht wie ein wirksam bestellter Geschäftsführer behandelt würde, könnte er sich jederzeit der Haftung im Falle einer Pflichtverletzung entziehen. Ein Schadensersatzanspruch der Gesellschaft hätte dann keinen Anspruchsgegner.

Der unwirksam bestellte Geschäftsführer muss demnach bei Verletzungen dieser Pflichten wie "ein wirksam bestellter Geschäftsführer" nach der Haftungsgrundlage des § 43 GmbHG haften[286]. Also haftet er, sofern er tatsächlich die Geschäftsführungsaufgaben wahrnimmt[287]. Hier liegt eine direkte Anwendung des § 43 GmbHG nahe. Dies rechtfertigt sich aus der organschaftlichen Struktur der Gesellschaft, die auch im Innenverhältnis Organe haben muss, um rechtlich in Erscheinung zu treten. Eine Auswirkung der rechtsunwirksamen Bestellung darf deshalb nicht so weit gehen, dass sie die Verantwortlichkeit des Geschäftsführers für seine Rechtshandlungen ausschließt[288]. Eine Ausnahme besteht jedoch in diesem Fall, wenn der Geschäftsführer geschäftsunfähig ist[289].

(2) Nichtige Bestellung und Vertrauensschutz im Rechtsverkehr

Problematisch ist der Vertrauensschutz auf Bestehen der Vertretungsmacht des Geschäftsführers, wenn diese Vertretungsmacht nicht wirksam begründet worden ist. Dies ist besonders relevant bei einer Eintragung ins Handelsregister, das Eintragungen enthält, die für den Handelsverkehr rechtserheblich und vertrauenswürdig sind. In allen Fällen steht dem unwirksam bestellten Geschäftsführer die volle Vertretungsmacht ab Eintragung in das Handelsregister gemäß

---

286 BAUMS, § 8 I 2 c; GÜBEL, S. 56 ff.

287 SCHOLZ/SCHNEIDER, § 43, Rdn 15; ROWEDDER/KOPPENSTEINER, § 43, Rdn 46; BAUMBACH/HUECK/ZÖLLNER, § 43, Rdn 7; MERTENS, § 43, Rdn 15; Dies gilt auch für die Gründungshaftung gemäß § 9 a GmbHG, siehe BAUMBACH/HUECK/ZÖLLNER: "Als Geschäftsführer haftet auch, wer bei fehlender oder unwirksamer Bestellung als solcher tätig war", für die Buchhaltungspflicht gemäß § 41 GmbHG, BAUMBACH/HUECK/ZÖLLNER, § 41, Rdn 20: "Ist der Bestellungsakt unwirksam, so trifft sie (die Geschäftsführer) die Pflicht, wenn sie die Geschäftsführerfunktion tatsächlich ausüben." BAUMBACH/HUECK/ZÖLLNER, § 35, Rdn 6 a: "Ist der Bestellungsakt nichtig oder unwirksam, amtiert der Geschäftsführer jedoch, ist das Organhandeln einschließlich der Vertretung der Gesellschaft für die Zeit bis zur Geltendmachung des Mangels nach den für fehlerhafte Personengesellschaft und fehlerhaftes Arbeitsverhältnis maßgebenden Grundsätzen idR als wirksam zu behandeln".

288 REICH, Die zivil- und strafrechtliche Verantwortlichkeit des faktischen Organmitgliedes im Gesellschaftsrecht, DB 1967, S. 1666.

289 BAUMS, § 8 I 2 c; MERTENS, § 43, Rdn 15.

§ 15 Abs. 3 HGB[290] zu. Die Eintragung wirkt im Rechtsverkehr, als wäre die Bestellung von vornherein gültig gewesen. Der Geschäftsführer kann demnach die Gesellschaft vertreten und wirksam rechtsgeschäftlich für sie handeln. Die Gesellschaft haftet dann für alle von ihrem unwirksam bestellten eingetragenen Geschäftsführer abgeschlossenen Rechtsgeschäfte.

Jeder Dritte kann sich gemäß § 15 Abs. 3 HGB darauf berufen, dass der eingetragene Geschäftsführer die Vertretungsmacht hat. Vorausgesetzt wird, dass der Dritte, d. h. jeder Außenstehende, gutgläubig war und nicht von der Unrichtigkeit erfahren hat. § 15 Abs. 3 HGB wirkt dann zu Ungunsten desjenigen, in dessen Angelegenheiten der Wegfall der Vertretungsmacht einzutragen war[291]. Dies ist dadurch begründet, dass Dritte sich auf Eintragung und Bekanntmachung verlassen dürfen und deshalb auf den unrichtigen Inhalt vertrauen. Falls der Dritte Kenntnis von der wirklichen Sachlage oder von der Unrichtigkeit der Eintragung und Bekanntmachung hat, genießt er selbstverständlich keinen Schutz. Die Literatur hat sogar § 15 Abs. 3 HGB in einer strengeren Weise ausgelegt. Sie meint zu Recht, dass derjenige, den die Eintragung betrifft, die unrichtige Eintragung und Bekanntmachung gegen sich nur gelten lassen müsse, wenn er sie "zurechenbar veranlasst" oder ihre Korrektur schuldhaft unterlassen hat[292].

2. Die französische Rechtslage

Die Gesellschafterversammlung der S.A.R.L. bestellt einen Fremdgeschäftsführer. Wie im deutschen Recht ist der Bestellungsakt nichtig, wenn ein Gesellschafter aufgrund einer Nichteinladung nicht daran teilgenommen hat. Diese strenge Reglementierung hat ihre Ursache im Willen des Gesetzgebers, den Geschäftsführer mit umfangreichen Geschäftsführungsbefugnissen auszustatten, da dieser den größten Teil des Kapitals verwalten soll. Untersucht wird die Situation des nicht-ordnungsgemäßen Geschäftsführers und seiner im Namen der Gesellschaft abgeschlossenen Rechtsgeschäfte vor und nach einer Eintragung ins Handelsregister.

---

290 § 15 Abs. 3 HGB wurde durch das Gesetz vom 15.08.1969 mit Wirkung vom 01.09.1969 eingefügt, das weit über die Vorgaben der EG-Richtlinie hinausging, BGBl. 1969, S. 1146; Siehe OSTROWICS/WESSEL, S. 3.

291 Nach dieser Auslegung enthält dann § 15 Abs. 3 HGB das Prinzip des reinen Rechtsscheins, weil der Geschäftsführer nur dann den Nachteil des durch die Eintragung und Bekanntmachung erweckten Scheins trägt, wenn dieser ihm zuzurechnen ist.

292 BAUMS, § 8 II 3 a; Vgl. die Nachweise bei SCHMIDT, Handelsrecht § 14 II d.

a) Auswirkungen der nichtigen Bestellung vor Eintragung in das Handelsregister

Vor Eintragung in das Handelsregister bleibt der unwirksam bestellte Geschäftsführer der Mandatar einer S.A.R.L. und verfügt über keine gesetzmäßige Erteilung der Geschäftsführer- und Vertreterbefugnisse[293]. Solange die Bestellung noch nicht eingetragen ist, kann sich die Gesellschaft auf die eventuellen Mängel des Bestellungsbeschlusses berufen, um ihre Verpflichtungen, die sich aus einem Vertrag zwischen dem Geschäftsführer und Dritten ergeben, zu erfüllen. Da der Geschäftsführer für die Gesellschaft handelt, kann die Gesellschaft nur noch nachträglich die von ihm abgeschlossenen Rechtsgeschäfte in ihrem Namen genehmigen. Wenn nicht, haftet der unwirksam bestellte Geschäftsführer gemäß Art. 1382 ff cc, also auf der Grundlage der Haftung aus unerlaubter Handlung, der Gesellschaft oder Dritten gegenüber, falls Schäden entstanden sind[294].

Es ist gerechtfertigt, den unwirksam bestellten Geschäftsführer als Anspruchsgegner zu betrachten, weil er die Funktion des ordnungsgemäß bestellten Geschäftsführers ausgeübt hat und stillschweigend auch die Möglichkeit einer Haftung als Kehrseite seiner Befugnisse hingenommen hat[295]. Der ordnungsgemäß bestellte Geschäftsführer darf m. E. im Rahmen seiner Befugnissen und seiner Haftung nicht schlechter als der unwirksam bestellte Geschäftsführer gestellt werden[296].

b) Auswirkungen bei Eintragung ins Handelsregister

(1) Auswirkungen der nichtigen Bestellung auf die Geschäftsführerpflichten

Die französische Lösung der Problematik ist einfach und wurde mit Hilfe des Artikels L 210-9 C.Com. (vormals Art. 8 G 1966) gefunden. Nach Art. L 210-9 C.Com. kann die Gesellschaft sich nicht ihren Verpflichtungen entziehen, wenn die Ernennung des Geschäftsführers ordnungsgemäß bekanntgemacht worden ist. Da die Bestellung des Geschäftsführers publizitätspflichtig gemäß Art. 287 VO 1967 ist, wird eine unwirksame Bestellung des Geschäftsführers

---

293 BEZARD, Fascicule 74-1, Rdn 136 ff.

294 Siehe auch Paris 06.06.1975, Rev.soc. 1975, S. 639; Com. 17.01.1989, Bull.cass. com. 1989, IV, S. 15; Com. 23.03.1982, Rev.soc. 1982, S. 834; LEFEBVRE, Sociétés, Rdn 2250 f.

295 So Com. 26.01.1988, Rev.soc. 1988, S. 284; Siehe auch LEFEBVRE, Sociétés, Rdn 2250 f.

296 Sonst bestünde eine ungleiche Behandlung eines *de facto* und eines wirksam bestellten Geschäftsführers. Zu diesem Punkt, siehe die faktische Geschäftsführung, Teil II, B in der vorliegenden Dissertation.

auch in das "Registre du Commerce et des Sociétés" - Handelsregister - gemäß Art. L 210-9 C.Com. gesetzmäßig eingetragen. Diese Eintragung heilt den Mangel der Bestellung, und der Geschäftsführer kann die Gesellschaft weiterhin wirksam vertreten[297]. Ab Eintragung in das Handelsregister hat der nichtordnungsgemäß bestellte Geschäftsführer alle Pflichten zu erfüllen, die ihm innerhalb der Geschäftsführung auferlegt worden sind, ebenso wie der ordnungsgemäß bestellte Geschäftsführer. Deshalb haftet er der Gesellschaft auch gemäß Art. L 223-22 C.Com. für jeden Schaden[298], der auf ihn zurückzuführen ist.

(2) Nichtige Bestellung und Vertrauenschutz im Rechtsverkehr

Problematisch wird es dann, wenn dieser Geschäftsführer vom nichtordnungsgemäßen Bestellungsakt Kenntnis hat und den Mangel der Bestellung hinsichtlich Dritten durch eine selbst heimlich durchgeführte Eintragung absichtlich heilen lässt. Dies ist der Fall, wenn der Mehrheitsgesellschafter[299] den Geschäftsführer ohne Einladung des Minderheitsgesellschafters - also gesetzwidrig - bestellen kann. Der Mehrheitsgesellschafter und der Geschäftsführer können sich einigen, die Gesellschaft zu ihren Gunsten zu führen. Da Art. L 210-9 C.Com. den Schutz von Dritten als Hauptziel hat, wird die unwirksame Bestellung durch die Eintragung geheilt[300]. Die Gesellschaft kann ab Eintragung demnach für jede Vertragsverletzung, die sich aus einem Rechtsgeschäft mit Dritten ergibt, Dritten gegenüber haften[301], weil ihrem unwirksam bestellten Geschäftsführer eine ordnungsgemäße Vertretungsmacht zusteht[302].

---

297 GUYON, Rdn 191, 485; BASTIAN, La réforme du droit des sociétés commerciales, J.C.P. 1967, Ed. G., I, Nr. 2121, Rdn 184.

298 Siehe Haftung gemäß Art. L 223-22 C.Com., Teil I, A 2 a) in der vorliegenden Dissertation.

299 Zur Problematik der Mehrheit bei der Bestellung des Geschäftsführers, siehe BEZARD, Fascicule 74-1, Rdn 76 ff, Rdn 126.

300 Siehe auch GUYON, Rdn 191; MERLE, Rdn 95, 185; SONNENBERGER, S. 27; BEHRENS, Rdn 277; LEFEBVRE, Rdn 1120; BEZARD, Fascicule 74-1, Rdn 121 ff; JUGLART/IPPOLITO, Band 2, Rdn 453-2; RIPERT/ROBLOT, Rdn 696, 750, 939, 940; COZIAN/VIANDIER, Rdn 353, 1302; BASTIAN, J.C.P. 1967, Ed. G., I, Nr. 2121, Rdn 184.

301 Es sei denn, dass der Dritte die Nichtigkeit der Bestellung schon kannte. Falls die Gesellschaft einen Schaden erleidet, bleibt das Haftungssystem gleich: Der Geschäftsführer haftet der Gesellschaft gemäß Art. L 223-22 C.Com, RIPERT/ROBLOT, Rdn 696; Civ. 19.02.1986, R.T.D.Civ. 1987, S. 761; GUYON, Rdn 191.

302 Zur Einflussnahme des Mehrheitsgesellschafters in die Geschäftsführung, siehe Teil B in der vorliegenden Dissertation.

Außerdem kann sich jeder Dritte auf die Wirksamkeit der Bestellung gemäß Art. L 210-9 C.Com. berufen und den Geschäftsführer nach Art. L 223-22 C.Com. haftbar machen. Ein Dritter hat im französischen Gesellschaftsrecht eine Sonderstellung, weil er seine Schadensersatzansprüche gegen den Geschäftsführer unmittelbar aus dem Gesetz betreffend der S.A.R.L. geltend machen kann. Im ersten Absatz des Art. L 223-22 C.Com. ist eine solche Möglichkeit für Dritte explizit vorgesehen[303].

3. Ergebnis

In beiden Gesetzgebungen wird auf den Schutz Dritter abgezielt. Unabhängig von einer Eintragung ins Handelsregister werden Geschäftspartner der Gesellschaft, also Dritte, geschützt. Die Auswirkungen der unwirksamen Bestellung werden unmittelbar durch das französische Gesellschaftsrecht geregelt. Sie werden im deutschen Handelsrecht vorgesehen. Ziel ist der Schutz gutgläubiger Dritter und der Gesellschaft, die beide im unwirksam bestellten Geschäftsführer einen Anspruchsgegner finden.

In beiden Rechten kann die Gesellschaft Schadensersatzansprüche geltend machen, wenn sie einen Schaden aufgrund eines Verschuldens ihres unwirksam bestellten Geschäftsführers erleidet. Es kann vorkommen, dass die Gesellschaft Dritten gegenüber haften soll, sie verfügt jedoch, wie oben beschrieben, über einen Rückgriffsanspruch gegen ihren Geschäftsführer.

C. Geltendmachung des Anspruchs

Maßnahmen der Geschäftsführung können manchmal gegen die Interessen der Gesellschaft verstoßen und dann einen Schadensersatzanspruch der Gesellschaft zur Folge haben. Das deutsche und französische Recht gewähren den Schutz der Gesellschaft durch mehrere Klagemöglichkeiten. Der Berechtigte macht seine Rechte selbst geltend. Problematisch ist der Fall einer Gesellschaft als Kläger. Da sie nur eine juristische Person ist, kann sie demnach nicht *per se* handeln. Ausnahmen liegen jedoch sowohl im deutschen als auch im französischen Recht vor. Nachfolgend wird dargestellt, wie der Anspruch der Gesellschaft für den entstandenen Schaden geltend gemacht wird und wer dies machen kann.

1. Die deutsche Rechtslage

Ansprüche aus § 43 GmbHG und anderen Anspruchsgrundlagen stehen der Gesellschaft zu. Es sind die Gesellschafter, die gemäß § 46 Nr. 8 GmbHG darüber entscheiden, ob der Anspruch der Gesellschaft geltend gemacht werden soll oder

---

303 Zur Haftung des Geschäftsführers gegenüber Dritten, siehe näher GUYON, Rdn 496 ff; LEFEBVRE, Sociétés, Rdn 5431; Com. 12.06.1978, Rev.Soc. 1979, S. 307 ff; Com. 08.03.1982, Bull.cass.civ. 1982, IV, S. 82 ff.

nicht und wer die Gesellschaft im Prozess vertreten wird[304]. Wichtig ist in diesem Zusammenhang auch, dass die Zusammenarbeits- und Informationspflicht des Geschäftsführers tatsächlich erfüllt worden ist, damit die Gesellschafter alle Informationen über die Gesellschaft haben, um den Beschluss zu fassen, Schadensersatzansprüche der Gesellschaft geltend zu machen. Problematisch wird der Fall, wenn die Mehrheit der Gesellschafter die Ansprüche der Gesellschaft zum Nachteil der Minderheit nicht geltend machen will. Es besteht dann eine Verletzung der Minderheitsrechte, und der Schaden der Gesellschaft bleibt unersetzt. Dieses Problem hat jedoch eine befriedigende Lösung unter strengen Voraussetzungen gefunden.

a) Die Notwendigkeit des Gesellschafterbeschlusses für die Geltendmachung des Anspruchs

Ohne Gesellschafterbeschluss kann kein Ersatzanspruch gegen den Geschäftsführer gemäß § 46 Nr. 8 GmbHG geltend gemacht werden. Nach hM[305] kann der Geschäftsführer ohne entsprechenden Beschluss nicht in Anspruch genommen werden, weil der Beschluss materielle Voraussetzung ist. Deswegen ist eine Klage ohne Gesellschafterbeschluss wegen des Fehlens einer solchen materiellen Anspruchsvoraussetzung unbegründet[306]. Nach *Schmidt*[307] ist § 46 Nr. 8 GmbHG nicht zwingend. Der Gesellschaftsvertrag kann vorsehen, dass es keiner Beschlussfassung bedarf[308]. Er kann die Entscheidung in die Hand eines anderen Organs legen, das der notwendigen Geltendmachung von Ansprüchen keine Hindernisse in den Weg legen darf. Einerseits ist m. E. durch das Fehlen einer Beschlussfassung der Gesellschafter die Möglichkeit gegeben, Schadensersatzansprüche gegen den Geschäftsführer schneller geltend zu machen; andererseits können Gesellschafter, die nicht in der Gesellschaft tätig sind, den wahren Grund eines solchen Schadensersatzanspruchs erst mit der Beschlussfassung

304 So BGHZ 28, S. 357: "§ 46 Nr. 8 GmbHG macht die Verfolgung derartiger Ansprüche und die Bestellung eines besonderen Vertreters für diesen Zweck deshalb von einem Beschluss der Gesellschafter abhängig, weil dem obersten Gesellschaftsorgan vorbehalten und nicht dem Entschluss der Geschäftsführer überlassen werden sollte, ob ein Geschäftsführer wegen Pflichtverletzung belangt, die damit verbundene Offenlegung innerer Gesellschaftsverhältnisse trotz der für Ansehen und Kredit der Gesellschaft möglicherweise abträglichen Wirkung in Kauf genommen und die Vertretung der Gesellschaft für diesen Fall besonders geregelt werden soll"; Siehe auch BGH WM 1992, S. 224, 225.

305 BAUMBACH/HUECK/ZÖLLNER, § 46, Rdn 40; BGHZ 28, S. 359: "Das Fehlen des erforderlichen Gesellschafterbeschlusses bedeutet, dass eine Voraussetzung für die Zulässigkeit klageweiser Durchsetzung der Ersatzansprüche nicht gegeben ist .... Dies führt ... zur Abweisung der Klage als unbegründet"; RAISER, ZHR 153, S. 26.

306 BGHZ 28, S. 355; Siehe SCHOLZ/SCHMIDT, § 46, Rdn 142, 159.

307 SCHOLZ/SCHMIDT, § 46, Rdn 143.

308 SCHOLZ/SCHMIDT, § 46, Rdn 143.

erfahren. Die Beschlussfassung durch die Gesellschafter ist m. E. hier wichtig, weil sie ein faires Verfahren gegen den Geschäftsführer durch ausreichende Kenntnisnahme der Gesellschafterversammlung erlaubt. Dadurch wird auch verhindert, dass die Gesellschaft ohne Willen der Gesellschafter in Streitigkeiten über Schadensersatzansprüche hineingezogen wird. Deswegen schließe ich mich der hM an: Eine solche Beschlussfassung der Gesellschafter ist materielle Voraussetzung zur Geltendmachung des Schadensersatzanspruches der Gesellschaft.

Nur wenn der Beschlussinhalt klar den Willen erkennen lässt, die Ansprüche gegenüber den Geschäftsführern geltend zu machen, liegt ein Beschluss nach § 46 Nr. 8 GmbHG vor[309]. Eine bloße Abberufung des Geschäftsführers oder die Bestellung eines Prozessvertreters allein genügen nicht. Gem. § 50 Abs. 1 GmbHG kann der Gesellschafter, dessen Geschäftsanteile mindestens 10 % des Stammkapitals ausmachen, die Berufung der Gesellschafterversammlung bezüglich der Beschlussfassung und die Aufnahme von Beschlussanträgen in die Tagesordnung verlangen[310]. Dieses Recht der Minderheit soll die Herbeiführung des Beschlusses zulassen, damit der Geschäftsführer, der vom Mehrheitsgesellschafter unterstützt wird, trotzdem in Anspruch genommen werden kann.

Dieser Gesellschafterbeschluss kann gemäß § 47 Abs. 1 GmbHG mit einfacher Mehrheit angenommen werden. Der Gesellschafter-Geschäftsführer verfügt für diese Beschlussfassung über kein Stimmrecht nach § 47 Abs. 4 S. 2 GmbHG. Der BGH[311] war in dieser Hinsicht noch strenger: Das Stimmverbot trifft nicht nur den Geschäftsführer, sondern auch den Gesellschafter, der mit ihm gemeinsam die Pflichtverletzung begangen hat:

> "Wird darüber abgestimmt, ob ein Ersatzanspruch geltend gemacht werden soll, der der Gesellschaft gegen einen Geschäftsführer oder Gesellschafter zusteht, so ist nicht nur der unmittelbar betroffene, sondern grundsätzlich auch der Gesellschafter von der Abstimmung ausgeschlossen, der mit ihm die Pflichtverletzung begangen hat".

Dadurch wird das Problem des Loyalitätskonflikts gelöst. Daher ist die folgende Konstellation interessant: Ein Minderheitsgesellschafter in einer Zweimannge-

---

309 SCHOLZ/SCHMIDT, § 46, Rdn 155.

310 EICKHOFF, S. 62.

311 BGH WM 1992, S. 224: "Die Gesellschafterversammlung ist befugt, zur Vertretung der Gesellschaft in einem von einem Gesellschafter gegen sie geführten Rechtsstreit einen besonderen Vertreter zu bestellen, wenn in dem Prozess eine Pflichtverletzung eine Rolle spielt, die der Gesellschafter gemeinsam mit den Geschäftsführern begangen haben soll. Die von dem Vorwurf betroffenen Gesellschafter haben bei dem Beschluss über die Bestellung des Vertreters kein Stimmrecht". Siehe auch BGH GmbHR 1986, S. 156; Siehe auch EICKHOFF, S. 88.

sellschaft kann immer die Geltendmachung von Ansprüchen gegen den Mehrheitsgesellschafter-Geschäftsführer erzwingen, da dieser § 47 Abs. 4 S. 2 GmbHG zufolge vom Stimmrecht ausgeschlossen ist. Dies lässt sich dadurch erklären, dass sich der Gesellschafter in einem irgendwie gearteten Konflikt zwischen seinen außergesellschaftlichen Interessen und denen der Gesellschaft befindet; eine solche Lösung ginge auf Kosten der Rechtssicherheit und könnte ein sachgerechtes Zusammenwirken der Gesellschafter entsprechend dem Gewicht ihrer Beteiligung in Frage stellen. Denn der Mehrheitsgesellschafter[312], der den Geschäftsführer als Werkzeug aufgrund eines Weisungsrechts betrachtet hatte, wird immer die Geltendmachung des Anspruchs gegenüber dem Geschäftsführer ablehnen.

Der BGH[313] hat den Bereich der Ansprüche genau festgelegt. Er hat erklärt, dass nicht nur Ansprüche aus §§ 43 und 64 Abs. 2 GmbHG sowie aus Verletzung des Geschäftsführungsvertrags zu den Ersatzansprüchen zählen, sondern auch alle anderen aus der Geschäftsführung hergeleiteten Ersatzansprüche auf vertraglicher oder außervertraglicher Grundlage.

b) Die Gesellschaft

Da Ansprüche gegen den Geschäftsführer grundsätzlich der GmbH gemäß § 43 Abs. 2 GmbHG zustehen, werden die Gesellschafter den Vertreter der Gesellschaft im Prozess gegen den Geschäftsführer gemäß § 46 Nr. 8 GmbHG bestimmen. Es geht hier um den wichtigen Punkt der Handlungsfähigkeit der Gesellschaft: Ihr Vertreter wird in ihrem Namen Klage erheben. Als Vertreter kann ein Gesellschafter, aber auch ein Mitglied eines Gesellschaftsorgans, wie der Mitgeschäftsführer, oder ein Dritter bestellt werden. Beim Bestellungsbeschluss mit einfacher Mehrheit darf der Geschäftsführer, der häufig die Gegenpartei ist, gemäß § 47 Abs. 4 GmbHG nicht mitstimmen[314]. Außerdem kann der Geschäftsführer hiernach die Verfolgung eines seiner Mitgeschäftsführer nicht verhindern.

c) Die "actio pro socio" der Gesellschafter

Da der Anspruch der Gesellschaft nur durch ihren Vertreter geltend gemacht werden kann, ist es erforderlich, einer Untätigkeit dieses Vertreters vorzubeu-

---

312 Wenn die Mehrheit aus gesellschaftsfremden Gründen die Geltendmachung des Ersatzanspruchs durch die Gesellschaft verhindert, setzt sie sich der Haftung aus dem Gesichtspunkt der Treuepflichtsverletzung aus; die Minderheit kann von der Mehrheit den Leistung entsprechenden Ersatz an die Gesellschaft verlangen, siehe dazu LINDACHER, JuS 1984, S. 673, MERTENS, § 43, Rdn 102.

313 BGH NJW 1975, S. 977.

314 RAISER, Recht der Kapitalgesellschaften, S. 391, 411. BAUMBACH/HUECK/ZÖLLNER, § 46, Rdn 46; EICKHOFF, S. 70 ff.

gen. Ein Beschluss der Gesellschafter, der die Geltendmachung der Schadensersatzansprüche der Gesellschaft gegen den Geschäftsführer ablehnt, kann den Schutz der Gesellschaft und des Minderheitsgesellschafters beeinträchtigen. Im GmbH-Gesetz gibt es keine Vorschrift, die dem § 147 AktG entspricht, mit der eine Gesellschafterminderheit den Ersatzanspruch der Gesellschaft geltend machen kann[315].

§ 90 RegE 1971 hatte deshalb eine Möglichkeit für die Gesellschafter vorgesehen[316]. Zuerst sollte eine Gesellschafterminderheit, deren Geschäftsanteile zusammen ein Zehntel des Stammkapitals[317] erreichen, eine gerichtliche Bestellung von Vertretern zur Geltendmachung des Ersatzanspruchs beantragen dürfen, § 90 Abs. 1 RegE 1971. Falls das Stammkapital der Gesellschaft beeinträchtigt wurde[318], sollte jeder Gesellschafter berechtigt sein, den Anspruch der Gesellschaft mit der Maßgabe geltend zu machen, dass er Leistung an die Gesellschaft zu fordern habe, § 90 Abs. 2 RegE 1971. Aber § 90 RegE kann nicht durch richterliche Rechtsfortbildung antizipiert werden, zumal § 90 RegE über § 147 AktG hinausgeht[319].

In einer Entscheidung des BGH, dem sogenannten ITT-Urteil, wurde die *actio pro socio*, also die "Klage als Gesellschafter" oder "Mitgliedschaftsklage"[320], mit der ein Gesellschafter Ansprüche der Gesellschaft geltend machen darf, behandelt[321]. Nach dem ITT-Urteil hat ein Minderheitsgesellschafter einen auf Leis-

315 Siehe auch RAISER, ZHR 153, S. 3 ff; JESTAEDT, GmbHR 1994, S. 443.

316 Siehe MERTENS, § 43, Rdn 101 ff.

317 Es scheint, dass dieser zehnte Teil des Stammkapitals nach dem französischen Gesetz von 1966 vorgesehen wird.

318 Gem. § 75 Abs. 3 RegE 1971.

319 MERTENS, § 43, Rdn 101: Aber auch § 147 AktG kann im GmbH-Recht nicht vom Richter entsprechend angewendet werden, da hier die Gesellschafter durch Mehrheitsbeschluss im Gegensatz zur Aktiengesellschaft grundsätzlich uneingeschränkt über Ersatzansprüche verfügen können und auch im Falle des § 43 Abs. 3 GmbHG der Wirksamkeit solcher Verfügung nur durch Gläubigerbelange eine Grenze gesetzt ist.

320 FLUME bezeichnete die *actio pro socio* als *Magna Charta* des Minderheitenschutzes, FLUME, S. 142, und 300 ff; SCHMIDT, S. 519, 530 ff; WIEDEMANN, S. 458 ff; RAISER, S. 306 ff; EICKHOFF spricht von der Notwendigkeit eines Schutzes der Gesellschaft vor pflichtwidriger Ausübung mitgliedschaftlicher Macht, EICKHOFF, S. 1.

321 BGHZ 65, S.15; Siehe auch BGH BB 1967, S. 348 in dem der BGH dem Minderheitsgesellschafter einen eigenen Anspruch zugesteht. Diese Entscheidungen betreffen zwar die Lage einer *actio pro socio*, wählten aber nicht die Lösung der *actio pro socio*. Vgl. FLUME, S. 303 ff; SCHOLZ/SCHMIDT, § 46, Rdn 161; WIEDEMANN, I, S. 463; SCHMIDT, S, 531; HÖLTERS, BB 1977, S. 105; HABETHA, S. 95, 113 ff; JESTAEDT, GmbHR 1994, S. 444.

tung an die Gesellschaft gerichteten Schadensersatzanspruch aufgrund gesellschaftsschädigender Treuepflichtsverletzungen der Mehrheit. Außerdem besteht auch für den Minderheitsgesellschafter ein Anspruch gegen den Gesellschafter-Geschäftsführer, der sich an solchen Treuepflichtsverletzungen beteiligt oder ihnen zumindest keinen Widerstand leistet. Die Gesellschafterklage kann weder durch die Satzung noch durch Beschluss der Gesellschafterversammlung abbedungen werden, weil sie einen Minderheitenschutz darstellt[322]. Diese *actio pro socio* lässt mithin zu, dass die Rechte der GmbH in allen Fällen geltend gemacht werden dürfen.

Die *actio pro socio* ist aber als subsidiär[323] anzusehen, weil der klagende Gesellschafter sich zunächst um die Erhebung der Klage durch die Gesellschaft bemühen muss[324], abgesehen vom Fall einer offensichtlichen Erfolglosigkeit. Der Gesellschafter muss sich immer noch das Fehlen eines nach § 46 Nr. 8 GmbHG erforderlichen Beschlusses entgegenhalten lassen, wenn er den Anspruch der Gesellschaft trotzdem geltend machen möchte[325].

Die Voraussetzungen einer Gesellschafterklage sind folgende:

- Die Gesellschafterklage setzt die Mitgliedschaft voraus[326]. Der Gesellschafter ist betroffen als Mitglied des Organs, das über die Geschicke der Gesellschaft zu entscheiden hat, und er ist wegen der drohenden Wertminderung seines Kapitalanteils in seinem Vermögensinteresse beeinträchtigt[327].

- Es muss sich um einen Anspruch der Gesellschaft gegen einen Mitgesellschafter handeln. Ansprüche gegen den Geschäftsführer oder gegen andere Organmitglieder können mit einer *actio pro socio* grundsätzlich nicht verfolgt werden[328]. Eine Ausnahme bildet der geschäftsführende Gesellschafter[329], wenn er die Organpflicht als eine mitgliedschaftliche Pflicht verletzt

---

322 LUTTER/HOMMELHOFF, § 13, Rdn 4; WIEDEMANN, S. 462.

323 So ROWEDDER/KOPPENSTEINER, § 43, Rdn 43; SCHOLZ/SCHMIDT, § 46, Rdn 161; SCHMIDT, S. 519; BRANDES, FS FLECK, S. 14.

324 OLG Köln GmbHR 1993, S. 816: Die Mitgliedschaftsklage steht als subsidiäre Klagebefugnis den GmbH-Gesellschaftern zu, wenn die Gesellschaft Ansprüche gegen den Gesellschafter-Geschäftsführer nicht geltend macht.

325 SCHOLZ/SCHMIDT, § 46, Rdn 161.

326 EICKHOFF, S. 152 ff.

327 So EICKHOFF, S. 152.

328 BGH WM 1982, S. 928: Anderer Ansicht sind WIEDEMANN, § 8, IV, 1 c, bb; SCHOLZ/SCHMIDT, § 46, Rdn 111; BAUMBACH/HUECK/ZÖLLNER, § 13, Rdn 34.

329 FLUME, S. 306.

hat. Im ITT-Urteil handelte es sich um eine mitgliedschaftliche Treuepflichtsverletzung.

- Der klagende Gesellschafter hat nur Ansprüche auf Leistung an die Gesellschaft[330]. Er prozessiert über ein fremdes Recht, daher kommt der Schadensersatz der Gesellschaft zugute.

d) Die Gläubiger

Falls die Gläubiger gar keine oder keine ausreichende Befriedigung von der Gesellschaft erlangen, besteht für sie aus § 43 GmbHG keine unmittelbare Möglichkeit, einen Gesellschaftsanspruch gegen den Geschäftsführer geltend zu machen[331]. Obwohl § 93 Abs. 5 AktG diese Möglichkeit für die Gläubiger einer Aktiengesellschaft vorsieht, besteht sie für die Gläubiger einer GmbH nach hL nicht. Damit ein Verzicht oder ein Vergleich über Schadensersatzansprüche im Verhältnis zwischen der Gesellschaft und dem Geschäftsführer nicht zu Lasten des Konkursverwalters geht, können Dritte nur zur Befriedigung eigener Forderungen für die Fälle der Beeinträchtigung des Kapitals nach § 43 Abs. 3 GmbHG Ansprüche der Gesellschaft gegenüber den Organmitgliedern pfänden und sich überweisen lassen[332]. So hat der BGH in seiner Entscheidung vom 20. März 1986[333] zu Recht entschieden, dass der Gläubiger einen Anspruch auf Schadensersatz der GmbH gegen den Beklagten - die zugleich einzelvertretungsberechtigten Geschäftsführer - formal wirksam hat pfänden und sich zur Einziehung hat überweisen lassen.

e) Der Aufsichtsrat

Die Mitglieder des fakultativen Aufsichtsrats werden von den Gesellschaftern mit einfacher Mehrheit gem. § 47 Abs. 1 GmbHG gewählt. Im Falle einer Geltendmachung der Schadensersatzansprüche gegen den Geschäftsführer können die Gesellschafter gemäß § 46 Nr. 8 GmbHG beschließen, dass der fakultative Aufsichtsrat die Gesellschaft bei der Geltendmachung vertritt[334].

2. Die französische Rechtslage

Der Gegenstand der "Action civile" - Haftungsklage - ist die Erlangung einer Entschädigung durch den Verursacher eines Schadens. Im Allgemeinen hat der

---

330 RAISER, ZHR 153, S. 10, 20; Siehe auch GRUNEWALD, ZHR 157, S. 451; BRANDES, FS FLECK, S. 15.

331 REHBINDER, ZGR 1976, S. 386.

332 SCHNEIDER, Festschrift für WERNER, S. 799; BGH WM 1982, S. 532. WIEDEMANN, S. 541; MERTENS, § 43, Rdn 99.

333 BGH WM 1986, S. 789.

334 SCHOLZ/SCHNEIDER, § 52, Rdn 103 ff; SCHOLZ/SCHMIDT, § 46, Rdn 163 ff; EICKHOFF, S. 97 ff.

gesetzliche Vertreter die Aufgabe, die Klage gegen die verantwortliche Person, die der Gesellschaft einen Schaden verursacht hat, zu erheben. Nach Art. 46 VO 1967 kann das Gericht die Haftung des Geschäftsführers nur aufgrund der Tatsache erklären, dass die Gesellschaft von ihrem gesetzlichen Vertreter in einen Prozess hineingezogen wurde[335]. Der Geschäftsführer wird keine Klage gegen sich selbst erheben, solange er noch Vertreter der Gesellschaft ist. Ein neuer Geschäftsführer zögert häufig, eine Klage gegen den ehemaligen Geschäftsführer zu erheben. Deswegen hat der Gesetzgeber zugelassen, dass die Gesellschafter diese Klage erheben dürfen. Diese Möglichkeit besteht jedoch nur unter bestimmten Voraussetzungen.

a) Die action sociale "ut universi"

Sobald die Gesellschaft einen Schaden erleidet, kann sie einen Entschädigungsanspruch geltend machen. Da sie Interesse an der Klageerhebung hat, darf sie "ester en justice" - als Partei auftreten[336]. Demnach kann die S.A.R.L. durch diese action *ut universi* auf Schadensersatz gegen den Geschäftsführer gemäß Art. L 223-22 C.Com. klagen. Art. L 210-6 Al. 1 S. 1 C.Com. (vormals Art. 5 Al. 1 S. 1 G 1966) spielt hier eine Rolle, nach dem Handelsgesellschaften vom Zeitpunkt ihrer Eintragung im Handelsregister an juristische Personen sind.

Da die S.A.R.L. eine juristische Person ist, wird das Organ, das für sie und in ihrem Namen handelt, ihr Vertreter für die Erhebung der Klage im Prozess sein[337]. Der für die Klageerhebung zuständige gesetzliche Vertreter wird häufig der Geschäftsführer sein, der selbst verklagt werden soll. Meist wird dann ein neuer Geschäftsführer bestellt, der bei der gerichtlichen Handlung die Gesellschaft vertreten wird. Fraglich ist aber, ob der Geschäftsführer Klage gegen sich selbst erheben kann. Der Kassationshof [338] hat die Zulassung einer Klage durch den Geschäftsführer, der den Schaden der Gesellschaft selbst verursacht hat, angenommen.

Art. L 223- 22 Al. 4 C.Com. enthält einen bemerkenswerten Vorteil bezüglich der Klage gegen den Geschäftsführer im Vergleich zum deutschen Recht: Jede Satzungsbestimmung, die die Erhebung der Klage auf Ersatz des der Gesellschaft entstandenen Schadens der vorherigen Anhörung oder der Zustimmung der Gesellschafterversammlung unterwirft, ist nichtig. Demnach kann die Klage der S.A.R.L. gegen den Geschäftsführer ohne vorherige Anhörung oder Zu-

---

335 BULLE, Rdn 850 ff; LAMY 1996, Rdn 848, 3825.

336 LEFEBVRE, Rdn 1730; RIPERT/ROBLOT, Rdn 694; Siehe auch C.C. 06.11.1979, D.S. 1988, S. 1, Anmerkung Larroumet.

337 ROUSSEAU, Rdn 405.

338 Cass.com. 07.12.1982, Rev. soc. 1984, S. 54; BULLE, Rdn 850 ff.

stimmung der Gesellschafterversammlung erhoben werden. Dies regelt sogar das Problem des Stimmrechtsausschlusses. Im deutschen Recht verfügt der Geschäftsführer, der auch gleichzeitig Gesellschafter ist, für den Beschluss der Geltendmachung der Gesellschaftsansprüche nicht über das Stimmrecht nach § 47 Abs. 4 S. 2 GmbHG. Da eine Beschlussfassung der Gesellschafter diesbezüglich im französischen S.A.R.L.-Recht nicht zulässig ist Art. L 223-28 C.Com. (vormals Art. 58 G 1966), hat der Gesetzgeber eben diesen Stimmrechtsausschluss nicht geregelt[339].

Der Vorteil dieser Vorschrift ist m. E., dass ein Mehrheitsgesellschafter, der ständig durch den Geschäftsführer Einfluss auf die Führung der Gesellschaft ausgeübt hat, immer eine Klage gegen den Geschäftsführer ablehnen wird, weil er sonst die Beherrschung der Gesellschaft verlieren würde.

b) Die action sociale "ut singuli"

Wenn der Geschäftsführer immer noch Vertreter der S.A.R.L. ist, insbesondere wenn seine Abberufung abgelehnt worden ist, weil er selbst die Mehrheit der Gesellschaftsanteile innehat oder weil er die Unterstützung des Mehrheitsgesellschafters bekommen hat, kann eine Klage gegen ihn verhindert werden. Zum einen wird der schuldige Geschäftsführer keine Klage gegen sich selbst erheben, zum anderen kann sich der neu bestellte Geschäftsführer weigern, Klage gegen den ehemaligen Geschäftsführer zu erheben. Keine Vorschrift zwingt die Gesellschaft, ihren Geschäftsführer auf Schadensersatz zu verklagen. Deswegen hat der Gesetzgeber[340] zugelassen, dass ein Gesellschafter sich an die Stelle des Geschäftsführers setzen darf, indem er Klage erhebt. Diese Klage, die "action sociale *ut singuli*"[341] genannt wird, stellt im Gegensatz zum deutschen Recht eine Besonderheit im Recht der Gesellschaft mit beschränkter Haftung dar. Zunächst

---

339 Der einzige Fall der Möglichkeit eines Stimmrechtsausschluss wäre die Abberufung des Geschäftsführers gewesen. Art. L 223-25 C.Com. sieht die Abberufung des Geschäftsführers durch eine Gesellschafterversammlung mit einer qualifizierten Mehrheit vor. Wenn die Satzung es nicht ausdrücklich untersagt hat, darf der Geschäftsführer, der gleichzeitig Gesellschafter ist, an den Gesellschafterbeschluss teilnehmen. Der Mehrheitsgesellschafter-Geschäftsführer wird natürlich immer seine eigene Abberufung ablehnen. Deswegen ist die Absicht des Gesetzgebers, die "action sociale" ohne vorherige Anhörung oder Zustimmung der Gesellschafterversammlung einzurichten. Siehe näher LEFEBVRE, Sociétés, Rdn 5689; BULLE, Rdn 852 ff.

340 Diese Action sociale *ut singuli* fand zuerst bei der S.A.R.L. und der Société Anonyme -S.A.- Anwendung. Diese Klage kann seit dem Gesetz von 05.01.1988 für alle Handelsgesellschaftsformen angewandt werden. Es ist der neue Artikel 1843-5 cc mit dem selben Wortlaut wie Art. L 223-22 Al. 3 C.Com.

341 Diese Klage ist anders als die individuelle Klage des Gesellschafters. Der Gesellschafter wird diese individuelle Klage erheben, weil er persönlich einen Schaden erleidet und er eine Entschädigung für seinen eigenen Schaden bekommen wird.

werden die Vorschriften bezüglich dieser Haftungsklage und dann die diesbezügliche Entwicklung der Rechtsprechung dargestellt.

(1) Die gesetzliche Grundlage

Das Gesetz vom 7. März 1925 bezüglich der S.A.R.L. sah keine Gesellschaftsklage "*ut singuli*" zugunsten der Gesellschafterminderheit vor. Das Gesetz von 1966 hat diese Haftungsklage[342] in seinem Art. L 223-22 Al. 3 C.Com. für die Minderheit eingeführt. Diese Klage, obwohl sie von einem Gesellschafter[343] erhoben wird, hat den einzigen Gegenstand, die Entschädigung des von der S.A.R.L. erlittenen Schadens zu erlangen, d. h. der Schadensersatz kommt ausschließlich dem Vermögen der Gesellschaft zugute[344].

(2) Die Voraussetzungen der "action sociale ut singuli"

(a) Die Gesellschafterstellung

Die Erhebung der Gesellschafterklage ist davon abhängig, ob der Kläger Geschäftsanteile der Gesellschaft besitzt. Jeder Gesellschafter, der am Tag der Klageerhebung immer noch die Gesellschafterstellung hat, kann die Klage durchführen[345]. Die Erforderlichkeit dieser Voraussetzung besteht darin, dass nur ein Gesellschafter der säumigen Gesellschaft durch den Schaden der Gesellschaft in seinem eigenen Vermögen betroffen sein kann. Daher wird in der Literatur[346] die Meinung vertreten, dass der Gesellschafter bei einer Abtretung seiner Geschäftsanteile das Recht verliert, die Gesellschaftsklage zu erheben. Dieses Recht sei dann dem Übernehmer abgetreten worden. Der Gesetzgeber vertrat 1967 diese Meinung nicht. Im Art. 45 Al. 2 VO 1967 hat der Gesetzgeber die folgende Regelung erlassen: Der Verlust dieser Gesellschafterstellung während des Verfahrens hat keinen Einfluss auf die Fortführung des Verfahrens.

---

342 CHERCHOULY-SICARD, S. 237: "Die action sociale *ut singuli* ist gegenüber der action sociale *ut universi* subsidiär".

343 Siehe auch ROUSSEAU, Rdn 405; LAMY, Rdn 2757.

344 ROUSSEAU, Rdn 405; BULLE, Rdn 852; RIPERT/ROBLOT, Rdn 876, 785, 971; LEFEBVRE, Rdn 5443; LAMY 1996, Rdn 848, 3825; JUGLART/IPPOLITO, Band 2, Rdn 890 a; MERLE, Rdn 199; M-C. BERNARD, S. 81 ff; CHERCHOULY-SICARD, S. 203.

345 M-C. BERNARD, S. 104.

346 CHESNE, Exercice "*ut singuli*" de l'action sociale dans les sociétés anonymes, R.T.D.C. 1962, S. 347; M-C. BERNARD, S. 104.

(b) Die Erforderlichkeit eines Geschäftsanteilminimums

Die action sociale *ut singuli* kann entweder von einer Gruppe von Gesellschaftern[347] oder von einem Gesellschafter durchgeführt werden, Art. L 223-22 Al. 3 C.Com., Art. 45 Al. 1 VO 1967. Der oder die Gesellschafter müssen aber über einen Mindestgeschäftsanteil von 10 % verfügen. Dieser Mindestbetrag charakterisiert m. E. die Möglichkeiten:

- die missbräuchlichen Klagen gegen den Geschäftsführer zu begrenzen, wenn ein Minderheitsgesellschafter nicht mit einem Beschluss eines Geschäftsführer-Mehrheitsgesellschafters einverstanden ist. Dies ist eine Schutzvorkehrung gegen den Minderheitsmissbrauch - Abus de minorité[348],

- die Beeinträchtigung der Gesellschaft und deren Kreditwürdigkeit durch ständige Klage zu vermeiden.

Die S.A.R.L. wird meist nach dem Prinzip der Macht der Kapitalmehrheit organisiert[349]. Diese "action sociale *ut singuli*" scheint eine richtige Ausnahme zu diesem Prinzip darzustellen, weil sie nicht der Zustimmung der Gesellschafterversammlung gem. Art. L 223-2 Al. 4 C.Com. unterworfen wird. Außerdem ist es im Sinne des Fortbestehens der Gesellschaft, weil sie sonst immer einen bleibenden Schaden erleiden würde, wenn eine Schadensersatzklage abgelehnt wurde oder durch die Geltendmachung des Minderheitsgesellschafters nicht stattfinden konnte.

c) Der Aufsichtsrat

Art. 32 Gesetz 1925 sah einen Aufsichtsrat - conseil de surveillance - für alle S.A.R.L. mit mehr als 20 Gesellschaftern vor. Da der Aufsichtsrat aus mindestens drei Gesellschaftern[350] bestand, hatte er den Charakter eines Gesellschafterausschusses, durch den die Gesellschafter die Geschäftsführung kontrollieren konnten. Das Gesetz von 1966 sieht keinen Aufsichtsrat für die S.A.R.L. vor. Das heißt aber nicht, dass die Bildung eines Aufsichtsrats verboten ist. Der Fall des Bestehens eines Aufsichtsrats nach dem In-Kraft-Treten des Gesetzes vom 24. Juli 1966 hat jedoch in der Rechtsprechung keinen Niederschlag gefunden[351].

---

347 Eine Ausnahme des Prinzips "Nul ne plaide par Procureur"- Niemand plädiert durch Vertreter.

348 Siehe GUYON, Rdn 456 .

349 RIPERT/ROBLOT, Rdn 911; ALIBERT, Rev.soc. 1975, S. 609, Rdn 9.

350 Gemäß Art. 32 G 1925 müssen Aufsichtsratsmitglieder zwingend Gesellschafter im Gegensatz zum deutschen Recht sein.

351 Nach GUYON scheint es absichtlich, dass das Handelsgesetzbuch den Aufsichtsrat aufgrund von Nachteilen und seines seltenen Vorhandenseins nicht erwähnt hat. Er

Sofern ein fakultativer Aufsichtsrat gebildet ist, dürfen ihm die Zuständigkeiten der anderen Gesellschaftsorgane nicht zugewiesen werden[352]. Seine Aufgabe ist es, Kontrolle über die Geschäftsführung auszuüben, die Gesellschafterversammlung über die Fehler des Geschäftsführers zu informieren und gegebenenfalls seine Abberufung zu beantragen[353]. Er kann daher - im Gegensatz zum deutschen Recht - keine Klage gegen den Geschäftsführer erheben. Diese Tatsache sollte kein richtiges Problem für die Interessen der Gesellschaft darstellen, weil die Mitglieder des Aufsichtsrats auch selber Gesellschafter sind. Denn die Gesellschafter können ja immer eine unmittelbare Klage gegen den Geschäftsführer erheben.

d) Die Gläubiger

Die Gläubiger können weder aus Art. L 223-22 C.Com. noch aus Vorschriften des Gesellschaftsrechts einen direkten Anspruch der S.A.R.L. gegen den Geschäftsführer geltend machen. Die Angelegenheiten der Gesellschaft gehen den Gläubiger nichts an. Wenn sie keinen eigenen unmittelbaren Schaden durch ein Verschulden des Geschäftsführers erleiden, haben sie kein Recht, sich in das Innenverhältnis der Gesellschaft einzumischen. Deswegen sieht der Gesetzgeber im Gesellschaftsrecht keine Klagemöglichkeit für sie vor.

Der Code Civil dagegen bietet eine solche Möglichkeit, falls eine bestimmte Situation vorliegt. Die Gläubiger können immer gegen den Geschäftsführer durch eine Sicherungsklage gemäß Art. 1166 cc handeln, wenn es die Gesellschaft unterlässt, ihren Anspruch geltend zu machen [354]. Dem Gläubiger der Gesellschaft wird die Möglichkeit durch die "action oblique" gewährt, d. h. Rechte seines Schuldners auszuüben, wenn sich die Gefahr einer Schädigung für ihn ergibt. Der Gläubiger kann befürchten, dass sein Schuldner, der sich zahlungsunfähig weiß, es vernachlässigt, seine Ansprüche gegen seinen eigenen Schuldner geltend zu machen. Fraglich ist, warum er Forderungen erheben sollte, deren Begleichung sofort zur Begleichung der eigenen Verbindlichkeiten aufgebraucht würden. Eine solche vorsätzliche und bösgläubige Unterlassung kann bei den Gläubigern einen Schaden verursachen, wenn sie keine Möglichkeit haben, das Vermögen oder Güter des ersten Schuldners beschlagnahmen zu lassen. Die einzige Möglichkeit für die Gläubiger, einen solchen Schaden zu vermeiden, ist, an Stelle des Schuldners zu handeln. Diese "action" wird "action oblique", "action

---

meint, es wäre daher unlogisch, dass die Satzung dieses Organ wieder herstellen kann, GUYON, Rdn 511.

352 LEFEBVRE, Sociétés, Rdn 5441 f.

353 ALAISI/GAIN, Rdn 86 ff.

354 BULLE, Rdn 855; M-C. BERNARD, S. 63; MARTY/RAYNAUD, Rdn 269; GHESTIN, Rdn 173.

indirecte" oder auch "action subrogatoire" genannt, weil sie an Stelle des Schuldners vollzogen wird[355].

Der Gläubiger wird jedesmal an Stelle des Schuldners handeln, wenn er ein berechtigtes Interesse an der Fälligkeit seiner Forderung hat, zum Beispiel wenn die Erfüllungsfähigkeit oder Erfüllungsbereitschaft seines Schuldners zweifelhaft ist. Der Schuldner muss aber die Verfolgung seiner eigenen Forderungen gegen einen anderen Schuldner vernachlässigt haben oder sich weigern, sie zu verfolgen. Vorausgesetzt wird, dass die Forderung konkret, "liquide", d. h. in ihrer Höhe bestimmt, und fällig ist. Der Gläubiger braucht keinen Vollstreckungstitel[356]. Er braucht auch keine richterliche Genehmigung[357], kein Zukommenlassen einer Mahnung, und er braucht auch den Schuldner nicht in einen Prozess hineinzuziehen. In der Praxis wird diese Sicherungsklage zugunsten der Gläubiger jedoch kaum angewandt.

e) Ergebnis

Das deutsche und das französische Recht unterscheiden sich in der Art und Weise, wie der Schutz des Gesellschaftsinteresses gegen die Handlung des Geschäftsführers gewährleistet wird, wenn die Gesellschaft es unterlässt, ihre Ansprüche selbst geltend zu machen. Das Ergebnis bleibt aber identisch: Der Schadensersatz kommt der Gesellschaft zugute. Im deutschen Recht wird ein Gesellschafterbeschluss für die Geltendmachung der Ansprüche der Gesellschaft benötigt. Dies stellt m. E. ein schwerfälliges und langes Verfahren dar. Im französischen Recht besteht demgegenüber diese Notwendigkeit nicht. Der Gesetzgeber strebt nach einem schnellen Verfahren, ohne Gefahr, dass die Mehrheit der Gesellschafter die Geltendmachung der Gesellschaftsansprüche gegen den Geschäftsführer ablehnt. Eine vorherige Anhörung der Gesellschafterversammlung ist nicht erforderlich für die Erhebung der Klage. Demnach stellt sich auch das Problem des Stimmrechts des Geschäftsführer-Gesellschafters während des Beschlusses im französischen Recht nicht.

Die *actio pro socio* besteht in Deutschland genauso wie in Frankreich. Die *actio pro socio* ist schon unmittelbar im Gesetzwortlaut des Art. L 223-22 C.Com. für jede Haftungsklage gegen den Gesellschafter-Geschäftsführer - aber auch gegen den Fremdgeschäftsführer - vorgesehen. Nach deutschem Recht besteht diese Gesellschafterklage nur gegen den Gesellschafter oder den Gesellschafter-Geschäftsführer, und zwar dank des grundlegenden ITT-Urteils. Die französischen Gläubiger haben die Möglichkeit, gegen den Geschäftsführer durch eine Sicherungsklage zu handeln, wenn die Gesellschaft ein Geltendmachen ihrer

---

355 Siehe mehr darüber TERRE/SIMMLER/LEQUETTE, Rdn 1044 ff.

356 TERRE/SIMMLER/LEQUETTE, Rdn 1050.

357 Req. 07.03.1933, D. H. 1933, S. 218.

Ansprüche unterlässt. Eine solche Möglichkeit wird den deutschen Gläubigern auch durch § 43 Abs. 3 S. 3 GmbHG angeboten. Demgegenüber hat der deutsche Aufsichtsrat die Möglichkeit, die GmbH in einem Prozess gegen den Geschäftsführer zu vertreten, was im französischen Recht nicht vorgesehen ist.

D. Haftungsbeschränkung, Haftungsausschluss und Verjährung

Die Tatsache, dass der Geschäftsführer von der Gesellschaft auf Schadensersatz in Anspruch genommen worden ist, reicht manchmal nicht aus, um den Schadensersatzanspruch der Gesellschaft zu sichern. Wie oben beschrieben wurde, haben die Gesellschafter als Willensträger der Gesellschaft über die Geltendmachung des Schadensersatzanspruchs zu entscheiden. Auch wenn sie sich dazu entschieden haben, können sie jedoch beschließen, dass der Geschäftsführer entweder beschränkt haften oder von der Haftung befreit werden kann. In manchen Fälle stellt sich die Frage nicht mehr, da die Verjährungsfrist schon abgelaufen ist.

Nachfolgend wird dargestellt, ob und inwieweit die Haftung des Geschäftsführers für Geschäftsführungsmaßnahmen beschränkt oder ausgeschlossen werden darf, obwohl die Gesellschaft immer noch einen Schaden erleidet. Dazu gehört insbesondere das Problem, ob der Wille der Gesellschafter vor dem Schaden der Gesellschaft Vorrang hat oder nicht. Anschließend wird die Verjährung der Ansprüche der Gesellschaft in beiden Gesetzgebungen dargestellt.

1. Die vertragliche Milderung

Fraglich ist, ob die Gesellschafter die Haftung des Geschäftsführers schon in der Satzung der Gesellschaft, in dem Anstellungsvertrag des Geschäftsführers oder einfach in einem Beschluss angesichts des Schadens der Gesellschaft beschränken können.

a) Die Unzulässigkeit der vertraglichen Haftungsmilderung nach französischer Rechtslage

Das französische S.A.R.L.-Gesetz hat eine besondere Stellung bezüglich der vertraglichen Haftungsmilderung. Laut Art. L 223-22 Al. 4 C.Com. ist eine Satzungsbestimmung nichtig, die im voraus einen Verzicht auf die Klage auf Ersatz des der S.A.R.L. entstandenen Schadens beinhaltet[358]. Also gilt grundsätzlich die Unzulässigkeit einer vertraglichen Haftungsmilderung. Eine vertragliche Haftungsmilderung, die schon in der Satzung vorgesehen ist, soll vermieden werden, weil sie zum einen die Geltendmachung der Haftungsklage durch die Ge-

---

358 Im Gegensatz zum Handelsgesetzbuch, ließ das Gesetz von 1925 die vertragliche Haftung zu. Siehe BEZARD, Fascicule 74-2, Rdn 83; JUGLART/IPPOLITO, Bd. 2, Rdn 890 a; MERLE, Rdn 199.

sellschafter stark behindert[359], und zum anderen die wirtschaftliche Situation und die Belange der Gläubiger der Gesellschaft schädigt. Der Grundgedanke besteht darin, dass der Geschäftsführer, der über die Mehrheit der Geschäftsanteile der S.A.R.L. verfügt, keine Möglichkeit haben soll, der Haftung zu entgehen. Der Mehrheitsgesellschafter kann also nie aufgrund seiner Mehrheit (hier bedarf er 3/4 der Geschäftsanteile) eine Satzungsänderung gemäß Art. L 223-30 C.Com. (vormals Art. 60 G 1966) beschließen und dadurch eine solche Klausel einfügen.

Gemäß Art. L 223-22 Al. 4 C.Com. gilt das gleiche für eine Satzungsklausel, die die Erhebung der Klage der vorherigen Anhörung der Gesellschafterversammlung unterwirft. Dies wurde später mit dem Gesetz vom 5. Januar 1988 in Art. 1843-5 cc[360], dessen Wortlaut dem Art. L 223-22 Al. 4 C.Com. entspricht, vorgesehen.

b) Die deutsche Rechtslage

Im deutschen Recht ist es leichter, eine Geschäftsführerhaftung zu beschränken oder auszuschließen. Vielleicht soll dadurch erreicht werden, dass der Gesellschafter-Geschäftsführer durch eine Haftungsklage nicht so sehr belastet wird und wirtschaftliche Auswirkungen auf die Gesellschaft vermieden werden.

(1) Die Zulässigkeit der vertraglichen Haftungsmilderung

Fraglich ist, ob die Haftungsregelung des § 43 GmbHG zwingend ist oder ob abgemildert werden kann[361]. Im Entwurf des § 44 des Gesetzes betreffend die Gesellschaften mit beschränkter Haftung von 1891 wurde vorgeschlagen, dass kein geringer Maßstab an die Verantwortlichkeit gelegt werden darf, zumal es

---

359 Bericht des Abgeordneten MARCEL MOLLE am 20.04.1966, J.O. Sénat, S. 189, in: HAMIAUT, S. 67 ff; Die Gesellschafter, insbesondere die oder der Minderheitsgesellschafter können dadurch in ihren Rechten als Geschäftsanteilinhaber beeinträchtigt werden, wenn die Haftungsmilderung schon in der Satzung geregelt worden ist. So ein Gesellschafter-Geschäftsführer könnte einen Schaden der Gesellschaft zufügen, der sich als vorteilhaft für seine eigenen Belange erwies, und dafür beschränkt haften. Dieser Art von Unbilligkeit auf Kosten der Gesellschaft oder der Minderheitsgesellschafter soll hier vermieden werden.

360 Gesetz vom 5.01.1988, D. 1988, S. 94; Das französische Recht bezieht alle Gesellschaftsformen - die Kapital- und die Personengesellschaften - auf dieselbe Grundform, d. h. auf die Gesellschaft des Bürgerlichen Rechts, Art. 1832 ff cc. Deswegen sollte Art. 1843-5 cc mit Art. L 223-22 Al. 4 C.Com. gleichgesetzt werden.

361 Vergleichsweise ist diese Problematik im Aktienrecht durch § 93 Abs. 4 S. 3 AktG geregelt: Die Haftung der Vorstandsmitglieder kann nicht vermindert werden.

sich dabei nicht bloß um die Interessen der Gesellschafter, sondern auch um diejenigen der Gesellschaftsgläubiger handelt[362].

Es besteht jedoch keine einheitliche Rechtsauffassung[363]. In einem Teil der Literatur wird eine vertragliche Haftungsmilderung abgelehnt, weil die Pflicht des Geschäftsführers, mit der Sorgfalt eines ordentlichen und gewissenhaften Geschäftsleiters zu handeln, sowohl im Interesse aller Gesellschafter, insbesondere der Gesellschafterminderheit, als auch des allgemeinen Rechtsverkehrs liege und daher nicht "zur Disposition der Gesellschafter" gestellt werden könne[364]. Hiernach ist die Vorschrift des § 43 Abs. 1 GmbHG zwingender Natur.

Zöllner vertritt hingegen die Meinung, dass der Haftungsmaßstab des § 43 Abs. 1 GmbHG nicht für alle Fälle passe: Die "Anpassung an besondere Verhältnisse" müsse möglich sein[365]. *Schneider* weist darauf hin, dass die Erhaltung der Grundregeln der ordnungsgemäßen Unternehmensführung in erster Linie dem Schutz der Gesellschaft und dem mittelbaren Schutz der Gesellschafter diene[366]. Daher könnten die Gesellschafter rechtsgeschäftlich die Haftung des Geschäftsführers mildern[367]. Da die Gesellschafter die Willensträger in der Gesellschaft sind, sollte eine solche vertragliche Haftungsmilderung m. E. bestehen. Die Gesellschafter sollten auch den Schaden der Gesellschaft mittelbar spüren und deshalb können sie auch entscheiden, ob die Haftung des Geschäftsführers gemildert werden kann. M. E. gibt es dadurch die Möglichkeit, dem Geschäftsführer eine Chance zur Besserung der Geschäftsführung anzubieten. So könnte ihm bewusster werden, wie verantwortungsvoll die Leitung einer Gesellschaft zu sein hat. Diese Haftungsmilderung könnte dann prohibitiv wirken.

---

362 Dies war damals der Vorschlag für den Inhalt des § 44 GmbHG, dem heute § 43 GmbHG entspricht.

363 SCHNEIDER, Festschrift für WERNER, S. 800 ff.

364 So FISCHER/LUTTER, § 43, Rdn 1, 4; HÖHN, S. 146; MERTENS, § 43, Rdn 12, 56 (bei Abs. 1 Differenzierung nach Pflichtbereichen; Bei Abs. 2 zwingend); ROWEDDER/KOPPENSTEINER, § 43, Rdn 4; RAISER, Recht der Kapitalgesellschaften, § 32, IV, 2.

365 BAUMBACH/HUECK/ZÖLLNER, § 43, Rdn 6: "Abs. 1 und 2 sind nicht zwingend .... So lässt sich der Sorgfaltsmaßstab des Abs. 1 zwar herabsetzen, aber jedenfalls grundsätzlich nicht die Haftung für grobe Fahrlässigkeit ausschließen .... Andererseits passt der Haftungsmaßstab des Abs. 1 nicht notwendig in allen Fällen; Anpassung an besondere Verhältnisse muss möglich sein".

366 SCHNEIDER, Haftungsmilderung für Vorstandsmitglieder und Geschäftsführer bei fehlerhafter Unternehmensleitung? in FS für WERNER, S. 815.

367 FLECK, GmbHR 1974, S. 229; SCHNEIDER, FS für WERNER, S. 815.

Hiernach kann die Haftungsmilderung in der Satzung, in einer von den Gesellschaftern aufgestellten Geschäftsordnung oder im Anstellungsvertrag[368] aufgenommen sein[369]. Die Gesellschafter allein sind für diese vertragliche Haftungsmilderung zuständig.

(2) Die Beschränkung der Zulässigkeit der vertraglichen Haftungsmilderung

Bei der vertraglichen Haftungsmilderung sind drei Beschränkungen zu beachten:

- § 43 Abs. 3 GmbHG ist zwingend, weil diese Vorschrift gläubigerschutzorientiert ist. Die Leitungspflichten des Geschäftsführers bestehen auch mittelbar im Interesse und zum Schutz der Dritten, insbesondere der Gläubiger. § 43 Abs. 3 GmbHG ist daher eine Sonderregelung und bietet den Gläubigern Schutz. Die Haftung wegen Verletzung der Pflichten aus der Kapitalaufbringung und der Kapitalerhaltung aus § 43 Abs. 3 GmbHG darf deswegen nicht beschränkt werden[370].

- Die Haftung kann wegen Vorsatzes gemäß § 276 Abs. 2 BGB nicht abbedungen werden. Daraus folgt, dass ein Haftungsausschluss für Fälle fahrlässigen Handelns möglich ist[371].

- Die Haftung für Maßnahmen, die gegen die guten Sitten oder gegen die im öffentlichen Interesse liegenden gesetzlichen Vorschriften verstoßen, kann von den Gesellschaftern nicht beschränkt werden. Dies wurde vom Bundesfinanzhof hinsichtlich der Haftung des Geschäftsführers für Steuerschulden in seinem Urteil vom 26. April 1984 ausdrücklich hervorgehoben[372]. Die Gesellschaft selbst ist nicht in der Lage, die Geschäftsführer im Gesellschaftsvertrag oder durch Beschluss einer Gesellschafterversammlung von der Sorgfalt eines ordentlichen Geschäftsmannes zu entheben[373].

---

368 Siehe auch VAN VENROY, Beeinträchtigung der dienstvertraglichen Freistellung des GmbH-Geschäftsführers von Weisungen durch den Gesellschaftsvertrag und durch Gesellschafterbeschlüsse?, GmbHR 1982, S. 175.

369 BAUMBACH/HUECK/ZÖLLNER, § 43, Rdn 6: "Die Milderung der Haftung kann nur durch Satzung und nicht durch Anstellungsvertrag erfolgen". Der Grund liegt darin, dass sich die Gläubiger der Gesellschaft nur auf diese Weise über eine Haftungsmilderung des Geschäftsführers informieren können.

370 Diese Arbeit behandelt aus Platzgründen nicht die Gründungshaftung des Geschäftsführers. Deswegen wird § 9 b GmbHG nicht behandelt.

371 So SCHOLZ/SCHNEIDER, § 43, Rdn 184; FLECK, GmbHR 1974, S. 229; KION, BB 1984, S. 867; BAUMBACH/HUECK/ZÖLLNER, § 43, Rdn 6: So lässt sich der Sorgfaltsmaßstab des Absatzes herabsetzen, aber grundsätzlich nicht die Haftung.

372 BFH BB 1984, S. 1992.

373 So BB 1984, S. 1992.

c) Ergebnis

Im deutschen Recht wird von der herrschenden Lehre eine vertragliche Haftungsmilderung als zulässig angesehen. Da die Gesellschafter Willensträger der Gesellschaft sind, können sie dies in der Satzung oder im Anstellungsvertrag verankern. Der Vorrang des Willens der Gesellschafter ist jedoch nicht grenzenlos. Die Erhaltung des Stammkapitals, die guten Sitten und die im öffentlichen Interesse liegenden gesetzlichen Vorschriften beschränken diese vertragliche Milderungsmöglichkeit. Ist eine Haftungsmilderung nur im Anstellungsvertrag vorgesehen, besteht eine Gefahr für die Gläubiger, weil sie sich meist über die Haftungsmilderung nicht informieren können. Sie ist deshalb m. E. unzulässig.

Im französischen Recht ist eine vertragliche Haftungsmilderung grundsätzlich unzulässig. Der Schaden der Gesellschaft muss ersetzt werden. Deswegen haftet der Geschäftsführer. Daraus kann der Schluss gezogen werden, dass der Wille der Gesellschafter im französischen Gesellschaftsrecht in einer solchen Situation keinen Vorrang vor dem Wohl und den Belangen der Gesellschaft hat.

2. Verzicht und Entlastung

Fraglich ist, ob die Gesellschaft bzw. die Gesellschafter es sich leisten können, auf einen Schadensersatzanspruch zu verzichten. Es muss daran erinnert werden, dass die Gesellschaft selbst zuerst durch den von dem Geschäftsführer verursachten Schaden betroffen ist, aber in zweiter Linie auch die Gesellschafter. In der Praxis entstehen Probleme nur dann, wenn der Schaden der Gesellschaft mit einer Bereicherung des Mehrheitsgesellschafters korrespondiert. Es ist dann allein die Sache der Gesellschafter, wenn sie auf ein Haftungsklage gegen den Geschäftsführer und einen Schadensersatzanspruch verzichten. Sie hätten allein den Schaden zu tragen. Ob der Gesetzgeber den Gesellschaftern diese Möglichkeit offen lässt, ist eine andere Frage.

a) Die deutsche Rechtslage

Der deutsche Gesetzgeber ist besonders großzügig dem Gesellschafter gegenüber. Wie oben beschrieben, hat für die Geltendmachung und für die Haftungsmilderung der Wille der Gesellschafter den Vorrang. Beim Verzicht auf eine Haftungsklage gegen den Geschäftsführer oder seine Entlastung gilt nichts anderes. Die Gesellschaft kann auf Ersatzansprüche gegen den Geschäftsführer durch einen Beschluss der Gesellschafter gem. § 46 Nr. 8 GmbHG verzichten oder sie ihm erlassen. Ist der Geschäftsführer gleichzeitig Gesellschafter, gilt das Stimmverbot des § 47 Abs. 4 S. 1 GmbHG.

(1) Die Entlastung

Unter "Entlastung" wird die Billigung der Geschäftsführung und Ausdruck von Vertrauen für die Zukunft von den Gesellschaftern verstanden[374]. D. h. der GmbH stehen keine Ansprüche aus § 43 GmbHG gegen den Geschäftsführer der GmbH wegen bekannter Schadensersatztatbestände mehr zu, wenn die Gesellschafter dies beschlossen haben. Daher hat die Entlastung eine Präklusionswirkung[375]. Die Entlastung[376] ist an der Vergangenheit orientiert, d. h. sie berücksichtigt nur eine bestimmte Geschäftsführungsperiode.

Die Entlastung des Geschäftsführers wird gemäß § 46 Nr. 5 GmbHG beschlossen: "Der Bestimmung der Gesellschafter unterliegen die Bestellung und die Abberufung von Geschäftsführern sowie die Entlastung derselben". Also ist eine Beschlussfassung der Gesellschafterversammlung[377] mit einfacher Mehrheit nötig. Der Entlastungsbeschluss muss nicht unbedingt ausdrücklich als solcher gefasst werden. Es genügt schon, wenn dieser Beschluss durch ein schlüssiges Verhalten der Gesellschafter erteilt wird, wie z. B. im Fall eines bestimmten Geschäftes durch nachträgliche Genehmigung dieses Geschäfts[378]. Relevant ist allein der Inhalt.

(2) Die Generalbereinigung

Die Gesellschafter können auf Schadensersatzansprüche gegen den Geschäftsführer verzichten. Ein umfassender Anspruchsverzicht liegt in der sog. "Gene-

---

374 OLG Hamburg BB 1960, S. 996: Für die AG: "In der Entlastung liegt außerdem eine Vertrauenskundgebung für die weitere Geschäftsführung des Vorstandes". EBENROTH/LANGE, GmbHR 1992, S. 75; SCHOLZ/SCHMIDT, § 46, Rdn 88.

375 EBENROTH/LANGE, GmbHR 1992, S. 75; ROWEDDER/KOPPENSTEINER, § 46, Rdn 24.

376 Zur Frage, ob der Geschäftsführer ein Recht auf Entlastung hat. Das Reichsgericht hat in seinem grundlegenden Urteil vom 6. Februar 1917 erklärt, dass der Geschäftsführer ein Recht auf Entlastung hat, welches er durch eine Leistungsklage geltend machen kann, RG 06.02.1917, RGZ 89, S. 396 ff; Der BGH ist in seiner Entscheidung vom 20. Mai 1985 dieser Auffassung entgegengetreten: Es besteht kein Anspruch auf Entlastung und daher auch keine Entlastungsklage, BGHZ 94, S. 324; In seiner Entscheidung erklärte der BGH die Entlastung zu einer Bekundung des Vertrauens in die vergangene, gegenwärtige und künftige Geschäftsführung. Er hob hervor, dass diese Vertrauensbekundung nicht eingeklagt werden könnte. Siehe auch LUTTER/HOMMELHOFF, § 46, Rdn 15; SCHOLZ/SCHMIDT, § 46, Rdn 102; BAUMBACH/HUECK/ZÖLLNER, § 46, Rdn 29, BUCHNER, Die Entlastung des Geschäftsführers in der GmbH, GmbHR 1988, S. 9 ff.

377 Der zu Entlastende hat natürlich kein Stimmrecht.

378 So RGZ 115, S. 241 ff; FLECK, GmbHR 1974, S. 228.

ralbereinigung"[379]. Die Generalbereinigung bedarf jedoch eines Gesellschafterbeschlusses gemäß § 46 Nr. 5 GmbHG, damit alle Interessen innerhalb der Gesellschafterversammlung vertreten werden können[380]. Die Generalbereinigung hängt nicht von der Voraussetzung ab, ob Schadensersatzansprüche tatsächlich bestehen. Da ihr Ziel die Beseitigung von Ansprüchen ist, hat sie den Charakter eines Erlassvertrags[381]. Dieser Verzicht kann sich auf alle erkennbaren Ersatzansprüche gegen den Geschäftsführer beziehen, ohne Rücksicht darauf, ob sie dem Gesellschafter zum Zeitpunkt der Vereinbarung bekannt waren[382].

Eine solche Generalbereinigung ist vom Gesetzgeber jedoch nicht ohne Einschränkung zugelassen worden. Trotz Generalbereinigung bleiben aufgrund des Gesellschaftsvertrags Ersatzansprüche bestehen, auf die aufgrund gesetzlicher Vorschriften oder aufgrund des Gesellschaftsvertrages nicht verzichtet werden kann. Zum Beispiel darf auf Ansprüche, die zur Befriedigung der Gläubiger erforderlich sind, gemäß § 43 Abs. 3 GmbHG nicht verzichtet werden[383].

b) Die Unzulässigkeit des Verzichts nach französischer Rechtslage

In diesem Punkt ist das französische Gesetz von 1966 noch strenger. Es ist laut Art. L 223-22 Al. 5 C.Com. grundsätzlich nicht zugelassen, dass die Gesellschafterversammlung den Verzicht auf eine Haftungsklage gegen den Geschäftsführer wegen in der Ausübung seines Auftrags begangener Fehler beschließt[384]. Der Gesetzgeber wollte den von der Gesellschafterversammlung abgegebenen Verzicht für unzulässig erklären, weil die Gesellschafterversammlung zu oft von

---

379 EBENROTH/LANGE, GmbHR 1992, S. 75; FLECK, GmbHR 1974, S. 228; ROWEDDER/KOPPENSTEINER, § 43, Rdn 35; SCHOLZ/SCHNEIDER, § 43, Rdn 188.

380 Der Mehrheitsgesellschafter kann natürlich ein starkes Interesse daran haben, den Geschäftsführer von der Haftung durch einen Verzicht zu befreien, wenn er sich mit ihm sehr gut versteht, und dadurch die Geschäftsführungsmaßnahmen besser steuern kann. Deshalb wird er sofort den Verzicht in der Gesellschafterversammlung befürworten.

381 So GmbHR 1975, S. 183.

382 SCHOLZ/SCHNEIDER, § 43, Rdn 188; BGH WM 1976, S. 736: "Bei einer Generalbereinigung, auf die sich die Gesellschafter formfrei verständigen können, kommt es nicht darauf an, dass die Ersatzansprüche bei der Beschlussfassung bekannt oder erkennbar waren. Sie ist mit dem Inhalt des Verzichts auf alle denkbaren Ersatzansprüche gegen den Geschäftsführer möglich, wenn und soweit einem Verzicht nicht Gesetz (insbesondere Gläubigerschutzvorschriften) oder Satzung entgegenstehen".

383 RAISER, Recht der Kapitalgesellschaften, S. 391.

384 Abgesehen von der S.A.R.L. und Société Anonyme ist dieser Entlastungsbeschluss bei den anderen Gesellschaften jedoch zulässig unter dem Vorbehalt, dass dies von einem Richter aufgrund eines Informationsmangels der Gesellschafterversammlung für nichtig erklärt werden kann; Vgl. LAMY 1996, Rdn 851, 2739; BEZARD, Fascicule 74-1, Rdn 3; SOUSI, DISS., S. 102 f.

dem Geschäftsführer, der gleichzeitig Gesellschafter ist, beherrscht wird. Der Gesellschafter-Geschäftsführer könnte eine Entlastung dank seiner Mehrheit an den Geschäftsanteilen erlangen[385]. Der Gesetzgeber strebt vor allem die Sanktionierung des Geschäftsführers aufgrund einer rechtswidrigen Handlung, die die Gesellschaft[386] schädigt, an. Die Entlastung der Gesellschafter lässt die Rechtswidrigkeit der Veruntreuung nicht nichtig werden, weil das Gesetz sowohl das Vermögen der Gesellschaft und die Belange der Dritten als auch die Interessen der Gesellschafter schützen soll[387].

Fraglich ist, ob eine von einem Gesellschafter abgegebene individuelle Entlastung geltend gemacht werden kann. Art. L 223-22 Al. 5 C.Com. erwähnt diese Möglichkeit gar nicht. Daher schließt er sie auch nicht aus. In der Literatur besteht daher keine Einigkeit. In einem Teil der Literatur[388] wird im Prinzip keine Entlastungsmöglichkeit zugelassen, sei es individuell, sei es von der Gesellschafterversammlung aufgrund Art. L 223-22 Al. 5 C.Com. Der Geschäftsführer muss demnach systematisch haften, sobald er rechtswidrig handelt. Die gleiche Stellung bezieht die Rechtsprechung[389]. In einem anderen Teil der Literatur wird die Meinung vertreten, dass Art. L 223-22 Al. 5 C.com. nur den Entlastungsbeschluss der Gesellschafterversammlung betrifft[390]. Danach wäre die von einem Gesellschafter abgegebene individuelle Entlastung zulässig[391]. Wenn dieser Entlastung nach sorgfältiger Prüfung der Sachlage zugestimmt wird, kann der Gesellschafter beschließen, dass diese Entlastungsentscheidung jede individuelle Klage[392] aufhebt.

---

385 LAMY 1996, Rdn 851; Cass.com. 15.12.1987, Bull.cass. civ. 1987, IV, S. 209; Außerdem wäre das Unternehmensinteresse der Gesellschaft stark beeinträchtigt, wenn Schäden der Gesellschaft vom Geschäftsführer nicht ersetzt würden. Dies würde ein Interessenumbruch darstellen. Gesellschaft und Minderheitsgesellschafter hätten den Schaden zu tragen, während die Mehrheit ihre Macht auf Kosten der Gesellschaft sorgenlos genossen hätte; Siehe dazu auch SOUSI, DISS., S. 100 ff.

386 Die Haftungsklage steht der Gesellschaft zu; Also könnte diese auch auf ihren Anspruch verzichten unter der Voraussetzung, dass ein eventueller Vergleich die Rechte der Gesellschaftsgläubiger nicht berührt. Die Gläubiger können gegebenenfalls die Sicherungsklage des Art. 1167 cc erheben.

387 So Cass.crim. 08.03.1967, D. 1967, S. 586.

388 LEFEBVRE, Rdn 5443; RIPERT/ROBLOT, Rdn 971; BEZARD, Rdn 84.

389 Rouen, 12.01.1973, D.S., Som. S. 28.

390 LAMY 1996, Rdn 851: "Der Gesetzgeber betrachtet diese Entlastungsentscheidung der Gesellschafterversammlung als unzulässig, weil er meinte, dass die Gesellschafterversammlung zu häufig von dem Mehrheitsgesellschafter-Geschäftsführer beherrscht würde. Dieser könnte sich leicht von der Haftung entlasten"; BULLE, Rdn 837.

391 GUYON, Rdn 211.

392 BULLE, Rdn 837; Ob der Geschäftsführer oder Gesellschafter-Geschäftsführer weiterhin sein Amt ausüben darf, ist hier problematisch; Die Frage, ob diese Ent-

Es besteht in diesem Fall m. E. weiter die Gefahr des Einflusses eines Mehrheitsgesellschafters. Der Geschäftsführer, der aufgrund des ständigen Einflusses des Mehrheitsgesellschafters gehandelt hat, wird durch diesen Gesellschafter entlastet und muss nicht haften. Dies steht dem Gedanken des Gesetzgebers entgegen, weil er die Geschäftsführerhaftung zum Schutz der S.A.R.L. beabsichtigt. Wenn der Gesetzgeber alle anderen Haftungsbeschränkungsmöglichkeiten ausgeschlossen hat, wollte er sicherlich nicht, dass der Geschäftsführer durch einen individuellen Entlastungsbeschluss eine Haftungsbefreiung genießen kann. Die Unzulässigkeit des Verzichts vermeidet m. E. einen Rechtsmissbrauch durch die Mehrheit innerhalb der Gesellschaft und dadurch die Beeinträchtigung des Unternehmensinteresses. Deswegen ist diese Haftungsbeschränkung m. E. unzulässig.

c) Ergebnis

Eine Entlastung und ein Verzicht sind im deutschen Recht zulässig. Es zeigt ein Vertrauen der Gesellschaft in die Geschäftsführungsmaßnahmen des Geschäftsführers für die Zukunft. Dies ist nach französischem Recht unzulässig, weil es anstrebt, den Schaden der Gesellschaft vom Geschäftsführer ersetzen zu lassen. Der Schutz der Minderheit und das Fortbestehen der Gesellschaft sind hier wichtiger als der Wille des Mehrheitsgesellschafters, der sich für die Minderheit manchmal nachteilig erweisen kann, solange keine gesetzlichen Grenzen eingeführt werden.

3. Verjährung

Wie oben beschrieben wurde, kann der Geschäftsführer in Anspruch genommen werden, wenn ein Haftungsausschluss oder eine Entlastung nicht stattgefunden haben. Manchmal kommt es aber vor, dass ein Gesellschaftsanspruch aus verschiedenen Gründen nicht sofort durchgesetzt werden kann. Alle vertraglichen und gesetzlichen Ansprüche sind einer Verjährung unterworfen. Der Schaden der Gesellschaft muss nicht nur aufgedeckt werden, sondern es müssen auch ihre Schadensersatzansprüche möglichst schnell geltend gemacht werden, da der Verjährungszeitraum je nach Anspruch unterschiedlich lang ist.

a) Die französische Rechtslage

Die Verjährung im französischen Gesellschaftsrecht ist vom Art. L 223-23 C.Com. geregelt. Alle Ansprüche verjähren drei Jahre[393] nach der Schadens-

---

lastungsentscheidung Vertrauen in den Geschäftsführer für die Zukunft wie im deutschen Recht schenken soll, ist bis jetzt noch nicht diskutiert worden, da eine solche Entlastung nicht so häufig stattgefunden hat.

393 Damals hatte das Gesetz von 1925 eine dreißigjährige Verjährung vorgesehen; Siehe näher BEZARD, Fascicule 74-2, Rdn 85; LAMY, Rdn 2759.

handlung oder, wenn sie verheimlicht wurden, drei Jahre nach ihrer Aufdeckung. Dies ist dadurch begründet, dass z. B. eine Veruntreuung in manchen Fällen erst Jahre nach ihrer Durchführung aufgedeckt wird und dass die Gesellschaft auch in diesem Fall die Möglichkeit haben soll, einen Anspruch gegen ihren Geschäftsführer geltend machen zu dürfen. Im Falle eines Verbrechens verjährt der klagbare Anspruch erst nach zehn Jahren, Art. L 223-23 C.Com.

Im Falle einer unerlaubten Handlung verjährt der Anspruch der Gesellschaft zehn Jahre nach Aufdeckung des Schadens gemäß Artikel 2270-1 cc. Es ist möglich, dass die Verjährung nicht vom Beklagten geltend gemacht wird. Dann hat der Richter keine Pflicht, ihn zu belehren[394]. Die Verjährungsfrist kann jedoch gehemmt werden, wenn eine Strafverfolgungsmaßnahme eingreift.

b) Die deutsche Rechtslage

Das deutsche Recht hat eine andere Ansicht bezüglich der Verjährung. Die Frist ist länger als im französischen Recht: Alle Ansprüche der Gesellschaft aus § 43 GmbHG einschließlich solcher aus dem Anstellungsvertrag[395] verjähren gemäß § 43 Abs. 4 GmbHG nach fünf Jahren[396]. Eine vertragliche Verlängerung der Verjährungsfrist ist jedoch unwirksam (§ 225 BGB).

Wenn es sich aber um eine unerlaubte Handlung gegenüber der Gesellschaft handelt, gilt § 852 BGB. Das gilt auch, wenn die Pflichtverletzung des Geschäftsführers abhängig von seiner Organstellung eine unerlaubte Handlung darstellt[397]. Der Grund liegt darin, dass die fünfjährige Frist des § 43 Abs. 4

---

394 BULLE, Rdn 839.

395 BGH AG 1989, S. 354; GmbHR 1989, S. 365: § 43 Abs. 2 GmbHG nimmt als weitere gesetzliche Anspruchsgrundlage und als Spezialregelung die vertragliche Haftungsgrundlage in sich auf. Die gesetzliche Haftungsregelung umfasst nur insoweit einen weiteren Anwendungsbereich, als dass sie auch dann eingreift, wenn ein Anstellungsvertrag nicht zustande kommt. Demnach ist davon auszugehen, dass auch Ansprüche aus Verletzung des Geschäftsführervertrages nach § 43 Abs. 4 GmbHG verjähren. Vgl. MERTENS, § 43, Rdn 92; SCHOLZ/SCHNEIDER, § 43, Rdn 201; BAUMS, Der Geschäftsleitervertrag, § 10.

396 Für den faktischen Geschäftsführer, der seine Stellung auf eine unwirksame Bestellung zurückführen kann, gilt ebenfalls diese fünfjährige Verjährungsfrist. Siehe RGZ 152, S. 273, 278; Was den faktische Geschäftsführer, der nicht bestellt wurde, betrifft, ist eine analoge Heranziehung des § 43 Abs. 4 GmbHG anzunehmen. Siehe REICH, DB 1967, S. 1668; Nach REICH rechtfertigt es sich dadurch, dass der faktische Geschäftsführer seine Rechtsposition und damit seine Einwirkungsmöglichkeiten auf die Gesellschaft über seine Vertrauensperson als rechtmäßiger Geschäftsführer ausübt, der der normalen Haftung aus § 43 GmbHG und somit der fünfjährigen Verjährungsfrist unterliegt.

397 MERTENS, §43, Rdn 93; SCHOLZ/SCHNEIDER, § 43, Rdn 202; BAUMBACH/HUECK/ZÖLLNER, § 43, Rdn 31.

GmbHG mit Eintritt des Schadens ohne Rücksicht auf die Kenntnis der Gesellschaft beginnt und dass die dreijährige Frist des § 852 BGB von dem Zeitpunkt an läuft, an welchem die Gesellschaft von Schaden und Schädiger Kenntnis erlangt hat. Sie ist daher viel günstiger für die Gesellschaft.

Im Falle einer Treuepflichtsverletzung der Gesellschafter-Geschäftsführer gilt die regelmäßige dreißigjährige Frist gemäß § 195 BGB. Für die Treuepflicht des Fremdgeschäftsführers aus dem Anstellungsvertrags gilt die Verjährungsfrist des § 43 Abs. 4 GmbHG, also fünf Jahre.

c) Ergebnis

Die Verjährungsfrist des deutschen GmbH-Rechts ist länger als die des französischen Rechts. Der Gesetzgeber bietet hier der GmbH durch die fünfjährige Verjährungsfrist die Möglichkeit, sich besser vor den Maßnahmen des Geschäftsführers zu schützen, wenn der Schaden erst später aufgedeckt werden sollte. Das ist das Gegengewicht zu der Haftungsbeschränkungsmöglichkeit zugunsten des Geschäftsführers. Da im französischen Recht keine Haftungsmilderung und kein Haftungsausschluss zugelassen sind, müssen die Gesellschafter die Gesellschaftsansprüche schneller geltend machen. Die Unterlassungen der Gesellschafter werden bei der Haftungsklage streng sanktioniert. Es geht prinzipiell um das Fortbestehen der Gesellschaft, und in der wirtschaftlichen Praxis kann eine Gesellschaft schnellstens vom Markt verschwinden, wenn sie interne Konflikte oder Probleme mit ihren Organen hat und nicht sofort darauf reagiert.

Mithin bleibt festzustellen, dass die beiden Rechtssysteme trotz gewisser Ähnlichkeiten hier verschiedene Standpunkte vertreten. Beide Rechte haben das gleiche Ziel, gehen aber mit der Haftung des Geschäftsführers unterschiedlich um.

E. Vergleichende Wertung

Trotz abweichender Einzelheiten ist die Verwandtschaft der beiden Rechtsordnungen nicht zu verkennen. Beide beruhen auf dem Prinzip der ordentlichen Geschäftsführung und zielen auf eine schnelle Wiederherstellung des geschmälerten Haftungsobjektes.

Sowohl nach deutschem als auch nach französischem Recht ist die Geschäftsführerhaftung umfangreich geregelt. Diese Haftung stellt für den Geschäftsführer die Kehrseite seiner Befugnisse dar[398]. Je größer seine Befugnisse sind, desto größer wird auch seine Haftung. § 43 GmbHG und Art. L 223-22 C.Com., der nach dem deutschen Modell und nach der ersten Regelung der S.A.R.L. von 1925 konzipiert und im Handelsgesetzbuch kodifiziert worden ist, regeln eine

398 PAILLUSSEAU, Diss., S. 52 ff.

sehr strenge Haftung, damit die Gesellschaft und deren Vermögen besser geschützt werden. Die Grenzen der Geschäftsführerbefugnisse bestehen nicht, um ihn in seinem Amt zu behindern, sondern um einen besseren Ausgleich zwischen den unterschiedlichen Organen innerhalb der Gesellschaft und vor allem den Fortbestand der Gesellschaft bei Auseinandersetzungen zwischen den Organen zu erreichen.

Obwohl die deutschen und französischen Haftungsgrundlagen auf verschiedenen dogmatischen Grundlagen beruhen, sehen sie im Allgemeinen die Haftung des Geschäftsführers in den selben Bereichen - wenn auch unterschiedlich geregelt - und für die gleichen Fehler in der Geschäftsführung vor. Auch wenn der Geschäftsführer unwirksam bestellt worden ist, haftet er für jeden entstandenen Schaden. In beiden Rechtsordnungen gilt: Wer handelt, der haftet.

Die Geltendmachung der Schadensersatzansprüche wird in beiden Rechtssystemen unterschiedlich geregelt. Obwohl der deutsche Gesetzestext im Vergleich zum französischen sehr ausführlich ist, behandelt er die *actio pro socio* nicht. Diese Nichtregelung der Gesellschafterklage im § 43 GmbHG ist nicht überraschend, da der Geschäftsführer gegenüber den Gesellschaftern nach § 43 GmbHG nicht haftet. Dies wird dadurch begründet, dass dem Geschäftsführer gegenüber den Gesellschaftern keine organschaftlichen Pflichten zur ordnungsgemäßen Unternehmensleitung obliegen. Deswegen spielt hier auch die deutsche Rechtsprechung eine wichtige Rolle. Dank der richterlichen Rechtsfortbildung ist die Gesellschafterklage zulässig. Die französische Regelung ist diesbezüglich einfacher. Art. L 223-22 C.Com. beschreibt zwar, wie die Gesellschaft ihre Ansprüche geltend machen kann und vor allem wer sie geltend machen kann, jedoch ist er nicht so ausführlich wie die §§ 46 ff GmbHG geregelt. Demgegenüber ist das Verfahren des Gesellschafterbeschlusses zur Geltendmachung der Ansprüche im deutschen Recht m. E. ein wenig schwerfällig, weil es ein Hindernis für das Klageverfahren darstellt. Dafür verjähren die Ansprüche erst nach fünf Jahren.

Das französische Recht ist im Allgemeinen strenger als das deutsche Recht. Dies gilt nicht nur für den Geschäftsführer, sondern auch für die S.A.R.L. und ihre Gesellschafter. Für den Geschäftsführer gibt es zwar keine Möglichkeit der Haftungsbeschränkung, aber die S.A.R.L. und die Gesellschafter müssen ihre Schadensersatzansprüche eher geltend machen, weil die Verjährungsfrist schon nach drei Jahren abläuft. Jede Gesellschaft muss demnach im Wirtschaftsleben schnell reagieren.

Zur Geltendmachung der Haftungsklage gegen den Geschäftsführer gilt das Prinzip der Macht der Kapitalmehrheit, das im deutschen Recht stärker betont wird. Daraus ergibt sich eine Abhängigkeit der Handlungsweisen der Gesellschaft von den herrschenden Mehrheitsverhältnissen. Z. B. hängen von der

Mehrheit die Geltendmachung der Ansprüche, der Haftungsausschluss für den Geschäftsführer und die Weisungsabhängigkeit des Geschäftsführers durch den Mehrheitsgesellschafterbeschluss ab. Die Gesellschafter sind Willensträger der GmbH. Ihr Wille hat dann oft den Vorrang vor dem Schaden der Gesellschaft. Dies wird jedoch zum Schutz der Minderheit gesetzlich eingeschränkt. Demgegenüber ist dies im französischen Recht nicht möglich, weil der oder die Mehrheitsgesellschafter keine Möglichkeit haben, eine Satzungsänderung durchzuführen, die eine Haftungsmilderung oder eine Geschäftsführerentlastung zur Folge hätte. Im französischen Recht wird der Konflikt zwischen Minderheits- und Mehrheitsgesellschafter diesbezüglich besser gelöst und das Unternehmensinteresse besser geschützt.

Demnach ist es nicht überraschend, wenn der Geschäftsführer in Deutschland eine "Marionette" in den Händen der Gesellschafter ist, da diese über die Möglichkeit verfügen, die Geschäftsführerbefugnisse zu mindern, ihm ständig Weisungen zu erteilen, die er befolgen muss, oder ihn sogar jederzeit ohne Vorliegen von Gründen gemäß § 38 Abs. 1 GmbHG abberufen können. Im deutschen Recht ist demnach die Gesellschafterversammlung das oberste Organ der GmbH. Im französischen Recht dagegen sind Gesellschafter und Geschäftsführer dem dualistischen politischen System sehr ähnlich:

- ein exekutives Organ, das die Gesellschaft nach außen vertritt und im Innenverhältnis eigenständig die Geschäfte für die Gesellschaft führt, und
- ein gesetzgeberisches Organ, das über die Geschäftspolitik der Gesellschaft bestimmt und das exekutive Organ streng kontrolliert.

Das gesetzgeberische Organ erlässt die Verfassung der Gesellschaft als oberstes Gesetz, die das exekutive Organ beachten soll. Das exekutive Organ soll in seiner Verhaltensweise gesteuert und zu vorsichtiger und sorgsamer Geschäftspolitik angehalten werden. Dann haftet das exekutive Organ für jede Verletzung der Verfassung. Die Eigenhaftung als Kontrollinstrument ist nicht zu unterschätzen. Hier sind ausgewogene Mächte der Gesellschafter und des Geschäftsführers nach dem französischen Recht vorgesehen, weil Überschreitungen in ihren Befugnissen auf Kosten der Gesellschaft bei beiden Organen vermieden werden sollen. Die Haftung soll Sicherheit gewähren und Kapital ersetzen. Das Prinzip der Einheit von Herrschaft und Haftung in der Gesellschaft gilt in beiden Gesetzgebungen genauso wie der Grundsatz "keine Herrschaft ohne Haftung"[399]. Es gilt also ein Gerechtigkeitsprinzip, wonach Leitung und Verantwortlichkeit korrespondieren.

---

[399] WIEDEMANN, S. 544 ff.

II. Besonderheiten der Haftung der konzernierten GmbH

A. Darstellung der Problematik

In der wirtschaftlichen Praxis kommt es häufig vor, dass die GmbH mit einem anderen Unternehmen verbunden wird. Ihr Stammkapital gehört dann zum Teil oder ganz dem größeren Unternehmen bzw. der Obergesellschaft, die Mehrheitsgesellschafter oder Alleingesellschafter ist. Die Beziehung zwischen dem neuen Gesellschafter, also der Obergesellschaft, den alten Gesellschaftern und der Gesellschaft selbst haben sich geändert, und der Geschäftsführer befindet sich in einer prekären Situation. Er muss Weisungen folgen, die aus einer anderen Gesellschaft stammen, und trotzdem das Unternehmensinteresse der abhängigen Gesellschaft beachten. Es kommt auch vor, dass er sein Amt nicht mehr richtig ausüben kann, weil ihm Geschäftsführungsbereiche teilweise oder ganz entzogen wurden.

Da die Beherrschungsmittel einer Gesellschaft rechtlicher, aber auch tatsächlicher Natur sein können, ermöglicht eine starke Mehrheitsbeteiligung innerhalb der Gesellschaft oder im Konzern, dass zum einen die Geschäftspolitik der abhängigen GmbH häufig allein von einem Gesellschafter bzw. dem Mehrheitsgesellschafter bestimmt wird, manchmal ohne Rücksicht auf die Interessen der GmbH selbst, und zum anderen, dass die Gesellschaft *de facto* unmittelbar vom Mehrheitsgesellschafter bzw. vom herrschenden Unternehmen geführt wird. Der Geschäftsführer wird als Marionette behandelt, damit die Muttergesellschaft als faktischer Geschäftsführer in Ruhe handeln kann, ohne dass die Geschäftswelt ahnen kann, dass sie allein die Geschäfte der abhängigen Gesellschaft führt. Ob diese faktische Situation rechtlich zulässig ist, bleibt noch zu erörtern.

Dies führt ebenfalls zur Problematik der Haftung, wenn die abhängige Gesellschaft einen Schaden erleidet. Fraglich ist, wer die zurechnungsfähige Person ist. Im Teil I wurde beschrieben, dass derjenige, der handelt, auch haftet. Hiernach wird untersucht, ob diese Aussage auch auf faktische Verhältnisse zutrifft, und aus welcher Grundlage gehaftet wird. Das deutsche und französische Recht haben diesbezüglich verschiedene Ansichten. Deshalb stellt sich die Frage, ob mangels gesetzlicher Haftungsgrundlagen tatsächlich Lücken[400] in beiden Haf-

[400] Von einer Haftungslücke kann dann ausgegangen werden, wenn und soweit den mit der gesetzlichen Organverantwortung Geschützten - also der Gesellschaft - sei es durch Organisations- oder Strukturmängel, sei es durch Einwirkung auf die Organe, der verantwortliche Pflichten - und Haftungsträger vorenthalten oder entzogen wird, dadurch die Einhaltung der Organpflichten nicht gewährleistet ist oder Ansprüche gegen das Organ nicht gegeben, nicht realisierbar oder wertlos sind und kein anderer in derselben Weise und in dem Umfang wie ein Organ für den Schaden einzustehen hat, STEIN, S. 144.

tungssystemen bleiben oder ob andere Vorschriften als Haftungsgrundlage in Betracht gezogen werden dürfen.

Hiernach wird zuerst die faktische Übernahme der Geschäftsführung der konzernierten Gesellschaft in beiden Rechtsordnungen behandelt, um feststellen zu können, ob die Rechtsfigur des faktischen Geschäftsführers die Lösung der Haftungsproblematik ist. Dann wird die Einwirkung des Mehrheitsgesellschafters auf Geschäftsführungsmaßnahmen mit Hilfe des Konzernrechts erfasst, weil es sich auch um ein faktisches Verhältnis zwischen der Muttergesellschaft und der Tochtergesellschaft handeln kann.

B. Die faktische Übernahme der Geschäftsführung

Nach der obigen Darstellung der GmbH-Geschäftsführerhaftung mit ihren vielfältigen Grundlagen nach deutschem und französischem Recht ist nun die Haftung des faktischen GmbH-Geschäftsführers im Detail zu prüfen.

1. Die deutsche Rechtslage

a) Die gesetzliche Grundlage für die Stellung des faktischen Geschäftsführers

(1) Keine gesetzliche Regelung im GmbHG

Das GmbH-Recht kennt den faktischen Geschäftsführer nicht. Aus dem Fehlen einer gesetzlichen Regelung darf aber nicht geschlossen werden, dass dieses Institut im GmbH-Recht nicht existiert. Es heißt nur, dass noch keine rechtsdogmatische Fundierung des faktischen Geschäftsführers vorhanden ist. Es ist sehr überraschend, weil der Gesetzgeber diese Rechtsfigur schon in das Aktiengesetz von 1965 durch § 117 Abs. 1 AktG eingefügt hat. Überraschend ist auch, dass der Gesetzgeber diese Rechtsfigur durch eine Haftungserweiterung auf den faktischen Geschäftsführer in die GmbH-Novelle von 1980 nicht eingefügt hat. Er hat sicherlich die gesellschaftsrechtlichen Vorteile des § 117 AktG bemerkt und bräuchte eine solche Regelung nur in das GmbHG einzufügen.

(2) Erweiterung der Normadressaten des § 43 GmbHG

Fraglich ist, ob § 43 GmbHG auf die Rechtsfigur des faktischen Geschäftsführers dogmatisch analog angewandt werden kann. Diese Frage ist von besonderer Bedeutung, weil sonst eine Verantwortlichkeitslücke besteht: Derjenige ohne Bestellung und ohne Anstellungsvertrag, der die Gesellschaft tatsächlich leitet, würde aus § 43 GmbHG nicht haften.

Eine Person, die ohne wirksame Bestellung die Funktionen eines Geschäftsführers ausübt, unterliegt als sogenanntes faktisches Organ der Verantwortlichkeit nach § 43 GmbHG[401]. Die Begründung liegt darin, dass der Normadressat des § 43 GmbHG nicht allein der förmlich zum Geschäftsführer Bestellte ist, sondern auch derjenige, der die Geschäftsführung tatsächlich übernommen hat. Wenn der faktische Geschäftsführer die Geschäftsführung tatsächlich übernommen hat, wird er dem rechtswirksam bestellten Geschäftsführer in vollem Umfang gleichgestellt. Dies gilt demnach auch für die Haftung. In der Literatur wird die Haftung des faktischen Geschäftsführers nach § 43 GmbHG schon allgemein anerkannt[402]. Der Spruch "wer handelt, der haftet" findet hier auch nach der richterlichen Rechtsfortbildung und der Literatur Anwendung.

Mithin rechtfertigt sich die Geschäftsführerhaftung bei einer teleologischen Betrachtungsweise damit, dass derjenige, der eine Organstellung mit Einflussmöglichkeiten auf die Geschäftsführung der Gesellschaft übernimmt, der Gesellschaft gegenüber für die Folgen seines Handelns einzustehen hat. Also betrifft der Normadressatenkreis des § 43 GmbHG nicht nur den gesetzmäßig bestellten Geschäftsführer, sondern auch den faktischen Geschäftsführer[403].

b) Der Begriff des faktischen Geschäftsführers

(1) Die Definition des faktischen Geschäftsführers

Der Begriff "faktisch" soll hier im Sinne von wirklich und/oder tatsächlich verstanden werden[404]. Die Literatur[405] definiert den faktischen Geschäftsführer wie folgt:

---

401 So BGHSt 31, S. 118: "Diese Rechtsauffassung steht dem Verbot der Analogie nicht entgegen, denn Normadressat ... ist nicht allein der förmlich zum Geschäftsführer Bestellte, sondern auch derjenige, der die Geschäftsführung tatsächlich übernommen hat ... . Eine andere Auffassung würde den Schutz der Allgemeinheit vor unredlicher Handhabung der Geschäftsführung einer GmbH unterlaufen"; BGHZ 65, S. 15: "Die Beklagte ... hatte entsprechend § 43 Abs. 1 GmbHG in bezug auf die individuellen Verhältnisse der von der GmbH geleiteten Firmengruppe die Sorgfalt eines ordentlichen Kaufmanns anzuwenden, wenn sie für ihre eigenen Zwecke die Geschäftsführung der GmbH beeinflusste".

402 STEIN, Das faktische Organ, S. 11: "Haftungsmaßstab ist § 43 GmbHG. Die Haftung tritt ein, wenn die Sorgfaltspflicht eines ordentlichen Geschäftsmannes verletzt wird"; SCHILLING, FS HEFERMEHL, 1976, S. 385 ff; REHBINDER, ZGR 1977, S. 640: "Dogmatisch kann man sich auf die analoge Anwendung des § 43 GmbHG stützen", REICH, DB 1967, S. 1666: "Der Grundsatz einer echten Organhaftung auch des faktischen Geschäftsführers entspricht der wohl h.M".

403 Zum Problem der Erweiterung des Normadressatenkreises der §§ 64, 84 GmbHG über den rechtswirksam bestellten eingetragenen Geschäftsführer hinaus auf dritte Personen, siehe KRATZSCH, ZGR 1985, S. 506.

404 GÜBEL, Die Auswirkungen der faktischen Betrachtungsweise auf die strafrechtliche Haftung faktischer GmbH-Geschäftsführer, S. 23, 79.

405 GÜBEL, S. 79; Siehe auch BayObLG, GmbHR 1997, 453.

"Unter einem faktischen Geschäftsführer ist eine natürliche, voll geschäftsfähige Person zu verstehen, die - ohne formal zum Geschäftsführer bestellt zu sein - in ihr zurechenbarer Weise wirklich für die GmbH als Gesellschaftsorgan tätig geworden ist".

Oft hat die Gesellschaft schon in irgendeiner Weise von der Situation Kenntnis[406] genommen und sie - absichtlich ? - geduldet. Diese Situation ist allerdings kein seltener Fall, wenn der Mehrheitsgesellschafter die Leitung der Gesellschaft beherrscht. Die Gesellschaft kann sich hier nicht gegen die Ausübung der Geschäftsführung durch den Mehrheitsgesellschafter wehren, da die Gesellschafterversammlung der Willensträger der Gesellschaft ist. Außerdem will die Gesellschaft dies vielleicht nicht unterbinden, wenn es für sie selbst vorteilhaft ist. Hier handelt es sich nun um eine faktische Übernahme der Geschäftsführung durch eine Einflussnahme auf den ordentlichen Geschäftsführer[407]. Daraus können drei Indizien[408] mit Hilfe der Rechtsprechung zur Qualifizierung als faktischer Geschäftsführer herausgearbeitet werden:

- das tatsächliche Tätigwerden wie ein Geschäftsführer,
- die Duldung oder Kenntnis der Gesellschaft und
- der bestimmende Einfluss auf die Geschäftsführung der Gesellschaft.

(a) Das tatsächliche Tätigwerden wie ein Geschäftsführer

Bezüglich der Geschäftsführungstätigkeit muss der faktische Geschäftsführer wie ein gesetzlicher Geschäftsführer gehandelt haben[409]. Eine Entscheidung des Reichsgerichts von 1909 erklärte, dass eine Person Jahre hindurch die Stellung eines Geschäftsführers tatsächlich bekleidet hat und aufgrund dieses tatsächlichen Verhältnisses für nachlässige Geschäftsführung verantwortlich gemacht werden kann[410]. Also hat demnach eine Person, die die Geschäfte der Gesellschaft führt, die außerhalb der Gesellschaft sogar den Eindruck erweckt, dass sie der rechtmäßige Geschäftsführer ist, wie ein rechtmäßiger Geschäftsführer zu haften, wenn die Geschäftsführung zu einem Schaden der Gesellschaft geführt

---

406 STEIN, Das faktische Organ, S. 33; MERTENS, § 43, Rdn 15. SCHOLZ/SCHNEIDER, § 43, Rdn 15; BGHZ 41, S. 282, 287; BGHZ 47, S. 341, 343.

407 SCHOLZ/SCHNEIDER, § 43, Rdn 15; Siehe auch SCHMIDT, JZ 1978, S. 661, 666.

408 Das Wort "Indizien" wird anstelle des Wortes Voraussetzungen aufgrund einer zu unpräzisen Definition angewandt. Der Grund liegt darin, dass die Voraussetzungen teilweise von der Literatur und der Rechtsprechung umstritten sind. Die Kriterien helfen bei der Begrenzung des Begriffs des faktischen Geschäftsführers, schließen aber die Möglichkeit nicht aus, dass sie durch eine neue Entscheidung nicht mehr berücksichtigt werden.

409 Immer wieder "wer handelt, der haftet".

410 RGZ 152, S. 277; Siehe auch STEIN, S. 8 ff.

hat. In späteren Entscheidungen hat der BGH weiterhin darauf hingewiesen, dass der faktische Geschäftsführer die "Seele des Geschäfts"[411], sogar die "Seele und der Kopf des Unternehmens[412]", war und auf sämtliche Geschäftsvorgänge Einfluss nahm sowie nach außen als Geschäftsführer auftrat[413]. Die Person des Handelnden und ihre Einwirkung innerhalb und außerhalb der Gesellschaft spielt dann eine relevante Rolle bei der Qualifizierung der faktischen Geschäftsführung. Die Literatur schloß sich der Rechtsprechung an[414]. Der faktische Geschäftsführer muss demnach die Stellung des gesetzlich bestellten Geschäftsführers übernommen und für die Gesellschaft gehandelt haben.

Fraglich ist, ob der faktische Geschäftsführer einzelne oder sämtliche Geschäftsführungsaufgaben innerhalb der Gesellschaft wahrnehmen soll. Diese Frage spielt keine große Rolle mehr seit einer Entscheidung des BGH[415]. In dieser Entscheidung hatte die Ehefrau des Angeklagten als eingetragene Geschäftsführerin auch Geschäfte für die Gesellschaft vorgenommen. Der BGH erklärte, es stünde einer Feststellung, der Angeklagte sei tatsächlich Geschäftsführer gewesen, nichts entgegen, wenn er die überragende Stellung in der Geschäftsführung eingenommen habe. Die Tätigkeit seiner Ehefrau, der Geschäftsführerin, hinderte die Qualifizierung des Angeklagten als faktischer Geschäftsführer nach dem BGH aus zwei Gründen nicht: Erstens kann die Gesellschaft nach § 6 GmbHG über mehrere Geschäftsführer verfügen. Zweitens hatte der Ehemann die überragende Stellung in der Geschäftsführung eingenommen. Der BGH blieb aber in dieser Entscheidung mit dem Ausdruck "die überragende Stellung" bezüglich

---

411 So BGHSt 3, S. 32.

412 So BGH GmbHR 1955, S. 61.

413 RGSt 71, S. 112; BGH GmbHR 1958, S. 179; BGH WM 1988, S. 756; BGHSt 3, S. 32; BGHZ 47, S. 341.

414 MERTENS, FS für FISCHER, S. 466: "Wenn ein Mehrheitsgesellschafter tatsächlich anstelle eines Geschäftsführers handelt, also Funktionen ausfüllt, die nach Gesetz und Satzung ausschließlich dem Geschäftsführer obliegen, so kann er nach allgemeinen Grundsätzen als faktischer Geschäftsführer gemäß § 43 gegenüber der Gesellschaft haftbar sein", Auch STEIN, S. 11; MERTENS, § 43, Rdn 17: "Da Leitungs- und Überwachungsfunktionen, ... , vertretungsweise weitgehend auch von Nichtgeschäftsführern wahrgenommen werden können, reicht allein die Ausübung solcher Funktionen durch Personen ... zur Begründung der Haftung nach § 43 GmbHG nicht aus. Es muss sich vielmehr aus den Umständen ergeben, dass eine solche Person als Geschäftsführer gehandelt hat. Dies trifft dann zu, wenn sie Akte vornimmt, die diesem als Organ vorbehalten sind"; MERTENS, § 43, Rdn 18: "Die Haftung endet ... erst, wenn der Geschäftsführer seine Funktionen tatsächlich nicht ausübt. Er kann also weiterhin nach § 43 zur Rechenschaft gezogen werden, wenn er trotz abgelaufener Amtszeit noch für die GmbH tätig ist"; ROTH, GmbHG, § 43, Rdn 3.2: "Entscheidend ist die tatsächliche Innehabung der Amtsfunktionen"; Siehe auch BayObLG, GmbHR 1997, 453.

415 BGH GmbHR 1983, S. 43; Siehe auch BGH GmbHR 1958, S. 179, 180.

einzelner oder sämtlicher Geschäftsführungsmaßnahmen sehr vage. Eine spätere Entscheidung in 1988 präzisierte dahingehend, es reiche aus, dass der Betreffende in "maßgeblichem Umfang" Geschäftsführungsfunktionen übernommen hat, wie sie nach Gesetz und Gesellschaftsvertrag für den Geschäftsführer oder Mitgeschäftsführer kennzeichnend sind, um ihn als faktischen Geschäftsführer zu qualifizieren[416]. Entscheidend sei allein, dass der Betreffende die Geschicke der Gesellschaft - und zwar nicht nur durch interne Einwirkung auf die satzungsmäßig bestellten Geschäftsführer, sondern durch eigenes, auch nach außen hervortretendes, üblicherweise der Geschäftsführung zuzurechnendes Handeln - so maßgeblich in die Hand genommen hat, dass er die Haftung zu tragen hat[417].

Fraglich ist dann, ob ein wenngleich unwirksamer Bestellungsbeschluss zum Geschäftsführer für eine Qualifizierung als faktischer Geschäftsführer nötig ist[418]. Das Reichsgericht hatte in seiner Entscheidung von 1909 einen Bestellungsakt[419] vorausgesetzt[420]. Nach der hM der Literatur war dagegen ein Bestellungsakt entbehrlich[421]. Später hat der BGH auf den Bestellungsakt verzichtet[422]. Dieses wurde vor kurzer Zeit wieder mit der Begründung bestätigt, dass die Verpflichtung zur Stellung des Konkursantrags und die Verantwortung für die Verletzung dieser Pflicht auch denjenigen trifft, der, ohne zum Geschäftsführer bestellt zu sein, die Geschäfte der GmbH wie ein Geschäftsführer oder Mitgeschäftsführer leitete[423]. Demnach kann eine Person außerhalb des Geschäftsführungsorgans, etwa ein Gesellschafter, ein Verwandter des Geschäftsführers usw. faktischer Geschäftsführer werden.

---

416 BGH WM 1988, S. 756 ff; NJW 1988, S. 1789 ff; BGH NJW 1983, S. 240.

417 Die Literatur vertritt auch diese Ansicht, GÜBEL, S. 124 ff; ERBS/KOHLHAAS/FUHRMANN, § 84, Rdn 2; Die Gegenansicht vertritt aber STEIN, ZHR, S. 220.

418 Diese Frage ist besonders wichtig hinsichtlich des gesetzlichen Verbots des § 6 Abs. 2 S. 2 GmbHG; Siehe auch STEIN, Das faktische Organ, S. 149 ff.

419 MERTENS meint, allein die Ausübung solcher Funktionen durch Personen, die nicht wirksam zu Geschäftsführern bestellt worden sind, reicht zur Begründung der Haftung nach § 43 GmbHG nicht aus; ... Im übrigen wird § 43 durchweg nur dann zur Anwendung kommen können, wenn immerhin ein tatsächlicher Bestellungsakt vorliegt, MERTENS, § 43, Rdn 17; REICH, DB 1967, S. 1666; Aber nach überwiegender Ansicht ist ein förmlicher Bestellungsakt überflüssig, SCHOLZ/SCHMIDT, § 64, Rdn 6, 41; FISCHER, § 64, Rdn 20; SCHOLZ/TIEDEMANN, § 84, Rdn 27; ROTH, § 43, Rdn 3.2.

420 RGZ 152, S. 277; Siehe auch STEIN, S. 8 ff; GÜBEL, S. 56 ff, 101.

421 GÜBEL, S. 50, 101; BAUMS, § 8 I 2 a; STEIN, ZHR 148, S. 213. SCHOLZ/WINTER, § 6, Rdn 46; SCHOLZ/SCHNEIDER, § 43, Rdn 15. SCHOLZ/SCHMIDT, § 64, Rdn 4; REICH, DB 1967, S. 1664.

422 BGH NJW 1974, S. 57; BGH NJW 1979, S. 1823.

423 BGHZ 104, S. 44;

Mithin ist festzustellen, dass der faktische Geschäftsführer die überragende Stellung des gesetzlichen Geschäftsführers übernommen und für die Gesellschaft gehandelt haben muss. Die Wahrnehmung von Geschäftsführungsaufgaben durch den ordentlichen Geschäftsführer schließt aber die faktische Geschäftsführung einer anderen Person nicht aus. Mithin ergibt sich daraus auch, dass der faktische Geschäftsführer ohne Bestellung durch Gesellschaftsorgane den Pflichten eines rechtswirksam bestellten Geschäftsführers unterliegt und dadurch haftbar gemacht werden kann.

(b) Duldung, Einverständnis oder Kenntnis der Gesellschaft

Die Tätigkeit des faktischen Geschäftsführers innerhalb der Geschäftsführung wird von der Gesellschaft oft zur Kenntnis genommen und wird, wenn die Gesellschaft die Situation dann nicht unterbindet, geduldet[424]. Es besteht dann eine Geschäftsführungs- und Vertretungsmacht kraft Duldung[425]. Beispielsweise ist der Geschäftsführer rechtsunwirksam bestellt worden, oder es hat ein Mehrheitsgesellschafter die Geschäftsführung zwangsweise übernommen, und diese Person führt das Unternehmen vorteilhaft. Wieso sollte dann die faktische Übernahme durch Gesellschafter unterbunden werden?

Wichtig ist zu präzisieren, was unter Kenntnis der Gesellschaft verstanden wird. Nach der Literatur bedeutet Kenntnis der Gesellschaft die Kenntnis der Gesellschafter, wobei das Wissen eines einzigen Gesellschafters ausreichen soll[426]. *Mertens* meint mit Wissen der Gesellschaft, was die Gesamtheit der Gesellschafter betrifft: "Die Haftung tritt auch dann ein, wenn ... der Bestellte ... die Funktionen eines Geschäftsführers mit Wissen der Gesellschaft tatsächlich ausübt"[427]. Mit "Wissen oder Kenntnis" heißt aber nicht mit dem "Einverständnis" der Gesellschaft. Ist das Einverständnis also erforderlich? In einer Entscheidung des BGH[428] war der Ehemann der Hauptgesellschafterin und eingetragenen Alleingeschäftsführerin einer GmbH wegen unterlassener Konkursanmeldung angeklagt. Er war weder Gesellschafter noch Geschäftsführer, sondern offiziell als "Bote und Hausmeister" bei der GmbH beschäftigt. Er hatte aber einen nicht unmaßgeblichen Anteil an der Führung der Geschäfte, und zwar im "Einver-

---

424 Siehe STEIN, ZHR 148, S. 216. SCHOLZ/TIEDEMANN, § 84, Rdn 28. REICH, DB 1967, S. 1665;

425 So die Literatur, BAUMS, § 8 II 2. GÜBEL, S. 69. Siehe auch BGHSt 21, S. 101, BayObLG, GmbHR 1997, 453.

426 SCHOLZ/SCHNEIDER, § 43, Rdn 15: "In Kenntnis durch mindestens einen Gesellschafter"; Vgl. BGHZ 41, S. 282; STEIN, ZHR 148, S. 216.

427 MERTENS, § 43, Rdn 15; Siehe auch SCHOLZ/WINTER, § 6, Rdn 46; BayObLG, GmbHR 1997, 453.

428 BGH NJW 1983, S. 240; Siehe aber auch GmbHR 1955, S. 61; GmbHR 1958, S. 178.

ständnis seiner Ehefrau und im - jedenfalls anfänglichen - Einverständnis des Mitgesellschafters". Mit diesem Merkmal wollte die Rechtsprechung die rechtsdogmatische Begründung für den Verzicht auf das Erfordernis des Bestellungsakts[429] durch "Duldung, Kenntnis oder Einverständnis der Gesellschaft" ersetzen. Denn das Einverständnis der Gesellschaft wurde als ausreichende "tatsächliche Organbestellung" interpretiert[430]. In diesem Sinne ist nach *Tiedemann* zumindest ein Einverständnis der Gesellschafter erforderlich, wobei das Einverständnis des Mehrheitsgesellschafters mit seiner Tätigkeit dazu nicht ausreichen sollte, sondern außerhalb der Gesellschafterversammlung nur eine einstimmige Willensbildung als relevant anzuerkennen sei[431]. In der oben genannten Entscheidung hatten die Ehefrau als Hauptgesellschafterin und der andere Gesellschafter ihr Einverständnis für die Übernahme der Geschäftsführung durch den Ehemann gegeben. Der BGH ließ Zweifel erkennen, ob es auf das Einverständnis der Gesellschafter rechtlich überhaupt ankommt[432].

Mithin ist anzunehmen, dass die Gesellschaft und die Gesellschafter in gewisser Weise Kenntnis von der faktischen Geschäftsführung haben und diese oft dulden müssen. Damit scheint das Einverständnis der Gesellschaft entbehrlich.

(c) Der Einfluss auf die Geschäftsführung

Während die Rechtsprechung auf das Verhalten des faktischen Geschäftsführers innerhalb und außerhalb der Gesellschaft Wert legt, herrscht in der Literatur die Tendenz, jede bestimmende Einflussnahme auf Geschäftsführungsmaßnahmen als faktische Übernahme der Geschäftsführung zu qualifizieren[433]. Ob einerseits eine dauerhafte bestimmende Einflussnahme auf die Geschäftsführung erforderlich ist[434], oder ob andererseits einzelne Weisungen des Mehrheitsgesellschafters

---

429 Die Rechtsprechung beschränkt sich auf äußere Verhaltensmerkmale, siehe BGH NJW 1974, S. 57 und BGHZ 75, S. 96 (106 ff).

430 STEIN, ZHR 148, S. 216; SCHOLZ/TIEDEMANN, § 84, Rdn 28; BGHSt 3, S. 32: dabei stellt der BGH fest, die Rechtsprechung hatte offenbar stets verlangt, dass der GmbH-Geschäftsführer irgendwie zu diesem Amt bestellt worden war.

431 SCHOLZ/TIEDEMANN, § 84, Rdn 33.

432 Siehe auch STEIN, ZHR 148, S. 216.

433 SCHOLZ/SCHNEIDER, § 43, Rdn 15: Es kann keinen Unterschied machen, ob nur auf einen Geschäftsführer dauerhaft Einfluss genommen wird, oder ob "er selbst wie ein Geschäftsführer die Geschäfte der GmbH" führt; Ebenso SCHMIDT, JZ 1978, S. 661; SCHOLZ/SCHMIDT, § 64, Rdn 35; So aber BGH, GmbHR 1974, S. 9.

434 Siehe SCHOLZ/SCHNEIDER, § 43, Rdn 15; SCHOLZ/SCHMIDT, § 64, Rdn 35; SCHMIDT, JZ 1978, S. 661; SCHNEIDER, BB 1981, S. 249, 257; BGHSt 3, S. 32: Als faktischen Geschäftsführer erklärte der BGH denjenigen, der die "Seele der Gesellschaft" war, weil alle Dispositionen von ihm aus gingen und er auf sämtliche Geschäftsvorgänge bestimmenden Einfluss nahm. In dieser Entscheidung war der An-

an den satzungsmäßig bestellten Geschäftsführer für die faktische Übernahme ausreichen[435], darüber besteht keine Einigkeit. Die Rechtsprechung sieht darin kein Problem, da sie auf andere Merkmale zielt: den maßgeblichen Einfluss. Dies wurde besonders im ITT-Urteil[436] hervorgehoben: Der Senat hatte ausgesprochen, dass die Schadensersatzpflicht eines Gesellschafters bereits durch eine "maßgebliche Beeinflussung zu einer pflichtwidrigen Geschäftsführungsmaßnahme" begründet werden kann und nicht notwendig von der Geschäftsführungsbefugnis abhängt. Eine spätere Entscheidung hob die Übernahme der Geschäftsführungsfunktionen in "maßgeblichem Umfang" als Indiz hervor, um die Qualifizierung als faktischer Geschäftsführer vorzunehmen[437]. Relevant ist, dass der faktische Geschäftsführer die Geschicke der Gesellschaft durch eigenes und äußeres Handeln maßgeblich in die Hand genommen hat[438]. Die Rechtsprechung geht weiter in ihrer Begründung: Ausschließlich entscheidend ist, welche Einflussmöglichkeiten und welche Machtposition der faktische Geschäftsführer der Gesellschaft hat, um die Geschäftsführung maßgeblich zu leiten[439]. Denn eine "Gesamtschau" aller Umstände entscheidet, ob ein solcher Einfluss vorliegt[440]. Nicht nur auf die Beherrschung der Geschäfte des Unternehmens soll es ankommen, sondern auch auf einen maßgeblichen Einfluss auf die Person des be-

---

geklagte nach außen immer als Geschäftsführer aufgetreten und hatte insbesondere alle Kreditverhandlungen geführt.

435 STEIN, ZHR 148, S. 214. BGHZ 65, S. 15.

436 BGHZ 65, S. 15.

437 So der BGH, BGH WM 1988, S. 756 ff; NJW 1988, S. 1789 ff; BGH NJW 1983, S. 240.

438 Die Literatur vertritt auch diese Ansicht, GÜBEL, S. 124 ff; ERBS/KOHLHAAS/FUHRMANN; § 84, Rdn 2; Diese Gegenansicht vertritt aber STEIN: Das äußere Auftreten als Geschäftsführer erweist sich in mehrfacher Hinsicht kaum als geeignetes Indiz zur Begründung einer Pflichtenstellung, wie sie dem Geschäftsführer gesetzlich auferlegt ist. Es muss dabei unberücksichtigt bleiben, wer tatsächlich darüber entscheidet, ob der Konkursantrag gestellt wird oder nicht; einflussnehmende Gesellschafter oder Hintermänner können von vornherein nicht verantwortlich gemacht werden, STEIN, ZHR, S. 220.

439 BGH WM 1988, S. 756; BGHZ 65, S. 15; BGHSt 3, S. 32; BGHSt 31, S. 118.

440 BGHSt 31, S. 118: Der BGH hat das Vorliegen eines solchen Einflusses daraus geschlossen, dass der tatsächliche Geschäftsführer maßgeblich die Geschäftseröffnung betrieben und allein den Steuerberater bevollmächtigt hat, Angestellte allein anzustellen und zu entlassen, so dass, dieser die Geschäftsverbindungen geführt und sich mit dem Unternehmen derart identifiziert hat, dass er von ihm nur in der "Ich-Form" zu sprechen gepflegt hat. Demgegenüber hat er dem Umstand, dass der formell bestellte Geschäftsführer, hier seine Ehefrau, allein über das Geschäftskonto verfügungsberechtigt war, keine maßgebliche Bedeutung beigemessen, da der Angeklagte sicher sein konnte, dass alle Verfügungen tatsächlich nach seinen Wünschen vorgenommen werden würde.

stellten Geschäftsführers, wobei ein Übergewicht des faktischen Geschäftsführers ausreichen soll[441].

Durch den Einfluss auf die Geschäftsführung und das Verhalten des faktischen Geschäftsführers nach außen hin erweckt er bei Geschäftspartnern und Gläubigern der GmbH das Vertrauen, dass er tatsächlich derjenige ist, der die Leitung des Unternehmens der Satzung entsprechend ausübt. Diese Vertrauenslage auf eine ordentliche Unternehmensleitung kann Dritten schaden, so dass sie keine besondere Schutzvorkehrungen für ihre Geschäfte mit der GmbH treffen. Bezüglich der beschränkten Haftung der Gesellschaft und der Gesellschafter haben Handlungen des faktischen Geschäftsführers insbesondere für Dritte erhebliche Auswirkungen.

Mithin ist festzustellen, dass die Rechtsprechung auf eine bestimmende oder maßgebliche Einflussnahme des faktischen Geschäftsführers auf die Geschäftsführung Wert legt. Die Merkmale "sämtliche Geschäftsvorgänge oder einzelne Weisungen" auf die Geschäftsführung sind irrelevant geworden.

(2) Fallgruppen

Fraglich ist, wer als faktischer Geschäftsführer in Betracht kommt. Zuerst könnte der Geschäftsführer mit einer nicht-ordnungsgemäßen Bestellung in Betracht kommen. Problematisch und auch interessant sind die Fälle, in denen jemand ohne Bestellung zum Geschäftsführer die Geschäftsführungsaufgaben übernimmt. Besonders zu erwähnen ist die Konstellation der Übernahme der Geschäftsführung durch die Muttergesellschaft, den Allein- oder Mehrheitsgesellschafter oder Angestellten der Muttergesellschaft. Schon das Reichsgericht hatte allein darauf abgestellt, dass ein faktischer Geschäftsführer derjenige ist, der ohne Bestellung tatsächlich die Stellung eines Organmitglieds eingenommen hat[442].

---

441 BGHZ 104, S. 44 ff: Nach der Ansicht des BGH gehört zum Tatbestand faktischer Geschäftsführung nicht, dass der tatsächliche Geschäftsführer den formell bestellten Geschäftsführer völlig aus der ihm gesetzlich zugewiesenen Geschäftsführung verdrängt und sich allgemein an seine Stelle gesetzt hat. Wenn daneben in begrenztem Maße eine Geschäftsführung durch die dazu bestellten Organe weiter lief, stehe dies der Annahme faktischer Geschäftsführung nicht entgegen, sofern der faktische Geschäftsführer das Handeln maßgeblich in die Hand genommen hat, und die überragende und herrschende Persönlichkeit in der Geschäftsführung gewesen sei, dem sich die ordentlichen Geschäftsführer völlig unterordneten.

442 RGSt 71, S. 112; Dies wurde schon behandelt. Siehe hierzu Teil I B 1 über die Haftung des Geschäftsführers bei einer nicht-ordnungsgemäßen Bestellung in der vorliegenden Dissertation.

(a) Die faktische Geschäftsführungsübernahme aufgrund einer nicht-ordnungsgemäßen Bestellung des Geschäftsführers

Wie oben gesehen[443], ist jemand trotz einer nicht-ordnungsgemäßen Bestellung als rechtmäßiger Geschäftsführer anzusehen, sobald und solange er sein Amt tatsächlich ausübt. Trotz nicht-ordnungsgemäßer Bestellung hat er auch die Pflichten und die Sorgfalt eines ordentlichen Geschäftsmannes zu beachten. Die Haftungsgrundlage ist wie bei einem ordnungsgemäß bestellten Geschäftsführer § 43 GmbHG[444], sobald er im Handelsregister eingetragen worden ist. Das Gesellschaftsrecht ist weiterhin anwendbar. Außerdem gilt § 15 HGB, der Auswirkungen auf die Geschäftsführerpflichten innerhalb und außerhalb der Gesellschaft hat. Die Rechte und Pflichten des faktischen Geschäftsführers bestimmen sich demnach nach den Vorschriften des Gesellschaftsrechts.

Mithin bleibt festzustellen, dass die Rechtsfigur des faktischen Geschäftsführers für diese Konstellation unnötig ist, weil das Gesellschaftsrecht in Verbindung mit dem Handelsrecht das Problem der nicht-ordnungsgemäßen Bestellung gelöst hat.

(b) Die faktische Geschäftsführungsübernahme durch den Allein- oder Mehrheitsgesellschafter

Der ordentliche Geschäftsführer ist derjenige, der nach Gesetz und Satzung zur Führung der Geschäfte berufen worden ist. Problematisch wird es, wenn das gesetzliche Verbot des § 6 Abs. 2 S. 3 GmbHG der Grund dafür ist, dass der Allein- oder Mehrheitsgesellschafter nicht Geschäftsführer werden darf. Ein Fremdgeschäftsführer wird von der Gesellschafterversammlung, also vom Allein- oder Mehrheitsgesellschafter gem. § 46 Nr. 5 GmbHG, bestellt. Der Mehrheitsgesellschafter wird dank der Macht seiner Geschäftsanteile Einfluss auf die Geschäftsführung ausüben[445]. Dies ist z. B. der Fall, wenn er einige Aufgaben der Geschäftsführung selbst in die Hand nimmt, so dass sein Verhalten auf eine ihm an sich nicht zustehende Übernahme der Geschäftsführung hinausläuft. Denn der Fremdgeschäftsführer ist aufgrund seiner rechtlichen Weisungsgebundenheit niemals in der Lage[446], die GmbH gegen den Willen des Allein- oder Mehrheitsgesellschafters zu leiten. Wenn der Geschäftsführer sich dagegen wehrt, besteht die Gefahr, dass der Mehrheitsgesellschafter mit der einfachen

---

443 Siehe z. B. STEIN, S. 11; REICH, DB 1967, S. 1663; BAUMS, § 8 II 2 m.w.N.

444 BGHZ 41, S. 282; REICH, DB 1967, S.1664; Siehe oben B 1 a) (2) über die Haftungsgrundlage des faktischen Geschäftsführers m.w.N.

445 LUTTER/HOMMELHOFF, § 64, Rdn 20.

446 Schon allein aufgrund des Anstellungsvertrags.

Stimmenmehrheit die Abberufung des Geschäftsführers ohne wichtigen Grund gem. §§ 46 Nr. 5 und 38 GmbHG beschließt[447].

Wenn, wie oben gesehen, der Allein- oder Mehrheitsgesellschafter die überragende Stellung hinsichtlich der Unternehmensleitung einnimmt, hat er auch die Verantwortung zu tragen. Die Haftungszurechnung auf den Allein- oder Mehrheitsgesellschafter als faktischen Geschäftsführer aus § 43 GmbHG wird dadurch begründet, dass der Gesellschafter immer über die Möglichkeit verfügt, die Geschäftspolitik der Gesellschaft[448] durch Weisungen zu bestimmen. Er hat die Satzung, den Unternehmensgegenstand und das Unternehmensinteresse zu berücksichtigen und sich dabei keine persönlichen Vorteile auf Kosten der Gesellschaft zu verschaffen. Aber es stellt sich immer das Problem, dass in der GmbH die Mehrheitsherrschaft über die Gesellschafterversammlung nahezu total ist[449]. Wenn der Mehrheitsgesellschafter der Gesellschaft einen Schaden durch Übernahme der Geschäftsführung zufügt und dies zum Konkurs der Gesellschaft führen würde, hätte er im normalen Fall nur mit dem Gesellschaftskapital gemäß § 13 GmbHG beschränkt zu haften. Diese Entschädigung in der Form des Stammkapitals ist häufig nicht genug für die Gesellschaft selbst und deren Gläubiger. Deswegen wird der Kreis der haftenden Personen und Normadressaten aus § 43 GmbHG auf den Gesellschafter erweitert[450], damit er als Verursacher des Schadens nicht die Möglichkeit hat, sich von der Haftung zu befreien. Dies ist zwar gegen den Gedanken und den Grundsatz der beschränkten Haftung des Gesellschafters in der GmbH, aber er hat als Gesellschaftsorgan nur eine bestimmte gesetzliche und in der Satzung geregelte Funktion[451].

Die Übernahme der Geschäftsführung durch den Allein- oder Mehrheitsgesellschafter führt jedoch grundsätzlich nicht zu seiner Haftung nach § 43 GmbHG. Er muss nicht nur die Befugnisse des satzungsmäßig bestellten Geschäftsführers übernommen, sondern zusätzlich Einfluss auf die Geschäftsführung genommen haben. Dann wird er als faktischer Geschäftsführer qualifiziert und haftet der Gesellschaft für jeden Schaden nach § 43 GmbHG[452]. Durch das ITT-Urteil

---

447 SCHOLZ/EMMERICH, Anhang Konzernrecht, Rdn 13; BGHZ 31, S. 258; BGHZ 49, S. 30.

448 BGH NJW 1984, S. 1461; BGH WM 1992, S. 731; SCHOLZ/EMMERICH, Anhang Konzernrecht, Rdn 118, 127 ff; Die Gesellschafter sind Willensträger der Gesellschaft.

449 SCHOLZ/EMMERICH, Anhang, Rdn 134.

450 Siehe STEIN, Das faktische Organ, S. 143 ff; GÜBEL, S. 89, 120, 124; STEIN, ZHR 148, S. 210, 213 ff.

451 Feststellung des Jahresabschlusses, Bestellung und Abberufung des Geschäftsführers und dessen Überwachung usw.

452 Also aufgrund gesetzwidrigen Weisungen, die das Gesellschaftsvermögen beschädigt haben. Deshalb sind hier gesetzwidrige Weisungen haftungsrechtlich relevant, siehe

wurde die Haftung des Mehrheitsgesellschafters aus § 43 GmbHG besonders hervorgehoben: Die Schadensersatzpflicht eines Mehrheitsgesellschafters kann bereits durch eine maßgebliche Beeinflussung zu einer pflichtwidrigen Geschäftsführungsmaßnahme begründet sein[453] und hängt nicht notwendig von der Geschäftsführungsbefugnis ab. Der BGH stellt im ITT-Urteil allein auf die Beeinflussung der Geschäftsführung durch den Mehrheitsgesellschafter "für seine eigenen Zwecke" ab[454], weil es bei der GmbH für die Freistellung des Mehrheitsgesellschafters, der die personelle Besetzung der Geschäftsführung bestimmt und seine Wünsche informell leicht durchsetzen kann, ebensowenig einen sachlichen Grund gibt.

Nach dem ITT-Urteil haftet jedoch der Mehrheitsgesellschafter aufgrund einer Treuepflichtverletzung auf der Grundlage des § 43 GmbHG, dessen Haftungsmaßstab herangezogen wurde, und nicht aufgrund der Organhaftung für eine faktische Geschäftsführung. Der Maßstab des § 43 GmbHG ermöglicht, das Verschulden des Mehrheitsgesellschafters darzustellen: Es kommt auf die Sorgfalt eines ordentlichen Geschäftsleiters an, ob die Verletzung der Treuepflicht durch den Mehrheitsgesellschafter schuldhaft war[455]. Es darf aber nicht vergessen werden, dass der Mehrheitsgesellschafter in diesem Fall die Sorgfalt eines ordentlichen Geschäftsmannes zu beachten und auf die abhängige Gesellschaft bzw. auf die Minderheitsgesellschafter aufgrund der Treuepflicht Rücksicht zu nehmen hat.

Mithin bleibt festzustellen, dass die Rechtsfigur des faktischen Geschäftsführers hier unnötig ist[456], weil das Gesellschaftsrecht durch Ahndung der Treuepflichtverletzung einen dogmatisch besseren Weg eingeschlagen hat.

STEIN, S. 154; MERTENS, § 43, Rdn 117; Siehe auch bezüglich gesetzwidrigen Weisungen, Teil I A 1a) (3) in der vorliegenden Dissertation.

453 Hier ging es um die Verletzung der Treuepflicht des Mehrheitsgesellschafters durch gesetzwidrigen Weisungen an den Geschäftsführer. Das Unternehmensinteresse als Schutzrichtung der Treuepflicht war dann überwiegend zu betrachten, und nicht die faktische Geschäftsführung des Mehrheitsgesellschafters. Deshalb erwähnt der BGH im ITT-Urteil nur die Treuepflicht des Mehrheitsgesellschafters und nicht die faktische Geschäftsführung; Siehe auch BUYER, GmbHR 1996, S. 98 ff.

454 BGHZ 65, S. 19 m.w.N.

455 SCHOLZ/EMMERICH, Anhang Konzernrecht, Rdn 182, 184; EMMERICH/SONNENSCHEIN, § 24 II 1 a); Der BGH hebt hervor, dass die Haftung des Mehrheitsgesellschafters aufgrund einer Treuepflichtverletzung nicht davon abhängt, dass der Mehrheitsgesellschafter sich als "faktischer Geschäftsführer" betätigt hat, sondern wie der Mehrheitsgesellschafter für die abhängige Gesellschaft gehandelt hat.

456 Auch wenn der Grundgedanke dieser aus der faktischen Geschäftsführung hergeleitete Organhaftung die Gleichbehandlung aller Gesellschafter bei ihrer Einflussnahme auf die Gesellschaft ist. Gerade im Konzernrecht hat sich dieser Gedanke bisher we-

(c) Die faktische Geschäftsführungsübernahme durch die Muttergesellschaft im Konzern

Auf Konzernebene kommt es häufig vor, dass die Muttergesellschaft die Geschäftsführung der abhängigen Gesellschaft voll übernimmt, um ihre Geschäftspolitik in der Tochtergesellschaft besser umzusetzen. Dabei werden die Aufgaben der Geschäftsführung dem Geschäftsführer entzogen und der Muttergesellschaft übertragen. Der Geschäftsführer bleibt aber in seiner Funktion und führt alle von der Muttergesellschaft beschlossenen Geschäftsführungsmaßnahmen im Innen- wie auch im Außenverhältnis der Gesellschaft durch[457]. Für die Außenwelt ist der Geschäftsführer der abhängigen Gesellschaft immer noch derjenige, der die Gesellschafterversammlungsbeschlüsse nach sorgfältiger Prüfung vollzieht. Fraglich ist, ob die GmbH das Handeln der Muttergesellschaft als Gesellschafterversammlung dem Geschäftsführer zurechnen lässt oder ob die Muttergesellschaft als faktischer Geschäftsführer die Haftung für schädigende Geschäftsführungsmaßnahmen trägt.

Ein Beispiel dafür ist das Autokran-Urteil[458]. In diesem Urteil handelte es sich um einen Einzelkaufmann, der als Alleingesellschafter sieben Gesellschaften aufgebaut hatte. Diese Gesellschaften verfolgten als Tochtergesellschaften in mehreren Städten jeweils denselben Unternehmenszweck. Der Mehrheitsgesellschafter hatte die Geschäftsführung an Fremdgeschäftsführer abgegeben, die einen Anstellungsvertrag unterschrieben hatten, der ihnen nur Befugnisse eines untergeordneten Angestellten mit minimaler Entscheidungsmacht belassen hatte. Der Mehrheitsgesellschafter hatte eine Generalvollmacht von den Geschäftsführern erteilt bekommen und war für alle Gesellschaften auch bei den Banken als Einziger allein zeichnungsberechtigt gewesen. Er hatte die Leitung der Gesellschaften und die Zentralisierung von Geschäftsführungsaufgaben wie Finanzplanung und/oder Buchführung in seiner Hand konzentriert. Deshalb war der Schadensersatz der Muttergesellschaft als Mehrheitsgesellschafterin zuzurech-

---

nig durchzusetzen vermocht, siehe EMMERICH/SONNENSCHEIN; § 24 II 1 bb); LUTTER, ZGR 1982, S. 253; WIEDEMANN, Unternehmensgruppe, S. 35 f; BAUMBACH/HUECK/ZÖLLNER, Anhang Konzernrecht, Rdn 9.

457 Gemäß § 37 Abs. 1 GmbHG ist der Geschäftsführer an den Gesellschafterbeschluss gebunden. Wenn dieser gesetz- oder satzungswidrig ist, kann der Geschäftsführer die Gesellschafterversammlung diesbezüglich benachrichtigen. Die Gesellschafterversammlung verfügt aber über die Möglichkeit des § 46 Nr. 5 GmbHG, die als Druck gegen den Geschäftsführer benutzt werden kann, wenn sich der Geschäftsführer verweigert, den Gesellschafterbeschluss durchzuführen. Siehe dazu Teil I A 1a)(3) in der vorliegenden Dissertation.

458 Autokran-Urteil, BGHZ 95, S. 330; Dieses Urteil wird später aufgrund der konzernrechtlichen Haftung im faktischen Konzern ausführlicher dargestellt.

nen. Offen bleibt die Frage, aus welcher Grundlage die Muttergesellschaft haften wird.

Im Autokran-Urteil hat die richterliche Rechtsfortbildung nicht auf die Rechtsfigur des faktischen Geschäftsführers zurückgegriffen bzw. hat schlicht darauf verzichtet. Die Problematik befand sich auf der konzernrechtlichen Ebene und eine gesetzliche Regelung in der Form des Konzernrechts war schon vorhanden. Deshalb bot sich eine bessere Lösung des Problems der Haftung der Muttergesellschaft als faktischer Geschäftsführer an, indem das aktienrechtliche Konzernrecht unmittelbar auf den qualifiziert faktischen GmbH-Konzern angewandt wurde[459]. Die Rechtsfigur des faktischen Geschäftsführers bleibt dann hier ungenutzt. Mithin bleibt festzustellen, dass die Rechtsfigur des faktischen Geschäftsführers für die Fallgruppe "Muttergesellschaft als faktischer Geschäftsführer" für die richterliche Rechtsfortbildung nicht von Interesse ist, da das Konzernrecht unmittelbar angewandt werden kann.

(d) Die faktische Geschäftsführungsübernahme durch Angestellte der Muttergesellschaft

Es gibt aber nach wie vor Konstellationen, in denen die Muttergesellschaft der GmbH ein anderes Unternehmen ist, dessen Organe die faktische Geschäftsführung der GmbH unter Neutralisierung des ordentlichen Geschäftsführers übernehmen. Hier werden die Geschäftspolitik[460] und Unternehmensinteressen der Muttergesellschaft unmittelbar durch ihre Organe oder Angestellten vertreten[461]. Die Muttergesellschaft der GmbH kann Personen ihres Vertrauens und ihrer Wahl in die Gesellschaftsorgane wählen lassen. Dann liegt eine einseitige Usurpierung der Geschäftsführung vor[462]. Eine Bestätigung dafür ist das Tiefbau-Urteil[463]:

Die Beklagte X war die Hausbank eines in der Rechtsform einer GmbH betriebenen Tiefbauunternehmens T, das inzwischen überschuldet in Konkurs gegangen war. Gesellschafter der T waren der frühere Alleineigentümer des Unternehmens Sch., der auch die mit dem eigentlichen Baubetrieb zusammenhängende Geschäftsführung weiter allein innehatte. Die weiteren Gesellschafter-Geschäftsführer waren A, ein Angestellter der X, und B, Nachbar und Freund des damaligen Vorstandsvorsitzenden S der X. Für die Revisionsin-

---

459 Deswegen wird auf Teil II C verwiesen, in dem das Konzernrecht und die konzernrechtlichen Haftungsgrundlagen des Mehrheitsgesellschafters dargestellt werden. Siehe auch STEIN, S. 165 f.

460 SCHOLZ/EMMERICH, Anhang Konzernrecht, Rdn 118, 127 ff.

461 Siehe SÄCKER, ZHR 151, S. 62 ff.

462 GÜBEL, S. 127; LUTTER/HOMMELHOFF, § 63, Rdn 20, 21.

463 Tiefbau-Urteil, BGHZ 107, S. 7 ff; Diese Urteil wird später in der vorliegenden Dissertation ausführlich behandelt.

stanz war zu unterstellen, dass A und B ihren Anteil an der GmbH als mittelbare Treuhänder für X hielten, alle finanziellen Entscheidungen an sich gezogen hatten und im täglichen Geschäft nicht einmal Schecks oder Überweisungen der GmbH ohne Unterschrift von A herausgeben durften. X hat durch den in ihrem Auftrag handelnden Vorstandsvorsitzenden S und über diesen durch die Gesellschafter-Geschäftsführer A und B die Geschäfte der T seit deren Gründung umfassend beeinflusst. X hatte also alle finanziellen Entscheidungen an sich gezogen und ließ sie durch A ausüben. A hatte als Angestellter der Sch. dort im Auftrag der X auf besondere Weisung von S die kaufmännische Leitung ausgeübt.

Da die Muttergesellschaft durch ihre Vertrauensperson als rechtmäßiger Geschäftsführer in der abhängigen Gesellschaft "gegenwärtig" ist, kann sie mit Recht als faktischer Geschäftsführer betrachtet werden[464]. Demnach würde die Muttergesellschaft analog § 43 GmbHG haften, wenn sie tatsächlich die Leitung der abhängigen GmbH übernommen und sich damit "faktisch an die Stelle von deren Geschäftsführer" gesetzt hätte[465]. Aber der BGH hat in seinem Tiefbau-Urteil eine andere Lösung gefunden. Das Konzernrecht wurde angewandt, weil es sich um den Fall eines qualifiziert faktischen GmbH-Konzerns handelte. Wie sich schon aus dem Autokran-Urteil ergeben hat, gilt auch hier: Eine abhängige GmbH hat gegen das herrschende Unternehmen einen Anspruch auf Verlustausgleich gem. § 302 AktG, wenn dieses die Geschäfte der GmbH im finanziellen Bereich dauernd und umfassend geführt hat[466]. Da die Geschäftsführungsmaßnahmen vom Vorstandsvorsitzenden der X veranlasst worden sind, muss diese sich dessen Verhalten gemäß § 31 BGB zurechnen lassen, weil es in einem inneren Zusammenhang mit seiner Organstellung stand.

Mithin bleibt festzustellen, dass die Rechtsfigur des faktischen Geschäftsführers auch in dieser Konstellation unnötig ist, weil die Vorschriften des Konzernrechts zuerst angewandt werden sollen.

c) Ergebnis

Die Rechtsfigur des faktischen Geschäftsführers wird in keiner gesetzlichen Regelung ausdrücklich behandelt. Da keine gesetzliche Definition des faktischen Geschäftsführers vorliegt, hat die Literatur versucht, eine herauszuarbeiten und damit auch einige Indizien zur Qualifizierung als faktischer Geschäftsführer. Bezüglich der Voraussetzungen faktischer Geschäftsführung besteht keine völli-

---

464 REICH, DB 1967, S. 1665; deshalb ist sie auch als eine Zurechnungsperson zu betrachten.

465 SCHOLZ/EMMERICH, Anhang Konzernrecht, Rdn 162, im Fall des faktischen Konzerns.

466 Hier ging es um eine Haftung gem. §§ 16, 17, 18, 302 AktG und nicht analog § 43 GmbHG.

ge Einigkeit. M. E. gilt folgendes: Wer die tatsächliche Stellung eines ordentlichen Geschäftsführers mit den diesem zukommenden Funktionen eingenommen hat, ist Geschäftsführer i.S. von § 43 GmbHG. Die Möglichkeit einer maßgeblichen Einflussnahme auf die Geschäftsführung ist als Indiz zur Qualifizierung faktischer Geschäftsführung anzusehen.

Die Rechtsfigur des faktischen Geschäftsführers verfügt nach wie vor über keine rechtsdogmatische Fundierung, wodurch die Haftungsfrage im GmbH-Recht erschwert wird. Wenn eine Person wesentliche Aufgaben der Geschäftsführung selbst ausführt, so dass ihr Verhalten auf eine ihr an sich nicht zustehende Übernahme der Geschäftsführung hinausläuft, muss sie, rechtlich betrachtet, dem ordentlichen Geschäftsführer mit der Folge gleichstehen, dass sie auch nach den den ordentlichen Geschäftsführer betreffenden Vorschriften haftet. Es bestehen inzwischen sowohl von der Rechtsprechung als auch von der Literatur keine Bedenken für eine analoge Anwendung des § 43 GmbHG auf den faktischen Geschäftsführer.

Die Übernahme der Geschäftsführung durch den faktischen Geschäftsführer schließt Handlungen des rechtmäßigen Geschäftsführers nicht notwendig aus. Demnach kann der Schluss gezogen werden, dass es gleichgültig ist, ob die Gesellschaft vom gesetzlichen oder faktischen Geschäftsführer geführt wird. Der Grund liegt darin, dass beiden dieselben Pflichten aus § 43 GmbHG obliegen, insbesondere die Beachtung der Sorgfalt eines ordentlichen Geschäftsmannes. Deshalb können sie beide aus demselben Grund haften. Rechtsprechung und Literatur vertreten die Auffassung, dass der faktische Geschäftsführer deshalb wie ein rechtswirksam bestelltes Organ verantwortlich gemacht werden kann, weil er aufgrund der Übernahme der Geschäftsführerfunktionen in die Rechtsstellung eines ordnungsmäßig bestellten Geschäftsführers eingetreten ist. Durch die Schaffung einer Vertrauenslage bei Geschäftspartnern und Gläubigern der GmbH kann der faktische Geschäftsführer deren Verhalten beeinflussen. Demnach ist es erforderlich, einen besonderen Schutz für alle zu schaffen, die auf die Stellung des Geschäftsführers und die sich daraus ergebenden Auswirkungen vertrauen. Deswegen ist § 43 GmbHG auch für den faktischen Geschäftsführer bedenkenlos anzuwenden.

Der faktische Geschäftsführer ist inzwischen eine Rechtsfigur geworden, die nur schwer zu definieren und zu begrenzen ist:

- zum einen mangels einer gesetzlichen Grundlage,

- zum anderen wegen ständiger Voraussetzungsänderungen der richterlichen Rechtsfortbildung.

Ein Indiz bleibt aber in der richterlichen Rechtsfortbildung und Literatur unverändert: das Tätigwerden als Geschäftsführer. Es handelt sich dabei um Personen, die in Organfunktion tätig sind, ohne dass die Gesellschaft daneben ein rechtswirksam bestelltes Organ hat, um Mehrheitsgesellschafter oder herrschende Unternehmen, die dem Geschäftsführungsorgan Weisungen geben oder die bestimmte oder alle Geschäftsführungsaufgaben an sich ziehen. Es bleibt aber festzustellen, dass der Gesetzgeber untätig bleibt, um das GmbH-Recht zu verbessern, wenn neue Institute oder Rechtsbegriffe im Gesellschaftsrecht auftreten, obwohl er diese Möglichkeit hat. Der Grund ist wahrscheinlich, dass die Anwendung der Organhaftung aus § 43 GmbHG zwar praktiziert wird, aber um Lücken im Haftungssystem zu füllen. In einigen Fällen der faktischen Geschäftsführungsübernahme wurden sogar die Haftungslücken auf einem anderen Weg geschlossen. Das sind die Fälle der faktischen Geschäftsführungsübernahme durch den Mehrheitsgesellschafter, durch die Muttergesellschaft und durch den Angestellten der Muttergesellschaft. Auch im Fall eines unwirksam bestellten Geschäftsführers trifft dies zu. Dabei bleibt die Rechtsfigur des faktischen Geschäftsführers nur eine Möglichkeit, eine Haftungslücke zu schließen, wenn der rechtmäßige Geschäftsführer als Haftungsträger ausgeschaltet wird und wenn der Schutz der sorgfältigen Pflichterfüllung des Geschäftsführers und der Haftungszugriff auf das Geschäftsführungsorgan der Gesellschaft und den Gesellschaftern entzogen wird.

2. Die französische Rechtslage

Im Gegensatz zum deutschen GmbH-Recht wird die Rechtsfigur im französischen Recht wahrgenommen. Mehrere Gesetzestexte erwähnen den faktischen Geschäftsführer und dessen Haftung[467], geben aber keine ausführliche Definition. Hier wird zuerst mit Hilfe der Gesetzestexte, dann mit Hilfe der zu den Gesetzestexten erfolgten richterlichen Rechtsfortbildung und letztlich anhand der Literatur versucht, die Rechtsfigur des faktischen Geschäftsführers nach französischem Recht darzustellen.

a) Die gesetzliche Grundlage des faktischen Geschäftsführers

(1) Eine unkonventionelle gesetzliche Regelung

Art. L 223-22 C.Com. bezüglich der Haftung des GmbH-Geschäftsführers enthält keinerlei Hinweise auf den faktischen Geschäftsführer[468]. Dieser Artikel bleibt neutral und erwähnt nur den "Geschäftsführer", ohne zwischen dem gesetzmäßig bestellten und dem faktischen zu unterscheiden.

Der Begriff des faktischen Geschäftsführers erscheint zum ersten Mal durch Art. L 241-9 C.Com. im Gesellschaftsrecht: "Jede Person, die selbst oder durch Mit-

---

467 Siehe z. B. Art. L 241-2, L 241-9 C.Com., Art. 99 Gesetz vom 25.01.1985, J.O. vom 26.01.1985, S. 1097 ff.

468 Auf französisch: "gérant de fait".

telsperson die Geschäftsführung in einer Gesellschaft mit beschränkter Haftung durch den gesetzmäßigen Geschäftsführer oder an seiner Stelle ausgeübt hat". Später wurde durch Artikel 99 Al. 1 des Gesetzes vom 13. Juli 1967[469] über das gerichtliche Vergleichsverfahren, die Vermögensverwertung, den persönlichen Konkurs und den Bankrott der faktische Geschäftsführer in den haftbaren Personenkreis der insolventen Gesellschaften eingeführt: "Leiter der Gesellschaft ..., die auf rechtlichen oder tatsächlichen Grundlagen, offen oder verdeckt handelnd, bezahlt oder nicht bezahlt, tätig geworden sind". Dieser Begriff ist sehr umfangreich - vielleicht zu umfangreich, weil er alle rechtlichen oder faktischen Geschäftsführer betrifft, die auch Gesellschafter und/oder französische Staatsangehörige[470] sein können.

Das Gesetz vom 25. Januar 1985 über die Neuordnung und gerichtliche Abwicklung von Unternehmen[471] verfeinert die Vorschriften über den faktischen Geschäftsführer[472]. Der Begriff "faktischer Geschäftsführer" betrifft von da an alle Gesellschaftsformen und nicht nur die S.A.R.L. oder die S.A. wie es früher war. Art. 99 Al. 1 G 1967 wird durch Art. L 624-3 C.Com. (vormals Art. 180 Al. 1 G 1985) ersetzt. Dadurch wurde die Haftung der Geschäftsleitungsorgane der Gesellschaften in dem entsprechenden Artikel angepasst. Für die S.A.R.L. kommt Art. L 223-24 C.Com. in Betracht. Alle Personen, die im Gesetz 1985 genannt geworden sind, haften - also auch der faktische Geschäftsführer[473].

Mithin geht daraus hervor, dass das französische Gesellschaftsrecht[474] trotz gesetzlicher Regelung einen sehr vagen Begriff des faktischen Geschäftsführers enthält. Als faktischer Geschäftsführer wird eine Person genannt, die selbst oder durch eine Mittelsperson die Geschäftsführung einer Gesellschaft tatsächlich ausgeübt hat. Der Gesetzgeber hat wahrscheinlich angesichts der großen praktischen Schwierigkeiten auf eine Definition verzichtet und es damit der Rechtsprechung und der Literatur überlassen, die Konturen dieses Begriffes näher festzulegen.

---

469 Gesetz vom 13.07.1967 über das gerichtliche Vergleichsverfahren, die Vermögensverwertung, den persönlichen Konkurs und den Bankrott, JO vom 14.07.1967, S. 7059 ff, im folgen G 1967.

470 Das Gesetz macht diesbezüglich keinen Unterschied, LEFEBVRE, sociétés, Rdn 28770; Siehe Anmerkung LE CANNU unter Paris, 19.05.1981, G.P. 1981, S. 748.

471 Gesetz vom 25.01.1985 über die Neuordnung und gerichtliche Abwicklung von Unternehmen, JO vom 26.01.1985, S. 1097 ff, im folgenden G 1985.

472 Gemäß Art. L 626-2 bis L 626-8 C.Com. kann der faktische Geschäftsführer wie der gesetzliche aufgrund von Bankrottdelikten haftbar gemacht werden; LEFEBVRE, Sociétés, Rdn 28770.

473 LEFEBVRE, Contrats, Rdn 4053; LEFEBVRE, Sociétés, Rdn 28769 ff.

474 Bezüglich der strafrechtlichen Haftung der Geschäftsleiter.

(2) Haftungsgrundlage des faktischen Geschäftsführers

Da Art. L 223-22 C.Com. das Wort "Geschäftsführer" nur neutral erwähnt, stellt sich die Frage, ob Art. L 223-22 C.Com. trotzdem für die Rechtsfigur des faktischen Geschäftsführers anwendbar ist und wenn nicht, aus welcher gesetzlichen Grundlage der faktische Geschäftsführer haftet.

(a) Erweiterung des Normadressatenkreises des Art. L 223-22 C.Com.

Durch eine Entscheidung des Berufungsgerichts von Rouen in 1978 wurde erklärt, der faktische Geschäftsführer sollte wie der ordentliche Geschäftsführer auf der Grundlage von Art. L 223-22 C.Com. haften[475]. G als satzungsgemäßer Geschäftsführer hatte seine Sorgfaltspflicht verletzt, und P als faktischer Geschäftsführer hatte die Gesellschaftsleitung übernommen. Das Berufungsgericht hat entschieden, dass mehrere Geschäftsführer *in solidum* - gesamtschuldnerisch - Dritten gegenüber haften, wenn sie Fehler begangen haben, die die Schädigung der Gesellschaft zur Folge haben und dass diese Regel sowohl auf den rechtlichen als auch auf den faktischen Geschäftsführer angewandt werden kann. Deswegen hat das Berufungsgericht von Rouen die Haftung aus Art. L 223-22 C.Com. für G und P für Fehler in der Geschäftsführung erklärt. Hiermit wurde die Anwendung des Art. L 223-22 C.Com. auf den faktischen Geschäftsführer von der richterlichen Rechtsfortbildung angenommen.

Diesem Schritt wurde in einem anderen Bereich des Rechts gefolgt. Eine steuerrechtliche Entscheidung[476] hat erklärt, Artikel 1724 ter C.G.I., der besagt, dass der Mehrheitsgesellschafter-Geschäftsführer *in solidum* - gesamtschuldnerisch - mit der juristischen Person für die nicht abgeführten Steuern haften kann, betrifft von da an den faktischen Mehrheitsgesellschafter-Geschäftsführer. Die Literatur[477] stimmt damit überein, weil es paradox wäre, eine Person, die sich in die Geschäftsführung einer juristischen Person eingemischt hat, besser als den gesetzmäßigen Geschäftsführer zu behandeln.

Der Kassationshof[478] hat in 1981 die Entscheidung des Berufungsgerichts aufgehoben. Die Haftung des Art. L 223-22 C.Com. betrifft nur die rechtlichen Geschäftsführer der S.A.R.L. und nicht mehr die faktischen Geschäftsführer[479]. Das

---

475 Paris 23.05.1978, J.C.P. 1979, Ed. G., II, Nr. 19235 mit Anmerkung NOTTE.

476 Ordonnance du Président du T.G.I., Rev.soc. 1977, S. 442; Siehe auch PIZZIO, Rev.soc. 1977, S. 411; NOTTE, J.C.P. 1979, Ed. G., II, 19235.

477 NOTTE, J.C.P. 1979, Ed. G., II, 19235.

478 Cass.com. 06.10.1981, J.C.P. 1982, Ed. G., II, Nr. 19891; D. 1983, J., S. 133; LAMY, Rdn, 2749.

479 So im Text: "Le texte susvisé ne concerne que les agissements commis dans leur mission par les gérants de droit"; Das Berufungsgericht hat dies 1991 erneut bestätigt, C.A. 17.10.1991, J.C.P. 1993, Ed. N., II, S. 178.

Gericht hob hervor, dass Art. L 223-22 C.Com. mangels ausdrücklicher Erwähnung im Gesetzestext keine Anwendung auf den faktischen Geschäftsführer findet. Dieses Urteil wurde erneut bestätigt[480]. Das Pariser Berufungsgericht benutzte sogar, wortwörtlich betrachtet, die gleichen Gründe wie die des Kassationshofs von 1981.

Diese Rechtsprechungswendung stieß auf harte Kritik in der Literatur. Nach *Notté*[481] erwähnt Art. L 223-22 C.Com. zwar den faktischen Geschäftsführer nicht, aber der Gesetzgeber wollte den Anwendungsbereich dieses Artikels nicht auf den rechtlichen Geschäftsführer beschränken. Außerdem fragt *Notté*, warum ein faktischer Geschäftsführer ausschließlich aufgrund der strafrechtlichen Bestimmungen des Gesetzes 1966 und nicht aufgrund der zivilrechtlichen Haftung des Art. L 223-22 C.Com. haften sollte? Ein anderer Teil der Literatur ist mit dieser Entscheidung ebenfalls nicht einverstanden[482]. Zwar sieht Art. L 223-22 C.Com. den faktischen Geschäftsführer nicht vor, schließt ihn aber auch nicht aus[483]. Dies zeigt die Möglichkeit für die richterliche Rechtsfortbildung, eine analoge Anwendung des Art. L 223-22 C.Com. auf den faktischen Geschäftsführer später zu entscheiden[484]. Diese von einigen Autoren[485] vertretene Auslegung enthüllt eine generelle Entwicklung bezüglich der Haftung des faktischen Geschäftsführers im Steuerrecht und im Strafrecht[486]. Die Rechtsprechung hat sich dieser Haltung noch nicht angeschlossen. Neue Entscheidungen von 1992 und 1995 sind auf der Linie des Kassationshofs in 1981 geblieben, nach der Art. L 223-22 C.Com. weiterhin ausschließlich die Handlungen des rechtlichen

---

480 Cass.com. 21.03.1995, D. 1995, I.R., S. 112.

481 NOTTE, J.C.P. 1982, Ed. G., II, Nr. 19891.

482 SOINNE, D. 1983, J., S. 133.

483 Der Gesetzgeber erwähnt ausdrücklich den faktischen Geschäftsführer, wenn er dies für erforderlich hält. Das beste Beispiel ist Art. L 223-24 C.Com.: "Wird über das Vermögen der Gesellschaft ein gerichtliches Verfahren zur Neuordnung nach Gesetz Nr. 85-98 vom 2. Januar 1985 eröffnet, können die in diesem Gesetz genannten Personen nach Maßgabe dieses Gesetzes für die Überschuldung haftbar werden". Art. L 223-24 C.Com. betrifft auch den faktischen Geschäftsführer und Art. L 223-22 C.Com. nicht. Dies sollte die Idee verstärken, dass die Gleichstellung des faktischen Geschäftsführers mit dem rechtlichen Geschäftsführer eine reelle Absicht und eine Präzisierung des Gesetzgebers ist.

484 Dies weist wieder einmal darauf hin, dass sich der Gesetzgeber im Falle gesellschaftsrechtlicher Änderungen auf die richterliche Rechtsfortbildung verlässt, diese Änderungen zu formulieren, wenn es nötig wird.

485 RIPERT/ROBLOT, Band I, Rdn 970; HEMARD/TERRE/MABILAT, Sociétés commerciales, Band I, Rdn 475; SOINNE, D. 1983, J., S. 134.

486 Siehe PIZZIO, Rev.soc. 1977, S. 411; ZAQUIN, J.C.P. 1976, Ed. E., II, Nr. 12074; DELMAS-MARTY, Droit pénal des affaires, S. 421 ff; CD-L, Rdn 195.

Geschäftsführers betrifft[487]. Ich bin der Meinung, dass der faktische Geschäftsführer unmittelbar aus Art. L 223-22 C.Com. haften soll. Der Gesetzgeber hat m. E. zwar vergessen, den faktischen Geschäftsführer im Art. L 223-22 C.Com. zu erwähnen, aber er hat ihn 1985 in Art. L 223-24 und L 241-9 C.Com. ausdrücklich erwähnt. Dies zeigt eindeutig, dass er diese Rechtsfigur im Gesetz tatsächlich wahrgenommen hat und den Kreis der Haftenden erweitern möchte. Darum sollte der faktische Geschäftsführer auch aus Art. L 223-22 C.Com. haften.

Mithin ist festzustellen, dass der faktische Geschäftsführer nach einer langen Auseinandersetzung zwischen Rechtsfortbildung und Literatur nicht aus der Grundlage des Art. L 223-22 C.Com. haftet. Fraglich ist dann, aus welcher Grundlage die Gesellschaft einen Schadensersatzanspruch gegen den faktischen Geschäftsführer geltend machen kann.

(b) Die Haftungsgrundlagen des faktischen Geschäftsführers

Die Entscheidungen von 1981, 1992 und 1995 bezüglich der Nichtanwendung des Art. L 223-22 C.Com. besagen nicht, dass der faktische Geschäftsführer nicht zur Verantwortung gezogen werden kann. Sie heben nur hervor, dass sich die Haftung nicht aus der Grundlage des Art. L 223-22 C.Com. ergibt. Da diese äußerst schwierige Lage keine Gesetzeslücke darstellen sollte, wird auf die allgemeinen zivilrechtlichen Vorschriften verwiesen. Im französischen Recht haftet der faktische Geschäftsführer aus der Grundlage der unerlaubten Handlung[488] [489]. Die Artikel 1382 ff cc[490] haben im Vergleich zum Art. L 223-22 C.Com. den Vorteil, dass die Verantwortlichkeit des faktischen Geschäftsführers für die Gesellschaft leicht zu beweisen ist. Sie braucht nur zu beweisen, dass sie einen Schaden erleidet, der sich unmittelbar aus einem Verschulden des faktischen Geschäftsführers durch gesetzwidrige Einflussnahme in die Geschäftsführung oder Übernahme der Geschäftsführung ergibt.

Eine Ausnahme besteht jedoch in der Grundlage der Haftung des faktischen Geschäftsführers. Die Haftungsgrundlage gegenüber einem faktischen Geschäftsführer kann eine vertragliche Natur haben, sobald er aufgrund einer vom rechtlichen Geschäftsführer erteilten Vollmacht die S.A.R.L. geleitet hat. Diese Voll-

---

487 Paris 17.10.1992, J.C.P. 1992, Ed. E., II, Nr. 291; Cass.com. 21.03.1995, J.C.P. 1995, Ed.G., IV, Nr. 1268; Siehe auch REINHARD/BON-GARCIN, J.C.P. 1996, Ed.G., II, Nr. 22603.

488 ERNAELSTEN, S. 96; SOINNE, D. 1983, S. 133 ff; NOTTE, J.C.P. 1992, Ed. E., Nr. 291.

489 Abgesehen von den Fällen der Liquidation und des Konkurses der Gesellschaft. Dann findet das Gesetz von 1985 Anwendung.

490 Siehe die Haftung aus unerlaubter Handlung in der vorliegenden Dissertation.

macht wird dann als vertragliche Haftungsgrundlage angesehen. Deswegen hat der Kassationshof erklärt, dass die Haftungsklage aus unerlaubter Handlung gem. Art. 1382 cc gegenüber dem faktischen Geschäftsführer in einer solchen Situation unzulässig ist und dass nur die Vorschriften der Vertragshaftung angewandt werden sollten[491].

Im französischen Gesellschaftsrecht liegt ein Sonderstrafrecht vor, dessen Vorschriften jede Verletzung des Rechts der S.A.R.L. regeln und sanktionieren. Es sind die strafbaren Handlungen, die im Handelsgesetzbuch vorgesehen sind. Gem. Art. L 241-9 C.Com. finden diese Vorschriften auch auf den faktischen Geschäftsführer Anwendung[492]. Art. L 241-9 C.Com. listet diese strafrechtlichen Vorschriften auf, die auf den faktischen Geschäftsführer anwendbar sind. Es sind die Art. L 241-1 bis 241-7 C.Com. Sie betreffen meistens die Delikte bezüglich des Schutzes des Rechtsverkehrs, der Buchführung, des Kredits und des Gesellschaftsvermögens.

b) Der französische Begriff des faktischen Geschäftsführers

Trotz Wahrnehmung des faktischen Geschäftsführers in den Gesetzen wurde diese Rechtsfigur nicht definiert[493]. Auch von der Rechtsprechung wurde diese nicht definiert[494]. Die Literatur hat diese Aufgabe aufgenommen und versucht, den Begriff näher zu erläutern.

(1) Die Definition des faktischen Geschäftsführers

Der Ansatzpunkt dieser Untersuchung liegt darin, ob eine nicht als Geschäftsführer bestellte Person mit der gleichen Unabhängigkeit die gleichen Funktionen und Befugnisse eines satzungsgemäß bestellten Geschäftsführers *de facto* ausgeübt hat. Von diesem Punkt aus hat die Literatur[495] 1975 Gelegenheit gehabt, folgende Definition zu verfassen: "Derjenige, der eine positive Geschäftsfüh-

---

491 Cass.com. 04.10.1976, Bull.cass.civ. IV, 1976, Nr. 403, S. 336; Vgl. LAMY, Rdn 2757.

492 C.A. 12.09.1989, Dr. sociétés 1990, Nr. 11; Vgl. LAMY, Rdn 2760; BASTIAN, La réforme du droit des sociétés commerciales, J.C.P. 1967, Ed. G., I, Nr. 2121, Rdn 311.

493 NOTTE, J.C.P.1980, Rdn 4; RIVES-LANGE, D. 1975, S. 41; Streitig HONORAT, Rev.soc. 1977, S. 736, LEFEBFRE, Rdn 28769 ff.

494 NOTTE, J.C.P. 1980, Ed. E., I, 8560: "Wir können nur bedauern, dass ein solcher juristischer Begriff, der eine wichtige Rolle ... spielen könnte, nicht klar genug von dem Kassationshof umgefaßt worden ist"; GUYON, Rdn 588.

495 NOTTE, Thèse, Rdn 18 ff; RIVES-LANGE, D. 1975, Chr., S. 42; ZAQUIN, J.C.P.1976, Ed. E., II, 12074, Rdn 6; LAMY, Rdn 563; NOTTE, La notion de dirigeant de fait au regard du droit des procédures collectives, J.C.P. 1980, Ed. E., I, 8560; NOTTE, J.C.P. 1989, Ed. E., II, 15558; BOULOC, Rev.soc. 1986, S. 273; STOUFFLET, J.C.P. 1978, Ed. G., II, 18912; CD-L, Rdn 187.

rungs- und Leitungstätigkeit bei voller Handlungsfreiheit und Unabhängigkeit ausübt, ist ein faktischer Geschäftsführer[496]".

Der Kassationshof hat durch eine Entscheidung vom 2. Mai 1977 diese Definition des faktischen Geschäftsführers anerkannt[497]. Die bestellte und eingetragene Geschäftsführerin C hatte L eine Vollmacht bezüglich der Geschäftsführung erteilt. Mit dieser Vollmacht, die L ebenso wie C gestattete, durch seine bzw. ihre Unterschrift die Gesellschaft zu verpflichten, ist L von den Kunden und Lieferanten als ordentlicher S.A.R.L.-Geschäftsführer angesehen worden. Der Kassationshof erklärte, diese Vollmacht war nicht ausreichend, um die Qualifizierung als faktischer Geschäftsführer vorzunehmen. Im Gegensatz zum rechtlichen Geschäftsführer reicht eine theoretische Macht dafür nicht aus. Dadurch bestätigte der Kassationshof die Definition der Literatur: Der faktische Geschäftsführer muss nicht nur über eine theoretische Leitungsmacht verfügen, sondern auch eine positive Geschäftsführungs- und Leitungstätigkeit bei voller Handlungsfreiheit und Unabhängigkeit ausüben.

(a) Ein positives Tun

Unter positivem Tun wird die reelle Möglichkeit verstanden, die Gesellschaftsleitung durch wirtschaftliche "Entscheidungen" zu übernehmen. Einfache Empfehlungen oder Ratschläge reichen nicht aus[498], weil sie keine Entscheidungen an sich sind. Genauso wie die regelmäßige Gesellschafterkontrolle, die der Mehrheitsgesellschafter über die Gesellschaft gemäß Gesetz und Satzung ausübt[499].

Ein positives Tun kann allein die Qualifizierung als faktischer Geschäftsführer begründen[500]. Der Geschäftsführer, der sein Geschäftsführungsamt durch Unterlassen vernachlässigt, wird kein faktischer Geschäftsführer[501]. Er kann aber natürlich nicht vorbringen, er hätte nichts getan, was der Gesellschaft einen Schaden hätte verursachen können, weil er schon dadurch seine Sorgfaltspflicht ver-

---

496 Diese Definition wurde später auch von der Rechtsprechung angewandt: Paris 17.03.1978, D. 1978, I.R., S. 420; Paris 01.02.1978, D. 1979, I.R., S. 4 mit Anmerkung von DERRIDA; Nancy 15.12.1977, J.C.P. 1978, Ed. G, II, 18912; Aix 30.09.1975, D. 1976, Som., S. 2; Siehe auch LAMY 1996, Rdn 563; GUYON, Rdn 1389; JUNKER, RIW 1986, S. 342.

497 C.C. 02.05.1977, Rev.soc. 1977, S. 736 mit Anmerkung HONORAT.

498 Cass.com. 23.03.1971, Bull.cass.civ., 1971, IV, S. 84; JUNKER, RIW 1986, S. 342.

499 Paris 07.05.1975, D. 1975, D. 1975, Som., S. 121; LAMY, Rdn 564.

500 LAMY, Rdn 564.

501 Die rechtlichen Geschäftsführer können die Verschuldensvermutung nicht zurückweisen, indem sie nachweisen, dass sie an der Geschäftsführung nicht tatsächlich teilgenommen haben, RIVES-LANGE, S. 42; Colmar 13.01.1976, D. 1977, I.R., S. 54; Siehe auch LAMY, Rdn 565; NOTTE, J.C.P. 1980, Rdn. 6; JUNKER, RIW 1986, S. 342.

letzt[502]. Auch der Angestellte, der fahrlässige und wiederholte Verstöße des Geschäftsführers zur Kenntnis genommen hat und sie nicht anzeigt, ist kein faktischer Geschäftsführer. Ebenso ist der Mehrheitsgesellschafter, der sich nicht für den Geschäftsgang interessiert, kein faktischer Geschäftsführer[503].

Die Lage des unwirksam bestellten Geschäftsführers[504] ist hier interessant. Falls die Gesellschaft die Geschäftsführungstätigkeit des unwirksam bestellten Geschäftsführers nicht sofort unterbindet, wird er im Innen- wie auch im Außenverhältnis wie ein wirksam bestellter Fremdgeschäftsführer auftreten. Die Pflichten, die dem wirksam bestellten Geschäftsführer auferlegt sind, hat auch er zu beachten. Dann handelt er wie ein rechtlicher Geschäftsführer. Die Voraussetzung "positives Tun" wird erfüllt. Der Kassationshof hat in diesem Sinne entschieden[505]. Eine Person, die trotz einer unwirksamen Bestellung wie ein gesetzlicher Geschäftsführer gehandelt hat, kann als solche haften, wenn sie gegen eine gesetzliche Vorschrift verstoßen hat[506]. Gleichgültig ist, ob der Betroffene der richtige "maître de l'affaire[507]" ist, wenn er die Funktion des Geschäftsführers in voller Kenntnis der Sachlage tatsächlich ausübt.

Mithin ist festzustellen, dass nur ein positives Tun und nicht ein fahrlässiges Handeln die Qualifizierung als faktischer Geschäftsführer begründen kann. Dabei ist nicht erforderlich, dass ein Bestellungsbeschluss der Gesellschafterversammlung vorliegt. Der faktische Geschäftsführer muss in der Lage sein, Entscheidungen bezüglich der Geschäftsführung der Gesellschaft zu treffen. Dabei hat er die Pflichten eines ordentlichen Geschäftsführers zu beachten.

(b) Ein positives Tun in der Geschäftsführung

Das haftungsbegründende Tun muss eine Geschäftsführungs- oder Leitungstätigkeit des Unternehmens - activité de gestion ou de direction de l'entreprise[508]-

---

502 Siehe die Sorgfaltspflicht in der vorliegenden Dissertation; Siehe auch Aix 30.09.1975, D. 1976, Som., S. 2; Rouen 23.05.1978, J.C.P. 1979, Ed. G, II, 19235; Colmar 13.01.1976, D. 1977, I.R., S. 54.

503 Nîmes 12.06.1974, in RIVES-LANGE, S. 42: "Dass man dem Mehrheitsgesellschafter nur sein Desinteresse für die Geschäftsführung vorwerfen kann, genügt nicht, um Art. 99 G 1967 anzuwenden"; Siehe auch GUYON, Rdn 1389.

504 Siehe Teil I B 2 in der vorliegenden Dissertation.

505 Cass.crim. 06.10.1980, Bull.cass. 1980, IV, Nr. 248, S. 642.

506 So der Kassationshof, Cass.crim. 06.10.1980, Bull.cass. 1980, IV, Nr. 248, S. 642.

507 Auf Deutsch "die Seele des Geschäfts".

508 Nach NOTTE, sind die Fachtermimi gleichzustellen, J.C.P. 1979, Ed. G, II, 19235, IB2; Siehe auch Paris 07.05.1975, D. 1975, Som., S. 121; Aix 30.09.1975, D. 1975, Som. S. 2; Der Conseil d'Etat hat auch diesen Punkt zugestimmt: "effiziente Teilnahme an der Geschäftsleitung", Cons. d'Etat 15.06.1966, Req. Nr. 64895 In ZAQUIN, J.C.P. 1976, Ed. E, II, 12074, Rdn 6; "Entscheidungsbefugnis für die Ge-

sein. Der Begriff "Geschäftsführung" bezeichnet die Natur der durchgeführten Maßnahmen innerhalb der Gesellschaft und drückt die Wichtigkeit dieser Maßnahmen innerhalb des wirtschaftlichen und finanziellen Schicksals des Unternehmens aus. Der Begriff "Leitung[509]" bezeichnet die Entscheidungsbefugnis desjenigen, der solche Maßnahmen durchführt. Wenn die Tätigkeit aber zu keinen Geschäftsführungsmaßnahmen führt, kann sie die Qualifizierung als faktischer Geschäftsführer nicht begründen. Die Rechtsprechung hat diese Qualifikation einem Gesellschafter verwehrt, weil er eine einfache "Veruntreuung" begangen hat und diese Veruntreuung keine Geschäftsführungsmaßnahme darstellte[510].

Eine Definition der Geschäftsführungsmaßnahmen ist in der Rechtsprechung bis jetzt noch nicht vorhanden[511]. Die Rechtsprechung begnügt sich damit, zu erwähnen, ob eine Maßnahme eine Geschäftsführungstätigkeit darstellt oder nicht[512]. Nach der Literatur sind Geschäftsführungsmaßnahmen Entscheidungen, die das finanzielle und geschäftliche Schicksal der Gesellschaft weiterhin bestimmen[513]. Die Richter können daher die Qualifizierung als faktischer Geschäftsführer sofort ablehnen, wenn das positive Tun gar nicht als Geschäftsführungsmaßnahme angesehen werden kann[514]. Beispielsweise begründet die Unterschrift auf Rechnungen oder Schecks nicht obligatorisch die Qualifizierung als faktischer Geschäftsführer[515]. Zwar wird der Abschluss eines Vertrags die Gesellschaft verpflichten, aber der Mandatar hat im Vergleich zum rechtlichen Geschäftsführer nur eine untergeordnete Rolle, die der Gesellschaft keinen Schaden verursachen kann. D. h. diese Person hatte die Einzahlungen oder Auszahlungen im Namen der Gesellschaft zu vollziehen, ohne die rechtlichen Befugnisse zu haben, allein über diese finanziellen Bewegungen des Kontos der Gesellschaft zu entscheiden. Aufgrund dessen wird er kein faktischer Geschäftsführer. Dies wurde insbesondere von der Rechtsprechung erklärt[516]. Die richterliche Rechtsfortbildung meint, die Qualifizierung als faktischer Geschäftsführer begründet

---

schäftsleitung, die weit über die einfache Kontrollbefugnis eines Gesellschafters hinausgeht", Cons. d'Etat 13.07.1965, Req. Nr. 59036 In ZAQUIN, J.C.P. 1976, Rdn 6.

509 Der Gedanke, dass Leitungsmaßnahmen von Natur aus existieren würden, ist nicht völlig befriedigend, weil es unmöglich scheint, solche Leitungsmaßnahmen aufzulisten, MERLE, Contrat de management et organisation des pouvoirs dans la société anonyme, D. 1975, Chr., S. 245, Rdn 17.

510 Paris, 05.06.1969, D.1969, Som., S. 119.

511 NOTTE, Thèse, Rdn 129; NOTTE, J.C.P. 1980, Rdn 7.

512 Aix 30.09.1975, D. 1976, Som., S. 2; Cass.crim. 06.10.1980, Bull.cass. 1980, IV, Nr. 248, S. 642.

513 RIVES-LANGE, S. 43; NOTTE, J.C.P. 1979, I B 2; JUNKER, RIW 1986, S. 343.

514 NOTTE, Thèse, S. 121.

515 RIVES-LANGE, S. 43; LAMY, Rdn 564; Aix 30.09.1975, D. 1976, Som., S. 2.

516 Aix 30.09.1975, D. 1976, Som., S. 2.

allein die Teilnahme an der "haute gestion" - reine Geschäftsführung - und an der allgemeinen Verwaltung der Gesellschaft. Dies betrifft nicht die durchgeführten Maßnahmen, die angeordnet waren und die im Rahmen von anderen getroffenen Entscheidungen und Maßnahmen enthalten sind.

Die Einmischung in die Geschäftsführungsbefugnis und die Leitungsbefugnis ist ein wichtiges Kriterium für die Geschäftsführungsmaßnahme, weil sie sich für Handlungen manifestiert hat, die starke Auswirkungen auf die finanzielle Lage der Gesellschaft haben. Dann sind bloße Aufsichtsmaßnahmen der Gesellschafter keine Geschäftsführungsmaßnahmen[517]. Beispielsweise wurde die Gleichstellung des faktischen Geschäftsführers mit dem rechtlichen Geschäftsführer hinsichtlich des Artikels 1724 ter C.G.I. durch die Rechtsprechung auch im Steuerrecht anerkannt, wenn der Mehrheitsgesellschafter, der sich in die vollen Aufgaben des rechtlichen Geschäftsführers eingemischt hatte, es vernachlässigt hat, die Steuer abzuführen[518].

Fraglich ist, ob eine faktische Geschäftsführung durch einen isolierten Geschäftsführungsakt vorliegt. Nach der Rechtsprechung[519] genügt ein isoliertes Geschäft, durch das der Mehrheitsgesellschafter in seinem eigenen Interesse die Gesellschaft außerhalb ihres Unternehmensgegenstandes ausgenutzt hat, ohne jedoch ihr einen Schaden verursacht zu haben, nicht, um eine positive Geschäftsführungstätigkeit in der Gesellschaft zu charakterisieren. Der faktische Geschäftsführer muss Funktionen ausüben, die ihn in die Lage versetzen, über das wirtschaftliche Schicksal des Unternehmens dauerhaft zu entscheiden[520]. Die Literatur stimmt damit überein, deshalb ist ein isolierter Geschäftsführungsakt nicht ausreichend, um die Geschicke des Unternehmens zu entscheiden und um eine Person als faktischen Geschäftsführer anzusehen[521].

Mithin ist anzunehmen, dass sich die Qualifizierung als faktischer Geschäftsführer durch ein positives Tun im Rahmen einer Geschäftsführungsmaßnahme ergibt. Dabei darf es sich nicht um ein isoliertes Geschäft handeln, sondern um eine dauerhafte Einmischung in die Geschäftsführung.

---

517 Paris 07.05.1975, D. 1975, Som., S. 121; LEFEBVRE, Sociétés, Rdn 3861; JUNKER, RIW 1986, S. 343.

518 T.G.I. Paris 02.10.1976, Rev.soc. 1977, S. 442.

519 So der Kassationshof, C.C. 10.05.1989, J.C.P. 1989, Ed. E., 15558 mit Anmerkung NOTTE; Siehe auch Aix 30.09.1975, D. 1976, Som. S. 2; Cass.com. 12.06.1972, Bull.cass.civ. 1972, Nr. 187.

520 RIVES-LANGES, D. 1975, S. 43; Siehe PIZZIO, La théorie de la gérance de fait a-t-elle un rôle à jouer en matière de responsabilité fiscale du gérant majoritaire de la S.A.R.L.? Rev.soc. 1977, S. 411.

521 NOTTE, Thèse, Rdn 134; ERNAELSTEN, S. 95 ff; NOTTE, J.C.P. 1989, 15558; STOUFFLET, J.C.P. 1977, II, Ed. G., 18689, I 3; JUNKER, RIW 1986, S. 343.

(c) Ein positives Tun in der Geschäftsführung bei voller Handlungsfreiheit und Unabhängigkeit

Damit die Rechtsfigur des faktischen Geschäftsführers angewandt werden kann, müssen die Geschäftsführungsmaßnahmen bei voller Handlungsfreiheit und Unabhängigkeit entschieden und durchgeführt werden. Der faktische Geschäftsführer muss also der "Maître de l'affaire" sein. Damit der vermutlich faktische Geschäftsführer haftbar gemacht werden kann, wird eine "souveräne" Entscheidungsbefugnis vorausgesetzt[522]. Er kann also die Gesellschaftspolitik durch seine souveräne Entscheidungsbefugnis beeinflussen. Die Initiative dieser Entscheidung muss allerdings auf ihn allein zurückzuführen sein[523].

Diese Voraussetzung dient als ausschlaggebendes Kriterium und schließt alle Angestellten aus der faktischen Betrachtungsweise aus. Die volle Handlungsfreiheit und Unabhängigkeit wird schon aufgrund eines Anstellungsvertrags ausgeschlossen, weil dieser Vertrag ein Subordinationsverhältnis voraussetzt. Demgegenüber stellt der Fall des technischen Direktors jedoch oft Schwierigkeiten dar, weil er häufig über Befugnisse verfügt, die der Zuständigkeit der ganzen Unternehmensleitung unterliegen. In diesem Fall werden die Richter die Lage dieser technischen Direktoren hinsichtlich des Unabhängigkeitsgrads auslegen[524]. Denn die Person, die Geschäftsführungsmaßnahmen durchgeführt hat, ist als faktischer Geschäftsführer zu betrachten, aber nur wenn sie in einer unabhängigen Weise gehandelt hat, ohne dem rechtlichen Geschäftsführer untergeordnet zu sein. Sobald der rechtliche Geschäftsführer[525] seine Handlungsfreiheit und seine Unabhängigkeit in der Gesellschaft verloren hat, sobald eine Person ihren Willen durchsetzten kann, ist diese Person als faktischer Geschäftsführer anzusehen[526].

---

522 RIVES-LANGE, S. 44; NOTTE, J.C.P. 1980, Rdn 9.

523 Aix 21.04.1971, D. 1972, J., S. 164 mit Anmerkung BERDAH; Siehe auch NOTTE, J.C.P. 1980, Rdn 10.

524 Cass.com. 20.02.1979, Bull.cass.civ. 1979, IV, S. 57; Siehe auch NOTTE, J.C.P. 1980, Rdn 9; Nach JUNKER sind Handlungen der technischen Unternehmensleitung ausgeschlossen, RIW 1986, S. 343.

525 Die Haftung des faktischen Geschäftsführers schließt die Haftung des rechtlichen Geschäftsführers überhaupt nicht aus. Er wird haften, wäre es auch nur aufgrund der Verletzung seiner Überwachungspflicht in der Geschäftsführung der Gesellschaft, PIZZIO, Rev.soc. 1977, S. 421; Siehe auch BOULOC, Rev.soc. 1971, S. 600 ff.

526 Rouen 23.05.1978, J.C.P 1979, II, 19235; Siehe auch Anmerkung PIZZIO, Rev.soc. 1977, S. 411; STOUFFLET, J.C.P: 1978, II, Ed. G., 18912.

(2) Fallgruppen

(a) Die faktische Geschäftsführungsübernahme aufgrund einer nicht-ordnungsgemäßen Bestellung des Geschäftsführers

Wenn der Geschäftsführer unwirksam bestellt, aber ins Handelsregister eingetragen worden ist, ist die Unwirksamkeit der Bestellung gemäß Art. L 210-9 C.Com. als behoben zu betrachten[527]. Der Geschäftsführer hat gemäß Art. L 223-22 C.Com. für jeden Schaden der Gesellschaft zu haften.

Mithin bleibt festzustellen, dass die Rechtsfigur des faktischen Geschäftsführers hier irrelevant ist, weil die Auswirkungen der unwirksamen Bestellung des Geschäftsführers unmittelbar durch das französische Gesellschaftsrecht geregelt werden.

(b) Die faktische Geschäftsführungsübernahme durch Allein- oder Mehrheitsgesellschafter

Die faktische Übernahme der Geschäftsführung durch Allein- oder Mehrheitsgesellschafter ist im Gesellschaftsrecht kein seltener Fall und geschieht aus mehreren Gründen. Oft passiert es, dass ein Gesellschafter nicht als Geschäftsführer wie im deutschen Recht bestellt werden kann. Der Gesellschafter unterliegt z. B. einem gesetzlich geregelten Geschäftsführungsverbot[528] aufgrund von Verbrechen, Veruntreuung, Betrug, Bankrott usw. Dieses Verbot hindert den Gesellschafter aber nicht daran, dass er die Gesellschaft tatsächlich leitet, indem er als Allein- oder Mehrheitsgesellschafter über die Stimmenmehrheit gem. Art. L 223-29 Al.1 C.Com. (vormals Art. 59 Al. 1 G 1966) verfügt, um eine Person seiner Wahl und seines Vertrauens als Geschäftsführer zu bestellen.

Der Kassationshof[529] hatte auch einen solchen Fall zu entscheiden:

> Der Mehrheitsgesellschafter einer S.A.R.L. hatte sein Geschäftsführeramt aufgrund eines Geschäftsführungsverbots niedergelegt und hatte seine Lebensgefährtin als Geschäftsführerin bestellt. Die Geschäftsführerin überließ die Geschäftsleitung ihrem Lebensgefährten, dem Mehrheitsgesellschafter. Dieser könnte dann schwer behaupten, dass er die Unternehmensleitung und Geschäftsführung der S.A.R.L. *de facto* nicht beherrschte. Nicht vergessen werden darf, dass das Gesetz mit einem Geschäftsführungsverbot nur die Leitung und Geschäftsführung einer Gesellschaft verbietet und nicht den Entzug des Verfügungs-

---

527 Dies wurde schon oben behandelt, deshalb siehe Teil I B 2 in der vorliegenden Dissertation.

528 Verordnung-Gesetz vom 08.08.1935, In Code de Commerce; Gesetz vom 30.08.1947, In Code de commerce; Gesetz vom 25.01.1985, J.O. vom 26.01.1985, S. 1097 ff.

529 Cass.com. 06.10.1980, Rev.soc. 1981, S. 351.

rechts seiner Geschäftsanteile beabsichtigt. Aber allein die Tatsache, dass der Mehrheitsgesellschafter über den größten Teil des Kapitals verfügt und dass er seine Lebensgefährtin als Geschäftsführerin bestellt hat, darf nicht dahin ausgelegt werden, dass er ein faktischer Geschäftsführer ist. Der Mehrheitsgesellschafter hatte Geschäftsführungsmaßnahmen in völliger Weisungsunabhängigkeit vorgenommen und wurde deshalb als faktischer Geschäftsführer qualifiziert.

Dies wurde durch das Pernot-Urteil noch einmal bestätigt:

Im Pernot-Urteil[530] war die Pernot-S.A. die Mehrheitsgesellschafterin der S.A.R.L.-Aubert. Beide Unternehmen waren in verschiedenen Branchen tätig. Der Geschäftsleiter der Pernot-S.A. war gleichzeitig Geschäftsführer der S.A.R.L-Aubert, wodurch die Steuerung der S.A.R.L.-Tochtergesellschaft sehr erleichtert wurde. Als die S.A.R.L-Aubert im Geschäftsabschluss des Jahres 1968 einen beträchtlichen Verlust aufwies, beschloß die Versammlung der Pernot-S.A., den Verlust der S.A.R.L.-Aubert auszugleichen. Der Geschäftsführer der S.A.R.L. als Angestellter der Mehrheitsgesellschafterin musste die Weisungen durchführen. Die Minderheit focht den Beschluss mit Erfolg an. Der angefochtene Beschluss nahm keine Rücksicht auf das Unternehmensinteresse der S.A.R.L., indem die schlechte Geschäftsführung der S.A.R.L. kaschiert und eine Haftung des Mehrheitsgesellschafters hierfür abgewendet werden sollte.

Ein anderer Fall der Übernahme der Geschäftsführung durch den Allein- oder Mehrheitsgesellschafter ist die Gewährung von Gesellschafterdarlehen. Diese Gewährung durch den Gesellschafter wird in der Regel nicht als Einflussnahme auf die Geschäftsführung betrachtet. Im Einzelfall kann sie jedoch als Indiz berücksichtigt werden. Ein Mehrheitsgesellschafter hat einer S.A.R.L. ein Darlehen gewährt, um den Anschein der Zahlungsfähigkeit zu erwecken und dadurch einer von ihm beherrschten, mit der S.A.R.L. eng verflochtenen S.A. schwere Verluste zu ersparen. Es kann davon ausgegangen werden, dass ein Gesellschafter, der daran interessiert ist, eine Zahlungsunfähigkeit zu verdecken, und der dies durch sein Darlehen auch erreicht - somit also die Konkursreife verdeckt - die Geschicke der Gesellschaft durch Einfluss auf die Geschäftsführung lenkt[531]. Dem Mehrheitsgesellschafter als faktischem Geschäftsführer wurde somit die Haftung aus unerlaubter Handlung auferlegt.

Mithin bleibt festzustellen, dass die Rechtsfigur des faktischen Geschäftsführers hier von besonderer Bedeutung ist, weil das Gesellschaftsrecht keine andere unmittelbare Regelung anbietet. Ohne sie könnte die abhängige Gesellschaft ihre Schadensersatzansprüche gegen den Mehrheitsgesellschafter nicht geltend machen.

---

530 Cass.com. 29.05.1972, J.C.P. II, Nr. 17337; Siehe auch Cass.crim. 27.01.1986, Rev.soc. 1986, S. 273.

531 C.C. 29.04.1940, G.P. 1940, II, S. 39; Siehe auch ERNAELSTEN, S. 96.

(c) Die faktische Geschäftsführungsübernahme durch die Muttergesellschaft

Die Muttergesellschaft kann die Geschäftsführungsmaßnahmen der abhängigen Gesellschaft auch selbst entscheiden und unmittelbar durchführen lassen. Das Rozenblum-Urteil[532] ist ein Beispiel dafür:

> Der Angeklagte Rozenblum war der alleinige Gesellschafter einer Holdinggesellschaft, die Allein- oder Mehrheitsgesellschafterin von 52 Gesellschaften im Bereich des Schuhhandels, der Gastronomie, der Reisevermittlung und der Finanzen war. Aufgrund eines Berufsverbots im Zusammenhang mit einer Vorstrafe wegen betrügerischen Bankrotts war Rozenblum selbst in den Geschäftsleitungsorganen nicht vertreten, sondern überließ es seinen Freunden. Als einige Gesellschaften der Unternehmensgruppe in finanzielle Schwierigkeiten gerieten, wurden Finanzmittel und Sicherheiten zwischen den Gesellschaften hin- und hergeschoben. Als die Unternehmensgruppe in Konkurs fiel, wurden Rozenblum als Muttergesellschaft und seine Freunde als Geschäftsführer der Gesellschaften der Unternehmensgruppe als faktische und rechtliche Geschäftsführer wegen des Delikts des Missbrauchs von Gütern einer Gesellschaft - Abus de biens sociaux - angeklagt.

Es handelt sich damit um eine nachteilige Geschäftsführungsmaßnahme bei der abhängigen S.A.R.L., die ein Delikt gem. Art. L 241-3-4° und –5°C.Com. (vormals Art. 425-4° und 425-5° G 1966) darstellt. Gem. Art Art. L 241-9 C.Com. sind die Art. L 241-2 bis 241-7 C.Com. auch auf den faktischen Geschäftsführer anwendbar, also auf Rozenblum. Mithin bleibt festzustellen, dass die Rechtsfigur des faktischen Geschäftsführers hier benötigt wird, um die Muttergesellschaft verantwortlich zu machen, weil keine konzernrechtlichen Haftungsvorschriften bestehen.

(d) Die faktische Geschäftsführungsübernahme durch Angestellte der Muttergesellschaft

Der eigene Geschäftsführer der Muttergesellschaft kann auch Geschäftsführer der Tochtergesellschaft werden. In diesem Fall befindet sich der Geschäftsführer der Muttergesellschaft in einer äußerst kritischen Lage, da er und seine Karriereaussichten völlig von der Muttergesellschaft abhängig sind. Er wird daher alle Wünsche der Muttergesellschaft durchführen und auch einige in der Geschäftsführung der Tochtergesellschaft durchsetzen, sonst könnte er seine Stellung in der Obergesellschaft verlieren[533].

---

532 Cass.crim. 04.02.1985, D. 1985, S. 478. Siehe auch Cass.com. 23.11.1999, RJDA 3/00, Nr. 270.

533 ARGENSON/TOUJAS, Rdn 1230; Paris 06.07.1955, G.P. 1955, II, S. 109; Paris, 27.02.1976, Juris Data, Nr. 112; Rennes 30.09.1981, Juris Data, Nr. 40764.

Dank ihrer Position im Konzern wird die Muttergesellschaft der "Maître de l'affaire", da auch ihre Entscheidungen der Tochtergesellschaft auferlegt werden und deren wirtschaftliches Schicksal beeinflussen. Die Muttergesellschaft wird die globale Geschäftspolitik und das verfolgte Ziel im allgemeinen Interesse[534] bestimmen. Durch Darlehen und Schuldübernahmen gewinnt die Muttergesellschaft eine gewisse Macht über die Tochtergesellschaft. Letztere ist nicht mehr in der Lage, sich gegen unvorteilhafte Geschäftsführungsmaßnahmen zu wehren, die die Muttergesellschaft in völliger Unabhängigkeit und Souveränität durchgeführt hat.

Die Organmitglieder in der Geschäftsführung der Tochtergesellschaften werden nur ein Exekutivorgan durch den Willen der Muttergesellschaft. Damit Informationen und Ziele der Muttergesellschaft besser und schneller wahrgenommen werden, werden häufig Angestellte der Muttergesellschaft direkt mit der Tochtergesellschaft in enge Verbindung gesetzt. Es bietet sich an, den eigenen Geschäftsführer der Muttergesellschaft aufgrund seiner Kenntnisse - und vor allem aufgrund seiner Treuepflicht der Muttergesellschaft gegenüber - als "persönlichen Berater" der Tochtergesellschaft einzusetzen. Durch ihr Organ wird die Muttergesellschaft ihre eigenen Ziele und Interessen der Tochtergesellschaft zukommen lassen und die Gesellschaft besser steuern. Dann wird die Muttergesellschaft als faktische Geschäftsführerin der Tochtergesellschaft angesehen. Demnach wird auch eine Haftung gegen sie begründet[535].

Mithin bleibt festzustellen, dass die Rechtsfigur des faktischen Geschäftsführers hier nützlich ist, weil das französische Gesellschaftsrecht keine konzernrechtliche Haftungsregelung kennt.

c) Ergebnis

Die Rechtsfigur des faktischen Geschäftsführers wird im französischen Recht anders als im deutschen Recht dargestellt. Auch wenn der Gesetzgeber den faktischen Geschäftsführer nicht definiert hat, wird die Rechtsfigur des faktischen Geschäftsführers immer öfter im Gesellschaftsrecht erwähnt. Aufgrund dessen wurde der Haftungsumfang der Geschäftsleiter erweitert, und es sind dazu vermögensrechtliche Sanktionen vorgesehen worden. Dies weist die Absicht des Gesetzgebers nach, alle Schutzmöglichkeiten zur Erhaltung des Unternehmens

---

534 Obwohl die Rechtsprechung genügend häufig gezeigt hat, dass die Bestimmung der Geschäftspolitik der Tochtergesellschaft fast ausschließlich die Interessen der Muttergesellschaft oder der gesamten Gruppe, manchmal sogar auf Kosten der Tochtergesellschaft erzielt. Zu diesem Punkt wird auf Teil II C in der vorliegenden Dissertation verwiesen.

535 Siehe Art. L 624-3 C.Com.

und zur Befriedigung der Gläubiger durch die Haftung des faktischen Geschäftsführers einzurichten.

Die Rechtsfigur des faktischen Geschäftsführers ist bisher ein Produkt des französischen Insolvenzrechts, das allmählich in das Gesellschaftsrecht eingeführt worden ist. Sie war das Feld einer langen Auseinandersetzung zwischen richterlicher Rechtsfortbildung und Literatur. Erst von der Literatur und später von der Rechtsprechung definiert, weist diese Rechtsfigur einige Schwachstellen aufgrund bleibender Meinungsverschiedenheiten auf. Die Kriterien zur Definition des faktischen Geschäftsführers sind klar genug, ihre Anwendung in der Geschäftswelt birgt jedoch Schwierigkeiten. Es ist komplex, nachzuweisen, dass eine Entscheidung des faktischen Geschäftsführers diejenige ist, die der finanziellen Lage der Gesellschaft tatsächlich schadet. Problematisch ist es auch nachzuweisen, dass eine Person nicht nur in der Lage war, ihren eigenen Willen in der Gesellschaft durchzusetzen, sondern auch, dass sie die Gesellschaft tatsächlich geleitet hat.

Manchmal ist der faktische Geschäftsführer notwendig, etwa aufgrund der Abwesenheit oder des Desinteresses des rechtlichen Geschäftsführers für die Leitung der S.A.R.L. Als faktischer Geschäftsführer darf nur derjenige angesehen werden, der die nach dem Gesetz dem rechtlichen Geschäftsführer vorgesehene Funktion an sich gezogen hat. Auch dem faktischen Geschäftsführer werden die gleichen Pflichten des rechtlichen Geschäftsführers aus Art. L 223-22 C.Com. auferlegt, also auch die Sorgfalt eines ordentlichen Kaufmannes. Allein die Qualifizierung als faktischer Geschäftsführer begründet keine Haftung. Er haftet nur, wenn er gegen eine dieser Pflichten gegenüber der S.A.R.L. verstößt. Deswegen ist es m. E. widersprüchlich, dass der faktische Geschäftsführer nicht aufgrund des Art. L 223-22 C.Com. haftet. Wenn der faktische Geschäftsführer dieselben Pflichten des rechtmäßigen Geschäftsführers hat, die sich aus Art. L 223-22 C.Com. ergeben, sollte er auch aus dieser Grundlage haften. Da keine besondere Haftungsnorm auf den faktischen Geschäftsführer unmittelbar anwendbar ist, sind die allgemeinen Vorschriften der unerlaubten Handlung, also Art.1382 ff. cc, anzuwenden. Sie füllen tatsächlich eine gesetzliche Lücke im Bereich der zivilrechtlichen Haftung des faktischen Geschäftsführers.

Es darf nicht vergessen werden, dass das Stammkapital der Gesellschaft immer eine wichtige Rolle spielt. Dieses Stammkapital bildet auch ein Vertrauenszeichen für die Gesellschaft gegenüber Dritten, da es die einzige Befriedigung der Gläubiger hinsichtlich der beschränkten Haftung der Gesellschafter darstellt. Auch wenn der Geschäftsführer auf Schadensersatz in Anspruch genommen worden ist, gelingt es ihm nicht immer, Ersatz für den ganzen Schaden zu leisten, gerade wenn er zahlungsunfähig geworden ist. Durch das Institut des faktischen Geschäftsführers wird die Möglichkeit eröffnet, eine andere Person, die

die Fäden im Hintergrund gezogen hat, ebenfalls verantwortlich zu machen. Es ist insbesondere der Fall, wenn die Geschäftsführungsmaßnahmen vom Mehrheitsgesellschafter, von Organmitgliedern oder Angestellten der Muttergesellschaft im Falle einer Gesellschaftsgruppierung übernommen worden sind. Die Muttergesellschaft erweist sich meistens als zahlungsfähig. Der Schadensersatz wird von ihr teilweise oder ganz geleistet werden. Das Ziel ist dann erreicht: Es besteht keine Gesetzeslücke, und der volle Schaden der Gesellschaft wird ersetzt. Somit kann die Gesellschaft einwandfrei fortbestehen.

3. Vergleichende Wertung

Rechtsdogmatisch betrachtet fehlt - im Vergleich zum französischen Recht - im deutschen Recht ein kohärenter Begriff des faktischen Geschäftsführers. Die dogmatische Grundlage des faktischen Geschäftsführers ergibt sich in beiden Gesetzgebungen aus verschiedenen Ebenen. Während im deutschen Recht der faktische Geschäftsführer gesetzlich überhaupt nicht erwähnt wird und dadurch keine gesetzliche Grundlage und Definition vorliegen, hat der französische Gesetzgeber den faktischen Geschäftsführer schon im Gesellschaftsrecht bzw. im Insolvenzrecht erwähnt, aber ohne diese Rechtsfigur zu definieren. Das französische Recht zeigt dadurch, dass es diese neue Rechtsfigur im Wirtschaftsleben wahrnimmt. In beiden Rechtsordnungen haben richterliche Rechtsfortbildung und Literatur eine Rolle gespielt und führen dies fort, um die Konturen dieser Rechtsfigur näher festzulegen. Der Gesetzgeber verfasst hier die Grundzüge des GmbH-Rechts, und die richterliche Rechtsfortbildung verbessert und/oder ergänzt es.

Für unsere Untersuchung ist es wichtig, die Grundlage der Haftung eines faktischen Geschäftsführers zu erfahren. Die beiden Rechtsordnungen haben diesbezüglich unterschiedliche Ansichten. Im deutschen Gesellschaftsrecht haftet der faktische Geschäftsführer wie der rechtliche durch analoge Anwendung des § 43 GmbHG. Eine Gleichstellung des rechtlichen und des faktischen Geschäftsführers ist dadurch erreicht worden. Dies wird dadurch begründet, dass Pflichten des rechtmäßigen Geschäftsführers aus § 43 GmbHG auch dem faktischen Geschäftsführer auferlegt werden. Die Haftungsgrundlage könnte nur analog aus diesem Paragraph kommen. Das ist nicht der Fall für das französische Gesellschaftsrecht. Obwohl dem faktischen Geschäftsführer die Pflichten des rechtmäßigen Geschäftsführers aus Art. L 223-22 C.Com. auferlegt sind, ist eine analoge Anwendung des Art. L 223-22 C.Com. nicht anerkannt worden. Hier ergibt sich die Haftungsgrundlage aus den Vorschriften der unerlaubten Handlung, also Art. 1382 ff cc, was einfacher nachzuweisen ist: Verschulden, Schaden und Kausalität.

Um die Qualifizierung als faktischer Geschäftsführer zu begründen, stellt das deutsche Recht auf drei Indizien ab: Das Tätigwerden wie ein rechtlicher Geschäftsführer, die Duldung, Kenntnis oder Einverständnis der Gesellschaft und der Einfluss auf die Geschäftsführung. Das französische Recht nimmt diese Qualifizierung im Falle eines positiven Tuns in der Geschäftsführung bei voller Handlungsfreiheit und Unabhängigkeit an. Obwohl diese Indizien in beiden Rechtsordnungen teilweise unterschiedlich sind, bleibt das Verhalten des faktischen Geschäftsführers gleich: Das Tätigwerden wie ein gesetzmäßig bestellter Geschäftsführer und die Möglichkeit, einen Einfluss innerhalb der Gesellschaftsleitung auszuüben. Es darf nicht daraus geschlossen werden, dass die Haftung allein aus diesen Indizien in beiden Rechtsordnungen begründet wird. In beiden Rechtsordnungen wird hervorgehoben, dass der faktische Geschäftsführer nur für eine Pflichtverletzung haften wird. Die Gesellschaft muss also einen Schaden erlitten haben.

In manchen Fällen ist eine solche Übernahme der Geschäftsführungsmaßnahmen durch den faktischen Geschäftsführer wünschenswert, wenn der Geschäftsführer an der Geschäftsführung besonders desinteressiert ist oder wenn er die Gesellschaft nicht mehr leiten kann. Ein faktischer Geschäftsführer, der die Geschäfte der Gesellschaft wahrnimmt und sie erfolgreich führt, bildet keine Gefahr für die Gesellschaft, solange er die Sorgfalt eines ordentlichen Kaufmannes beachtet. Vielleicht ist dies ein Grund für den Gesetzgeber gewesen, diese Rechtsfigur nicht gesetzlich festzulegen.

Die faktische Übernahme der Geschäftsführungsmaßnahmen von Organmitgliedern oder Angestellten der Muttergesellschaft im Falle einer Gruppierung kann denkbar sein. Dabei sind Allein- oder Mehrheitsgesellschafter, andere Organe der Muttergesellschaft und Angestellte auch als faktische Geschäftsführer zu betrachten. Diese Konstellation ermöglicht es, die Geschicke der Tochtergesellschaft in die Hand zu nehmen. Dadurch wird die Geschäftspolitik der Tochtergesellschaft von der Muttergesellschaft bzw. vom Mehrheitsgesellschafter bestimmt, und zwar im Interesse des gesamten Konzerns oder der Muttergesellschaft. Gleichzeitig scheint die faktische Übernahme der Geschäftsführungsmaßnahmen eine Möglichkeit darzustellen, den Haftungsvorschriften auszuweichen. Dem ist nicht so. Die faktische Übernahme der Geschäftsführung rechtfertigt, eine faktische Organstellung auf Grund maßgeblichen Einflusses auf die Geschicke der Gesellschaft zu konstruieren. Im Schadensersatzanspruchsfall findet die Gesellschaft damit immer einen Verantwortlichen.

Die Rechtsfigur des faktischen Geschäftsführers bleibt heutzutage nur für das französische Gesellschaftsrecht erforderlich, um die Gesellschaft und die Wirtschaft selbst vor Kriminellen zu schützen, weil diese unmittelbar im Geschäftsbereich der Gesellschaft, welche aufgrund ihrer beschränkten Haftung besondere Gefahren beinhaltet, tätig sind. Das französische Gesellschaftsrecht verfügt über keine anderen Vorschriften oder Haftungsgrundlagen, um eine Lösung einer solchen Konstellation anzubieten. Diese Haftungslücke schließen die Art. 1382 ff cc. Im deutschen Gesellschaftsrecht wurden diesbezüglich andere Lösungen gefunden. Die Rechtsfigur des faktischen Geschäftsführers bleibt irrelevant besonders in den Fällen der faktischen Geschäftsführungsübernahme durch den Mehrheitsgesellschafter, die Muttergesellschaft und den Angestellten der Muttergesellschaft, also in Fällen einer faktisch oder vertraglich konzernierten GmbH, weil andere Vorschriften des Konzernrechts unmittelbar anwendbar sind. *Lex speciales* geht also vor. Dies ist insbesondere der Punkt unserer Untersuchung im Teil II C.

C. Die Erfassung der Einwirkung des Mehrheitsgesellschafters auf Geschäftsführungsmaßnahmen mit Hilfe des Konzernrechts

Nachdem dargestellt wurde, dass der Mehrheitsgesellschafter als faktischer Geschäftsführer die Aufgabe des rechtmäßigen Geschäftsführers innerhalb der Geschäftsführungsmaßnahmen übernehmen kann, wird hier die Einwirkung dieses Mehrheitsgesellschafters als herrschendes Unternehmen auf die abhängige GmbH behandelt. Zunächst wird dargestellt, wie die Konzerne oder Unternehmensgruppen in beiden Rechtsordnungen geregelt werden, dann wird jede Konzernform dargestellt.

Die Einwirkung dieses Mehrheitsgesellschafters als herrschendes Unternehmen auf die Geschäftsführungsmaßnahmen der abhängigen GmbH kann sich manchmal unvorteilhaft und sogar schädlich für die abhängige GmbH erweisen. Ob die Leitungsmacht des Mehrheitsgesellschafters ohne Berücksichtigung auf die Interessen der Tochtergesellschaft ausgeübt wird, wird diskutiert. Die Frage nach der Haftung des herrschenden Unternehmens bei nachteiligen Geschäftsführungsmaßnahmen in der abhängigen GmbH wird in beiden Rechtsordnungen näher erörtert.

1. Der Konzern in Deutschland

a) Die gesetzliche Grundlage

Gesetzliche Regelungen über Konzernverhältnisse sind im Aktiengesetz von 1965 geregelt[536]. Im Allgemeinen finden §§ 15-22 AktG über verbundene Unternehmen rechtsformunabhängig für sämtliche Unternehmen Anwendung. Die speziellen konzernrechtlichen Vorschriften der §§ 291 ff AktG finden auch Anwendung auf die GmbH, sofern die GmbH eine AG oder KGaA beherrscht. Der umgekehrte Fall, d. h. die Beherrschung einer GmbH durch eine AG, bleibt aber ungeregelt. Die Regelungsbedürftigkeit des Konzernrechts für die GmbH wird

---

536 Zur Frage eines Konzernverfassungsrechts, siehe SONNTAG, S. 8 ff; SCHNEIDER, BB 1981, S. 249 ff; GÄBELEIN, GmbHR 1987, S. 221 ff.

bejaht und als dringlich empfunden[537]. Es besteht aber weiter keine kodifizierte GmbH-Konzernregelung[538]. Eine generelle Übernahme des Aktienkonzernrechts ins GmbH-Recht im Wege einer Analogie ist aufgrund der gesellschaftsrechtlichen Unterschiede zwischen der AG und der GmbH nicht möglich[539]. Folglich müssen spezielle GmbH-konzernrechtliche Regeln noch entwickelt werden[540]. Es muss bei jeder konzernrechtlichen Frage ständig geprüft werden, ob die Vorschriften für die AG auch für das GmbH-Konzernrecht Anwendung finden, und ob auf Richterrecht zurückgegriffen werden muss[541].

Relevante Bestimmungen für den GmbH-Konzern sind im Körperschaftssteuer- und Mitbestimmungsrecht[542] enthalten. Gem. § 17 KStG 1977 kann eine GmbH

---

537 MUTTER, S. 164 ff; LANG, S. 1; EMMERICH/SONNENSCHEIN, S. 430; GEKELER, S. 6.

538 Zwei Regierungsentwürfe von 1973 und 1974 über ein neues GmbH-Gesetz, das eine konzernrechtliche Regelung durch §§ 230 ff enthalten sollte, wurden nicht als Gesetz verabschiedet, weil es schematisch das Aktienrecht auch für die GmbH übernehmen wollte, BT-Drucksache VII/253 vom 26.02.1973, S. 209 ff, GÄBELEIN, GmbHR 1987, S. 221; Mit der GmbH-Novelle wurde ganz auf den Versuch einer Regelung des GmbH-Konzernrechts verzichtet, BGBl. 1980, I, S. 836; PRIESTER, ZGR Sonderheft 6, S. 152 ff; SCHMIDT, GESELLSCHAFTSRECHT, § 17 III 2, § 39 I 1; EMMERICH/SONNENSCHEIN, S. 9; SCHOLZ/EMMERICH, Anhang Konzernrecht, Rdn 23; JAHRAUS, S. 2, 32; ROWEDDER/KOPPENSTEINER, Anhang § 52, Rdn 3; GÄBELEIN, GmbHR 1987, S. 221.

539 Beispielsweise verfügt die AG über drei getrennte Organe: Vorstand, Aufsichtsrat und Hauptversammlung mit einer strikten Aufteilung der Kompetenzen. Dies führt zum Problem der Ausübung der Konzernherrschaft in der AG. Bei der GmbH stellt sich dieses Problem nicht, da sie nur zwei Organe kennt, deren Zuständigkeiten zudem nicht zwingend geregelt sind, § 45 GmbHG; Siehe die Unterschiede bezüglich Vermögensbindung, Stellung der Gesellschafter, SONNTAG, S. 9 ff; SCHOLZ/EMMERICH, Anhang Konzernrecht, Rdn 10 ff; Deswegen verbieten diese Unterschiede eine uneingeschränkte Übernahme des Aktienkonzernrechts im Wege der Analogie ins GmbH-Recht; Siehe auch MUTTER, S. 164; LUTTER/HOMMELHOFF, Anhang § 13, Rdn 6 ff, 9; EMMERICH/SONNENSCHEIN, S. 432.

540 Der BGH hat in diesem Sinne viel für die GmbH-Konzernregelung entschieden: BGHZ 65, S. 15; BGHZ 80, S. 69; BGHZ 95, S. 330; BGHZ 103, S. 1; BGHZ 105, S. 324; BGHZ 107, S. 7; BGHZ 115, S. 187; Ob das GmbH-Konzernrecht kodifiziert werden wird, bleibt eine offene Frage, siehe SCHMIDT, Gesellschaftsrecht, § 39 I und den Bericht über die Verhandlungen der Unternehmensrechtskommission, 1980 Rdn 1653 ff.

541 ITT-Urteil, BGHZ 65, S. 15 f; Gervais-Danone-Urteil, NJW 1980, S. 231; Autokran-Urteil, BGHZ 95, S. 330; Familienheim-Urteil, NJW 1988, S. 1326; Supermarkt-Beschluss, NJW 1989, S. 289; Tiefbau-Urteil, DB 1989, S. 816; Video-Urteil, GmbHR 1991, S. 529; Peripherie-Urteil, NJW 1994, S. 440; WIEDEMANN, Die Unternehmensgruppe, S. 1, 59.

542 Aus Platzgründen wird die mitbestimmte abhängige GmbH außer Betracht gelassen.

Organgesellschaft eines anderen Unternehmens sein[543]. Die Bedeutung dieser Bestimmung im Gesellschaftsrecht liegt darin, dass der Gewinnabführungsvertrag auch zugunsten einer herrschenden GmbH nicht für unzulässig gehalten werden kann.

b) Der deutsche Konzernbegriff

(1) Die Definition des Konzerns

Die §§ 15-19 AktG regeln den allgemeinen Teil des Konzernrechts. Da sie rechtsformunabhängig sind, sind sie auf das GmbH-Konzernrecht analog anzuwenden[544]. Der Begriff "Konzern" wird im § 18 AktG definiert: Sind zwei rechtlich selbständige Unternehmen unter einheitlicher Leitung zusammengefasst, so bilden sie einen Konzern, §§ 15 i.V.m. 18 AktG. Im Konzern ist die Zusammenfassung der einzelnen Unternehmen die Grundlage für die einheitliche Leitung, die als zentrales Konzernmerkmal anzusehen ist[545].

Das AktG unterscheidet zwischen dem Unterordnungskonzern, der einen hierarchisch aufgebauten Konzern gem. § 18 Abs. 1 AktG bildet, in dem die einheitliche Leitung von einem Unternehmen auf ein oder mehrere von ihm abhängige Unternehmen ausgeübt wird, und dem Gleichordnungskonzern, dessen Kennzeichnung es ist, dass keines der beteiligten Unternehmen von einem seiner Partner gem. § 18 Abs. 2 AktG abhängt. In der vorliegenden Dissertation werden die Gleichordnungskonzerne nicht betrachtet[546].

(a) Der konzernrechtliche Unternehmensbegriff

Gem. §§ 15 ff wird der Konzernbegriff als ein Verbund zwischen rechtlich selbständigen Unternehmen definiert. Das Gesetz selbst definiert nicht, was unter einem Unternehmen zu verstehen ist[547]. Wichtig ist, dass sich an der Konzern-

---

543 Es wird natürlich vorausgesetzt: Schriftform des Vertrags, Zustimmung der Gesellschafter mit einer Dreiviertelmehrheit; Siehe Auch REHBINDER, FS FLECK, S. 253 ff.

544 SCHEFFLER, S. 6; DEILMANN, S. 53; SONNTAG, S. 13; SCHOLZ/EMMERICH, Anhang Konzernrecht, Rdn 25; ROWEDDER/KOPPENSTEINER, Anhang § 52, Rdn 1,3 und 6 ff; ZÖLLNER/BAUMBACH/HUECK, Schlussanhang II, Rdn 3; LUTTER/HOMMELHOFF, Anhang § 13, Rdn 3; MUTTER, S. 164; Die Rechtsprechung wendet auch diese Paragraphen auf den GmbH-Konzern an, BGHZ 105, S. 168; BGHZ 115, S. 1.

545 EMMERICH/SONNENSCHEIN, S. 82 ff; Ebenso WIEDEMANN, Die Unternehmensgruppe, S. 14; SCHOLZ/EMMERICH, Anhang Konzernrecht, Rdn 62.

546 Deswegen wird in dieser Dissertation ein Konzern immer als Unterordnungskonzern angenommen.

547 LANG, S. 132; EMMERICH/SONNENSCHEIN, S. 44; JAHRAUS, S. 2, 18; SCHMIDT, Gesellschaftsrecht, § 39 I 2 a); SCHOLZ/EMMERICH, Anhang Kon-

spitze das herrschende Unternehmen[548] befindet, das die einheitliche Leitung auf die untergeordneten Unternehmen ausübt. Durch die Abhängigkeit des untergeordneten Unternehmens wird die einheitliche Leitung charakterisiert. Unter Abhängigkeit wird die Ausübung eines unmittelbaren oder mittelbaren, aber beherrschenden Einflusses eines Unternehmens auf das abhängige Unternehmen verstanden.

Obwohl der Konzern überwiegend als wirtschaftliche Einheit verstanden wird[549], ist er kein einheitlicher Rechtsträger, d. h. jedes Unternehmen bleibt selbst der Träger von Rechten und Pflichten gem. § 17 AktG[550]. Demnach wird der typische Unternehmensverbund nicht durch den zentralisierten, also straff geleiteten Konzern repräsentiert, sondern durch die Unternehmensgruppe, in der abhängige Gesellschaften mit unterschiedlicher Rechtsform und Beteiligungshöhe bei beträchtlicher Tiefeingliederung zusammengefasst sind[551].

Der BGH hat sich mit dem Unternehmensbegriff im VEBA/Gelsenberg-Urteil befasst[552]. In diesem Urteil hatte der BGH zu entscheiden, ob die Bundesrepublik Deutschland herrschendes Unternehmen der VEBA AG, an der sie 43,7 % der Aktien hielt, ist[553]. Der BGH hat dazu ausdrücklich erklärt, dass eine noch so hohe Beteiligung an einer Gesellschaft den Inhaber allein noch nicht zum herrschenden Unternehmen macht. Eine wirtschaftliche Interessenbindung sei außerhalb der Gesellschaft erforderlich[554]. Im Autokran-Urteil hat der BGH das Unternehmen wie folgt definiert: "Ein Unternehmen kann auch eine Einzelper-

---

zernrecht, Rdn 27 ff; ROWEDDER/KOPPENSTEINER, Anhang § 52, Rdn 8; Dies war "angesichts der großen praktischen Schwierigkeiten" mit voller Absicht, so die Regierungsbegründung bei KROPFF, Rdn 1, 27.

548 Was unter herrschenden Unternehmen zu verstehen ist, ist umstritten, siehe näher LANG, S. 129 ff; ROWEDDER/KOPPENSTEINER, Anhang § 52, Rdn 8 m.w.N.

549 Aufgrund der wirtschaftlichen Abhängigkeit des beherrschten Unternehmens gegenüber dem herrschenden Unternehmen, siehe GEßLER, GEßLER/HEFERMEHL, § 18, Rdn 7 ff.

550 LANG, S. 18.

551 Es heißt aber nicht, dass es den Konzern im engeren Sinn mit abhängigen Gesellschaften als willenlosen und unselbständigen Betriebsabteilungen nicht gibt, vgl. WIEDEMANN, Die Unternehmensgruppe, S. 11 ff.

552 So BGHZ 69, S. 334.

553 Das Problem der Anwendbarkeit des Konzernrechts in Bezug von Beteiligungen der öffentlichen Hand ist gelöst worden. Zur Lösung der zwischen Gebietskörperschaften und ihren privaten Mitgesellschaftern sowie den Gläubigern auftretenden Konflikte ist nur das "private Konzernrecht" bestimmt und geeignet. Der öffentlichen Hand bleibt demnach nichts anderes übrig, als ihre Unternehmerrolle anzunehmen und sich bei der Verwaltung ihrer Unternehmen dem Konzernrecht zu unterstellen, siehe EMMERICH/SONNENSCHEIN, S. 52.

554 So BGHZ 69, S. 334; Siehe LANG, S. 133; GEKELER, S. 25.

son sein, die ihre wirtschaftlichen Interessen nicht nur in der betreffenden Gesellschaft, sondern auch in anderen Unternehmen maßgeblich verfolgen kann"[555]. Entscheidend ist lediglich, ob eine "konzerntypische Gefährdungslage" vorliegt, weil das Konzernrecht vor allem den Schutz der Gesellschaft und der Minderheitsgesellschafter dabei bezweckt. Dies wurde vom BGH im EDV-Peripherie-Urteil erneut bestätigt[556]: "Herrschendes Unternehmen i.S. der Haftungsgrundsätze im qualifiziert faktischen Konzern kann auch eine natürliche Person sein, deren anderweitige unternehmerische Betätigung sich in der Einflussnahme auf andere Gesellschaften erschöpft, an denen sie maßgeblich beteiligt ist". Es gibt eine neue Voraussetzung: Die natürliche Person muss sich außerhalb ihrer Gesellschaft unternehmerisch betätigen[557].

Mithin ist festzulegen, dass ein konzernrechtliches Unternehmen vorliegt, nur wenn juristische Personen oder natürliche Personen, die keine Einzelkaufleute sind - z. B. durch eine maßgebliche Beteiligung des Gesellschafters an einem fremden Unternehmen[558] - herrschendes Unternehmen i.S.d. § 17 Abs. 1 AktG sind. Die Rechtsform der Personen ist daher bedeutungslos.

(b) Der Begriff "einheitliche Leitung"

Das Vorliegen eines Abhängigkeitsverhältnisses i.S. des § 17 AktG, d. h. die Möglichkeit der Beherrschung des abhängigen Unternehmens durch das herrschende Unternehmen, und das Konzernverhältnis, d. h. die tatsächliche Beherrschung des abhängigen Unternehmens durch die Zusammenfassung unter der einheitlichen Leitung des herrschenden Unternehmens i.S. des § 18 Abs. 1 S. 1 AktG sind Grundvoraussetzungen eines Konzerns[559]. Der Konzern wird deshalb über den Begriff "einheitliche Leitung"[560] gem. § 18 Abs. 1 S. 1 AktG definiert.

Da der Geschäftsführer der herrschenden GmbH alle Ressourcen[561] seiner Gesellschaft für die Erreichung des Gesellschaftszwecks einzusetzen hat, hat er die

---

555 Autokran-Urteil, BGHZ 95, S. 330.

556 EDV-Peripherie-Urteil, NJW 1994, S. 446 ff.

557 Vgl. HOMMELHOFF, ZGR 1994, S. 399; Anders, LANG, S. 134 ff; .

558 Dies wird dadurch begründet, dass die Gefahren, vor denen das Konzernrecht schützen soll, lediglich auftreten, wenn der Gesellschafter außerhalb seiner eigenen Gesellschaft tätig ist.

559 So der BAG, NJW 1996, S. 1691.

560 SCHEFFLER meint, dass die Konzernführung zielorientiertes Steuern und Lenken der Konzernunternehmen bedeutet. Die Führung der Konzernunternehmen muss durch ein einheitliches Zielsystem auf die Zielsetzungen für den Gesamtkonzern ausgerichtet sein, SCHEFFLER, S. 33. Deshalb spielt die einheitliche Leitung eine wichtige Rolle.

561 EBENROTH meint, die Konzernleitungspflicht sei die Verpflichtung zur zentral gesteuerten Nutzung aller Ressourcen, EBENROTH, S. 25.

Tochtergesellschaften unter seiner einheitlichen Leitung zusammenzufassen. Er ist zur Konzernleitung verpflichtet[562]. Obwohl die "einheitliche Leitung" das zentrale Konzernmerkmal[563] ist, gibt es keinen inhaltlich bestimmten Begriff der einheitlichen Leitung[564]. Um die Konturen dieses Begriffs näher festzulegen, wird in der Literatur[565] zwischen einem engeren und einem weiteren Konzernbegriff unterschieden:

- Der engere Konzernbegriff geht, wirtschaftlich betrachtet, von einem Einheitsunternehmen aus. Ein Konzern liegt dann vor, wenn die Konzernleitung für alle zentralen unternehmerischen Bereiche eine einheitliche Planung aufstellt und diese bei den einzelnen vom Konzern abhängigen Unternehmen ohne Rücksicht auf deren Selbständigkeit durchsetzt[566]. Durch die einheitliche Leitung des herrschenden Unternehmens kann der Geschäftsführer der abhängigen GmbH zu allen Maßnahmen gem. § 308 AktG angewiesen werden, die die eigentliche Betriebsführung betreffen. Weisungen betreffend Beschaffung, Produktion, Absatz und Finanzierung können als Beispiel genannt werden. Die abhängige GmbH darf auch zu Lieferungen, Leistungen oder Finanztransfers an das herrschende Unternehmen angewiesen werden[567]. *Würdinger*[568] betont, dass der Leitung des herrschenden Unternehmens die gesamte Führung des von der abhängigen Gesellschaft betriebenen Unternehmens untersteht, also die Beschaffung von Rohstoffen, die industrielle Fertigung und der Absatz der Erzeugnisse, die Kalkulation, Bestimmung der Preise und die Marktstrategie, die Unterhaltung der technischen Anlagen, die Finanzplanung und die Entscheidung über neue Investitionen oder Aufnahme neuer Fertigung, ebenso Stilllegung.

---

562 Sämtliche Erklärungen an die Tochtergesellschaft müssen über den Geschäftsführer geleitet werden. Deshalb nennt HOMMELHOFF den Geschäftsführer "eine konzerninterne Relaistselle", HOMMELHOFF, Die Konzernleitungspflicht, S. 65 f, 69 und 237f; LANG, S. 18.

563 SCHEFFLER, S. 7.

564 FLUME, S. 122 m.w.N.; GEẞLER meint, dass der Begriff der einheitlichen Leitung kein rein juristischer, sondern ein auf die Betriebswirtschaft verweisender Begriff ist, GEẞLER in GEẞLER/HEFERMEHL, § 18, Rdn 6.

565 EMMERICH/SONNENSCHEIN, S. 83; JAHRAUS, S. 23; SCHOLZ/EMMERICH, Anhang Konzernrecht, Rdn 62 ff.

566 SCHOLZ/EMMERICH, Anhang Konzernrecht, Rdn 62 a; EMMERICH/SONNENSCHEIN, S. 84; ROWEDDER/KOPPENSTEINER, Anhang § 52, Rdn 15.

567 SCHEFFLER, S. 32; NOACK, GmbHR 1996, S. 154 ff; OLG Düsseldorf, ZIP 1995, S. 465.

568 WÜRDINGER meint weiter, dass sich das Weisungsrecht als Leitungsinstrument auf Maßnahmen der Kapitalbeschaffung wie z. B. Aufnahme von Darlehen, Emission von Schuldverschreibungen erstreckt, WÜRDINGER/Großkom., § 308, Anm. 9.

- Bei dem weiteren Konzernbegriff liegt ein Konzern vor, wenn die Finanzplanung zentral für den ganzen Konzern durch die Konzernleitung erfolgt. Nach hM[569] genügt für die Annahme eines Konzerns eine einheitliche Planung und deren Durchsetzung in "einem" der anderen zentralen unternehmerischen Bereichen wie Finanzwesen, Organisation, Personalwesen, Einkauf und Verkauf. Dies aber unter der Voraussetzung, dass dies auf den gesamten Konzern eine solche Rückwirkung haben muss, dass für die vom Konzern abhängigen Unternehmen keine selbständige Planung mehr möglich ist[570]. Während das Gesellschaftsrecht von rechtlich und wirtschaftlich selbständigen Gesellschaften ausgeht, behandelt das Konzernrecht Gesellschaften, die ihre Selbständigkeit verloren haben. Dies wird durch eine einheitliche Planung eines der zentralen Unternehmensbereiche leicht erreicht.

Die Rechtsprechung verwendet den weiteren Konzernbegriff[571]. Dem ist m. E. zuzustimmen. Für die Annahme eines Konzerns reicht es aus, wenn mehrere Unternehmen von derselben Person geleitet und auf diese Weise einem übergeordneten gesamtunternehmerischen Interesse dienstbar gemacht - d. h. nach Art von Betriebsabteilungen im Rahmen einer einheitlichen Unternehmensplanung eingesetzt - werden[572]. Die konzernrechtliche Leitungsmacht können die Gesellschafter der abhängigen GmbH gar nicht unmittelbar ausüben. Sie müssen ihrem Geschäftsführer Weisungen gemäß § 37 Abs. 1 GmbHG, bzw. § 308 Abs. 1 AktG erteilen.

---

569 WIEDEMANN, Die Unternehmensgruppe, S. 14 ff; KOPPENSTEINER, § 17, Rdn 19 ff; EMMERICH/SONNENSCHEIN, S. 84; LIMMER, S. 102; Vgl. die Begründung des RegE in KROPFF, AktG, S. 33.

570 SCHOLZ/EMMERICH, Anhang Konzernrecht, Rdn 62 b; NOACK, GmbHR 1996, S. 154 ff; EMMERICH/SONNENSCHEIN, S. 84; BAG, NJW 1996, S. 1691 f: "... setzt das Konzernverhältnis die tatsächliche Einflussnahme des herrschenden Unternehmens zumindest auf einen wesentlichen Teilbereich der Unternehmenspolitik des abhängigen Unternehmens voraus".

571 BGH NJW 1992, S. 1167; BAG, NJW 1996, S. 1691 f.

572 Eine Entscheidung des BAG im Bereich des aktienrechtlichen Konzerns erklärt jedoch, dass die Personenidentität der Vorstände für das Vorliegen einer einheitlichen Leitung durch das herrschende Unternehmen nichts besagt. Dies wird dadurch begründet, dass die Mitgliedschaft einer Person auch im Vorstand des anderen Unternehmens für sich allein nichts dafür hergibt, dass sie sich bei ihrer Entscheidung im Vorstand des einen Unternehmens von Zielsetzung des anderen Unternehmens leiten ließe. Selbst wenn aufgrund der Personenidentität eine "einheitliche Leitung" vorläge, ließe sich allein aufgrund dieser Personenidentität nicht feststellen, es handele sich um die Zusammenfassung unter der einheitlichen Leitung gerade des beherrschenden Unternehmens i.S. des § 18 Abs. 1 S. 1 AktG, BAG, NJW 1996, S. 1692; Nach der Ansicht des BAG reicht dieser Personenidentitätshinweis allein nicht aus. Deshalb müssen andere Hinweise zur Feststellung einer einheitlichen Leitung gesucht werden.

Fraglich ist, wie die einheitliche Leitung im Konzern vollzogen wird, d. h. in welchen Formen, mit welchen Mitteln und auf welchen Wegen[573]. Die einheitliche Leitung kann sich auf verschiedene Weise durchsetzen: Einflussnahme durch bloße Wünsche, Ratschläge oder Empfehlungen, personelle Verflechtungen, wie die Vertretung der abhängigen Gesellschaften durch die Organmitglieder der Konzernspitze[574] oder Weisungen[575]. Im Falle eines mehrstufigen Konzerns wird die einheitliche Leitung von der Konzernspitze über die Tochtergesellschaften auf die Enkelgesellschaften ausgeübt. Die einheitliche Leitung vermutet zuerst eine mehrheitliche Kapitalbeteiligung in der GmbH[576], die als Beherrschungsmittel ausgeübt wird. Ohne Kapitalbeteiligung bestehen keine Tochtergesellschaften und somit kein Konzern. Dadurch führt die Konzernierung einer Gesellschaft vor allem zu einer Organisationsänderung, insbesondere zum Verlust der wirtschaftlichen Selbständigkeit. Durch diesen Verlust können Gefahren eines herrschenden Einflusses der Konzernspitze bei der abhängigen GmbH-Tochter entstehen, die zu nachteiligen Maßnahmen in der Geschäftsführung der GmbH-Tochter führen.

Die Wege der einheitlichen Leitung sind verschieden und zahlreich. Jedoch werden zwei zentrale Unternehmensbereiche bevorzugt, weil sie besonders gut geeignet sind, eine einheitliche Leitung der Konzernspitze für den ganzen Konzern zu realisieren. Es sind namentlich das Finanzwesen und der Personalbereich, weil sie innerhalb der konzernstrategischen Planung eigentliche Schlüsselpositionen darstellen. Sie lassen die Durchsetzung einer einheitlichen Leitung im Konzern besonders gut zu.

Unter dem Begriff Finanzwesen[577] werden im Konzern alle Aufgaben und Funktionen zusammengefasst, die mit der Finanzierung zusammenhängen, also ins-

---

573 HOMMELHOFF meint, dass der Geschäftsführer der Obergesellschaft verpflichtet ist, die Aktivitäten einer rechtlich selbständigen Tochter nicht anders zu leiten als die einer rechtlich unselbständigen Betriebsabteilung, HOMMELHOFF, Die Konzernleitungspflicht, S. 150 ff.

574 WIEDEMANN, Die Unternehmensgruppe, S. 44; DEILMANN, S. 144; EMMERICH/SONNENSCHEIN, S. 172 f.

575 Siehe Definition der Weisung in Teil I A 1 (3) in der vorliegenden Dissertation. Vgl. Leitung durch Weisung, LIMMER, S. 104; LANG, S. 19 ff; KANTZAS, S. 52 ff; STREYL, S. 27; EBENROTH, S. 28, 30.

576 Die Möglichkeit der Einflussnahme aufgrund einer Beteiligung verpflichtet auch zum Gebrauch dazu, HOMMELHOFF, S. 43 ff; Interessant ist anzumerken, dass sich das Weisungsrecht der Muttergesellschaft, das ihr die Herrschaft in der Geschäftsführung zulässt, entweder aus dem Beherrschungsvertrag oder aus dem § 37 GmbHG ergibt.

577 SCHEFFLER nennt die Konzernfinanzierung als Steuerungsinstrument der Konzernleitung, SCHEFFLER, S. 123 ff ; ENSTHALER und KREHER meinen, die Finanzierung innerhalb des Konzerns ist zentral zu organisieren, weil sie eine originäre

besondere die Planung des künftigen Kapitalbedarfs und seiner zweckmäßigen Deckung, die Durchführung der Finanzierungsmaßnahmen, die Kontrolle der Finanzbewegung und die Verwaltung von Geld und Krediten. Bei der Innenfinanzierung[578] hat die Konzernleitung zu entscheiden, wie die erarbeiteten Mittel der Tochtergesellschaften zu verwenden sind, weil sie für den ganzen Konzern die bestmögliche Finanzstruktur zu wahren hat. Die Muttergesellschaft bildet die oberste Liquiditätsinstanz, deren Finanzplan ein Steuerungsinstrument ist, weil er den Entscheidungsspielraum der Konzernglieder festlegt. Es ist daher für die einheitliche Leitung im Konzern unbedingt erforderlich, dass die Konzernspitze den Finanzbereich aufgrund dessen weitestgehender Konsequenzen einheitlich wahrnimmt[579]. Die einheitliche Wahrnehmung des Finanzbereiches und die Steuerung der Investitionen ermöglichen zwar eine Minimierung der Anzahl der konzerninternen Zahlungen und eine Senkung der Zahlungstransferkosten, aber dadurch auch eine gezielte Einflussnahme auf die Finanzstruktur des einzelnen Unternehmens. Es genügt also nicht, dass die Konzernspitze nur über eine Mehrheitsbeteiligung oder eine 100 %ige Tochtergesellschaft verfügt oder dass sie die Unternehmenspolitik innerhalb des Konzerns durch Weisungen festlegt, um von einheitlicher Leitung zu sprechen. Die Konzernspitze muss vielmehr in der Finanzplanung und -kontrolle aktiv mitwirken.

Bezüglich des Personalwesens wird die einheitliche Leitung auf eine Gruppe von Mitarbeitern beschränkt, die die Aufrechterhaltung und Stärkung der Position der Konzernspitze innerhalb des ganzen Konzerns garantieren[580]. Zum einen spielen die Organ- und Personalverflechtungen[581] im Konzern bei der Durchsetzung der einheitlichen Leitung eine besondere Rolle. Das herrschende Unter-

---

Führungsaufgabe der Konzernspitze darstellt und somit unumgänglich ist, ENSTHALER/KREHER, BB 1996, S. 385 ff.

578 Es bestehen zwei Kategorien von Innenfinanzierungen: 1) Die Innenfinanzierung mit Eigenfinanzierung, Finanzierung aus Abschreibungen, Finanzierung aus Rückstellungen und Finanzierung durch Kapitalfreisetzung; 2) Die konzerninterne Außenfinanzierung aus Kredit- oder Einlagenfinanzierung über andere Konzernmitglieder; Zur Vertiefung der verschiedenen Finanzierungsformen, siehe ENSTHALER/KREHER, S. 386 f; Siehe auch LIMMER, S. 213.

579 Jede Konzerngesellschaft muss zu jedem Zeitpunkt in der Lage sein, ihren finanziellen Verpflichtungen nachzukommen, ENSTAHLER/KREHER, BB 1996, S. 387.

580 Die Abhängigkeit i.S. von § 17 Abs. 1 AktG ist gegeben, wenn das eine Unternehmen aufgrund seiner Herrschaft über die "Personalpolitik" eines anderen Unternehmens in der Lage ist, dessen Geschäftspolitik in den entscheidenden Punkten zu beeinflussen, OLG München, DB 1995, S. 1022; Siehe auch WIEDEMANN, Die Unternehmensgruppe, S. 44; SCHOLZ/EMMERICH, Anhang Konzernrecht, Rdn 45.

581 Siehe dazu STREYL, S. 33 ff; LIMMER, S. 185 ff, 206 ff; SCHEFFLER, S. 48ff; ENSTHALER/KREHER, BB 1995, S. 1429: "Personelle Verflechtungen zwischen den Leitungsorganen der herrschenden und der beherrschten Gesellschaft sind als Indiz für die Ausübung der einheitlichen Leitung zu sehen ...".

nehmen hat dazu die Gelegenheit, eine Person seines Vertrauens und seiner Wahl als Geschäftsführer in die Geschäftsführung der abhängigen Gesellschaft einzuführen[582]. Es darf dabei nicht vergessen werden, dass das herrschende Unternehmen oft über die Mehrheit der Geschäftsanteile verfügt. Als Mehrheitsgesellschafter kann das herrschende Unternehmen die Wahl des Geschäftsführers stark beeinflussen[583]. Zum anderen wird das herrschende Unternehmen dafür sorgen, dass vertrauenswürdige Nachwuchsführungskräfte ausgebildet und in Schlüsselpositionen des Konzerns eingesetzt werden. Somit sind die bestmöglichen Voraussetzungen erfüllt, damit eine einheitliche Leitung außerhalb der Muttergesellschaft, aber innerhalb der Tochtergesellschaft ausgeübt bzw. durchgesetzt werden kann.

Mithin ist festzustellen, dass der Begriff "einheitliche Leitung" nicht vom Gesetz, sondern von der richterlichen Rechtsfortbildung und der Literatur definiert worden ist. Diese einheitliche Leitung wird von der Konzernspitze auf die konzernabhängige Gesellschaft mittelbar oder unmittelbar ausgeübt, ohne dass die rechtliche Selbständigkeit des Unternehmens trotz wirtschaftlicher Abhängigkeit verletzt wird[584]. Diese einheitliche Leitung hat nicht nur eine juristische Bedeutung, sondern auch eine betriebswirtschaftliche, da die Steuerung der Finanzen und das Personalwesen eine zentrale Rolle bei der Durchsetzung des Willens des herrschenden Unternehmens spielen. Deshalb bleibt die Leitungsmacht auf dem Bereich der Geschäftsführungsmaßnahmen beschränkt.

(2) Ergebnis

Da keine gesetzliche Regelung des GmbH-Konzerns besteht, kommt der richterlichen Rechtsfortbildung eine überragende Rolle zu, um die Konturen des GmbH-Konzernrechts näher zu definieren, weil eine allgemeine Übernahme der aktienrechtlichen Vorschriften bezüglich des AG-Konzerns nicht angängig ist. Sowohl der Begriff des Unternehmens als auch der der einheitlichen Leitung sind nicht gesetzlich definiert.

Die einheitliche Leitung auf die Tochter- und Enkelgesellschaften kann sowohl mittelbar als auch unmittelbar ausgeübt werden. Früher wurde für die einheitliche Leitung verlangt, dass der Konzernspitze die Entscheidungskompetenz für alle Basisfaktoren der Unternehmenspolitik - Investition, Finanzen, Personal, Produktion und Absatz - zusteht. Heute genügt es, wenn die Finanzpolitik oder

---

582 GEßLER, GEßLER/HEFERMEHL, § 17, Rdn 38; EMMERICH/SONNENSCHEIN, S. 172; SÄCKER, ZHR 1987, S. 62 f.

583 Siehe auch SCHNEIDER, Der Anstellungsvertrag des Geschäftsführers einer GmbH im Konzern, GmbHR 1993, S. 10 ff.

584 Dadurch wird eine Kompetenzverlagerung der Gesellschaftsleitung auf die Konzernspitze durch Weisungen gemäß § 308 AktG legitimiert.

überhaupt eine Schlüsselposition zentral verwaltet wird[585]. Daraus kann abgeleitet werden, dass das beherrschte Unternehmen durch eine einheitliche Konzernstrategie des herrschenden Unternehmens kontrolliert wird. Die einheitliche Leitung kann den Verlust der wirtschaftlichen Selbständigkeit der GmbH-Tochter zur Folge haben, was zu eventuellen wirtschaftlich nachteiligen Maßnahmen innerhalb der Geschäftsführung führen kann.

c) Die Konzerntypen

Innerhalb der Unterordnungskonzerne unterscheidet § 18 Abs. 1 AktG den Vertragskonzern und den faktischen Konzern. Der Unterschied liegt in der Art und Weise, wie die einheitliche Leitung ausgeübt wird. Die einheitliche Leitung kann aufgrund ausdrücklicher Zustimmung des herrschenden und des abhängigen Unternehmens ausgeübt werden. Das ist der Fall bei dem Beherrschungsvertrag und bei der Eingliederung[586]. Falls die einheitliche Leitung ohne einen Vertrag oder die Legitimierung des Gesetzes, also aufgrund anderer Umstände ausgeübt wird, wird von einem faktischen GmbH-Konzern gesprochen.

(1) Der GmbH-Vertragskonzern

Der GmbH-Vertragskonzern wird mit dem Abschluss eines Beherrschungsvertrags zwischen einem herrschenden Unternehmen und einer abhängigen GmbH gebildet[587]. Die abhängige GmbH unterstellt sich der Leitung eines anderen Unternehmens[588]. Der Beherrschungsvertrag führt dazu, dass diese abhängige Gesellschaft aufhört, als Rechtssubjekt mit eigenen unternehmerischen Interessen zu existieren.

---

586 EMMERICH/SONNENSCHEIN, S. 87; Bei Eingliederungskonzernen beruht die Ausübung der einheitlichen Leitung auf § 323 AktG. Nach einheitlicher Meinung ist ein GmbH-Eingliederungskonzern unzulässig, da keine der §§ 319 bis 327 AktG über die Eingliederung analogiefähig sind, EMMERICH/SONNENSCHEIN, S. 432.

587 Unter den Unternehmensverträgen werden meistens der Beherrschungsvertrag und der Gewinnabführungsvertrag verstanden; Die dargestellten Regelungen des GmbH-Vertragskonzerns gelten sowohl für den Beherrschungs- als auch für den Gewinnabführungsvertrag. Andere Unternehmensverträge liegen auch vor, werden aber in dieser Dissertation nicht behandelt. Siehe SCHEFFLER, S. 8; LANG, S. 45 ff; SCHOLZ/EMMERICH, Anhang Konzernrecht, Rdn 338 ff; EMMERICH/SONNENSCHEIN, S. 485; Zur Frage der Rechtsnatur des Beherrschungsvertrags, siehe KANTZAS, S. 16 ff; LANG, S. 45 ff.

588 Da sich diese Dissertation ausschließlich auf die Haftung des Geschäftsführers beschränkt, wird die Konzerneingangskontrolle außer Betracht gelassen.

(a) Die gesetzliche Regelung

Eine gesetzliche Regelung des Vertragskonzerns mit einer abhängigen GmbH ist nicht vorhanden[589]. Es liegt eine gesetzliche Teilregelung im Mitbestimmungsrecht, § 1 MitbestG[590], und im Steuerrecht, namentlich aus § 17 KStG 1977 vor, die davon ausgeht, dass eine GmbH sowohl als Organ als auch als Organträger an Organschaftsverhältnissen beteiligt sein kann[591]. Die §§ 291-310 AktG betreffend die Vertragskonzerne finden nur Anwendung, sofern die abhängige Gesellschaft die Rechtsform einer AG oder KGaA hat. Dies schließt dann die Anwendung dieser Vorschriften auf den Beherrschungsvertrag mit einer abhängigen GmbH aus. Seit dem Supermarkt-Urteil[592] des BGH bestehen keine Bedenken mehr, dass die §§ 291-310 AktG auf dem GmbH-Konzernrecht Anwendung finden.

(b) Der Abschluss des GmbH-Vertragskonzerns

Unter einem Beherrschungsvertrag gem. §§ 291 Abs. 1 und 308 AktG wird jeder Vertrag mit einer abhängigen GmbH verstanden, durch den sich die Gesellschaft der Leitung eines anderen Unternehmens unterstellt, indem sie ihm ausdrücklich oder konkludent ein Weisungsrecht hinsichtlich der Leitung ihres Unternehmens einräumt, so dass der Geschäftsführer der Tochtergesellschaft verpflichtet ist, Weisungen der Muttergesellschaft zu befolgen[593].

(i) Voraussetzungen der abhängigen Gesellschaft

a) Allein der Geschäftsführer der abhängigen GmbH ist zuständig für den Abschluss eines Beherrschungsvertrags, da es sich um einen Vertretungsakt der Gesellschaft nach außen gem. §§ 35, 37 GmbHG handelt[594].

---

589 Eine solche gesetzliche Regelung ist auch auf absehbare Zeit nicht zu erwarten, SCHOLZ/EMMERICH, Anhang Konzernrecht, Rdn 232; EMMERICH/SONNENSCHEIN, S. 158.

590 Aus Platzgründen wird dies nicht weiter behandelt.

591 SCHMIDT, Konzernrecht, GmbHR 1979, S. 133 ff; REHBINDER, FS FLECK, S. 253 ff.

592 Supermarkt-Urteil, BGHZ 105, S. 324; GmbHR 1989, S. 25; Vgl. LANG, S. 14 f.

593 STREYL, S. 19; LANG, S. 18 ff; ROWEDDER/KOPPENSTEINER, Anhang § 52, Rdn 63; EMMERICH/SONNENSCHEIN, S. 171, 469; SCHOLZ/EMMERICH, Anhang Konzernrecht, Rdn 237 ff; GEẞLER, Bestandsschutz der beherrschten Gesellschaft? ZHR 140, S. 439.

594 § 37 Abs. 2 GmbHG ist nicht anwendbar, weil der Beherrschungsvertrag ein Vertrag ist, für den der Grundsatz der Unbeschränkbarkeit der Vertretungsmacht des Geschäftsführers nicht gilt; Vgl. KORT, S. 49 f; LANG, S. 12 ff, 45 f; SCHMIDT, Gesellschaftsrecht, § 39 II 1 a).

b) Die Wirksamkeit des Beherrschungsvertragsabschlusses hängt von der Zustimmung der Gesellschafterversammlung der abhängigen GmbH[595] mit der erforderlichen Mehrheit ab, weil der Beherrschungsvertrag den Zweck der Gesellschaft verändert, indem er sie auf die Konzerninteressen ausrichtet.

- Streitig ist nun, ob die Gesellschafter der abhängigen GmbH den Beherrschungsvertragsabschluss mit der qualifizierten Mehrheit, also der Dreiviertelmehrheit, gem. § 53 Abs. 2 S. 1 GmbHG zustimmen müssen, oder ob eine Zustimmung aller Gesellschafter erforderlich ist[596]. Wie oben beschrieben wurde, verändert der Beherrschungsvertrag den Zweck der beherrschten Gesellschaft. Damit wird § 33 Abs. 1 S. 2 BGB in Betracht gezogen[597]. Nach *Rehbinder*[598] hat der Unternehmensvertrag satzungsändernden Charakter, weil die GmbH nicht mehr im Rahmen der gemeinsamen Zweckverfolgung tätig ist, sondern Sonderinteressen eines Gesellschafters dienstbar gemacht wird. Der Zweck des Verbandes soll nur mit Einverständnis aller seiner Mitglieder geändert werden können. Dies hat zur Folge, dass der Beherrschungsvertrag nur wirksam sein kann, wenn ihm alle Gesellschafter zugestimmt haben[599]. Diese Ansicht vertritt auch *Priester*[600], weil die GmbH eine personalistische Struktur hat, und daher im Falle einer Konzernierung einige Gefahren für die Minderheitsgesellschafter bestehen. *Koppensteiner*[601] meint, dass der Gleichbehandlungsgrundsatz schließlich nur die willkürliche Ungleichbehandlung untersagt; seine Verletzung hängt daher von den Umständen des Beschlusses und den Vorteilen ab, die er auch Minderheitsgesell-

---

595 LANG, S. 14, 53; ROWEDDER/KOPPENSTEINER, Anhang § 52, Rdn 40.

596 Die Frage wird dadurch berechtigt, dass zum einen die GmbH eine Kapitalgesellschaft - also mit Mehrheitsgrundsatz - mit einer personalistischen Strukur - also mit Einstimmigkeitsprinzip - ist, und zum anderen, dass die Interessen der außenstehenden Gesellschafter möglichst gut aufbewahrt werden müssen, dazu PRIESTER, ZGR Sonderheft 6, S. 164 ff; REHBINDER, FS FLECK, S. 256; TIMM/GEUTING, GmbHR 1996, S. 229 f.

597 JAHRAUS, S. 43, 64; STREYL, S. 29; SCHOLZ/PRIESTER, § 53, Rdn 46; REHBINDER, FS FLECK, S. 256; TIMM/GEUTING, GmbHR 1996, S. 229 f.

598 REHBINDER, FS FLECK, S. 256.

599 Im Falle einer qualifizierten Mehrheit werden die Minderheitsgesellschafter benachteiligt, weil kein Ausgleich und keine Abfindungsmöglichkeiten im GmbH-Recht vorhanden sind. Es wäre schon ein Grund, die Zustimmung aller Gesellschafter zu verlangen. Auch der RegE GmbHG sah 1971 keinen Ausgleich, sondern nur eine Abfindung vor; Siehe LANG, S. 16.

600 PRIESTER, ZGR Sonderheft 6, S. 162 ff.

601 ROWEDDER/KOPPENSTEINER, Anhang § 52, Rdn 40.

schaftern bringt. Dies ist i.S.d. § 53 Abs. 3 GmbHG. Die Literatur tendiert zu Recht ebenfalls in diese Richtung[602] [603].

- Fraglich ist, ob das Stimmverbot gem. § 47 Abs. 4 S. 2 GmbHG hier analoge Anwendung findet. Diese Frage bleibt nur relevant, wenn die qualifizierte Mehrheit der Gesellschafterversammlung der abhängigen Gesellschaft vorliegt[604]. Im Falle einer einstimmigen Mehrheit der Gesellschafterversammlung der abhängigen Gesellschaft darf das herrschende Unternehmen mitstimmen[605].

c) Nach dem Zustimmungsbeschluss der Gesellschafter[606] muss der Beherrschungsvertrag schriftlich gem. §§ 293 Abs. 3 S. 1 AktG verfasst und gem. § 294 AktG ins Handelsregister eingetragen werden. Eine notarielle Beurkundung des Beherrschungsvertrags gem. § 15 Abs. 4 GmbHG ist nur erforderlich,

---

602 RAISER, § 54, Rdn 17; EMMERICH/SONNENSCHEIN, S. 472 ff; JAHRAUS, S. 43 ff; Die Mindermeinung vertritt die Ansicht, dass die Dreiviertelmehrheit des § 53 Abs. 2 GmbHG genügt, LUTTER/HOMMELHOFF, Anhang § 13, Rdn 40; TIMM, GmbHR 1987, S. 8 ff; ROWEDDER/KOPPENSTEINER, Anhang § 52, Rdn 40; LUTTER, ZGR 62, S. 197.

603 Der BGH ließ in seinem Supermarkt-Urteil die Frage offen, BGHZ 105, S. 324, 332: Der BGH brauchte hier nicht zu entscheiden, ob der Zustimmungsbeschluss der abhängigen GmbH einer qualifizierten Mehrheit oder der Zustimmung aller Gesellschafter bedarf, weil die abhängige GmbH eine 100%-ige Tochtergesellschaft der herrschenden Gesellschaft war; Die Dreiviertelmehrheit genügt, wenn der Beherrschungsvertrag einen Ausgleich und eine Abfindung i.S.d. §§ 304, 305 AktG für die außenstehenden Gesellschafter vorsieht. Bei der Zustimmung aller Gesellschafter ist die Minderheit selbst in der Lage, für die Sicherung ihrer Rechte in der Form von Ausgleich oder Abfindung zu sorgen. Siehe auch SCHOLZ/EMMERICH, Anhang Konzernrecht, Rdn 253 ff; JAHRAUS, S. 45 ff; EMMERICH/SONNENSCHEIN, S. 473; Anders, HOMMELHOFF, Die Konzernleitungspflicht, S. 299 ff.

604 Siehe Supermarkt-Urteil, NJW 1989, S. 297.

605 SCHMIDT ist der Meinung, dass das herrschende Unternehmen nicht nach § 47 Abs. 4 GmbHG vom Stimmrecht ausgeschlossen ist, weil es sich um einen Organisationsvertrag und nicht um ein Verkehrsgeschäft handelt. Dies ist die herrschende Meinung, SCHMIDT, Gesellschaftsrecht, § 39 II 1 a); Vgl. JAHRAUS, S. 45; PRIESTER, ZGR Sonderheft 6, S. 159 ff; EMMERICH/SONNENSCHEIN, S. 473; SCHOLZ/EMMERICH, Anhang Konzernrecht, Rdn 257 ff; ROWEDDER/KOPPENSTEINER, Anhang § 52, Rdn 40.

606 Da der Beherrschungsvertragsabschluss eine der Satzungsänderung vergleichbare Wirkung i.S.d. §§ 53 und 54 GmbHG hat, sind eine notarielle Beurkundung des Zustimmungsbeschlusses der Gesellschafter gem. § 53 Abs. 2 GmbHG und eine Anmeldung der Eintragung ins Handelsregister gem. § 54 Abs. 1 GmbHG als zusätzliche Voraussetzungen geboten., Supermarkt-Urteil, BGHZ 105, S. 324 ff.

wenn der Vertrag ein Umtausch- oder Abfindungsangebot an die außenstehenden Gesellschafter enthält[607].

d) In das Handelsregister müssen Abschluss, Abschlussdatum und Art des Unternehmensvertrags, der Zustimmungsbeschluss der Gesellschafterversammlung der abhängigen Gesellschaft und dessen Datum eingetragen werden. Der Beherrschungsvertrag und der Zustimmungsbeschluss der Gesellschafterversammlung der herrschenden Gesellschaft sind in Abschrift der Anmeldung beizufügen[608].

(ii) Erforderlichkeit der Zustimmung der herrschenden Gesellschaft

Wenn die Gesellschaft, die sich der Leitung eines anderen Unternehmens unterstellt, ebenfalls eine GmbH ist, soll § 293 Abs. 2 nur dann heranzuziehen sein, wenn die herrschende Gesellschaft - was sie darf, aber nicht muss - eine Abfindungsverpflichtung in eigenen Anteilen übernimmt[609]. Nach § 293 Abs. 2 AktG muss die Gesellschafterversammlung der herrschenden Gesellschaft mit qualifizierter Mehrheit, also Dreiviertelmehrheit, zustimmen. Dies ist in der Rechtsprechung umstritten. Nach dem Supermarkt-Urteil[610] bedarf der Vertrag auch der Zustimmung der Gesellschafterversammlung der herrschenden Gesellschaft, weil der Beherrschungsvertrag nicht nur Rechte für die herrschende Gesellschaft, sondern auch Pflichten der beherrschten Gesellschaft gegenüber, wie etwa die Verlustausgleichpflicht des § 302 AktG, die sich aus dem § 17 S. 2 Nr. 3 KStG ergibt[611], einrichtet[612]. Das OLG Düsseldorf hat in seinem Siemens-

607 JAHRAUS, S. 67; EMMERICH/SONNENSCHEIN, S. 471; SCHOLZ/EMMERICH, Anhang Konzernrecht, Rdn 249; TIMM/GEUTING, GmbHR 1996, S. 229 f.

608 Supermarkt-Urteil, NJW 1989, S. 297 ff; SCHOLZ/EMMERICH, Anhang Konzernrecht, Rdn 250 ff; EMMERICH/SONNENSCHEIN, S. 471; TIMM/GEUTING, GmbHR 1996, S. 229 f.

609 PRIESTER, ZGR Sonderheft 6, S. 171, 172; LANG, S. 14, 16, 54 f; ROWEDDER/KOPPENSTEINER, Anhang § 52, Rdn 43 m.w.N; Anders, HOMMELHOFF, Die Konzernleitungspflicht, S. 299 ff.

610 Supermarkt-Urteil, NJW 1989, S. 297 ff; Dieses Urteil stellte ein anderes Problem dar, weil die Unwirksamkeit des Unternehmensvertrages zum Wegfall der Anerkennung der Organschaft führt, siehe dazu EMMERICH/SONNENSCHEIN, S. 187 ff; GEßLER, ZHR 140, S. 433.

611 Sonst bleibt dem Beherrschungsvertrag die steuerrechtliche Wirksamkeit versagt, PRIESTER, ZGR Sonderheft 6, S. 179 m.w.N.

612 Zur Frage der Beherrschungsvertragsgültigkeit mit oder ohne Verlustübernahmepflichtklausel: Im GmbH-Konzernrecht vertritt ZÖLLNER die Ansicht, dass solche Klauseln nicht erforderlich sind, weil die Gesellschafter der abhängigen GmbH ihre Ansprüche durch Verweigerung der Zustimmung zu dem Beherrschungsvertrag hinreichend zur Geltung bringen können, ZÖLLNER/BAUMBACH/HUECK, Schlussanhang I, Rdn 18; KOPPENSTEINER setzt sich dagegen für eine analoge Anwendung der §§ 304, 305 AktG ein, differenziert aber hinsichtlich der Rechtsfolgen feh-

Urteil[613] dieselbe Auffassung vertreten. Der Zustimmungsbeschluss der herrschenden Gesellschaft ist nur wirksam, wenn er notariell beurkundet und ein Antrag ins Handelsregister der herrschenden GmbH angemeldet wird[614]. Dies wird dadurch begründet, dass die Folgen des Beherrschungsvertrages eine der Satzungsänderung vergleichbare Wirkung haben[615].

(c) Das Weisungsrecht im GmbH-Konzern

Ein Beherrschungsvertrag liegt nur vor, wenn der Vertrag inhaltlich darauf gerichtet ist, die Leitung der konzernabhängigen Gesellschaft dem anderen Unternehmen gem. § 291 Abs. 1 S. 1 AktG zu übertragen. Dies verpflichtet dann die beherrschte Gesellschaft, Weisungen[616] des herrschenden Unternehmens hinsichtlich der Leitung der Gesellschaft gem. § 308 Abs. 1 AktG zu befolgen[617]. Demnach hat das herrschende Unternehmen die Möglichkeit, seinen herrschenden Einfluss nicht nur über die Gesellschafterversammlung der GmbH-Tochter, sondern auch durch das Weisungsrecht, das sich aus dem Beherrschungsvertrag ergibt, auszuüben. Es darf nicht vergessen werden, dass die Unterstellung der Leitung der abhängigen Gesellschaft auch bedeutet, dass die herrschende GmbH zwar die Geschäftsführung der abhängigen Gesellschaft übernehmen kann, aber verpflichtet ist, das Unternehmen fortzuführen. Nur mit dem Unterschied, dass das Konzerninteresse bei der Unternehmensgeschäftsführung anstelle des Eigeninteresses der abhängigen GmbH verfolgt werden darf. Hieraus folgt, dass das Weisungsrecht m. E. nicht nur dem herrschenden Unternehmen ermöglicht, die abhängige GmbH einheitlich zu leiten, sondern auch den Vorrang des Konzern-

---

lender bzw. zu niedriger Abfindung, ROWEDDER/KOPPENSTEINER, Anhang § 52, Rdn 41; Dem ist zu folgen.

613 Siemens-Urteil, OLG Düsseldorf, GmbHG 1991, S. 526.

614 BGH WM 1988, S. 1819; ROWEDDER/KOPPENSTEINER, Anhang § 52, Rdn 43; SCHOLZ/EMMERICH, Anhang Konzernrecht, Rdn 264; LUTTER/HOMMELHOFF, Anhang § 13, Rdn 40; Streitig PRIESTER, ZGR Sonderheft 6, S. 175; Siehe auch PACHE, GmbHR 1995, S. 90 ff.

615 Supermarkt-Urteil, NJW 1989, S. 297.

616 Diese Weisungen können genereller Art sein. Durch generelle Weisung können einzelne Maßnahmen des Tagesgeschäfts an die Zustimmung der Gesellschafter gebunden werden, siehe ausführlicher Teil I A 1 (3) in der vorliegenden Dissertation; LANG meint, eine Weisungspflicht dem herrschenden Unternehmen gegenüber besteht nicht, LANG, S. 19.

617 So GEßLER: "Dem (herrschenden Unternehmen) diente die Weisungsklausel, ..., dass die abhängige GmbH ihren Geschäftsbetrieb ausschließlich für Rechnung des herrschenden Unternehmens führe, GEßLER, ZHR 140, S. 433; GEßLER In GEßLER/HEFERMEHL, § 308, Rdn 21; KOPPENSTEINER, Kölner-Kom., § 308, Rdn 1, 9 ff; SCHEFFLER, S. 10; LANG, S. 19 f.

interesses vor dem Eigeninteresse der abhängigen GmbH legitimiert[618]. Durch das Weisungsrecht wird der Interessenbruch berechtigt.

(i) Inhalt des Weisungsrechts

Der Umfang des Weisungsrechts sollte im Beherrschungsvertrag genau festgelegt werden[619], so dass das Weisungsrecht ausdrücklich oder konkludent vertraglich begründet werden kann[620]. Das herrschende Unternehmen erteilt dem Geschäftsführer der Tochtergesellschaft direkt Weisungen und riskiert deswegen auch keine Anfechtungsverfahren gem. §§ 243 ff AktG gegen Weisungsbeschlüsse. Hinsichtlich der Stellung des Geschäftsführers der konzernabhängigen GmbH werden nur die im GmbH-Vertragskonzern vorliegenden Besonderheiten behandelt werden.

Das Weisungsrecht der Konzernspitze bezieht sich nur auf die Leitung der konzernabhängigen GmbH durch den Geschäftsführer gemäß § 308 Abs. 1 S. 1 AktG, und zwar auf den gesamten Bereich der Geschäftsführung und der Vertretung der Gesellschaft[621] - die anderen Organe[622] sind stets weisungsfrei. Dies betrifft beispielsweise die Einberufung der Gesellschafterversammlung, die Vorbereitung der Kapitalerhöhung oder die Finanzierung[623]. Auszuschließen sind Weisungen bezüglich Fragen, die zur Zuständigkeit eines anderen Organs gehören, wie die Satzungsänderung, die nur von der Gesellschafterversammlung gem. § 53 GmbHG beschlossen werden kann.

---

618 SCHMIDT, Gesellschaftsrecht, § 31 III, 2b).

619 Dies unterstreicht den Unterschied zwischen Unternehmens- und Austauschverträgen. Vgl. KOPPENSTEINER, Kölner-Kom., § 308, Rdn 37 ff; Der Umfang muss näher im Beherrschungsvertrag festgelegt werden, schon aus dem Grund, dass das Gesetz den Begriff der Weisung nicht näher definiert, GEßLER, in GEßLER/HEFERMEHL, § 308, Rdn 12.

620 Teilbeherrschungsverträge, in denen der Umfang des Weisungsrechts nicht umfassend geregelt worden sind, sind möglich. Dann kann sich die konzernabhängige Gesellschaft darauf beschränken, sich nur hinsichtlich einzelner ihrer unternehmerischen Funktionen der Leitung eines anderen Unternehmens zu unterstellen, Siehe SCHOLZ/EMMERICH, Anhang Konzernrecht, Rdn 268; Streitig, KOPPENSTEINER, Kölner-Kom., § 308, Rdn 13; KORT, S. 139 ff.

621 LANG, S. 21; KOPPENSTEINER, Kölner-Kom., § 308, Rdn 5, 17; WÜRDINGER, Großkom., § 308, Amn. 5; Der Beherrschungsvertrag wird selbst den Umfang des Weisungsrechts gem. § 308 Abs. 1 S. 2 (bestimmt der Vertrag nichts anderes) enthalten, EMMERICH, ZGR Sonderheft 6, S. 69; GEßLER, ZHR 140, S. 443.

622 In dieser Dissertation wird der Aufsichtsrat nicht als Organ der GmbH behandelt.

623 Dadurch kann der Mehrheitsgesellschafter als herrschendes Unternehmen Geschäftsführungsmaßnahmen bezüglich der Finanz- oder Geschäftspolitik der Tochtergesellschaft treffen. Der Mehrheitsgesellschafter wird dank des Weisungsrechts einen starken Einfluss auf die abhängige GmbH-Tochter ausüben, und die Interessen des Konzerns, bzw. seine persönlichen Interessen bevorzugen.

Im Konzern stellt sich die Frage nach der Zulässigkeit nachteiliger Weisungen für die abhängige GmbH-Tochter. Fraglich ist, ob der Mehrheitsgesellschafter eine nachteilige Geschäftsführungsmaßnahme als Weisung der abhängigen Gesellschaft auferlegen darf, die dem Konzerninteresse dient. Nachteilige Weisungen für die konzernabhängige GmbH sind grundsätzlich zulässig, wenn der Beherrschungsvertrag wie § 308 Abs. 1 S. 2 AktG nichts anderes bestimmt, d. h. nur wenn sie den Belangen des herrschenden Unternehmens oder der mit ihm und der Gesellschaft konzernverbundenen Unternehmen dienen[624]. Im Stromlieferungs-Urteil[625] hat der BGH erklärt, dass es dem herrschenden Unternehmen auf der Grundlage des Beherrschungsvertrags im Regelfall erlaubt ist, durch Weisungen an die abhängige Gesellschaft - im GmbH-Konzern unter Umständen auch durch unmittelbaren Eingriff - deren Geschäftsführung im Konzerninteresse auch zu ihrem Nachteil zu beeinflussen. Die Begründung dafür liegt darin, dass der Vertragskonzern eine wirtschaftliche Einheit bildet, so dass sich die Nachteile solcher Weisungen konzernrechtlich ausgleichen werden[626]. Demnach ist anzunehmen, dass Weisungen, die lediglich den Interessen Dritter - einschließlich des Mehrheitsgesellschafters der Konzernspitze - dienen, unzulässig sind.

Das Problem kollidierender Weisungen zwischen dem aufgrund des Beherrschungsvertrags bestehenden Weisungsrecht und der gem. § 37 Abs. 1 GmbHG bestehenden Weisungsbefugnis stellt die Frage, welche Weisungen den Vorrang haben sollen. Wie oben gesehen, hat der Beherrschungsvertrag einen satzungsändernden Charakter für die GmbH. Der Beherrschungsvertrag bildet demnach einen gesellschaftsrechtlichen Organisationsvertrag[627]. Dies begründet den Vorrang des durch den Beherrschungsvertrag gewährten Weisungsrechts der Kon-

---

624 PRIESTER, ZGR Sonderheft 6, S. 157; ROWEDDER/KOPPENSTEINER, Anhang § 52, Rdn 63; SCHOLZ/EMMERICH, Anhang Konzernrecht, Rdn 275; EMMERICH/ SONNENSCHEIN, S. 481; EMMERICH, ZGR 6, S. 68; FLUME, S. 121 ff; Dies wird näher im Teil II C 5 behandelt.

625 BGH DB 1992, S. 30.

626 Die Konzernspitze muss jedoch den Verhältnismäßigkeitsgrundsatz beachten, d. h. der Vorteil der nachteiligen Weisung für den Konzern muss in einem angemessenen Verhältnis zu dem Nachteil der Weisung für die konzernabhängige GmbH stehen. Jede unverhältnismäßige Schädigung der abhängigen Gesellschaft ist unzulässig, SCHOLZ/EMMERICH, Anhang Konzernrecht, Rdn 276; EMMERICH, ZGR Sonderheft 6, S. 69; LANG, S. 25; HOMMELHOFF, Die Konzernleitungspflicht, S. 149.

627 Dies wurde vom BGH erklärt: "Ein solcher Unternehmensvertrag ist kein schuldrechtlicher Vertrag, sondern ein gesellschaftsrechtlicher Organisationsvertrag, der satzungsgleich den rechtlichen Status der beherrschten Gesellschaft ändert", Familien-Urteil, NJW 1988, S. 1326.

zernspitze[628]. Dies wird außerdem von der Auffassung gestützt, dass alle Gesellschafter dem Abschluss des Beherrschungsvertrags zugestimmt haben[629] oder ihnen ein angemessener Ausgleich oder eine angemessene Abfindung zusteht.

(ii) Schranken des Weisungsrechts

Die folgenden Schranken[630] dieses Weisungsrechts bestehen:

- § 134 BGB erklärt Weisungen für nichtig, die gegen zwingende gesetzliche Vorschriften verstoßen[631]. Diesbezüglich können konkludente oder ausdrückliche Schranken unmittelbar im Beherrschungsvertrag festgelegt werden, die solche Weisungen verbieten[632]. Dies wird dadurch begründet, dass kein Beherrschungsvertrag zustande kommen darf, wenn das herrschende Unternehmen noch nicht über die gemäß § 293 Abs. 1 AktG erforderliche Dreiviertelmehrheit verfügt[633].

- §§ 30-32 b GmbHG hinsichtlich der Kapitalerhaltung, da § 291 Abs. 3 AktG im GmbH-Konzernrecht nicht anwendbar ist[634]. Falls eine Weisung dazu führt, dass sich das Vermögen der Gesellschaft unter der Mindesthöhe befindet, darf sie nicht befolgt werden.

- Das herrschende Unternehmen darf dem Geschäftsführer der abhängigen GmbH keine Weisungen zu einem Verhalten erteilen, das durch den sat-

---

628 KORT, S. 140 f; LANG, S. 22; SCHOLZ/EMMERICH, Anhang Konzernrecht, Rdn 272; EMMERICH/SONNENSCHEIN, S. 481; ZÖLLNER, ZGR 1992, S. 182; ROWEDDER/KOPPENSTEINER, Anhang § 52, Rdn 63; GEßLER, ZHR 140, S. 434.

629 Wenn alle Gesellschafter dem Abschluss des Beherrschungsvertrages zugestimmt haben, dann ist klar, dass hierdurch die Organisation der Gesellschaft in einer Weise verändert wird, die den Vorrang der Weisungen des herrschenden Unternehmens begründet, so EMMERICH, ZGR Sonderheft 6, S. 68.

630 Die Literatur hat sich Gedanken darüber gemacht, ob sich darüber hinaus aus dem Gegenstand der abhängigen Gesellschaft sowie aus dem gebotenen Bestandsschutz für sie zusätzliche, weitergehende Schranken für das Weisungsrecht des herrschenden Unternehmens im Vertragskonzern ergeben. Dies wurde Gegenstand einer ziemlich kontroversen Diskussion der Unternehmensrechtskommission. Die überwiegende Meinung tendiert dazu, solche zusätzlichen Schranken anzuerkennen, vgl. den Bericht über die Verhandlungen der Unternehmensrechtskommission, S. 682 ff.

631 Vgl. KOPPENSTEINER, Kölner-Kom., § 308, Rdn 19; WÜRDINGER, Großkom., § 308, Amn. 11 ff; LANG, S. 27.

632 KOPPENSTEINER, Kölner-Kom., § 308, Rdn 39; WÜRDINGER, Großkom., § 308, Amn. 8.

633 Siehe die Begründung des RegE, in KROPFF, AktG, S. 403; KOPPENSTEINER meint, dass es allerdings keine Rolle in der Praxis zu spielen scheint, KOPPENSTEINER, Kölner-Kom., § 308, Rdn 39.

634 KORT, S. 48; LANG, S. 27.

zungsmäßigen Gegenstand der abhängigen GmbH nicht mehr gedeckt ist[635]. Beispielsweise sind Weisungen unzulässig, die eine neue Tätigkeit außerhalb des Gegenstands der GmbH aufnehmen lassen, oder die zur Folge haben, dass die abhängige GmbH ihre Geschäftstätigkeit ganz oder im Wesentlichen einstellen muss.

- Der Bestandschutz der abhängigen GmbH bildet eine Beschränkung des Weisungsrechts der Konzernspitze[636]. Zum einen beschränkt sich das Weisungsrecht laut § 308 Abs. 1 S. 2 AktG letzter Halbsatz auf Weisungen, die dem Konzerninteresse dienen. Zum anderen hat das herrschende Unternehmen die Sorgfalt[637] eines ordentlichen und gewissenhaften Geschäftsleiters gem. § 309 AktG zu beachten. Demnach besteht für das herrschende Unternehmen ein Schädigungsverbot durch nachteilige Weisungen[638].

(d) Ergebnis

Da nur eine teilweise gesetzliche Regelung betreffend den GmbH-Vertragskonzern im Steuerrecht und Mitbestimmungsrecht vorliegt, ist folglich anzunehmen, dass die richterliche Rechtsfortbildung diesbezüglich sehr aktiv war bzw. ist. Der Beherrschungsvertrag hat im GmbH-Konzern zwei Vorteile. Zum einen wird durch den Vertrag die Anerkennung der körperschaftssteuerrechtlichen Organschaft erleichtert. Zum anderen begründet er für das herrschende Unternehmen das Recht, eine den Konzern ganz umfassende unternehmerische Zielkonzeption zu entwickeln und zu verfolgen und diese, gegebenenfalls durch Ausübung seines Weisungsrechts, in der beherrschten Gesellschaft auch durchzusetzen. Demnach wird die Unternehmenspolitik der abhängigen GmbH durch Weisungen der Konzernspitze zugunsten des Konzerninteresses gerichtet, und Weisungen sind als Leitungsinstrumente anzusehen. Die Leitung der abhängigen GmbH bedeutet, dass das herrschende Unternehmen zwar die Geschäftsführung der abhängigen GmbH übernimmt, aber verpflichtet ist, das Unternehmen fortzuführen. Deswegen darf der Geschäftsbetrieb der abhängigen Gesellschaft weder eingestellt noch entgegen dem in der Satzung der Gesellschaft bestimmten Zweck umgestellt werden. Demnach ist das vertraglich gere-

---

635 OLG AG 1990, S. 490; LANG, S. 23 f; HOMMELHOFF, Die Konzernleitungspflicht, S. 149; SCHOLZ/EMMERICH, Anhang Konzernrecht, Rdn 277; ROWEDDER/KOPPENSTEINER, Anhang § 52, Rdn 64; WÜRDINGER, Großkom., § 308, Anm. 12; KOPPENSTEINER, Kölner-Kom., § 308, Rdn 27, 36.

636 GEßLER meint sogar, dass es in Zukunft keinen Beherrschungsvertrag mehr geben sollte, der uneingeschränkt nachteilige Weisungen gestattet, GEßLER, ZHR 140, S. 435.

637 Vgl. WÜRDINGER, Großkom., § 308, Anm. 15; KOPPENSTEINER, Kölner-Kom., § 308, Rdn 24; Siehe auch STREYL, S. 49 ff.

638 SCHOLZ/EMMERICH, Anhang Konzernrecht, Rdn 281 ff; LANG, S. 25.

gelte Weisungsrecht des herrschenden Unternehmens als Legitimierung seiner Leitungsmacht anzusehen, jedoch mit gewissen Schranken.

(2) Der faktische GmbH-Konzern

Ein faktischer Konzern[639] liegt vor, wenn eine abhängige GmbH unter der einheitlichen Leitung eines herrschenden Unternehmens geführt wird, ohne dass ein Beherrschungsvertrag zwischen dem herrschenden Unternehmen und der konzernabhängigen GmbH gem. § 18 AktG abgeschlossen wird. Es fehlt also eine vertragliche Grundlage. Gem. § 17 AktG liegt der Abhängigkeitsbegriff auch im faktischen GmbH-Konzern vor: Die GmbH ist vom anderen Unternehmen abhängig, wenn dieses auf die GmbH unmittelbar oder mittelbar einen beherrschenden Einfluss ausüben kann.

Das GmbH-Gesetz untersagt nicht, dass eine GmbH als Tochtergesellschaft in einen faktischen Konzern eingegliedert wird[640]. Die §§ 15 ff AktG sind nach hM auf den GmbH-Konzern anwendbar[641]. Der Beherrschungsvertrag ist zwar die einzige Grundlage eines Vertragskonzerns[642], scheint aber in der wirtschaftlichen Praxis ein seltener Fall zu sein. Der Grund liegt darin, dass die Gesellschaftermehrheit einer GmbH dem Geschäftsführer Weisungen gem. § 37 Abs. 1 GmbHG erteilen darf, ohne dass ein Beherrschungsvertrag, durch den die abhängige Gesellschaft Weisungen der Konzernspitze befolgen soll, abgeschlossen wird. Das hat in der Realität dazu geführt, dass GmbH-Konzerne überwiegend faktische Konzerne sind.

Der faktische Konzern liegt in zwei Formen vor: Es gibt erstens die Form eines einfachen faktischen Konzerns, und zweitens die Form eines qualifiziert faktischen Konzerns. Die Unterscheidung zwischen dem einfachen und dem qualifiziert faktischen Konzern ergibt sich aus der richterlichen Rechtsfortbildung[643],

---

639 Zur Frage der Zulässigkeit von faktischen Konzernen, siehe FLUME, S. 122 ff; GEKELER, S. 40; SCHMIDT, ZGR 1981, S. 459 ff.

640 Für das Aktienrecht ist hinzuzufügen, dass historisch nicht beabsichtigt war, eine Konzernbildung außerhalb des Vertragskonzerns zu untersagen oder durch Haftungssanktionen zu verhindern. Der Vertragskonzern ist erlaubt, der faktische Konzern ist geduldet, WIEDEMANN, Die Unternehmensgruppe, S. 46.

641 EMMERICH/SONNENSCHEIN, S. 431; SCHOLZ/EMMERICH, Anhang Konzernrecht, Rdn 7 ff; LUTTER/HOMMELHOFF, Anhang § 13, Rdn 3.

642 SCHOLZ/EMMERICH, Anhang Konzernrecht, Rdn 134.

643 Das Abgrenzungskriterium der richterlichen Rechtsprechung nähert sich dem Ansatz des Arbeitskreises GmbH-Reform an, Arbeitskreis GmbH-Reform, S. 59 ff. Zur Frage der Abgrenzung des qualifizierten und einfachen faktischen Konzerns soll von der Funktionsfähigkeit des Haftungssystems ausgegangen werden. Dies wird später behandelt werden.

die die Schwelle bestimmt hat, ab wann von einem qualifiziert faktischen Konzern gesprochen wird.

Durch die Gesellschaftsform der GmbH - ein Vertretungsorgan und eine Gesellschafterversammlung - gilt das Prinzip der Herrschaft der Kapitalmehrheit. Wer über die Stimmenmehrheit in der abhängigen GmbH verfügt[644], kann den Geschäftsführer bestellen, abberufen und ihm Weisungen erteilen. Aber es bleibt die Frage, wie weit sich die Konzernspitze ohne vertragliche Grundlage in die Geschäftsführung der abhängigen GmbH einmischen und ihre Geschäftspolitik in der Tochter-GmbH durchsetzen darf.

(a) Der einfache faktische GmbH-Konzern

Ein faktischer Konzern liegt vor, wenn eine abhängige GmbH unter der einheitlichen Leitung eines herrschenden Unternehmens schädigende Einzeleingriffe des herrschenden Unternehmens erleidet, ohne dass ein Beherrschungsvertrag zwischen dem herrschenden Unternehmen und der konzernabhängigen GmbH vorliegt. Da die Position der Mehrheit innerhalb der GmbH stark ist, kann diese Mehrheit Weisungen erteilen, die sich zum Nachteil der abhängigen GmbH auswirken. Deswegen bietet es sich an, zusätzliche Maßnahmen zum Schutz der Gesellschaft einzurichten.

Zunächst stellt sich die Frage nach der Grenze der Leitungsmacht der Konzernspitze über die abhängige GmbH durch Weisungen. Da kein Beherrschungsvertrag zwischen der abhängigen Gesellschaft und dem herrschenden Unternehmen vorliegt, steht der Konzernspitze kein Weisungsrecht gem. § 308 AktG zu[645]. Dann besteht für die abhängige Gesellschaft auch keine Folgepflicht[646] des Geschäftsführers, es sei denn, das herrschende Unternehmen erteilt dem Geschäftsführer eine Weisung aufgrund seiner Mehrheit in der Gesellschafterversammlung gem. § 37 Abs. 1 GmbHG. Zwar ist die Ausübung einer einheitlichen Leitungsmacht des herrschenden Unternehmens auf die konzernabhängige Gesellschaft zulässig, die Konzernspitze darf jedoch das Interesse der abhängigen Gesellschaft nicht beeinträchtigen. Wenn eine Interessenkollision zwischen Konzernspitze und abhängiger Gesellschaft vorliegt, hat das Interesse der abhängigen GmbH Vorrang, d. h. eine nachteilige Einflussnahme durch Weisungen des herrschenden Unternehmens ist untersagt. Nachteilige Weisungen sind z. B. die Vereinbarung überhöhter Konzernverrechnungspreise zwischen den verbundenen Unternehmen, die Auferlegung sogenannter Konzernumlagen ohne entspre-

---

644 Für unsere Untersuchung wird vermutet, dass die Muttergesellschaft über 60 % der Geschäftsanteile im einfachen faktischen Konzern und über 90 % im qualifiziert faktischen Konzern verfügt.

645 SÄCKER, ZHR 151, S. 61.

646 LUTTER/HOMMELHOFF, § 13, Rdn 1.

chende Gegenleistungen[647] oder die Sanierung einer anderen Tochtergesellschaft des Konzerns auf Kosten der abhängigen Gesellschaft[648].

Die Rechtsprechung hat durch das ITT-Urteil[649] eine Schranke der Mehrheitsherrschaft im faktischen GmbH-Konzern anerkannt. Durch Einflussnahme der Mehrheit auf die Geschäftsführung sind die Interessen der Minderheit beeinträchtigt worden. Daraus ergibt sich die Pflicht der Mehrheit, die gebotene Rücksicht auf die Interessen der Minderheit zu nehmen:

> "Nicht nur die Beziehungen zwischen Gesellschaftern und GmbH, sondern auch die der Gesellschafter untereinander können von der gesellschaftsrechtlichen Treuepflicht bestimmt sein"[650].

Die gesellschaftsrechtliche Treuepflicht hängt davon ab, welche satzungsgemäßen Zwecke die GmbH verfolgt, wie sie gesellschaftsintern gestaltet ist und welchen Umfang die Mitgliedschaft hat, ob bereits die gesetzlichen und satzungsgemäßen Regelungen den benachteiligten Mitgliedern ausreichenden Rechtsschutz gewähren. Hieran hat sich die Rechtsprechung gehalten. Grundlage des Minderheitsschutzes im einfachen faktischen GmbH-Konzern ist ein umfassendes Schädigungsverbot[651] für die Mehrheit, das seine Grundlage in der gesteigerten Treuepflicht dieser Mehrheit gegenüber der Gesellschaft und den Mitgesellschaftern findet[652]. Im ITT-Urteil können der Zweck der GmbH, die Leitungsmacht in den wirtschaftlich zu beiden GmbH-Gesellschaftern gehörenden Tochtergesellschaften auszuüben, und die tatsächliche Verwirklichung dieses Zwecks in der konzernierten Firmengrupe nicht ohne Einfluss auf den Geltungsbereich der Treuepflicht des Mehrheitsgesellschafters der GmbH bleiben.

(b) Der qualifiziert faktische GmbH-Konzern

Der Begriff des qualifiziert faktischen GmbH-Konzerns hat seinen Niederschlag in der richterlichen Rechtsfortbildung gefunden[653]. Es stellte sich nämlich die

---

647 ITT-Urteil, BGHZ 65, S. 15 ff.

648 OGH, GesRZ 1982, S. 256 ff.

649 ITT-Urteil, BGHZ 65, S. 15 ff; Siehe auch ENSTHALER/KREHER, BB 1995, S. 1423.

650 ITT-Urteil, BGHZ 65, S. 18: Der Grund liegt darin, dass bei der GmbH unbeschadet ihrer körperschaftlichen Verfassung die nähere Ausgestaltung ihrer Organisation und ihre wirtschaftliche Betätigung oft im erheblichen Maß dem unmittelbaren Einfluss ihrer Gesellschafter unterliegen und die inneren Verhältnisse der GmbH daher auf eine deutliche Nähe zu den Personengesellschaften angelegt sein können.

651 Dies wird später in der vorliegenden Dissertation behandelt werden.

652 EMMERICH/SONNENSCHEIN, S. 439; PRIESTER, ZGR Sonderheft 6, S. 156 ff.

653 So Autokran-Urteil, BGHZ 95, S. 330: Der BGH hat die Unterscheidung zwischen einfachem und qualifiziert faktischem Konzern hervorgehoben. Gemäß dieser Unter-

Frage, ob ein qualifiziert faktischer Konzern die einheitliche Leitung der Tochtergesellschaft so breit und dicht ausüben darf[654], dass die Geschäftsführung der Tochtergesellschaft überwiegend auf das Interesse des herrschenden Unternehmens ausgerichtet ist, obwohl die Tochtergesellschaft davon Schäden erleidet. Der Begriff des qualifiziert faktischen GmbH-Konzerns war vom Arbeitskreis GmbH-Reform[655] geprägt worden als Umschreibung für die nachhaltige Beeinträchtigung des Eigeninteresses der abhängigen GmbH infolge des vom herrschenden Konzernunternehmen ausgeübten Einflusses[656].

Ein qualifiziert faktischer Konzern liegt vor, wenn das herrschende Unternehmen die Geschäfte der abhängigen GmbH dauernd und umfassend geführt hat [657]. Dadurch nimmt die Einflussnahme des herrschenden Unternehmens auf die Tochtergesellschaft eine derartige Breite und Dichte an, dass einzelne Weisungen und ihre Auswirkungen nicht isolierbar sind[658]. Demnach hat das Konzerninteresse Vorrang vor dem Interesse der Tochtergesellschaft im qualifiziert faktischen Konzern, und die abhängige GmbH wird wie eine Betriebsabteilung ge-

---

scheidung zwischen dem einfachen und dem qualifiziert faktischen Konzern liegt ein qualifiziert faktischer Konzern vor, wenn das herrschende Unternehmen die Geschäftsführung der abhängigen GmbH dauernd und umfassend ausübt. Die Intensität der Verhältnisse zwischen Muttergesellschaft und Tochtergesellschaft ist deshalb der Ansatzpunkt zu einer neuen Haftungsstruktur im qualifiziert faktischen GmbH-Konzern.; Tiefbau-Urteil, BGHZ 107, S. 7: Die Unterscheidung zwischen einfachem und qualifiziert faktischem GmbH-Konzern bestätigte der BGH hier erneut, jedoch mit der abweichenden Tatsache, dass das herrschende Unternehmen die Geschäfte der GmbH "im finanziellen Bereich dauernd und umfassend" geführt hat[653]. Eine personelle Verflechtung - Bestellung von Vertrauensleute des herrschenden Unternehmens zu Geschäftsführern der abhängigen GmbH - reicht also nicht aus, um die umfassende Einflussnahme zu begründen. Nach dem BGH reicht allein die Tatsache, dass das herrschende Unternehmen im finanziellen Bereich die Leitung vollständig an sich gezogen hat - "die Beklagte hatte alle finanziellen Entscheidungen an sich gezogen" - , für die Annahme eines qualifiziert faktischen Konzerns aus; Video-Urteil, BGHZ 115, S. 187; TBB-Urteil, NJW 1993, S. 1200.

654 Bezüglich der Frage nach der Zulässigkeit des qualifiziert faktischen Konzerns meint EMMERICH, dass das Verbot qualifiziert faktischer Konzerne heute im GmbH-Konzernrecht ebenso außer Frage steht wie die Notwendigkeit einer Zustimmung aller Gesellschafter zum Abschluss von Beherrschungsverträgen, SCHOLZ/EMMERICH, Anhang Konzernrecht, Rdn 122; Siehe auch LIMMER, S. 275 ff; STREYL, S. 99 ff; GEKELER, S. 54.

655 Im Anschluss an Gesetzvorschläge des Arbeitskreises GmbH-Reform, Thesen und Vorschläge zur GmbH-Reform 1972, Band 2, S. 59, 57; Vgl. WIEDEMANN, Die Unternehmensgruppe, S. 46.

656 KLEINDIEK, ZIP 1991, S. 1333.

657 Autokran-Urteil, BGHZ 95, S. 344.

658 Autokran-Urteil, BGHZ 95, S. 344; Tiefbau-Urteil, BGHZ 107, S. 17; Video-Urteil, WM 1991, S. 180.

führt[659]. Wie im einfachen faktischen GmbH-Konzern steht der Konzernspitze des qualifiziert faktischen Konzerns kein Weisungsrecht zu, sie darf aber ihre faktische Leitungsmacht auf die Tochtergesellschaft anwenden. Der qualifiziert faktische GmbH-Konzern ist m. E. als neuer Konzerntyp anzusehen, weil die einheitliche Leitung der Konzernspitze immer enger in der konzernabhängigen GmbH ausgeübt wird. Deswegen ist es auch schwierig, diese neue Konzernform zu definieren und vom einfachen faktischen Konzern abzugrenzen.

Fraglich ist, ob die andauernde und umfassende Leitung der abhängigen GmbH durch die herrschende GmbH, d. h. die Intensität der Beziehungen zwischen der Tochtergesellschaft und der Muttergesellschaft, für das Vorliegen des qualifiziert faktischen Konzerns allein ausreicht. Die "andauernde und umfassende Leitung" als Voraussetzung, die sich aus dem Autokran-Urteil des BGH[660] selbst ergibt, reicht für die Annahme eines qualifiziert faktischen Konzerns zwar allein nicht aus, ist aber durch die Intensität der Beziehung zwischen dem herrschenden und abhängigen Unternehmen der Ansatzpunkt für die Definition des qualifiziert faktischen GmbH-Konzerns. Eine zusätzliche Voraussetzung, namentlich die "breitflächige Schädigung" der Tochter-GmbH durch die ständige fehlende Rücksichtnahme ihrer Interessen im Konzerninteresse muss vorliegen[661]. Der Grund liegt darin, dass die Gesellschaftsleitung durch die Gesellschafter über die Gesellschafterversammlung bei der GmbH normal ist. Damit Sanktionen, die an das Bestehen eines qualifiziert faktischen GmbH-Konzerns geknüpft sind,

---

659 Arbeitskreis GmbH-Reform, S. 59 ff; Das herrschende Unternehmen kann diese Vermutung widerlegen; Die Erklärung dafür ist, dass die Minderheitsgesellschafter kaum in der Lage sind, nachzuweisen, ob aufgrund der Leitungsmacht des herrschenden Unternehmens das Konzerninteresse grundsätzlich Vorrang vor dem Eigeninteresse des abhängigen Unternehmens hat, Siehe BGHZ 115, S. 187 und DB 1992, S. 30; Vgl. JAHRAUS, S. 122; LANG, S. 94; SCHMIDT, Gesellschaftsrecht, § 39 III 3; FLUME, Die Juristische Person, § 4 IV.

660 BGHZ 95, S. 330 ff: Der BGH hob hier zum ersten Mal den Unterschied zwischen dem einfachen und dem qualifizierten faktischen Konzern hervor; BGHZ 107, S. 7 ff: Der BGH definierte im Tiefbau-Urteil erneut den qualifizierten faktischen Konzern als eine "andauernde und umfassende Leitung der Tochtergesellschaft", indem er feststellte, dass die Konzernspitze die finanziellen Geschäfte der Tochtergesellschaft völlig an sich gezogen hatte; BGHZ 115, S. 187 ff: Der BGH im Video-Urteil hob hervor, dass ein Mehrheits- und/oder Alleingesellschafter, der gleichzeitig alleiniger Geschäftsführer ist, auch die andauernde und umfassende Leitung der Tochtergesellschaft ausübt.

661 ARBEITSKREIS GmbHG-Reform, S. 49, 66 ff; EMMERICH/SONNENSCHEIN, § 20 IV 2 c, S. 395.

begründet werden, muss eine zusätzliche Voraussetzung vorliegen: die breitflächige Schädigung der abhängigen GmbH[662].

Ein weiteres Indiz, das auf das Vorliegen des qualifiziert faktischen Konzerns hindeutet, kann die Übertragung zentraler unternehmerischer Funktionen auf das herrschende Unternehmen sein, wie z. B. das Finanzwesen[663], die ständige Absaugung der gesamten Liquidität, die vollständige Ausrichtung des Produktionsprogramms der abhängigen Gesellschaft auf das herrschende Unternehmen, oder ihre Beschränkung auf bloße nur noch konzernintern verwendbare Vorprodukte[664].

Emmerich unterscheidet drei Fallgruppen bezüglich der Annahme eines qualifiziert faktischen Konzerns[665]:

- Ein qualifiziert faktischer Konzern liegt vor, wenn das herrschende Unternehmen die abhängige GmbH wie eine "unselbständige" Betriebsabteilung[666] führt, d. h. wenn es deren Führung bis in das laufende Tagesgeschäft hinein an sich gezogen hat[667]. Der BGH hat in seinem Autokran-Urteil[668] erklärt, was er unter einer Betriebsabteilung versteht: Aus der von dem herrschenden Unternehmen veranlassten, nahezu lückenlosen Zentralisierung der Geschäftsführungsaufgaben für alle Gesellschaften und dem Einsatz ihrer Betriebsmittel nach Maßgabe des jeweiligen Konzernbedarfs ohne Rücksicht auf ihre vermögensmäßige Zuordnung zum Vermögen der jeweiligen Gesellschaften ist zu ersehen, dass es die einzelnen Gesellschaften praktisch wie bloße Betriebsabteilungen eines einheitlichen Unternehmens organisiert und behandelt hat. Dasselbe gilt, wenn die Konzernspitze der Tochtergesellschaft keinen finanziellen Spielraum mehr belässt, so dass die Tochtergesellschaft nur von Fall zu Fall die gerade benötigen Mittel bekommt[669]. Hiernach ist

---

662 TBB-Urteil, BGH, NJW 1993, S. 1200; EMMERICH/SONNENSCHEIN, § 20 IV 2 d, S. 398.

663 Wie im Tiefbau-Urteil, BGHZ 107, S. 17.

664 KLEINDIEK, GmbHR 1992, S. 574; STODOLKOWITZ, ZIP 1992, S. 1517.

665 SCHOLZ/EMMERICH, Anhang Konzernrecht, Rdn 205 ff; EMMERICH/SONNENSCHEIN, S. 450.

666 Autokran-Urteil, BGHZ 95, S. 330; Siehe auch SONNENSCHEIN/EMMERICH, S. 393 f.

667 AG 1980, S. 47: Im Gervais-Urteil steht außer Frage, dass ein qualifizierter faktischer Konzern anzunehmen ist, weil die abhängige Gesellschaft vom herrschenden Unternehmen tatsächlich wie eine völlig unselbständige "Betriebsabteilung" behandelt wurde. Siehe auch SONNTAG, S. 18; LANG, S. 94; ROWEDDER/KOPPENSTEINER, Anhang § 52, Rdn 16; LUTTER/HOMMELHOFF, Anhang § 13, Rdn 16; EMMERICH, GmbHR 1987, S. 216.

668 Autokran-Urteil, BGHZ 95, S. 341.

669 LUTTER/HOMMELHOFF, Anhang § 13, Rdn 17 ff.

davon auszugehen, dass eine intensive und enge Leitungsmachtausübung der Konzernspitze - also des qualifiziert faktischen Konzerns - vorliegt, wenn die abhängige Gesellschaft wie eine unselbständige Betriebsabteilung geführt wird.

- Im Falle einer Organverflechtung, d. h. wenn der Inhaber oder die gesetzlichen Vertreter des herrschenden Unternehmens in der Geschäftsführung der Tochtergesellschaft tätig werden[670], wird ein qualifiziert faktischer Konzern erst angenommen werden, wenn der Allein- oder Mehrheitsgesellschafter die Geschäftsführung allein *de facto* übernommen hat[671].

- Im Falle einer echten Betriebsaufspaltung[672], bei der in der Besitzgesellschaft das gesamte Vermögen und die Leitung des künstlich aufgespaltenen Unternehmens konzentriert werden, dürfte jedoch wiederum im Regelfall die Annahme eines qualifiziert faktischen Konzerns zumindest nahe liegen[673]. Dasselbe gilt, wenn im Einzelfall mehrere der auf einen qualifiziert faktischen Konzern hindeutenden Umstände zusammentreffen[674].

Die überwiegende Ausrichtung der Geschäftsleitung der abhängigen GmbH-Tochter auf das Konzerninteresse stellt einige Gefahren für die GmbH-Tochter dar, weil die nachteiligen Geschäftsführungsmaßnahmen überhaupt nicht mehr voneinander isoliert werden können[675]. Deswegen müssen auch im qualifiziert faktischen GmbH-Konzern zusätzliche Maßnahmen zum Schutz der abhängigen Gesellschaft vorgenommen werden. Die Regeln, die für den einfachen faktischen Konzern gelten, sind hier anwendbar. Demnach gilt das Schädigungsverbot ebenso für den qualifiziert faktischen GmbH-Konzern[676]. Die Intensivierung

---

670 Die Identität der Geschäftsleitung in der abhängigen und herrschenden Gesellschaft bedeutet nicht *per se* qualifizierte Konzernführung, siehe ZÖLLNER/BAUMBACH /HUECK, Schlussanhang, Rdn 30; Differenzierend SÄCKER, ZHR 151, S. 59: "Die Personalunion ist kein Indiz für Abhängigkeit".

671 Siehe FLUME, S. 128; BGHZ 107, S. 8 ff; BGHZ 115, S. 187; Streitig ALTMEPPEN, DB 1991, S. 2227.

672 Wegen der ganz unterschiedlichen Formen der Betriebsaufspaltung bestehen keine Einheitslösungen. Deswegen wird nur die echte Betriebsaufspaltung betrachtet. Siehe näher LUTTER/HOMMELHOFF, Rdn 18; BAUMBACH/HUECK/ZÖLLNER, Schlussanhang I, Rdn 25; ULMER, NJW 1986, S. 1586.

673 SCHOLZ/EMMERICH, Anhang Konzernrecht Rdn 209; Streitig, LUTTER/HOMMELHOFF, Anhang § 13, Rdn 18.

674 SCHOLZ/EMMERICH, Anhang Konzernrecht, Rdn 209; LUTTER/HOMMELHOFF, Schlussanhang I, Rdn 19.

675 ROWEDDER/KOPPENSTEINER, Anhang § 52, Rdn 16, 37; SCHOLZ/EMMERICH, Anhang Konzernrecht, Rdn 207.

676 Deswegen wird auf den einfachen faktischen Konzern verwiesen.

der Konzernherrschaft legitimiert selbstverständlich nicht die Schädigung der dieser Herrschaft unterworfenen GmbH[677].

Mithin ist anzunehmen, dass ein qualifiziert faktischer GmbH-Konzern vorliegt, wenn die folgenden Kriterien erfüllt sind:

- Ein Unternehmen ist als herrschendes Unternehmen einer abhängigen Gesellschaft i.S.d. §§ 15 ff AktG anzusehen.
- Das herrschende Unternehmen und die abhängige Gesellschaft bilden einen faktischen Konzern i.S.d. §§ 17, 18 AktG.
- Das herrschende Unternehmen hat die Geschäfte der abhängigen GmbH andauernd und umfassend geleitet.
- Das Eigeninteresse der abhängigen Gesellschaft wird infolge des vom herrschenden Unternehmen ausgeübten Einflusses so nachhaltig beeinträchtigt, wie dies auch beim Vorliegen eines Beherrschungsvertrages der Fall wäre[678].

(3) Ergebnis

Das GmbH-Konzernrecht ist ein "unentdecktes Land", denn kaum eine spezifische konzern- und aktienrechtliche Vorschrift betrifft unmittelbar die GmbH. Das GmbH-Konzernrecht ergibt sich vielmehr zuerst aus der Grundlage des GmbH-Gesetzes und dann aus Analogien zu den aktienrechtlichen Vorschriften, wobei festzustellen ist, dass eine globale Analogie nicht möglich ist. Richterliche Rechtsfortbildung und Literatur spielen hier eine überwiegende Rolle und prüfen jede konzernrechtliche Frage, um eine Analogie zum Aktienrecht zu bewilligen.

In vielen GmbHs ist eine personelle Bindung der Gesellschafter untereinander vorhanden, so dass Gesellschafter häufig auch in der Geschäftsführung tätig sind. Eine Konzernierung der GmbH bedeutet dann für solche Gesellschafter nicht nur eine finanzielle, sondern auch eine existentielle Bedrohung, da die Konzernspitze mit ihrer Stimmenmehrheit den Geschäftsführer abberufen kann. Diese existentielle Bedrohung bilden die einfachen und qualifiziert faktischen Konzerne, indem die Leitungsmacht der Konzernspitze nicht mehr durch den Beherrschungsvertrag legitimiert wird. Die Unterscheidung zwischen dem einfachen und dem qualifiziert faktischen Konzern beruht auf Richterrecht, das auf die gelegentliche oder ständige Einflussnahme des herrschenden Unternehmens auf die abhängige Gesellschaft akzentuiert ist. Der qualifiziert faktische Konzern

---

677 Siehe Teil II C 4, 5 die Haftungsgrundlage im Konzern in der vorliegenden Dissertation.

678 JAHRAUS, S. 3 m.w.N.

ist dabei ein neuer Konzerntyp, der trotz der Rechtsprechung und Literatur schwierig zu definieren ist. Dem Gesetz ist der Begriff des qualifiziert faktischen Konzerns an sich fremd.

Bezüglich des Vertragskonzerns ist der Fachterminus "Vertrag" m. E. nicht adäquat. In Wirklichkeit handelt es sich um keinen richtigen Vertrag, bei dem die Vertragspartner den Inhalt selbst bestimmen können. Der Inhalt des Vertrags wird von der herrschenden Gesellschaft leicht diktiert, weil zum einen die herrschende Gesellschaft über einen maßgeblichen Einfluss aufgrund ihrer Beteiligung in der Gesellschaft und aufgrund von Dauerverträgen - also einen wirtschaftlichen Einfluss - verfügt, und zum anderen eine schon beherrschte Gesellschaft häufig nichts anderes kann, als in diesem Fall den Beherrschungsvertrag abzuschließen. Die herrschende Gesellschaft kann denn freilich nicht nur die Bedingungen des Vertrags, sondern auch den günstigen Moment wählen, um den Beherrschungsvertrag abzuschließen, zu verlängern oder zu beenden.

Der Beherrschungsvertrag hat seinen Namen wirklich verdient. Sein Gegenstand ist, die abhängige Gesellschaft in der Tat zu beherrschen. Die herrschende Gesellschaft hat dann nur ihr eigenes Unternehmensinteresse im Auge, auch auf Kosten der beherrschten Gesellschaft. Nachteilige Weisungen für die abhängigen Gesellschaft werden vorgesehen. In diesem Fall hat die herrschende Gesellschaft eine Rechtfertigung ihrer Handlung. Diese nachteiligen Weisungen dienen dem Interesse der Konzernspitze, gem. § 308 AktG.

Im Gegensatz zum AG-Konzern, in dem der Abschluss eines Beherrschungsvertrags erforderlich ist, um den Einfluss der Mehrheit auf den Vorstand zu legalisieren, gibt es keine besondere Notwendigkeit im GmbH-Konzernrecht für einen Beherrschungsvertrag, abgesehen von den steuerrechtlichen Vorteilen, die ein Beherrschungsvertrag mit sich bringt. Der Grund liegt darin, dass die Konzernspitze auch ohne Legitimierung des Weisungsrechts in der Lage ist, ihre Pläne in der Geschäftsführung der GmbH-Tochter leicht durchzusetzen. Die Gesellschafterversammlung der GmbH verfügt nämlich über ein Weisungsrecht gem. § 37 Abs. 1 GmbHG dem Geschäftsführer gegenüber. Das hat in tatsächlicher Hinsicht dazu geführt, dass GmbH-Konzerne in der wirtschaftlichen Praxis überwiegend faktische Konzerne sind.

2. Das französische Konzernrecht

Der Ausdruck "Konzern" hat kein Äquivalent in der französischen Sprache[679]. Mit dem Gesetz vom 24. Juli 1966 über die Handelsgesellschaften wurde der

679 Vgl. CHAMPAUD, Diss., S. 232, 235.

Fachterminus "Groupes de sociétés", also Unternehmensgruppe[680], in die französische Rechtssprache eingeführt. Die Literatur betont heute noch, dass die juristische Sprache über keine adäquate Terminologie für dieses Phänomen verfügt[681].

a) Die gesetzliche Grundlage

Im Gegensatz zum deutschen Gesellschaftsrecht verfügt das französische Gesellschaftsrecht über keine gesetzliche Regelung der Unternehmensgruppen und hat daher keine spezifische konzernrechtliche Haftungsregelung[682]. Das heißt aber nicht, dass hierzu keine Gesetzesvorschläge gemacht wurden.

(1) Die Gesetzvorschläge und Gesetze mit konzernrechtlichen Tatbeständen

Der Begriff "Unternehmensgruppe" taucht zum ersten Mal in einem Steuergesetz[683] auf. In der Lesung des Gesetzentwurfs vom 24. Juli 1966 hatte die Regierung die Absicht bekundet, dem Parlament einen eigenen Gesetzentwurf[684] hinsichtlich des Phänomens der Unternehmensgruppe aufzuerlegen. Aber dieser Entwurf wurde abgelehnt[685]. Bis dahin existierte in Frankreich als einzige gesetzliche Grundlage nur das Gesetz vom 4. März 1943 bezüglich der Handelsgesellschaften, dessen Art. 8 die wechselseitigen Beteiligungen über 10 % unter Aktiengesellschaften verbot. Mit dem Gesetz von 1966 wurden teilweise Regelungen der Unternehmensgruppe ins Gesellschaftsrecht eingebracht, ohne den Begriff "Groupes de sociétés" näher zu definieren[686].

---

680 Wortwörtlich wäre "Gesellschaftsgruppe" die richtige Übersetzung. Aber die deutsche Literatur benutzt häufiger den Begriff "Unternehmensgruppe", wenn sie die französische "Groupe de sociétés" meint; vgl. WIEDEMANN, Die Unternehmensgruppe, S. 6. Dieser Gepflogenheit wird hier aus Gründen der Einheitlichkeit gefolgt; CHAMPAUD stellt fest, dass der Konzernbegriff weiter als der Begriff Unternehmensgruppe ist, weil er sich auch auf andere Unternehmen als solche in Gesellschaftsform erstreckt, CHAMPAUD, Diss. S. 236.

681 GUYON, Rdn 580: "Ein Begriff reiner Tatsachen, der demnach schwierig zu erfassen ist"; CHAMPAUD meint, es fehlt der Gesellschaftsgruppe an genaueren Klassifikationen, Fachtermini und Kriterien, CHAMPAUD, Diss., Rdn 8.

682 PARIENTE, Rdn 1; DUCOULOUX-FAVARD, D. 1983, S. 288; DOMAIN, G.P. 1994, S. 11; SCHMIDT, Rev.soc. 1981, S. 725; PLANCK, S. 121; Der Begriff "Unternehmensgruppe" ist zwar bekannt, aber die gesetzliche Regelung fehlt.

683 Steuergesetz vom 12. Juli 1965, G.P. 1965, 2, S. 57: Dies betraf die Möglichkeit der Befreiung einer Doppelbesteuerung der Gewinne bei der Mutter- und der Tochtergesellschaft; Siehe auch SINAY, Rdn 1, 14.

684 Siehe JO SEN., 28.04.1966, S. 365; JO AN, 11.06. 1966, S. 196.

685 SINAY, Rdn 2.

686 Siehe Art. L 233-1 ff C.Com.

Am 19. Februar 1970 und am 28 Juni 1978 hat der Abgeordnete Cousté die bekanntesten Gesetzvorschläge für ein Recht der Unternehmensgruppe eingebracht[687]. Der erste Vorschlag wurde stark vom Entwurf *Sanders*[688] für eine *Societas Europae*, der zweite vom deutschen Aktiengesetz von 1965 beeinflusst. Dieser zweite Vorschlag hatte folgende Kernaussagen:

- Die Abhängigkeit einer Gesellschaft wird vermutet, wenn eine andere Gesellschaft an ihr mindestens 25 % des Kapitals innehat. Die Unternehmensgruppe wird vermutet, wenn eine herrschende Gesellschaft mehr als 50 % des Kapitals einer beherrschten Gesellschaft besitzt und wenn sie die Entscheidungsbefugnis ausübt. Die Unternehmensgruppe hat jedoch keine Rechtspersönlichkeit.

- Die gesetzliche Anerkennung der Unternehmensgruppe beruht auf einem Angliederungsvertrag, der dem Beherrschungsvertrag des AktG nachgebildet ist. Durch diesen Vertrag verpflichtet sich die abhängige Gesellschaft, die Weisungen der herrschenden Gesellschaft zu befolgen[689].

- Das Vorliegen eines Angliederungsvertrags legitimiert einige Operationen, die ohne diese vertragliche Grundlage als Vermögensveruntreuungen oder Machtmissbrauch angesehen werden könnten. Sofern kein Angliederungsvertrag zwischen abhängigen und herrschenden Gesellschaften besteht, gelten für sie die allgemeinen gesellschaftsrechtlichen Vorschriften.

- Damit der Schutz der Aktionäre tatsächlich gewahrt wird, haben sie ein Austrittsrecht mit finanziellem Ausgleich oder das Recht auf ein jährliches Umtausch- oder Abfindungsangebot.

- Um die Gläubiger der Tochtergesellschaft zu befriedigen, besteht eine finanzielle "Solidarität" der herrschenden Gesellschaft. Außerdem wird für das Personal ein zentraler Betriebsrat innerhalb der Unternehmensgruppe vorgesehen.

- Im Falle eines Angliederungsvertrags hat die herrschende Gesellschaft alle von der beherrschten Gesellschaft verursachten Schäden zu ersetzen.

- Der Gesetzvorschlag sieht eingegliederte Gesellschaften durch Beschluss der abhängigen Gesellschaft im Verfahren für Satzungsänderungen vor.

---

687 Siehe in der deutschen Sprache BRACHVOGEL, ZGR 1972, S. 87; ZGR 1980, S. 486 ff.

688 Siehe PAILLUSSEAU, JCP 1971, Ed. CI, Nr. 10173.

689 Art. 4 des Gesetzvorschlags. Dies war allerdings der erste und einzige Hinweis auf Weisungen im französischen Gesellschaftsrecht. Leider war es nur in einem Gesetzvorschlag.

Außerdem sind Gesellschaften mit einem einzigen Gesellschafter vorgesehen.

Dieser Gesetzentwurf hat viele Gegner gefunden, insbesondere alle Geschäftsführer von "Groupes de sociétés", die sich Sorgen über die im Gesetzentwurf neu geregelten Verpflichtungen machten[690]. Hauptsächlich deshalb, weil nunmehr die Unternehmensgruppe gesetzlich anerkannt werden sollte und weil ein Gläubiger- und Minderheitenschutz eingeführt werden sollten, waren die Widerstände der betroffenen Kreise derart stark, dass der Entwurf nicht Gesetz und im Juli 1981 endgültig fallengelassen wurde[691].

Spezifische Regelungen bezüglich der Unternehmensgruppen sind im Gesellschafts-, Arbeits-, Steuer-, Bank- und Wettbewerbsrecht enthalten. Im französischen Handelsgesetzbuch wird ein "Embryo" des Rechts der Unternehmensgruppe in den Artikeln L 233-1 ff C.Com. (vormals Art. 354 ff G 1966) geregelt[692]. Hier werden die Begriffe der Tochtergesellschaft, der Beteiligungen und der kontrollierten Gesellschaft behandelt. Das Recht der Unternehmensgruppe wird über diese Begriffe hinaus betrachtet. Seltsamerweise hat der Gesetzgeber nur den einzelnen Elementen der Unternehmensgruppe, wie etwa der Tochtergesellschaft, Beteiligung oder Kontrolle, seine Aufmerksamkeit gewidmet. *Pariente* meint, ein Wille, das Recht der Unternehmensgruppe im Allgemeinen zu harmonisieren, bestand beim Gesetzgeber nicht[693]. Auf die gestellten Frage "Ist es erforderlich, ein unternehmensgruppenspezifisches Gesetz zu geben?" hat *Monguillan* geantwortet: "Ich denke es nicht, aber ich glaube, dass es besser ist, Gesetze mit konzernrechtlichen Tatbeständen zu erlassen"[694].

Die Unternehmensgruppe wird auch im Arbeitsschutzrecht betrachtet. Durch das Gesetz vom 28. Oktober 1982[695] wird die Vertretung der Arbeitnehmer als "Comité de groupe" auch auf der Stufe der Unternehmensgruppe in der Form des

---

690 Viele Juristen vertreten auch diese Meinung. Ein Teil dieser Juristen meint, dass es nutzlos ist, die Unternehmensgruppe gesetzlich zu regeln, da die schon vorhandenen gesetzlichen Regelungen ihnen genügend erscheinen; Der andere Teil meint, es genügte, das Gesellschaftsrecht leicht zu verändern, damit es vollkommen befriedigend wird, PAILLUSSEAU, J.C.P. 1971, Ed. CI, Nr. 10173.

691 LAMY 1994, Rdn 1740; Der Gesetzvorschlag COUSTE bei der Lesung vom 2. Juli 1981 in der Assemblée Nationale, STORCK, S. 395.

692 PARIENTE, Rev.soc. 1993, S. 249.

693 PARIENTE, Rdn 52.

694 Zitat von MONGUILLAN, In BON, Rev.soc. 1980, S. 670.

695 Eine der drei "lois Auroux", von dem Gesetzvorschlag des Abgeordneten Auroux, siehe insbesondere VIANDIER, La loi du 28 octobre 1982 et le droit des sociétés, J.C.P., 1983, I, Nr. 3116.

Artikels L 439-1 c.trav. gewährleistet[696]. Manchmal werden Tochtergesellschaften gebildet, um die Bildung eines Betriebsrats zu vermeiden; somit bleibt die Zahl der Arbeitnehmer in einer Gesellschaft, also der Tochtergesellschaft, unter 50. Die richterliche Rechtsfortbildung hatte darauf reagiert, indem sie erklärte, dass die verschiedenen Tochtergesellschaften nicht mehr als selbständige Unternehmen betrachtet werden sollen, sobald sie eine wirtschaftliche und soziale Einheit durch die Konzentrierung der Unternehmensleitung und die Komplementarität der Aktivitäten bildeten[697].

Ein die Unternehmensgruppe betreffendes Steuerrecht hat sich schon entwickelt[698]. Eine doppelte Besteuerung der Unternehmensgruppe als Muttergesellschaft und Tochtergesellschaft kann vermieden werden, setzt aber eine Beteiligung von mindestens 95 % gem. Art. 223 A bis 223 Q C.G.I voraus. Die Tochtergesellschaften müssen auch die Körperschaftssteuer bezahlen[699]. Nach dem Gesetz vom 24. Januar 1984[700] hinsichtlich des Bankrechts kann die Muttergesellschaft ihrer Tochtergesellschaft ein Darlehen bewilligen[701]. Die richterliche Rechtsfortbildung stellt aber strenge Gebote auf, damit die Interessen der Tochtergesellschaft nicht beeinträchtigt werden[702].

(2) Auswirkungen des Regelungsmangels der Unternehmensgruppe

Obwohl keine systematisch geschlossene Kodifikation des Rechts der Unternehmensgruppe existiert, finden sich doch in verstreuten Gesetzen Wertungen, die sich auf die Unternehmensgruppe beziehen. Der Gesetzgeber sah sich also nicht gehindert, den Gesellschaften untereinander Verpflichtungen aufzuerlegen und einige "gruppenspezifische" Merkmale zu erläutern. Viele Vorschriften betreffen zunächst die Tochtergesellschaften, die wechselseitigen Beteiligungen und die kontrollierten Gesellschaften gem. Art. L 233-1 C.Com. Außerhalb dieser punktuellen gesetzlichen Regelungen steht die richterliche Rechtsfortbildung vor der Realität der Unternehmensgruppe. Ihre Haltung ist nicht dogmatisch[703].

---

696 Näheres dazu PLANTAMP, D. 1991, S. 70; PARIENTE, Rdn 4, 17, 284; CD-L., Rdn 224, 227 ff, 233, 247; LEFEBVRE, Sociétés, Rdn 25720 ff.

697 Soc. 27.03.1985, Bull.cass.civ. 1985, V, S. 158, Nr. 221; Siehe auch GUYON, Rdn 588, 622.

698 Siehe näheres CD-L, Rdn 244; PARIENTE, Rdn 4, 17, 154 ff; LAMY, Rdn 1842 ff.

699 Art. 68 Gesetz vom 30.12.1987, Siehe auch GUYON, Rdn 617; LEFEBVRE, Sociétés, Rdn 25749 ff.

700 Gesetz vom 24.01.1984, J.O. vom 25.01.1984, S. 390.

701 OHL, Rdn 1 ff; PARIENTE, Rdn 4, 17; GUYON, Rdn 617; CLARA/FREYRIA, Rdn 6; LAMY, Rdn 1850.

702 Cass.crim., D. 1985, S. 478.

703 Die erste große Entscheidung war der Fall Fruehauf vom 22.05.1965, J.C.P. 1965, II, Nr. 14274; Dann kam die Entscheidung Cassegrain, cass.com. 21.01.1970, J.C.P. 1970, II, Nr. 16541; Siehe auch DUCOULOUX-FAVARD, D. 1983, S. 287: "D. h.

Zwar gelten die Prinzipien der rechtlichen Unabhängigkeit der verschiedenen Gesellschaften der Gruppe und des Fehlens der Rechtspersönlichkeit der Unternehmensgruppe, aber die richterliche Rechtsfortbildung zögert nicht, im Falle eines Konkurses davon abzuweichen[704].

Außerdem spielt hier die richterliche Rechtsfortbildung eine maßgebliche Rolle, da sie anhand von Fällen versucht hat, diesen Begriff zu erläutern und die Konturen eines Rechts der Unternehmensgruppe festzulegen. Fragmentarische Regelungen über die Unternehmensgruppe finden sich in steuerrechtlichen, arbeitsrechtlichen, wettbewerbsrechtlichen und gesellschaftsrechtlichen Gesetzen, ohne allerdings den Begriff "Unternehmensgruppe" genauer zu definieren. Eine spezielle gesetzliche Regelung bleibt jedoch erwünscht, weil das Bestehen der Unternehmensgruppen, die allmählich immer mehr werden, trotz Hilfe der Rechtsprechung[705] einige gesellschaftsrechtliche Probleme insbesondere für den Schutz der Minderheitsgesellschafter und der Gläubiger der Mutter- und der Tochtergesellschaft stellen. Außerdem wäre endlich das Problem gelöst, wie der Geschäftsführer der Mutter- und der Tochtergesellschaft gegenüber der Unternehmensgruppe haftet.

b) Der Begriff "Unternehmensgruppe"

(1) Die Definition der Unternehmensgruppe

Die Bemühungen um eine Definition der Unternehmensgruppe sind zahlreich gewesen, ohne dass ein einziger Begriff sich durchsetzen konnte und der Gesetzgeber davon inspiriert werden konnte[706]. Rechtszweige wie Gesellschafts-

---

es wird die richterliche Rechtsfortbildung der zwanzig letzten Jahren vergessen. D. h. es wird vergessen, dass die Richter im Bereich der Unternehmensgruppe Haftungsregelungen seit langer Zeit herausgearbeitet haben".

704 "Da der Gesetzgeber der wirtschaftlichen Realität nicht sofort folgt, hat die richterliche Rechtsfortbildung schon lange auf das allgemeine Recht zurückgreifen müssen, um rechtliche Probleme der Unternehmensgruppen zu lösen", Léauté, J.C.P. 1973, Nr. 2551.

705 Diese Hilfe ist m. E. kurzfristig betrachtet gar keine Hilfe für die benachteiligte Gesellschaft, da zum einen von der Muttergesellschaft versucht wird, eine Handlung vor Gericht zu vermeiden, und zum anderen eine Entscheidung aufgrund der Überlastung der Gerichte viel zu spät getroffen werden wird.

706 Es scheint, dass der französische Gesetzgeber keine Absicht hat, eine Definition der Unternehmensgruppe und deren gesetzlichen Regelung in Kraft treten zu lassen. Zustimmend ist SUPIOT, R.T.D.com. 1985, S. 637: "Die Art und Weise der Abhängigkeitsverhältnisse der Gesellschaften untereinander sind so verschieden, dass die Suche nach einem gesetzlichen Kriterium eine erfolglose Aufgabe wäre und dass die einzigen Organisations- und Bildungsmöglichkeiten der Unternehmensgruppen diejenigen sind, unter denen die Gesellschaften sich freiwillig unterordnen. Es ist aber ein schwaches Argument. Wenn die Vielfalt der tatsächlichen Lagen die Einführung

recht, Steuerrecht, Arbeitsrecht und Wettbewerbsrecht bieten sogar ihre eigenen Definitionen an. Dies illustriert deutlich, dass es sich um einen relativen Rechtsbegriff handelt.

Mangels einer offiziellen gesetzlichen Definition wird unter dem Begriff "Unternehmensgruppe" eine Gesamtheit von Gesellschaften[707] verstanden, die voneinander abhängig, jedoch rechtlich selbständig sind, und die einer wirtschaftlichen Entscheidungseinheit untergeordnet worden sind[708]. Deswegen ist den Tochtergesellschaften ein gemeinschaftliches wirtschaftliches Verhalten auferlegt[709]. Das Interesse der Unternehmensgruppe gilt als Grundlage für eine juristische "Institution", die die Unternehmensgruppe mit der Vielzahl der Tochterge-

---

präziser juristischen Begriffe verbieten würde, muss das Recht im Allgemeinen als befangen erklärt werden. Es bestehen über 1000 Arten und Weisen, die Macht in den arbeits- und familienrechtlichen Beziehungen zu regeln, und dies hindert nicht daran, die Begriffe "rechtliches Subordinationsverhältnis" oder "Sorgerecht" zu schaffen. Ich sehe nicht den Grund ein, warum die Abhängigkeitsverhältnisse innerhalb einer Unternehmensgruppe noch keine gesetzliche Regelung genießen".

707 Seit einem Urteil aus dem Jahre1878 ist anerkannt worden, dass neben natürlichen Personen auch Gesellschaften an anderen Gesellschaften beteiligt sein können. Der Kassationshof begründete seine Ansicht damit, dass eine entgegenstehende Gesetzesvorschrift fehle, CC.10.12.1878, D.P. 1879, I, S. 5; Seither hat der Gesetzgeber diese Möglichkeit mehrmals ausdrücklich anerkannt. Die öffentliche Hand kann Geschäftsanteile einer S.A.R.L. besitzen, allerdings mit einer gesetzlichen Zulassung, wenn der Staat mehr als 50 % der Geschäftsanteile besitzt. Wenn der Staat aber über mehr als 50 % der Aktien einer S.A. verfügt, ist diese als öffentliche Natur zu betrachten. Siehe GUYON, Rdn 584; Com. 22.12.1982, D. 1983, S. 373; Com. 05.02.1991, Rev.soc. 1991, S. 741.

708 LEFEBVRE, Sociétés, Rdn 25500; LAMY 1994, Rdn 1738; GUYON, Rdn 580; CD-L, Rdn 1; BON gibt eine andere Definition: "Eine Gesamtheit von juristischen Personen unter der Leitung einer dieser juristischen Personen", BON, Rev.soc. 1980, S. 662; CHAMPAUD, Diss., S. 195; So die Definition des T.G.I: "Eine Unternehmensgruppe ist eine Gesamtheit von rechtlich unabhängigen Unternehmen, aber wirtschaftlich miteinander gebunden .... Eine Unternehmensgruppe lässt vermuten, dass eine Muttergesellschaft Tochtergesellschaften beherrscht, über denen sie eine einheitliche Leitung ausübt", D. 1983, S. 285; Für VANHAECKE ist die Unternehmensgruppe als eine Kontrolleinheit erschienen, VANHAECKE, S. 497; MERLE, Rdn 641; PARIENTE, Rev.soc. 1993, S. 247; FREYRIA/CLARA, Rdn 6; "Eine Gesamtheit von Gesellschaften, die einer gemeinsamen einheitlichen Leitung unterworfen worden sind", OHL, S. 12; SCHMIDT, Rev.soc. 1981, S., 726; Zu den verschiedenen Definitionsversuchen, vgl. die Untersuchung von CREDA, Les groupes de sociétes, S. 193 ff.

709 So Rozenblum-Urteil: "Zur Realisation eines wirtschaftlichen gemeinsamen Ziels, das für die Unternehmensgruppe und dadurch auch für jedes Unternehmen hinsichtlich seiner juristischen, finanziellen und wirtschaflichen Struktur genügend von Vorteil sein muss ...", 04.02.1985, Rev.soc. 1985, S. 648; PARIENTE, Rdn 41 ff; Ders., Rev.soc. 1993, S. 249; HANNOUN, Rdn 24.

sellschaften bildet, weil die zahlreichen juristischen Personen durch die Perspektive einer besseren gemeinsamen Zukunft aneinander gebunden worden sind[710]. Die Anerkennung des gemeinsamen Interesses ist die Lösung einiger Konflikte. Z. B. kann eine Entscheidung nachteilig für eine Tochtergesellschaft, jedoch vorteilhaft für die ganze Unternehmensgruppe sein[711].

Die Literatur hat versucht, die Unternehmensgruppe über den Begriff des Unternehmens zu erklären. Nach *Despax*[712] bildet die Unternehmensgruppe ein Unternehmen. Unter Unternehmen wird die Zusammenfassung von menschlichen und materiellen Elementen zur Erzielung einer wirtschaftlichen Aktivität verstanden[713]. Dem wird entgegenhalten, dass das Unternehmen ein wirtschaftlicher Begriff sei und nur mit Hilfe des Rechts ausgedrückt werden könne[714]. Die Gesellschaft - im weiteren Sinne - verschafft ihm das Mittel zum Zweck, d. h. den Unternehmensgegenstand. Das Unternehmen ist erstens eine Technik der vermögensrechtlichen Zuweisung und zweitens eine Organisationstechnik[715]. Deswegen verfügt dieses Unternehmen über eine eigene Rechtspersönlichkeit. *Champaud* hat zu Recht das Konzept von *Despax* stark kritisiert, weil es viel zu umfangreich angelegt ist und nicht auf der gesellschaftsrechtlichen Ebene definiert wurde. Außerdem entspricht das Konzept selbst nicht der Natur der Unternehmensgruppe, weil das Unternehmen über eine vermögensrechtliche Autonomie verfügt, was mit dem Begriff "Unternehmensgruppe" unvereinbar ist[716].

Das im deutschen Gesellschaftsrecht anerkannte Institut des Vertragskonzerns existiert in der französischen Gesetzgebung nicht. Damit eine Unternehmensgruppe besteht, müssen zwei Voraussetzungen vorliegen: Ein Unterordnungsverhältnis[717], sei es gesellschaftsrechtlich oder sei es wirtschaftlich, und eine einheitliche Leitung[718]. Die Unternehmensgruppe vermischt die wirtschaftliche

---

710 FONTBRESSIN, R.J.C. 1988, S. 296.

711 PARIENTE, Rdn 41; Vgl. HANNOUN, Rdn 26.

712 DESPAX, Rdn 156; Siehe auch CONTIN/HOVASSE, Rdn 8.

713 DESPAX, Rdn 156; CONTIN/HOVASSE, Rdn 9.

714 So DUCOULOUX-FAVARD: "Die Unternehmensgruppe ist eine wirtschaftliche Realität, die der Jurist nicht in einem einheitlichen rechtlichen Konzept erfassen kann. Er kann nur die verschiedenen Bestandteile aufzählen: Holdinggesellschaft, Muttergesellschaft, Tochtergesellschaft, einheitliche Leitung, u.s.w..", D.1983, S. 288.

715 CONTIN/HOVASSE, Rdn 11.

716 CHAMPAUD, Diss. S. 285.

717 Unter dem Begriff Unternehmensgruppe kann "nur" eine Vereinigung zwischen herrschenden und abhängigen Gesellschaften verstanden werden, also ein Unterordnungskonzern. Eine ähnliche Institution wie der Gleichordnungskonzern wird unter dem Begriff "Groupements d'entreprises", Unternehmensverbindungen, verstanden.

718 BON, Rev.soc. 1980, S. 663 ff; CLARA/FREYRIA, Rdn 7; Vgl. PARIENTE, Rdn 38; CD-L, Rdn 311: "Die Unternehmensgruppe wird vom Bestehen eines wirt-

Abhängigkeit mit der rechtlichen Unabhängigkeit der Gesellschaften der Gruppe[719]. Es gibt einen scharfen Unterschied zwischen der rechtlichen Lage der Gesellschaften, die von der Muttergesellschaft unabhängig bleiben, und der faktischen Lage der Gesellschaften, die unter einer einheitlichen Leitung der Muttergesellschaft stehen[720].

(a) Die einheitliche Leitung in der Unternehmensgruppe

Die Einwirkung eines herrschenden Unternehmens auf eine abhängige Gesellschaft wird unter den Begriff "Contrôle[721]"- einheitliche Leitung - geschrieben. Nach Art. L 233-2 Al. 1 bis 4 C.Com. (vormals Art. 355-1 Al. 1 bis 4 G 1966) gilt eine Gesellschaft als Kontrollgesellschaft - "société contrôlante" - einer oder mehrerer anderen, wenn sie unmittelbar oder mittelbar einen Kapitalanteil von mindestens 40 % hält, der ihr die Mehrheit der Stimmrechte in den Hauptversammlungen dieser Gesellschaften verschafft. Außerdem gilt gemäß Art. L 233-4 C.Com. (vormals Art. 355-2 G 1966) selbst eine Beteiligung unter 10 %, die eine kontrollierte Gesellschaft hält, als mittelbar von der Gesellschaft

---

schaftlichen Abhängigkeitsverhältnisses und von einer einzigen Leitungsmacht der Muttergesellschaft charakterisiert, die die globale Geschäfts- und Finanzpolitik der Gesamtheit der gruppierten Gesellschaften bestimmt, und die die Rechtspersönlichkeit jeder Gesellschaft beachtet. Diese gruppierten Gesellschaften behalten jedoch ihre eigenen Organe"; Um die Konturen der französischen Unternehmensgruppe endlich festzulegen muss sie über den Begriff der Kontrolle definiert werden, VANHAECKE, S. 497; Andere wie SUPIOT beziehen sich auf den Begriff des Unternehmens, SUPIOT, S. 722. Ich stimme mit ihm nicht überein, da der Unternehmensbegriff viel zu umfangreich ist, um die Beherrschungsverhältnisse innerhalb der Unternehmensgruppe zu erläutern; Nicht vergessen werden darf, dass eine "Vielzahl" von Gesellschaften in einer Unternehmensgruppe vorliegt und nicht eine "Einheit", wenn die Verhältnisse zwischen den gruppierten Gesellschaften und der Muttergesellschaft Beherrschungsverhältnisse sind.

719 CONTIN/HOVASSE, Rdn 4.

720 DESPAX, S. 107; Die Unternehmensgruppe vermischt die juristische Unabhängigkeit der Gesellschaften mit der wirtschaftlichen Abhängigkeit, CONTIN/HOVASSE, Rdn 4.

721 Das Wort "contrôle" hat zwei Bedeutungen. Zum einen steht "contrôle" für das Recht des Inhabers einer Gesellschaft, die Geschäftsführung und den Gang der Gesellschaft zu überwachen. Es ist die "contrôle" der Gesellschafter und/oder des Bilanzprüfers. Zum anderen bedeutet "contrôle" die Herrschaftsbefugnis über ein Gesellschaftsvermögen. Diese zweite Bedeutung wird Gegenstand unserer Untersuchung sein. Siehe dazu STORCK, Rev.soc. 1986, S. 387: "Die Realität einer Beherrschungsmacht", "Die Kontrolle hat vor allem durch die Gesetze vom 03.01.1983 und vom 12.07.1985 zentrale Bedeutung erlangt"; Ein Urteil des T.I. von Paris definierte die einheitliche Leitung als Konzentrierung der Machtbefugnis in den Händen von Personen in dem Vorstand, in der Geschäftsführung, In PARIENTE, Rdn 22, 81; Vgl. CHAMPAUD, Diss., S. 161.

gehalten, die sie kontrolliert[722]. Hier verweist das Gesetz nicht mehr auf 51 %, die die Entscheidungsmacht in der Gesellschaft zuläßt, sondern auf die einfache Mehrheit.

Art. L 233-16 C.Com. (vormals Art. 357-1 G 1966) definiert den Begriff der Kontrolle[723] in Verbindung mit der Spitze der Unternehmensgruppe, die die Verpflichtung hat, konsolidierte Abschlüsse zu errichten und zu veröffentlichen[724]. Der Gesetzgeber erwähnt Fälle von Kontrollgesellschaften. Zuerst regelt er die Hypothese von mehreren Gesellschaften, die der exklusiven Kontrolle der konsolidierenden Gesellschaft unterworfen sind. Die exklusive Kontrolle ergibt sich entweder aus dem unmittelbaren oder mittelbaren Besitz der Mehrheit der Stimmrechte oder aus der Möglichkeit, die Organvertreter in der Geschäftsführung für zwei aufeinander folgende Geschäftsjahre hindurch zu benennen[725]. Eine exklusive Kontrolle wird vermutet, wenn die kraft vertraglicher Vereinbarung einen beherrschenden Einfluss ausübende Gesellschaft darüber hinaus eine Kapitalbeteiligung an der beherrschten Gesellschaft hat. Grundlage dieser Vermutung sind also zwei kumulative Voraussetzungen: Zum einen existiert eine vertragliche Grundlage, zum anderen ein finanzielles Kriterium. Für dieses finanzielle Kriterium existiert aber keine Mindestanforderung. *Storck* vertritt die Meinung, dass dieser beherrschende Einfluss mehr einen wirtschaftlichen Begriff als eine juristische Annäherung der Kontrolle darstellt[726]. Es muss erwähnt werden, dass der Gesetzgeber im Art. L 233-16 C.Com. nicht einmal auf das einzige Erfordernis einer einfachen Kapitalbeteiligung der kontrollierten Gesell-

---

722 So zieht der Gesetzgeber die Abhängigkeitsverhältnisse in Betracht, die der Ursprung einer faktischen Beherrschung oder faktischen Kontrolle sind, CD-L, Rdn 298; PARIENTE, Rdn 84.

723 PARIENTE meint eher, dass es keine Definition der Kontrolle gibt. Das Gesetz sieht nur eine Liste der Kontrollfälle, die auf dem Stimmrecht in der Gesellschafterversammlung beruhen, PARIENTE, Rdn 86, 89.

724 Durch die Gesetze vom 30. April 1983 über die Angleichung der Buchhaltungsregeln für Kaufleute und bestimmte Gesellschaften an die IV. Richtlinie des Europarats vom 25.7.1978, J.O. vom 03.05.1983, S. 1335 ff, und vom 3. Januar 1985 über die konsolidierten Abschlüsse bestimmter Handelsgesellschaften und öffentlich-rechtlichen Unternehmen, J.O. vom 04.01. 1985, S. 101 ff; Siehe auch Bull. COB., Août 1985, Nr. 184, S. 9: Diese Verpflichtung, konsolidierte Abschlüsse zu errichten und zu veröffentlichen, besteht, soweit die Muttergesellschaft einen beherrschenden Einfluss auf die kontrollierte Gesellschaft nach dem Gesetz von 1983 ausübt; Demnach setzt Kontrolle keine Mehrheitsbeteiligung voraus. Ein beherrschender Einfluss genügt.

725 Dies wird ermöglicht, wenn die beherrschende Gesellschaft unmittelbar oder mittelbar mehr als 40 % der Stimmrechte als mehrheitlicher Gesellschafter hat. Diese Vermutung ist aber widerlegbar, LEFEBVRE, Sociétés, Rdn 25523; Siehe auch Bull. COB., Août 1985, Nr. 184, S. 10.

726 STORCK, Rev.soc. 1986, S. 391.

schaft hinweist, das es ermöglicht, die Geschäftsführung zu beeinflussen. Hier wird die einheitliche Leitung mit dem wirtschaftlichen Abhängigkeitsverhältnis gleichgestellt. Diese beiden juristischen und wirtschaftlichen Begriffe müssen verbunden sein, um das Vorliegen von Verbindungen zwischen einer Muttergesellschaft und einer Tochtergesellschaft hervorzuheben.

Die Literatur berücksichtigt andere Faktoren, um die Kontrolle zu definieren. *Rodière* definiert die einheitliche Leitung[727] wie folgt: "Das Recht, Leitungsmaßnahmen zu veranlassen, das zur Befugnis der herrschenden Gesellschaft gehört"[728]. *Champaud* meint eher, die einheitliche Leitung bestehe in dem Recht, über das Gesellschaftsvermögen wie ein Eigentümer zu verfügen, so dass sein Inhaber der Herr über die wirtschaftliche Tätigkeit des von der Gesellschaft betriebenen Unternehmens sei[729]. Die Kontrolle beruht nach *Champaud* auf der Kapitalbeteiligung[730]. *Sousi*[731] stimmt ihm zu. Indes vermögen die geschilderten Ansichten nicht zu überzeugen. Gegenüber den bisherigen Ansätzen hat *Guyon*[732] überzeugend festgestellt, dass sich die Kontrolle - Contrôle - empirisch durch die Wirtschaftswirklichkeit charakterisieren lässt. Kontrolle bedeutet nach diesem Ansatz eine mehrheitliche Kapitalbeteiligung, die die Möglichkeit verleiht, den Geschäftsführer zu ernennen, oder - im weiteren Sinne verstanden - die Summe der Mittel, die es ermöglichen, einen beherrschenden Einfluss auf die Geschäftsführung der kontrollierten Gesellschaft auszuüben. Die Literatur[733] ist sich einig, dass es sich um eine stabile und dauerhafte Herrschaft über die abhängige Gesellschaft durch die einheitliche Leitung handeln muss, um das

---

727 Die einheitliche Leitung wurde von einigen Autoren als "technostrukture" oder "management" bezeichnet, Siehe PARIENTE m.w.N. Rdn 22.

728 RODIERE, La protection des minorités, Rdn 5; VANHAECKE sieht in der einheitlichen Leitung einen eher wirtschaftlichen als juristischen Begriff, Siehe VANHAECKE, S. 185; Dies wird m. E. dadurch begründet, dass die einheitliche Leitung im französischen Recht eher den Zweck verfolgt, die Tätigkeit der abhängigen S.A.R.L. in eine bestimmte Richtung zu führen oder eine bestimmte Geschäftspolitik zu verfolgen, als unmittelbar die rechtliche Macht auf die Gesellschaft auszuüben.

729 CHAMPAUD, Diss., S. 161; HANNOUN meint, dass die Kontrolle als ein Recht über das Gesellschaftsvermögen für eine Haftungsgrundlage nicht realistisch ist. Wenn angenommen werden kann, dass die Kontrolle sich lockern kann, dann ermöglicht nichts, die Haftung zu dieser Prärogative juristisch zu begründen, HANNOUN, Rdn 24; Vgl. PARIENTE, Rdn 39.

730 CHAMPAUD unterscheidet sogar 5 Stufen der Kapitalbeteiligung, um die Kontrolle einer Gesellschaft zu sichern, siehe dann CHAMPAUD, R.T.D.Com. 1967, Rdn 12.

731 SOUSI, Diss., S. 226 ff: Die Kontrolle ergibt sich aus der Mehrheit der Geschäftsanteile, die von den Gesellschaftern besessen werden.

732 GUYON, Rdn 580.

733 PARIENTE, Rdn 7; VANHAECKE, S. 25 ff; CHAMPAUD, Diss., S. 107; RODIERE, Rev.soc. 1970, S. 244.

gemeinsame Interesse in der Unternehmensgruppe besser zu vertreten[734]. Letztlich führt dies dazu, dass dem untergeordneten Unternehmen ein übergeordnetes gesamtunternehmerisches Interesse aufgestülpt wird[735]. Diese weite - auf die praktischen Wirkungen von Leitungsmaßnahmen abstellende - Ansicht gewährleistet, dass keine Lücken entstehen.

Aus dem obigen Ausführungen ergibt sich, dass zwei Arten einheitlicher Leitung bestehen:

- Dies ist zunächst die rechtliche Kontrolle einer Gesellschaft, die sich darin ausdrückt, dass diese mittelbar oder unmittelbar einen Kapitalanteil hält, der ihr die Mehrheit der Stimmrechte in den Hauptversammlungen dieser Gesellschaft verschafft[736]. Diese Kapitalbeteiligung[737] ist im französischen Gesellschaftsrecht und auch in der Praxis die verbreiteste Form, um eine Gesellschaft zu kontrollieren. Der Mehrheitsgesellschafter gewinnt damit bei der S.A.R.L. einen entsprechenden Einfluss in der Gesellschafterversammlung oder in den schriftlichen Befragungen gem. Art. L 223-27 Al.1 C.Com. Da der Geschäftsführer wird von der Gesellschafterversammlung gem. Art. L 223-18 Al. 2 C.Com. i.V.m. Art. L 223-29 Al. 1 C.Com. mit mehr als der Hälfte des Kapitals bestellt wird, eignet sich die S.A.R.L.-Form besonderes gut zur Kontrolle einer abhängigen Gesellschaft durch die Muttergesellschaft.

Außerdem darf daran erinnert werden, dass im französischen S.A.R.L-Recht kein Weisungsrecht der Gesellschafterversammlung gegenüber dem Geschäftsführer besteht. Eine hervorragende Kontrolle der Geschäftsführung kann nur dann stattfinden, wenn ein einziger Geschäftsführer bestellt wird oder wenn die Gesellschaft über mehrere Geschäftsführer verfügt, die die Interessen des Mehrheitsgesellschafters vertreten[738]. Selbstverständlich wird die Kapitalmehrheit ei-

---

734 PARIENTE, Rdn 22, 50; HEMARD/TERRE/MABILAT, Rdn 561; Schon im Art. 4 des Gesetzesentwurfs COUSTE.

735 "Die Gesellschaften der Unternehmensgruppe sind einer einheitlichen Leitung unterstellt worden, die ihnen eine Gesamtheit von Strategien und Verhalten auferlegt", GUYON, Rdn 580.

736 Art. L 233-3 Al. 1 C.Com.; Siehe auch SOUSI, DISS., S. 167; RIPERT/ROBLOT, Rdn 712; PARIENTE, Rdn 28, 39; BERR, S. 3; PLANTAMP, D. 1991, S. 71; Vgl. CD-L, Rdn 293, 343.

737 Diese kapitalmäßig herrschenden Unternehmen werden in zwei Gruppen betrachtet. Zum einen bestehen Kontrollgesellschaften, die die Verwaltung der kontrollierten Gesellschaften führen. Das sind die "Groupes financiers". Zum anderen, bestehen Gesellschaften, die neben ihren Beteiligungen noch einen eigenen Handels- oder Industriebetrieb führen. Das sind die "groupes industriels". Vgl. CHAMPAUD, R.T.D.Com. 1967, Rdn 2 ff; PARIENTE, Rdn 86.

738 LEAUTE, J.C.P. 1973, Nr. 2551, Rdn 2; CD-L, Rdn 311, 314 ff.

ne Person ihres Vertrauens und ihrer Wahl als Geschäftsführer bestellen[739], um die einheitliche Leitung in der abhängigen S.A.R.L. zu verstärken[740].

In der Praxis wird die Muttergesellschaft einer zentralisierten Unternehmensgruppe häufig einen ihrer Angestellten als Geschäftsführer der Tochter-S.A.R.L. bestellen, damit sie besser und unmittelbar die abhängige Tochtergesellschaft durch personelle Verflechtungen kontrollieren und beherrschen kann[741]. Diese Angestellten sind meistens Nachwuchskräfte der Muttergesellschaft wie Verkaufsleiter, Personalleiter oder Finanzwesensleiter, die innerhalb der Unternehmensgruppe Karriere machen. Einmal sind sie Finanzkontrolleur der Tochtergesellschaft X, ein anderes Mal Geschäftsführer der Tochtergesellschaft Y, behalten jedoch immer ihre Stellung bei der Muttergesellschaft[742]. Wenn die Tochtergesellschaft diesen Finanzkontrolleur oder Geschäftsführer braucht, muss sie sich direkt an die Muttergesellschaft wenden[743]. Dies zeigt sich auch dadurch, dass die Tochtergesellschaft bei ihren Entscheidungen und Geschäftsgängen nicht frei handeln kann und dass die Muttergesellschaft einen besseren und unmittelbaren Druck durch Karriereperspektiven auf diese Nachwuchskräfte ausüben kann. *Pariente* meint, dass die Geschäftsführung der Tochtergesellschaften zentral oder nicht sein kann, und dass sie in jedem Fall immer vorhanden sein und gespürt wird, um ein Verhalten der gruppierten Gesellschaften, das nicht mit den Belangen der Unternehmensgruppe vereinbar ist, zu verhindern[744].

Die einheitliche Leitung in der Tochtergesellschaft durch die Muttergesellschaft könnte aber teilweise in ihrem Umfang beschränkt werden. Der Bilanzprüfer oder Rechnungsprüfer kann die totale wirtschaftliche Beherrschung der Toch-

---

739 PRIETO, Rdn 215; PARIENTE, Rdn 27, 51, 64; VANHAECKE, S. 18 ff, 29 ff, 115 ff; Vgl. CHAMPAUD, Diss., S. 163 ff; C.C. 05.11.1984, J.C.P. 1985, II, Nr. 20510; Soc. 02.10.1991, RJDA 1991, Nr. 1042; Soc. 06.10.1993, Bull.Jol.1993, Nr. 371.

740 Nur natürliche Personen können Geschäftsführer bei der S.A.R.L. gem. Art. L 223-18 Al. 1 C.Com. sein, so dass eine unmittelbare Beherrschung durch die Muttergesellschaft in der Geschäftsführung der Tochtergesellschaft nicht möglich ist.

741 LEAUTE, J.C.P. 1973, Nr. 2551, Rdn 2; PARIENTE, Rdn 27, 40, 84 ff.

742 Manchmal sind die Geschäftsführer der Mutter- und der Tochtergesellschaft gleich. Vgl. PARIENTE, Rdn 34, 40; GUYON, Rdn 589; LYON-CAEN/MAILLARD, Dr.soc. 1981, S. 320 ff.

743 Dies ist sehr häufig der Fall bei einer grenzüberschreitenden Unternehmensgruppe im Bereich der Unterhaltungselektronik und der Papierverarbeitung. Die französische Muttergesellschaft gründet eine deutsche GmbH und bestellt als Geschäftsführer einen ihrer Angestellten, so dass die GmbH nur über einen Prokuristen verfügt. Die Tochtergesellschaft ist m. E. manchmal nicht mehr in der wirtschaftlichen Lage, sich gegen Personalentlassung oder gegen Personaländerung zu wehren, wenn diese aufgrund einer Sanierung und Restrukturierung des Unternehmens von der Muttergesellschaft entschieden worden sind.

744 PARIENTE, Rdn 40, 84.

tergesellschaft beeinträchtigen, indem er die Finanzen der Gesellschaft gemäß Art. L 223-35 und – 38 ff C.Com. i.V.m. L 225-219 C.Com. (vormals Art. 64, 65 ff i.V.m. Art. 219 G 1966) und Art. L 223-12 C.Com. (vormals Art. 43 G 1966) i.V.m. Art. 12 VO 1967 prüft. Sollte die Muttergesellschaft diese Funktion übernehmen wollen, indem sie den Geschäftsführer der Tochtergesellschaft in diese Stellung einsetzt, stößt sie gegen das Verbot des Art. L 223-38 Al. 2 C.Com.: Der Geschäftsführer oder der Bilanzprüfer der herrschenden S.A.R.L. darf nicht Bilanzprüfer der abhängigen S.A.R.L. werden[745] [746]. Das ist die Theorie. Leider ist es in der Praxis anders. Die Bilanzprüfer werden von der Gesellschafterversammlung bzw. von dem Mehrheitsgesellschafter für eine Gesamtdauer von 6 Jahren bestellt. Dadurch werden die Interessen der Minderheitsgesellschafter insoweit beeinträchtigt, als dass sie sich ohne genügende Information dementsprechend schlechter verteidigen können[747].

Oft bearbeitet die juristische Abteilung der Muttergesellschaft auch die Fälle der Tochtergesellschaft, und zudem wird die Personalabteilung von der Muttergesellschaft geführt[748]. Dadurch werden die rechtliche und finanzielle Abhängigkeit und die einheitliche Leitung verstärkt.

- Die faktische Kontrolle wird durch eine Gesellschaft gekennzeichnet, wenn sie vermittels ihrer Stimmrechte gesellschafts- und geschäftsführungsbezogene Entscheidungen trifft[749]. Diese einheitliche Leitung kann beispielsweise auch im Bereich der Abwicklung von Verträgen stattfinden. Damit ein Vertrag zustandekommt, muss eine freie und unabhängige Willensbildung vorliegen. Aufgrund

---

[745] Jedoch wiederum mit zwei Schranken: 1) Die Möglichkeit der Minderheitsgesellschafter, beim Gericht die Bestellung eines oder mehrerer Sachverständiger zum Bericht über einen oder mehrere Geschäftsvorgänge gem. Art. L 223-37 C.Com. zu beantragen; 2) Die Muttergesellschaft kann aber ihren Bilanzprüfer nicht belohnen, indem sie ihm ein künftiges Geschäftsführersamt als Gegenleistung für seine Tätigkeit in der Tochtergesellschaft verspricht, weil dies innerhalb von 5 Jahren nach Beendigung seines Amtes gem. Art. L 223-38 Al. 3 C.Com. verboten ist.

[746] Gem. Art. L 225-236 Al. 2 C.Com.

[747] Dies stellt ein richtiges Problem dar, weil der Minderheitsgesellschafter gem. Art. L 223-35 C.Com. einen oder mehrere Bilanzprüfer ernennen kann. Aber gem. Art. L 223-29 C.Com. kann ein solcher Beschluss nur durch einen oder mehrere Gesellschafter mit mehr als der Hälfte der Geschäftsanteile genommen werden. Dann hat der Minderheitsgesellschafter wenig Aussichten, besser informiert zu werden, es sei denn, dass er bei Gericht die Bestellung eines oder mehrerer Sachverständiger gem. Art. L. 223-37 C.Com. beantragt. Vgl. SCHMIDT, Rev.soc. 1981, S. 726; FREYRIA/CLARA, J.C.P. 1993, I, Ed. E., Nr. 247, Rdn 2.

[748] FREYRIA/CLARA, J.C.P. 1993, I, Ed. E., Nr. 247, Rdn 2; Siehe auch Cass.com., J.C.P. 1992, Ed. E., I, Nr. 1; Cass.soc., Bull.cass.civ. 1991, V, Nr. 86.

[749] LEFEBVRE, Sociétés, Rdn 25522 ff; STORCK, S. 385 ff; PLANTAMP, D. 1991, S. 72; RIPERT/ROBLOT, Rdn 712.

des Interesses der Unternehmensgruppe oder des eigenen Interesses der Muttergesellschaft[750] kann die Muttergesellschaft dank ihrer Mehrheitsbeteiligung und ihres beherrschenden Einflusses auf die abhängige Gesellschaft praktisch ein bestimmtes Geschäft fordern oder die Vertragsbedingungen mit einem anderen Vertragspartner diktieren. Dies ist zum Beispiel der Fall, wenn die Muttergesellschaft den "bloßen Wunsch oder Empfehlung" geäußert hat, dass die Tochtergesellschaft nur Geschäfte unter einer bestimmten Höhe oder mit bestimmten Kunden abschließt, und sich das Recht vorbehält, die wichtigsten von der Tochtergesellschaft hergestellten Produkte selbst zu verkaufen, oder Geschäfte mit größeren Summen abzuschließen. Hier treffen die Interessen der abhängigen S.A.R.L. und der Unternehmensgruppe aufeinander[751]. Die Tochter-S.A.R.L. kann nur kleinere Vertriebsverträge abschließen und hat dann einen kleineren Umsatz. Die wirtschaftliche Abhängigkeit der Tochtergesellschaft wird dadurch gefestigt.

Die finanziellen Beziehungen innerhalb der Unternehmensgruppe können auch die einheitliche Leitung der Muttergesellschaft auf die S.A.R.L. verstärken. Die wohlhabende Muttergesellschaft kann der Tochter-S.A.R.L. ein Darlehen geben, weil diese Innenfinanzierung viel günstiger als ein Darlehen[752] bei einer Bank ist[753]. Die Darlehen sind dann häufig langfristig, so dass die Muttergesellschaft immer einen Überblick über die Finanzen der Tochtergesellschaft haben kann. Diese finanzielle Abhängigkeit der Tochtergesellschaften gegenüber der Mut-

750 CHAMPAUD, Diss., S. 260; PARIENTE, Rdn 50: "Es besteht dann eine Interessenverlagerung zugunsten der Muttergesellschaft"; FREYRIA/CLARA, J.C.P. 1993, I, Ed. E., Nr. 247, Rdn 2.

751 Dies führt zur Problematik der Gesellschaftsinteresse. Die Mehrheit bildet durch Beschlüsse in der S.A.R.L. den Willen der Gesellschaft und es wird dann vermutet, sie handelt im Gesellschaftsinteresse. Siehe PARIENTE, Rdn 40, 50.

752 Artikel 12-3° Gesetz vom 24. Januar 1984 erlaubt dieses nur, wenn die Gesellschaften finanzielle und kapitalanteilige Verhältnisse untereinander haben oder wenn eine dieser Gesellschaften über die anderen eine Kontrolle ausübt, Siehe auch CD-L., Rdn 270; Also innerhalb der Unternehmensgruppe mit einer vertraglichen Struktur darf kein "Prêt intra-groupe" - In House-banking - stattfinden. Art. L 223-21 C.Com. verbietet solche Geschäfte. Eine Ausnahme bildet das Darlehen mit einer handelsrechtlichen Natur wie Finanzierungserleichterungen oder Umschreibungspreise. Siehe auch Trib.corr. Paris, 28.11.1968, G.P. 1969, I, S. 309.

753 GAVALDA, Rev.dr.bancaire 1991, S. 168; OHL, S. 23; PRIETO, Rdn 489 f; PARIENTE, Rdn 65; Manchmal braucht die Muttergesellschaft mehr finanzielle Mittel, und kann ein Darlehen bei der Tochtergesellschaft vereinbaren. Dies wird von Art. L 223-21 C.Com. ermöglicht; CD-L., Rdn 268; FREYRIA/CLARA, J.C.P. 1993, I, Ed. E., S. 247, Rdn 3.

tergesellschaft ermöglicht es, die einheitliche Leitung zu verstärken und einen größeren Druck auf die Organe der Tochtergesellschaften auszuüben[754].

Die Banken ermöglichen der Muttergesellschaft durch ein Konto "Groupe-client" - Konto für die Unternehmensgruppe - die ständige Übersicht der Konten der Tochtergesellschaften in zwei Weisen: das Telebanking und das Netting[755]. Es handelt sich um Kommunikationsnetze, die die nationalen und/oder internationalen Kontobewegungen der gesamten Tochtergesellschaften der Gruppe wie auf einer Karteikarte konzentrieren. Dies führt zu einer besseren Information über die Finanzen der Tochtergesellschaften, dadurch auch zu einer besseren und genaueren Geschäftsführung im Bereich des Finanzwesens und letztlich dazu, dass die Geschäftspolitik innerhalb der Unternehmensgruppe besser bestimmt werden kann.

Mithin ist festzustellen, dass die Muttergesellschaft durch einen beherrschenden Einfluss[756] eine einheitliche Leitung auf die kontrollierte Gesellschaft ausübt[757], indem sie z. B. die Geschäftspolitik der verbundenen Unternehmen durch ausgewählte Organe bestimmen kann[758]. Die Kontrollübernahme ermöglicht der Muttergesellschaft einen beherrschenden Einfluss auf die Geschäftsführung der Gesellschaft, von der sie die Geschäftsanteile erwirbt[759]. Eine einfache Beteiligung an der Tochtergesellschaft oder eine wirtschaftliche Abhängigkeit genügt allein nicht, um die einheitliche Leitung zu charakterisieren. Ein gesellschaftsrechtliches Indiz wie eine Beteiligung "und" eine wirtschaftliche Abhängigkeit wie z. B. durch exklusive Liefer- und Vertriebsverträge müssen zur Bestimmung der einheitlichen Leitung vorliegen. Wichtiger als gemeinsame Interessen innerhalb der Unternehmensgruppe zur Qualifizierung einer Einheit sind die finanziellen Beteiligungen. Sobald die einheitliche Leitung besteht, wird die Muttergesellschaft sie konsolidieren und verstärken. Diese muss ihre Herrschaft tatsächlich ausüben und aktiv auf die Tochtergesellschaft einwirken. Wie oben be-

---

754 OHL, S. 24, 317 ff; SOUSI, DISS., S. 167; BRILMANN, S. 184; PARIENTE, Rdn 65.

755 CD-L, Rdn 323 ff.

756 Ein angenäherter Ausdruck "Einfluss, der zur Leitung der Gesellschaft oder zur Bestimmung der Geschäftsführung oder des Funktionierens führte" war im Gesetz vom 19. Juli 1977 bezüglich der Kontrolle und der wirtschaftlichen Konzentrierung enthalten, J.C.P. 1977, Ed. G., I, Nr. 2879.

757 STORCK, Rev.soc. 1986, S. 390.

758 "Das Machtverhältnis wird mit Hilfe des Begriffs "Contrôle", insbesondere des genaueren Begriffs "Contrôle exclusif" analysiert", PLANTAMP, D. 1991, S. 71.

759 LEFEBVRE, Rdn 25522; STORCK, Rev.soc. 1986, S. 394: "Die Kontrolle ist ein Mittel, nachzuweisen oder zu vermuten, dass eine natürliche oder juristische Person über eine souveräne Geschäftsleitungs- und Entscheidungsbefugnis innerhalb einer rechtlich unabhängigen Gesellschaft verfügt"; PARIENTE, Rdn 86.

schrieben wurde, wird die einheitliche Leitung je nach dem Zweck der Muttergesellschaft in verschiedener Art und Weise ausgeübt, so dass es unmöglich scheint, präzise und allgemeine Konturen dieses Begriffs festzulegen. Wichtig ist vor allem festzustellen, wer der Träger der Willensbildung in der Unternehmensgruppe ist und woher die Geschäftsführungsmaßnahme innerhalb der Tochtergesellschaft kommt[760]. Außerdem kann die Muttergesellschaft als Inhaberin der einheitlichen Leitung nicht unmittelbar über die abhängige S.A.R.L. und ihr Unternehmen verfügen, sondern nur mittelbar, indem sie sich der rechtlichen Form der S.A.R.L. bedient. Sowohl der Einfluss der Muttergesellschaft in der Geschäftsführung der Tochtergesellschaft als auch ihre Rolle in den Organen der S.A.R.L sind von Vorteil, um die Abhängigkeit der Tochtergesellschaft zu verstärken. Somit darf die einheitliche Leitung als Macht, die auf die Tochtergesellschaften ausgeübt wird, um die Belange der Muttergesellschaft zu befriedigen, analysiert werden.

(b) Die Rechtspersönlichkeit und die Autonomie des Gesellschaftsvermögens der Gesellschaften der Unternehmensgruppe

Der Begriff "Unternehmensgruppe" hat mehr eine wirtschaftliche Bedeutung als eine gesellschaftsrechtliche, weil die Unternehmensgruppe über keine Rechtspersönlichkeit - "Personalité morale" - verfügt[761]. Jede Gesellschaft der Unternehmensgruppe ist und bleibt jedoch eine juristische Person gem. Art. 1842 cc[762]. Die Literatur hat darüber geschrieben: "Der Mensch hat die Gesellschaften nach seinem Leitbild geschaffen; er hat sie mit einer ähnlichen Freiheit ausgestaltet, die die Rechtspersönlichkeit realisiert und die die Autonomie des Gesellschaftsvermögens - Autonomie patrimoniale - ausdrückt"[763]. Dies hat zur Folge, dass im französischen Gesellschaftsrecht das Prinzip von der rechtlichen Unabhängigkeit der Gesellschaften innerhalb der Unternehmensgruppe gilt[764]. Die

---

760 DUCOULOUX-FAVARD: "Das Zentrum der Entscheidungsfindung muss lokalisiert werden", D. 1983, S. 288.

761 Dadurch unterscheidet sich die Tochtergesellschaft von der "Succursale", Niederlassung. Siehe auch LEFEBVRE, Rdn 25500; LAMY 1994, Rdn 1739, 1876; CHAMPAUD, R.T.D.Com. 1967, Rdn 8; CONTIN/HOVASSE, Rdn 3; PARIENTE, Rdn 16; Dies., Rev.soc. 1993, S. 247; RODIERE, La protection des minorités, Rdn 7; ARMAND/VIANDIER, Rev.soc. 1986, S. 557 ff; Siehe auch Com. 18.10.1994, R.T.D.Com. 1995, S. 139.

762 Dies wurde durch eine Entscheidung der Chambre des requêtes hervorgehoben, Requête Lamborn, S. 1926, S. 305; Lyon, 08.06.1990, J.C.P. 1991, Ed. E., Nr. 100; PARIENTE, Rdn 43, 45; RIPERT/ROBLOT, Rdn 711; HAMEL, D. 1949, Chr., S. 141; CONTIN/HOVASSE, Rdn 3.

763 CONTIN/HOVASSE, Rdn 1; PARIENTE, Rdn 50.

764 LAMY, Rdn 2540; CHAMPAUD, R.T.D.com. 1967, Rdn 8; GUYON, Rdn 614 ff; LEFEBVRE, Rdn 25500 ff; Str. BEGUIN, Rev.soc. 1986, S. 361.

Literatur meint weiter: "Die Autonomie braucht die Unternehmensgruppe nicht, um als solche anerkannt zu werden. Die Unternehmensgruppe identifiziert sich mit der Rechtspersönlichkeit der Tochtergesellschaften und der Muttergesellschaft, die ihr gutes Fortbestehen gewährleistet"[765]. *Sousi*[766] vertritt eine andere Meinung. Wenn das Unternehmensinteresse einer Tochtergesellschaft dem Unternehmensinteresse der Muttergesellschaft so untergeordnet werde, dass es ein einziges Unternehmensinteresse für die Tochtergesellschaft gebe, nämlich das der Muttergesellschaft, dann identifiziere sich die Rechtspersönlichkeit der Tochtergesellschaft mit der Rechtspersönlichkeit der Muttergesellschaft. Beide Gesellschaften hätten danach nur noch eine Rechtspersönlichkeit, nämlich die der Muttergesellschaft. Die Unternehmensgruppe verfüge deshalb über eine eigene Rechtspersönlichkeit, weil sie eine Spiegelung der Rechtspersönlichkeit aller abhängigen Gesellschaften darstelle, sofern nur die gruppierten Gesellschaften ein gemeinsames Unternehmensinteresse haben[767]. Dem ist nicht zu folgen.

Die Rechtspersönlichkeit der abhängigen Gesellschaften und die Autonomie des Gesellschaftsvermögens haben drei Auswirkungen:

- Jede Gesellschaft der Unternehmensgruppe muss eine juristische Person sein, ohne Rücksicht auf ihr Abhängigkeitsverhältnis gegenüber der Muttergesellschaft. Sie verfügt deswegen über alle Rechte und Pflichten, die sich daraus ergeben[768], und hat einen Namen und einen Gesellschaftssitz[769]. Sie verfügt auch über alle Organe, die für das Funktionieren als Tochtergesellschaft benötigt werden[770]. Die Tochtergesellschaft ist dann eine normale Gesellschaft. Dies trifft auch für den Fall der E.U.R.L. zu, wenn die Muttergesellschaft die einzige Gesellschafterin ist.

- Da die Tochtergesellschaft ihre eigenen Organe hat, darf der Geschäftsführer der Muttergesellschaft die Tochtergesellschaften nicht vertreten[771]. Aufgrund der Autonomie des Gesellschaftsvermögens der Tochtergesellschaft darf die Muttergesellschaft die Rechte und die Pflichten[772] ihrer Tochterge-

765 CD-L, Rdn 247.
766 SOUSI, Diss., S. 213 ff.
767 SOUSI, Diss., S. 213 ff.
768 Siehe PARIENTE, Rdn 49; GUYON, Rdn 127 ff, 174 ff.
769 Rev.trim.dr.com. 1978, S. 203.
770 PARIENTE, Rdn 49 f.
771 Vgl. Rev.soc. 1974, S. 495; Rev.soc. 1989, S. 289; GUYON, Rdn 127; Eine personelle Verflechtung - gleiche Geschäftsführer - ist möglich, siehe Bull.cass.civ. 1974, IV, S. 202, Nr. 248; PARIENTE, Rdn 49 f.
772 Z. B.: Das Unternehmen Sodelec hatte einen exklusiven Vertriebsvertrag mit dem Unternehmen Emafu abgeschlossen. Sodelec wurde inzwischen die Tochtergesell-

sellschaft nicht wahrnehmen. *Calais-Auloy* meint, dass eine Mischung aus Rechtspersönlichkeit, Eigenkapital und der "Relativité des conventions" die Inanspruchnahme der Muttergesellschaft durch die Gläubiger verhindert[773].

- Die Tochtergesellschaft als juristische Person verfügt über ihr eigenes Vermögen, das streng von dem der Muttergesellschaft getrennt ist. Der Grund liegt darin, dass die Muttergesellschaft die abhängigen Gesellschaften nicht mit in den Ruin ziehen darf, wenn sie finanzielle Schwierigkeiten hat. Die Bildung einer vermögensrechtlichen Einheit in der Gruppe hätte die Verschmelzung aller Schulden von jeder einzelnen Gesellschaft zur Folge. Dies würde zum einen die Organisation einer gesetzmäßigen Solidarität zwischen den verbundenen Gesellschaften und zum anderen die Einführung einer Verlustausgleichspflicht[774], die es im französischen Recht nicht gibt, voraussetzen. Die Literatur[775] meint in diesem Fall, dass dies die weitere Entwicklung der abhängigen Gesellschaften beeinträchtigen würde und den Ruin der Unternehmensgruppe zur Folge hätte. Das wäre nicht im Interesse der abhängigen Gesellschaft[776]. Deswegen ermöglichen die Rechtspersön-

---

schaft von Myson, die die gleichen Produkte wie Sodelec anderen Unternehmen verkauft hat, ohne Rücksicht auf den exklusiven Vertrag zwischen Emafu und Sodelec. Emafu erhob eine Klage wegen der Vertriebsvertragsverletzung gegen Myson. Der Kassationshof hob hervor, dass die Zugehörigkeit in einer Unternehmensgruppe nicht die Übertragung von vertraglichen Verpflichtungen einer Gesellschaft auf eine andere berechtigt. Die Muttergesellschaft war nicht gehalten, die vertraglichen Verpflichtungen ihrer Tochtergesellschaft zu leisten, C.C.24.05.1982, Rev.soc. 1983, S. 361; Zustimmend BURST: "Der Kassationshof hebt ein Prinzip hervor, nach dem eine Tochtergesellschaft eine juristische Person ist, die sich von der Muttergesellschaft strikt unterscheidet. Demnach kann der Gläubiger, der mit einer Tochtergesellschaft verhandelt hat, eine Auszahlung nur von der Tochtergesellschaft bekommen, mit der er verhandelt hat", Rev.soc. 1983, S. 96; J.C.P. 1993, Ed. E, II, Nr.562; LAMY, Rdn 2540.

773 CALAIS-AULOY, Rev.jur.com. 1976, S. 95; "Die Tochtergesellschaften sind als unabhängige Gesellschaften angesehen", RIPERT/ROBLOT, Band I., Rdn 713; DOMAIN, G.P., S. 11.

774 Dies war der Gegenstand des Gesetzentwurfs vom Abgeordneten COUSTE.

775 CHAMPAUD, S. 279; SOUSI, DISS., S. 211 f; LAMY, Rdn 1741; CONTIN/HOVASSE, Rdn 18.

776 Tribunal correctionnel 11.01.1955, In SOUSI, Diss., S. 199: Die beiden Gesellschafter hatten Umsätze auf ihr privates Konto verbucht. Sie hatten, zu Unrecht, plädiert, dass sie, als Gesellschafter, nur Gewinne ausgeschüttet hatten, und dass die S.A.R.L. keinen Schaden erlitten hatte. Deshalb meinten sie, sie hätten keine Maßnahme durchgeführt, die dem Unternehmensinteresse widerspräche. Der Richter hob hervor, dass das Gesellschaftsvermögen verschieden vom Vermögen der Gesellschafter war, und dass es untersagt war, die beiden zu vermischen oder über ein Teil des Gesellschaftsvermögens zu verfügen. Das Gesellschaftsvermögen zu schützen bedeutet das Unternehmensinteresse zu schützen.

lichkeit und die Autonomie des Gesellschaftsvermögens, dass die Risiken bei einer Vermögensverlagerung zwischen Unternehmen der Gruppe beschränkt werden[777].

Die Autonomie des Gesellschaftsvermögens der Gesellschaften der Gruppe ermöglicht es der Tochtergesellschaft, ein eigenes Unternehmensinteresse zu haben. Steht dieses eigene Unternehmensinteresse im Konflikt mit dem der Muttergesellschaft, so gebührt dem Interesse der Tochtergesellschaft der Vorrang[778]. Die vermögensrechtliche Unabhängigkeit wird verletzt, wenn die Muttergesellschaft eine dem Unternehmensinteresse der abhängigen Gesellschaft zuwiderlaufende Maßnahme beschlossen hat[779].

(2) Typen von "Groupes de sociétés"

Obwohl das französische Gesellschaftsrecht die Unternehmensgruppe nicht genau regelt, existieren verschiedene Typen von Unternehmensgruppen. Zum einen streben die Unternehmensgruppen eine vertikale Konzentration an, d. h. die Herstellung eines Produkts vom Rohstoff bis zum Verkauf[780]. Zum anderen streben sie auch zur horizontalen Konzentration, d. h. zum Erzielen eines Monopols oder einer marktbeherrschenden Stellung für ein bestimmtes Produkt[781].

Eine ganz besondere Art der Unternehmensgruppe ist die personalistische Unternehmensgruppe, die sogenannte "groupe personnel"[782]. Die personalistische Unternehmensgruppe ist eine Gesamtheit von Gesellschaften, deren Entscheidungseinheit sich nur aus personellen Verflechtungen ergibt. Der Begriff "groupe personnel" ist schwer zu erfassen, weil hier nicht nur die rechtlichen, sondern auch die faktischen Geschäftsführer berücksichtigt werden müssen. Außer der Gemeinsamkeit der Geschäftsführer in diesen Unternehmensgruppen ergänzen sich ihre Unternehmensgegenstände oft, und die Gesellschaftssitze haben dieselbe Adresse, um die Geschäftsführung zu erleichtern. Die personalistischen Unternehmensgruppen sind ein Phänomen der wirtschaftlichen Realität, ohne genauere juristische Regelung. Allerdings einzig Art. L 223-19 C.Com. und Art. L 223-21 C.Com. (vormals Art. 50, 51 G 1966) verbieten Verträge unter

---

777 LEAUTE, J.C.P. 1973, Nr. 2551, Rdn 2; OHL, Rdn 1 ff; Siehe auch Rev.soc. 1983, S. 361 und 615, Bull.Joly 1984, S. 528; LAMY, Rdn 1741, 2540.

778 Allerdings geht das Unternehmensinteresse der Unternehmensgruppe vor dem Interesse der Tochtergesellschaft, wenn die Unternehmensgruppe dadurch einen besonderen Vorteil daraus zieht.

779 CONTIN/HOVASSE, Rdn 21; CONTIN, D. 1968, Chr., S. 49 ff.

780 GUYON, Rdn 581; VANHAECKE, S. 17 ff.

781 GUYON, Rdn 581; VANHAECKE, S. 17 ff.

782 GUYON, Rdn 588; CHAMPAUD, R.T.D.Com. 1967, Rdn 11.

den Gesellschaften mit gemeinsamen Geschäftsführern ebenso wie Verträge zwischen Gesellschaft und Geschäftsführer[783].

Es ist sehr schwierig, die Unternehmensgruppen ohne gesetzliche Regelung einzuordnen[784]. Das französische Gesellschaftsrecht zählt personalistische Unternehmensgruppen ohne Angliederungsvertrag zu den "faktischen Unternehmensgruppen"[785]. Zwei Typen von faktischen Unternehmensgruppen sind hier hervorzuheben. Der erste Typ beruht auf dem Mechanismus des Gesellschaftsrechts, der zweite auf der traditionellen vertraglichen Technik. Problematisch ist, dass die Techniken, um eine Unternehmensgruppe zu bilden, grundsätzlich auf denen der A.G. basieren, weil in der französischen Geschäftswelt die Unternehmensgruppe überwiegend in dieser Form gegründet wird. Teile davon finden aber auch für die S.A.R.L. Anwendung. Techniken, die ausschließlich die A.G. betreffen, werden hier nicht dargestellt.

(a) Die Unternehmensgruppe mit einer gesellschaftsrechtlichen Struktur[786]

Es handelt sich hier um Unternehmensgruppen, die auf kapitalbezogenen Verbindungen, die vom Gesellschaftsrecht ermöglicht worden sind, beruhen. Dies setzt zwei Elemente voraus:

- Ein objektives Element: Eine Gesellschaft muss einen bedeutsamen Teil der Geschäftsanteile einer anderen Gesellschaft besitzen.

---

783 Zum diesem Thema siehe CD-L, Rdn 136 ff.

784 Hier hat die Literatur versucht, sich der faktischen Unternehmensgruppe mit der Theorie der "société créée de fait" anzunähern, GUYON, Rdn 143, CD-L, Rdn 173; GUYON meinte, dass die Unternehmensgruppe hauptsächlich eine faktische Lage im heutigen Stand unserer Gesetzgebung ist, GUYON, Rdn 613; Es ist tatsächlich so, dass eine Unternehmensgruppe die charakteristischen Merkmale einer "société créée de fait" in sich vereinigt. Eine "société créée de fait", die faktische Gesellschaft, liegt vor, wenn mehrere natürliche oder juristische Personen sich als Gesellschafter eines gemeinschaftlichen und übergeordneten Unternehmens ohne Eintragung in dem Handelsregister zusammenarbeiten. Deswegen ist sie keine juristische Person. Zur Voraussetzungen der "société créée de fait", siehe VIANDIER, Rdn 154; PARIENTE, Rdn 47; MERLE, Rdn 615; LEFEBVRE, Sociétés, Rdn 25501; Seit einer Entscheidung des Kassationshofs ist die Anwendung dieser Theorie auf die Unternehmensgruppe abgelehnt worden, Cass.com., J.C.P.1974, II, Nr. 4938.

785 Vgl. DOMAIN, G.P. 1994, S. 11.

786 CHAMPAUD, R.T.D.com. 1967, Rdn 6; CONTIN/HOVASSE, Rdn 3; RIPERT/ROBLOT, Rdn 711;

- Ein subjektives Element: Die Beteiligung am Kapital der anderen Gesellschaft muss nicht als Kapitalanlage betrachtet werden, sondern dazu genutzt werden, eine Beherrschung oder einen Einfluss auf diese Gesellschaft auszuüben.

Das Gesetz vom 24. Juli 1966 enthält und regelt zwei juristische Begriffe, die die kapitalbezogene Verbindung in der Unternehmensgruppe mit gesellschaftsrechtlicher Struktur ermöglichen: "Participation" - Beteiligung - und "Filiale" - Tochtergesellschaft. Diese juristischen Begriffe sind ein modernes Mittel für die Unternehmensgruppe, ihre Entwicklungs- und Geschäftspolitik anzuwenden.

(i) Die Beteiligung

Eine Beteiligung am Kapital einer Gesellschaft ist anzunehmen, wenn eine Gesellschaft an einer anderen Gesellschaft einen Kapitalanteil zwischen 10 % und 50 % innehat, Art. L 233-2 C.com.[787]. Die Beteiligung setzt einen dauerhaften Besitz der Geschäftsanteile voraus. Zwei Arten von Beteiligungen lassen sich unterscheiden:

- Die einfache Beteiligung. Diese führt zu drei Schwierigkeiten: 1) Eine Schwierigkeit der Qualifizierung zur einfachen Beteiligung liegt vor, weil eine Minderheitsbeteiligung oft die Beherrschung einer Gesellschaft ermöglicht[788]. 2) Das zuständige Gesellschaftsorgan, das den Kauf oder Verkauf der Geschäftsanteile beschließt, muss bestimmt werden, weil es sich im Allgemeinen um Geschäftsführungsmaßnahmen handelt, für die der Geschäftsführer zuständig ist. Eine solche Entscheidung kann jedoch eine mittelbare Änderung des Unternehmensgegenstands zur Folge haben. In diesem Fall ist ein Beschluss der Gesellschafterversammlung erforderlich. 3) Es besteht eine zwingende Mitteilungspflicht gemäß Art. L 233-7 Al. 1 C.Com.

- Wechselseitige Beteiligungen bestehen, wenn zwei Gesellschaften gegenseitig einen Teil der Geschäftsanteile ihres Kapitals besitzen[789]. Dieser Fall birgt zwei Schwierigkeiten. Zum einen bewirken wechselseitige Beteiligungen, dass die Aktiva der beiden Gesellschaften sich vermindern oder sogar verschwinden; die Gesellschaften könnten ohne Zuwachs ihrer Aktiva ihr Kapital erhöhen[790]. Zum anderen werden die beiden Gesellschaften von denselben Personen beherrscht, wenn die wechselseitigen Beteiligungen bedeu-

---

787 Eine Beteiligung von weniger als 10 % ist als Kapitalanlage zu sehen, PARIENTE, Rdn 56; RIPERT/ROBLOT, Rdn 712; MERLE, Rdn 643.

788 STORCK, Rev.soc. 1986, S. 386: Wenn andere Beteiligungen zerstreut worden sind oder wenn Art. L 233-3 Al. 5 C.Com. gilt.

789 GUYON, Rdn 587.

790 GUYON, Rdn 587.

tend sind. Es handelt sich hier um die Technik der Verriegelung - "Verrouillage" genannt.

Mehrere Methoden ermöglichen die Beteiligung am Kapital einer Gesellschaft:

- Die Gründung einer Gesellschaft: Die Muttergesellschaft ergreift die Initiative, eine neue Gesellschaft mit natürlichen und/oder juristischen Personen als Gesellschaftern zu gründen. Der gesellschaftsrechtliche Grund liegt z. B. darin, dass die Muttergesellschaft ihr Risiko beschränkt, indem sie besonders gefährliche Teile ihrer Tätigkeit in der Form einer S.A.R.L. verselbständigt. Dazu kann die Muttergesellschaft mit 40 % des Stammkapitals möglicherweise die Kontrolle der Gesellschaft gem. Art. L 233-3 C.Com. übernehmen.

- Der "Apport partiel d'actif" - teilweise eingebrachte Aktiva[791]: Eine Gesellschaft kann einen Teil ihrer Aktiva in eine andere Gesellschaft einbringen und aufgrund der Geschäftsanteile, die sie als Gegenleistung bekommt, die Kontrolle dieser dadurch begünstigten Gesellschaft übernehmen.

- Die Kapitalerhöhung durch Zeichnung von Geldeinlagen[792]: Oft ist die Zeichnung für die Gesellschaft vorbehalten, die die Kontrolle von der die Kapitalerhöhung durchführenden Gesellschaft übernimmt. Dies setzt den Verzicht auf das gesetzliche Bezugsrecht zur Zeichnung bei Kapitalerhöhung für die Gesellschafter voraus.

- Der Kauf von Geschäftsanteilen. Die Arbeitshypothese ist die folgende: Alle Gesellschafter verkaufen ihre Anteile an die Mitglieder der Unternehmensgruppe, die dadurch die Kontrolle der Gesellschaft erzielt[793]. Die Geschäftsanteile der S.A.R.L. können an gesellschaftsfremde Dritte nur mit der Zustimmung der Mehrheit der Gesellschafter abgetreten werden, die mindestens drei Viertel der Geschäftsanteile gem. Art. L 223-14 C.Com. vertritt. Dies hat zur Folge, dass die Minderheit sich gegen den Verkauf der Geschäftsanteile der Mehrheitsgesellschafter wehren kann.

(ii) Die Tochtergesellschaft

Im französischen Gesellschaftsrecht wird eine Gesellschaft als Tochtergesellschaft einer anderen angesehen, wenn eine Gesellschaft mehr als 50 % des Kapitals einer anderen Gesellschaft besitzt, Art. L 233-1 C.Com. Das französische Gesellschaftsrecht enthält sogar den Begriff der "mittelbaren Tochtergesellschaft". Art. L 233-4 C.Com. besagt, dass eine Gesellschaft, deren Anteile zu-

---

791 Siehe näher LEFEBVRE, Sociétés, Rdn 26770 ff; LAMY, Rdn 1775.

792 Art. L 223-7 und 223-32 C.Com.; Siehe auch LEFEBVRE, Sociétés, Rdn 5823; LAMY, Rdn 1775.

793 Zur gesetzlichen Natur des Kaufs, siehe GUYON, Rdn 606.

mindestens 10 % von einer Tochtergesellschaft besessen werden, auch mittelbar von der Muttergesellschaft kontrolliert wird[794]. Eine mittelbare Tochtergesellschaft beruht gleichsam auf einer "abgestuften" Gesellschaftsstruktur. Die herrschende Gesellschaft wirkt durch ihre Tochtergesellschaft auf deren Tochtergesellschaft ein. Dies setzt voraus, dass die Tochtergesellschaft erster Ordnung einen beherrschenden Einfluss auf die Tochtergesellschaft zweiter Ordnung ausüben kann.

Dass eine S.A.R.L. erst mit 51 % der Geschäftsanteile eine Tochtergesellschaft der Unternehmensgruppe wird, ist kein Zufall. Die 51 % des Stammkapitals entsprechen der absoluten Mehrheit in der Gesellschaft, die der Muttergesellschaft hilft, die Geschäftsführung der Tochtergesellschaft zu beherrschen. Wenn die Geschäftsanteile unter verschiedenen Gesellschaftern verteilt sind und sich keiner wirklich für die Geschäftsführung der S.A.R.L. interessiert, genügt dann eine einfache Beteiligung der Spitze der Unternehmensgruppe, um die Gesellschafterversammlung zu beherrschen. Gleiches gilt für die herrschende Gesellschaft. Indem die Muttergesellschaft 51 % der Geschäftsanteile besitzt, kann sie die Gesellschafterversammlung tatsächlich beherrschen[795]. Dies hat beispielsweise zur Folge:

- Konsolidierte Abschlüsse von der ganzen Unternehmensgruppe, die im Anhang die Erträge aller Gesellschaften der Gruppe enthalten müssen, müssen gem. Art. L 233-16 ff C.Com. errichtet werden[796]. Ab eine Beteiligung von 5 % muss ein Abhängigkeitsbericht von dem Geschäftsleiter erstellt werden, Art. L 233-6 Al.1 C.Com. Dies gilt insbesondere dann, wenn die Muttergesellschaft ein oder mehrere Unternehmen kontrolliert. Dies gilt außerdem, wenn ein "beherrschender Einfluss" sowohl innerhalb der Geschäftsführung als auch auf die Geschäftspolitik eines Unternehmens ausgeübt wird[797].

- Gem. Art. L 233-12 Al.1 C.Com. muss der Inhaber von mehr als 5 % des Kapitals einer Gesellschaft, diese Gesellschaft innerhalb von 15 Tagen von

---

794 VANHAECKE spricht auch von einer Tochtergesellschaft beim Abschluss von Verträgen, die eine Gesellschaft einer anderen unterordnen, und er spricht in diesem Fall nicht von einheitlicher Leitung, sondern von Beherrschung, "Domination", VANHAECKE, S. 17 ff; MERLE, Rdn 643.

795 Die Muttergesellschaft kann aber nicht die Satzung ändern, weil eine Dreiviertelmehrheit der S.A.R.L.-Geschäftsanteile dafür gebraucht wird, Art. L 223-30 C.Com.

796 Siehe näher GUYON, Rdn 584, 619 ff; LAMY, Rdn 1816 ff; FEUILLET, Rev.soc. 1986, S. 173 ff.

797 PLANTAMP, D. 1991, S. 72.

seinem Beteiligungserwerb in Kenntnis setzen[798]. Das Gesetz hat ihm hier eine Mitteilungspflicht zum Schutz der abhängigen Gesellschaft auferlegt[799].

Art. L 247-1C.Com. regelt die strafbaren Handlungen betreffend Tochtergesellschaften, Beteiligungen und kontrollierte Gesellschaften, wie z. B. das Fehlen von Mitteilungspflichten hinsichtlich Tochtergesellschaften gegenüber den Minderheitsgesellschaftern oder Aktionären.

(iii) Ergebnis

Die Machtverhältnisse, die auf dem Mehrheitsbesitz von Kapitalanteilen beruhen, sind ausschlaggebend für die Angliederung von Gesellschaften als Beteiligungen oder Tochtergesellschaften in der Unternehmensgruppe. Das Kriterium der "Contrôle" bleibt jedoch wichtiger als das der Beteiligung am Gesellschaftskapital oder an der Tochtergesellschaft, um die abhängige Gesellschaft in ihrer Geschäftsführung besser zu kontrollieren. Daher gewinnt der Begriff "société dominante", kontrollierende oder herrschende Gesellschaft, große Bedeutung im französischen Gesellschaftsrecht. Die herrschende Gesellschaft ist diejenige, die eine effiziente Kontrolle auf mehrere Gesellschaften ausübt. Wie oben gesehen, stellt die Tochtergesellschaft die beste Möglichkeit dar, einen Einfluss der Muttergesellschaft auf die Geschäftspolitik der abhängigen Gesellschaft auszuüben. Es wurde dargestellt, dass die Tochtergesellschaft eine eigene Rechtspersönlichkeit hat, die eine Schwierigkeit für die Muttergesellschaft bildet. Der Grund hierfür ist, dass die Muttergesellschaft nicht unmittelbar den Geschäftsführer der Tochter-S.A.R.L. oder die leitenden Angestellten anweisen kann. Diese Schwierigkeit lässt sich jedoch leicht umgehen, da die Muttergesellschaft über andere Möglichkeiten verfügt, sich gegen die Geschäftsführer der Tochtergesellschaft durchsetzen. Ein Beispiel hierfür ist die Abberufungsmöglichkeit durch den Mehrheitsgesellschafter. Deshalb spielt die kapitalbezogene Macht über die abhängige Gesellschaft eine sehr große Rolle in Frankreich.

(b) Die Unternehmensgruppe mit einer vertraglichen Struktur[800]

Gesellschaften verstärken ihre Macht über andere Gesellschaften durch Verträge. Aus dem wirtschaftlichen Bedürfnis heraus, Unternehmen in einer Gruppe zu konzentrieren, haben sich die unterschiedlichsten Verträge innerhalb der Unternehmensgruppe entwickelt[801].

---

798 LAMY, Rdn 1793 ff.

799 RODIERE, Rdn 4.

800 CHAMPAUD, Diss., S. 21; PRIETO, Rdn 443; CONTIN/HOVASSE, Rdn 3; PLANCK, S. 123: "In Frankreich werden Verträge nur selten als Mittel zur Beherrschung benutzt".

801 ENGLISCH, S. 213.

Die vertraglichen Strukturen der Unternehmensgruppe sind unterschiedlich. Sie können Unternehmen binden, die trotzdem ihre wirtschaftliche Unabhängigkeit behalten. Sie können Unternehmen einbeziehen, die wirtschaftlich abhängig aber trotzdem rechtlich und vermögensrechtlich unabhängig sind. Wie oben beschrieben wurde[802], kann die Tätigkeit der Muttergesellschaft in der Tochtergesellschaft geschäftspolitisch, aber auch finanziell sein. Manchmal kann die Muttergesellschaft einfach auf ihre wirtschaftlichen Tätigkeiten verzichten, um nur eine finanzielle Rolle zu spielen. Sie wird dann eine Holding.

(i) Die Zustimmungsprotokolle, die die Gründung einer Holdinggesellschaft organisieren

Durch vertragliche Techniken werden die Regeln des Gesellschaftsrechts ergänzt und harmonisiert, indem sie die vertragliche Grundlage einer Unternehmensgruppe mit einer finanziellen Gesellschaft als Unternehmensgruppespitze festlegen[803]. In der Praxis wird diese Gesellschaft als "Holding" bezeichnet. Unter Holding wird eine Gesellschaft verstanden, deren einzige Aufgabe es ist, ihre Kapitalbeteiligungen in anderen Gesellschaften zu verwalten. Die Holding ist demnach eine Verwaltungsgesellschaft - "Holding de gestion". Sie hat den Vorteil, mehrere Gesellschaften zu kontrollieren[804], weil durch das Einschalten einer Holding vermieden wird, dass die Geschäftsanteile unter zu vielen Gesellschaftern verteilt werden[805]. Die vertragliche Grundlage wird "Protocoles d'accord" - Zustimmungsprotokoll - oder auch "Conventions de groupement" - Gruppierungsvereinbarung genannt. Obwohl die häufigste Form einer Holding die A.G. ist, ist auch die Form der S.A.R.L. möglich[806]. Wird eine Holding in der Rechts-

---

802 Siehe Teil II C (2)(a) i in der vorliegenden Dissertation.

803 PARIENTE, Rdn 52; CD-L, Rdn 123; CHAMPAUD, R.T.D.com. 1967, Rdn 10; GUYON, Rdn 583.

804 CHAMPAUD, R.T.D.Com. 1967, Rdn 11; Die Realisation eines öffentlichen Bauwerkes kann der Anlass einer Unternehmensgruppe sein. Die Konstruktion von Autobahnen, Unternehmen oder staatlichen Häfen benötigt große finanzielle Mittel, über die eine einzige Gesellschaft nicht verfügen kann. Deswegen bietet diese Art von Unternehmensgruppen viele Möglichkeiten für ein bestimmtes Werk, also nur für einen "Auftrag" an. Die Holding wird für die Organisation und Durchführung verantwortlich sein. Dadurch wird eine bessere Geschäftsführung der Unternehmensgruppe durchgeführt. Diese Form von wirtschaftlicher Konzentrierung, die sehr häufig auf der internationalen Ebene genutzt wird, darf nicht mit dem Gemeinschaftsunternehmen verglichen werden. Aus Platzgründen wird dieses Gemeinschaftsunternehmen nicht behandelt; Siehe näheres CD-L, Rdn 123; CHAMPAUD, R.T.D.Com. 1967, Rdn 13 ff.

805 PARIENTE, Rdn 92; CD-L., D. 1993, S. 248 ff.

806 HONORAT, D. 1987, S. 602: Die Beziehung zwischen der Geschäftsführungsmacht und dem Kapitalbesitz in der S.A.R.L. ist weniger streng als in der S.A. Die Rechtsprechung hat sogar eine solche Holding für nichtig erklärt, weil das einzige Ziel der

form einer S.A.R.L. ausgestaltet, birgt dies gerade für größere Unternehmen Nachteile. Die Geschäftsanteile einer S.A.R.L können nur notariell beglaubigt abgetreten werden und sind nicht börsenfähig[807]. Deswegen bleibt die Holding-S.A.R.L. eine Seltenheit.

Der Einbringung von Geschäftsanteile für die Gründung einer Holding soll – wie für den Beherrschungsvertrag im deutschen Recht – von der Gesellschafterversammlung entschieden werden. Diese benötigen eine Dreiviertelmehrheit gemäß Art. L 223-30 C.Com., weil die Gründung der Holding zu einem satzungsändernden Zweck führt[808]. Sobald dieser Beschluss vorliegt, wird ein Zustimmungsprotokoll verfasst, der diesen Beschluss und Klauseln, die die Unterordnung der Gesellschaften gegenüber der Holding genauer festlegen, enthält. Diese vertragliche Grundlage bestimmt auch die gegenseitigen Verpflichtungen der verschiedenen Gesellschaften und ihre Gewinnverteilung.

Die Rechtsprechung hat die Gültigkeit solcher Verträge im "Rivoire et Carret-Lustucru-Urteil" anerkannt[809]:

> Es gab einen Streit zwischen zwei Unternehmensgruppen, Rivoire et Carret S.A.R.L. und Lustucru S.A.. Ein Zustimmungsprotokoll, das die Umwandlung der Rivoire et Carret S.A.R.L. in eine Holding Rivoire et Carret-Lustucru S.A. vorsah, wurde 1967 unterschrieben. Lustucru S.A. hatte zwei Tochtergesellschaften Soparec S.A. und Lustucru S.A.R.L. Lustucru S.A. besass 70 % des Kapitals von jeder ihrer Tochtergesell-schaften. Rivoire et Carret S.A.R.L. besass 58,7 % der Holding und Lustucru S.A. 41,3 %. Um diesen Unterschied in der Beteiligung der beiden Gruppen in der Holding auszugleichen, ist die Geschäftsführung der Holding basierend auf einer gleichen Zahl von Vertretern der beiden Gruppen in der Leitung und dem Aufsichtsrat organisiert worden. Das Ziel des Protokolls war, die gemeinsame Geschäftsführung der Gesellschaften und ihrer Tochtergesellschaften zu erreichen sowie die Geschäftspolitik der neuen Unternehmens-gruppe und deren industriellen Tochtergesellschaften durch die Leitung der Holding zu bestimmen. Aber die Holding ist als S.A. gegründet worden und enthielt keine der Protokollklauseln darüber, wie die Gruppen vertreten werden. Inzwischen wurden die Anteile Carret S.A.R.L. von der Gruppe Cohen-Skalli abgekauft, was wirtschaftliche Unruhen innerhalb der Gesellschaft und die Nichtbeachtung des Protokolls von Cohen-Skalli zur

---

Gründer war, die normale Verteilung des Stimmrechts zu ändern, Civ.sect.com. 10.06.1960, D. 1961, Som., S. 18.

807 Siehe Art. L 221-14 und L 223-12 C.Com. bezüglich der Abtretung von Geschäftsanteilen.

808 PARIENTE, Rdn 97; Sofigep-Urteil, Grenoble, 31.05.1983, Rev.Juris.Com. 1983, S.379.

809 Trib.com 01.08.1974, Rev.soc. 1974, S. 685; "Société Rivoire et Carret-Lustucru-Urteil", T.com. Marseille 08.09.1983, Rev.soc. 1984, S. 80 ff; FARNOCCHIA, GADA, S. 94 ff.

Folge hatte. Die Gruppe Cohen-Skalli hatte eine Satzungsänderung hinsichtlich der Vertretung in der Geschäftsleitung beschlossen.

Später wurde durch den Geschäftsleiter der Lustucru S.A. beim Marseiller Handelsgericht beantragt, festzustellen, ob das Protokoll und demgemäß die Gründung der Holding nichtig sei. Er argumentierte, das Protokoll verhindere die Ausübung des Stimmrechts der Minderheit, indem es die Vertretungen innerhalb der Geschäftsleitung für beide Gruppen vorsah[810]. Das Handelsgericht hob in seinen Entscheidungsgründen hervor, dass dieses Protokoll sich hier auf keinen Fall einem Stimmrechtsbindungsvertrag[811] annähere, weil es sich hier weder um einen Verzicht des Stimmrechts noch um eine Verpflichtung in einen bestimmten Sinn zu wählen handele. Das Gericht wollte außerdem die Holding für nichtig erklären, weil das Protokoll für die Geschäftsführung der Unternehmensgruppe vorteilhaft war. Auf Antrag der Lustucru S.A. erklärte das Berufungsgericht, dass das Protokoll auch Auswirkungen auf die Gruppe Cohen-Skalli hatte und dass die Holding durch das Protokoll verpflichtet war. Lustucru hatte eine Minderheitsbeteiligung nur unter der Voraussetzung angenommen, dass Lustucru obligatorisch innerhalb der Geschäftsleitung und des Aufsichtsrats sein würde. Indem Lustucru S.A. eine Minderheitsbeteiligung im Protokoll vereinbart hatte, konnte sie die Geschäftsleitung der Holding nicht frei wählen. Die Handelskammer des Kassationshofs entschied am 24. Februar 1987 auch in diesem Sinn[812].

Wie oben beschrieben wurde, wird die Gültigkeit einer vertraglich gebildeten Holding von der Rechtsprechung anerkannt[813], obwohl keine gesetzliche Regelung auf den Begriff "Holding" zurückgreift. Im "Rivoire et Carret-Lustucru-Urteil" hat das Handelsgericht die Definition dieses Begriffs gegeben[814]. Die Holdings sind Gesellschaften, deren Gegenstand es ist, Beteiligungen in anderen

---

810 Die Richter stellten fest, dass hier der *Affectio Societatis* fehlte, weil die Interessen der Beteiligten für die Holding verschwunden waren, sobald Schwierigkeiten in der Vertretung der Holding entstanden sind.

811 Durch einen Stimmrechtsbindungsvertrag gem. Art. L 233-3 Al. 3 C.Com. wird ein Gesellschafter verpflichtet, sein Stimmrecht in einem bestimmten Sinne auszuüben. Die Stimmrechtsbindungsverträge hatten lange eine "verdächtige" Gültigkeit. Eine Verordnung vom 31 August 1937 (D.P 1937, S. 239), die ein Gesetz vom 13. November 1933 (D.P. 1933, S. 41) geändert hatte, erklärte diese Verträgen für nichtig. Jetzt sind diese Vereinbarungen zulässig, dürfen aber nicht dem Unternehmensinteresse zuwider sein. Diese Verträge lassen zu, ein Kontrollebefugnis innerhalb eines Unternehmens zu erwerben oder zu verstärken, indem entweder die Position des Merheitsgesellschafters konsolidiert wird oder die Beherrschung des Entscheidungsbefugnisses von Außen erworben wird; Siehe GUYON, Rdn 307-1, 588.

812 D. 1987, J, S. 599 ff.

813 Siehe auch Gallimard-Urteil, D. 1990, S. 438.

814 Rev.soc. 1984, S. 80 ff.

Gesellschaften zu nehmen[815], um sie zu leiten und ihre Aktivitäten zu kontrollieren. Diese Holdings spielen in der Tat die Rolle der Muttergesellschaft. In jedem Fall prüfen die Richter nach, ob die Holding über eigene Geschäftsleiter sowie einen eigenen Sitz und einen eigenen Unternehmensgegenstand verfügt, der sich auf ihre finanzielle Rolle, d. h. die Geschäftsführung der Tochtergesellschaften hinsichtlich der allgemeinen Geschäftspolitik der Gruppe, beschränkt[816]. Diese Holding ist gefährlich für kleine gruppierte Gesellschaften, denn schon *Champaud* sagte: "Die Rechtspersönlichkeit der gruppierten Gesellschaften wird durch aus der wirtschaftlichen Abhängigkeit ergebende Eingriffe beeinträchtigt, und dies erreicht auch die Autonomie des Gesellschaftsvermögens, das Unternehmensinteresse dieser Gesellschaften, durch die sich die juristische Person mit Hilfe ihrer Organe ausdrücken kann"[817].

(ii) Die Handelsverträge

Im Gegensatz zur ersten obigen Darstellung, die eine Beteiligung mit mehr oder weniger großen Kapital einer Gesellschaft zum Ziel hat, haben die Handelsverträge zwischen Unternehmen[818] den Vorteil, dass jeder Vertragspartner sowohl beim Besitz des eigenen Stammkapitals als auch bei der Vertretungswahl innerhalb seiner eigenen Gesellschaft völlig unabhängig bleibt. Diese Verträge können nicht nur einen beherrschenden Einfluss verstärken, sondern auch einen solchen Einfluss erst verschaffen[819]. Hier werden aus Platzgründen nur zwei Beispiele behandelt.

Der Unterlieferanten-Vertrag[820]

Jeder Unternehmer kann eine beauftragte Tätigkeit teilweise oder ganz durch einen anderen Unternehmer, den Unterlieferanten, durchführen lassen, sofern vertraglich nichts anderes bestimmt ist. Man redet hier von einem Unterlieferanten-Vertrag. Darunter wird eine Produktionstätigkeit verstanden, deren technische Merkmale und Preise eng von der Kundschaft bestimmt werden[821]. Die

---

815 Die Holding erleichtert den Unternehmenskauf durch steuerrechtliche Vorteile, siehe näher PARIENTE, Rdn 92.

816 Die Richter nahmen Bezug auf die Regelungen des Vertragsrechts und des Gesellschaftsrechts, um den wirklichen oder faktischen Charakter hervorzuheben.

817 CHAMPAUD, Diss., S. 87 und 278; Vgl. PARIENTE, Rdn 50.

818 Siehe LEFEBVRE, Contrats, Rdn 2923 ff; Vgl. SCHMIDT, Rev.soc. 1981, S. 726; CHAMPAUD, R.T.D.Com. 1967, Rdn 39.

819 Kontrolle aufgrund Ausnutzung wirtschaftlicher Abhängigkeit, siehe VANHAECKE, S. 17 ff; LEFEBVRE, Contrats, Rdn 2926.

820 Es wird nur auf die Grundzüge dieses Vertrags eingegangen. Siehe näheres LEFEBVRE, Contrats, Rdn 3120, 3148.

821 Siehe auch Art. 1 Gesetz vom 31.12.1975 In Code de Commerce; CHAMPAUD, R.T.D.Com. 1967, Rdn 39.

Kundschaft behält sich das Recht vor, die Beachtung der erteilten Maßnahmen während der Durchführung nachzuprüfen.

Da es sich um einen "Contrat d'entreprise" - Werkvertrag - gem. Art. 1779 ff cc handelt, dessen Klauseln einseitig dem Unterlieferant auferlegt worden sind[822], stellt der Unterlieferant nach den Anweisungen des Hauptunternehmers ein Produkt her, das von diesem ausgeliefert wird. Der Unterlieferant ist nur ein Element der Herstellungskette[823].

Der Unterlieferanten-Vertrag enthält zahlreiche Klauseln. Zu nennen ist hier etwa das ausschließliche Recht der herrschenden Gesellschaft, Produkte zu veräußern. Dadurch wird das beherrschte Unternehmen von jeder am Markt anbietenden Tätigkeit ausgeschlossen. Zu dieser Klausel kommen im übrigen noch Bestimmungen über Durchführungsmaßnahmen, Lieferungsfrist, den Preiskatalog und ähnliches hinzu. Die Gesellschaft des Hauptunternehmers beherrscht wirtschaftlich betrachtet diejenige des Unterlieferanten. Diese wirtschaftliche Lage rechtfertigt die Anwendung des Wortes "Unternehmensgruppe", weil die herrschende Gesellschaft als industrielle Gruppe ihre Herstellungstätigkeiten durch rechtlich unabhängige, aber wirtschaftlich unselbständige "Betriebsabteilungen" erweitert, jedoch ohne Tochtergesellschaften zu gründen[824].

Der Vertrag zum selektiven Vertrieb

Unter dem Vertrag zum selektiven Vertrieb - "Contrat de distribution exclusive" - wird der Verkauf einiger Produkte verstanden, die einen Kundendienst wie z. B. in der Hotel-Restaurant-Branche oder Unterhaltungselektronik benötigen. Der Hersteller verschafft dem Vertreiber die Exklusivität des Verkaufs. Der Vertreiber verpflichtet sich, Anweisungen des Herstellers zu folgen[825]. Der Hersteller kann den Vertrieb durch Personen seiner Wahl und seines Vertrauens, die er selbst kontrollieren kann, durchführen lassen. Er verschafft ihnen zum einen die Verkaufsmöglichkeit und legt ihnen zum anderen die Preise willkürlich auf. Der Vertrieb beruht immer auf einem gemeinsamen Interesse, indem die Vertragsparteien die Vorteile der Kundschaftsentwicklung des Betriebs genießen können[826].

---

822 LEFEBVRE, Contrats, Rdn 3120, 3148.

823 Auftraggeber-Hauptunternehmer-Unternehmer; Er ist dem Auftraggeber nicht bekannt; GHESTIN, Rev.trim.dr.com. 1981, S. 1; GUYON, Rdn 589, 817; LEFEBVRE, Contrats, Rdn 3120;

824 CHAMPAUD, R.T.D.Com. 1967, Rdn 40.

825 GUYON, Rdn 821; LEFEBVRE, Contrats, Rdn 3428, 3430.

826 J.C.P. 1993, II, Nr. 22176.

Der Vertrag zum selektiven Vertrieb hat mehrere Formen. Eine davon ist der Franchising-Vertrag, der im Art. 1 des Gesetzes vom 31. Dezember 1989[827] geregelt wird. Der Franchising-Vertrag beruht darauf, dass das Know-How des Franchisinggebers zur Verfügung gestellt wird. Der Franchising-Vertrag hat drei Elemente:

- Das Recht, eine Marke und/oder eine Schilderwerbung zu benutzen.

- Die Übertragung von Know-how, d. h. eine Gesamtheit von technischen Kenntnissen und handelsrechtlichen Verfahren, also "Erfolgsrezepten"[828]. Diese Übertragung hat während der Vertragsdauer regelmäßig zu erfolgen[829].

- Einen technischen Dienst, der die Umsetzung dieses Know-hows zulässt, solange der Vertrag läuft.

Der Vertragspartner[830] befindet sich in einer wirtschaftlichen Unterordnungslage. Der Franchisinggeber verkauft nämlich einerseits dem Vertragspartner Waren, deren Preis vom Franchisinggeber selbst bestimmt wird. Andererseits kann der Franchisinggeber durch Machtmissbrauch strenge vertragliche Verkaufsbedingungen[831] auferlegen oder die Verlängerung des Vertrags[832] verhindern.

---

827 Siehe Art. 1 Gesetz 31.12.1989, In Code de Commerce; LEFEBVRE, Contrats, Rdn 3565 ff.

828 GUYON, Rdn 835-1; LEFEBVRE, Contrats, Rdn 3568, 3578.

829 D. 1988, Som., S. 22.

830 Der Franchising-Vertrag enthält nicht unbedingt eine örtliche Exklusivität zugunsten des neuen Vertragspartners, Bull.cass.civ. 1993, IV, Nr. 403, S. 293; GUYON, Rdn 835; Dieser Vertrag beruht auf einem Vertriebsgeschäft, auf einer Zusammenarbeit unter Unternehmen, und auf einer vertrauenswürdigen Beziehung. Der Franchisinggeber überträgt den guten Ruf seiner Marke auf den neuen Vertragspartner und geht ein Risiko ein, wenn das Unternehmen des Vertragspartners untergeht. Als Gegenleistung nimmt der Vertragspartner unter anderem an, dass der Franchisinggeber sich "in die Geschäftsführung" seines eigenen Unternehmens einsieht bzw. einmischt, Rev.jur.com. 1994, S. 23; LEFEBVRE, Contrats, Rdn 3578: "Bei Übertragung des Know-hows kann der Franchisinggeber in die Geschäftsführung des Vertragspartners eingreifen. Er muss darauf achten, dass er sich nicht einmischt, damit keine faktische Gesellschaft mit dem Vertragspartner vorliegt, und damit er nicht als faktischer Geschäftsführer im Falle eines Konkurses des Vertragspartners qualifiziert wird, wenn dieser letzter Geschäftsführer einer Gesellschaft ist". Siehe auch LEFEBVRE, Rdn 28770; Cass.com., J.C.P. 1980, IV, Ed. G, S. 361; Der Vertragspartner bezahlt dem Franchisinggeber das Eintrittsrecht und einen jährlichen Betrag als Gewinnbeteiligung.

831 BIDAN/LE BRAS, Rev.jur.com. 1986, S. 4; GUYON, Rdn 835-1; Siehe auch Réponse ministérielle vom 31.101.1988, J.C.P. 1988, Ed. E, II, Nr. 15353.

832 BIDAN/LE BRAS, Rev.jur.com. 1986, S. 8 ff.

Eine Entscheidung[833] des Berufungsgerichts von Rouen soll hierzu als Beispiel dienen. Ein Franchising-Vertrag wurde zwischen Gamblin und Pajou abgeschlossen. Gamblin, der Franchisingnehmer, war Geschäftsführer der CIV Haute-Normandie S.A.R.L., die den Verkauf und Installation von Heizungsgeräten als Gegenstand hatte. Pajou, der Franchising-geber, Inhaber einer anderen S.A.R.L., hatte die S.A.R.L. von Gamblin faktisch geleitet. Er nahm Einfluss auf Gamblin, indem er ihm ein Darlehen genehmigt hatte und sich ständig dem Personal und der Kundschaft gegenüber als Geschäftsführer der Gesellschaft dargestellt hatte. Er hatte die sich aus dem Franchising-Vertrag ergebenden Verpflichtungen kontrolliert und sich darüber hinaus stark in die Geschäftsführung der S.A.R.L. von Gamblin eingemischt. Pajou hatte die Sekretärin von Gamblin entlassen, die Gesellschafterversamlung einberufen und Verträge abgeschlossen. Durch den Franchising- und Darlehensvertrag hatte Pajou seine "Wünsche" hinsichtlich der Geschäftsführung der S.A.R.L. von Gamblin diktiert. Gamblin könnte deshalb nicht mehr seine eigene Gesellschaft leiten, und falls er damit nicht einverstanden wäre, wurde ihm die Lizenz entnommen werden. Das Berufungsgericht erklärte Pajou zum faktischen Geschäftsführer aufgrund seines starken vertraglichen Einflusses auf die Geschäftsführung der S.A.R.L.

c) Ergebnis

Die Merkmale der französischen Unternehmensgruppe sind nicht einfach zu beschreiben. Es sind nur faktische Unternehmensgruppen. Für die Richter ist es ein bisher ungelöstes Problem, dass sie über keine gesetzmäßigen Gründungselemente einer Unternehmensgruppe verfügen, damit sie eine faktische Unternehmensgruppe mit einer gesetzmäßigen Unternehmensgruppe vergleichen können[834].

Mithin ist festzustellen, dass der Gesetzgeber und die richterliche Rechtsfortbildung den Willen haben, die Unternehmensgruppe zu organisieren, ohne sie richtig zu definieren[835]. Die Untersuchung der französischen Unternehmensgruppen zeigt, dass verschiedene Techniken parallel angewandt werden, um eine Unternehmensgruppe zu bilden. Die Muttergesellschaft besitzt einen Kapitalanteil an ihrer Tochtergesellschaft. Beide haben gemeinsame Geschäftsführer und sind sowohl durch vertragliche Verhältnisse mit wirtschaftlichen als auch finanziellen Auswirkungen verbunden. Wenn der Minderheitsgesellschafter aus der Gesellschaft ausscheiden möchte, werden ihm keine Abfindungsmöglichkeiten angeboten. Genauso wird ihm keine jährliche Ausgleichszahlung angeboten, da es

---

833 Rouen, CA 23.05.1978, JCP 1979, II, Ed. G., Nr. 19235.

834 OPPETIT/SAYAG, Rev.soc. 1973, S. 586.

835 Zur größten Enttäuschung der Literatur, SOUSI, J.C.P. 1975, II, Ed. G., Nr. 11816, Rdn 29.

kein spezielles Vertragskonzernrecht, wie etwa das deutsche Recht, gibt. Es ergibt sich daraus, dass nur faktische Unternehmensgruppen im französischen Recht der "Groupes de sociétés" bestehen, was dem Juristen bei der Lösung von spezifischen Gruppenproblemen nicht weiterhilft. Ein Unterschied zwischen dem einfachen faktischen und qualifiziert faktischen Konzern, wie es im deutschen Konzernrecht besteht, bleibt im französischen Recht unbekannt. Es wird nur darauf hingewiesen, wie eng die Unternehmensgruppe geführt wird.

Diese Untersuchung weist auf einige Probleme hin. Das erste Problem ist, wie eine Konzernierung mit Hilfe von juristischen Techniken herausgearbeitet werden kann. Das zweite Problem ist, dass die Geschäftsführung der Unternehmensgruppe global ist, auch wenn die Mitgliedsgesellschaften über eine breite Machtdelegation verfügen. Deshalb werden die Tochtergesellschaften hinsichtlich des "höheren" Gruppeninteresses und nicht hinsichtlich ihrer eigenen Interessen geleitet.

Im französischen Gesellschaftsrecht gibt es zwei Fakten, die sich gegenüberstehen. Zum einen ist es das Phänomen der wirtschaftlichen Abhängigkeit, das wegen der heutigen Konjunktur mehrere kleine Unternehmen zwingt, sich unter der Obhut eines größeren Unternehmens zu sammeln. Zum anderen ist es die Rechtspersönlichkeit der Gesellschaft, die als Prinzip im französischen Gesellschaftsrecht stärker als im deutschen Gesellschaftsrecht betont wird. Der Widerspruch dieser beiden Fakten hat eine wichtige Auswirkung auf das Recht der Unternehmensgruppe. Es handelt sich um einen Konflikt zwischen dem Unternehmensinteresse der Gesellschaften und dem der herrschenden Gesellschaft. Die wirtschaftliche Abhängigkeit wird von der herrschenden Gesellschaft durch ihren maßgeblichen Einfluss in der Geschäftsführung verstärkt. Deswegen werden die allgemeinen gesellschaftsrechtlichen Vorschriften und Prinzipien wie Berücksichtigung des Unternehmensinteresses angewandt, um einen Ausgleich und einen Schutz der abhängigen Gesellschaft zu bieten. Dieser Widerspruch kann auch für die Unternehmensgruppe von Vorteil sein. Da Tochtergesellschaften mit eigener Rechtspersönlichkeit und Autonomie des Gesellschaftsvermögens existieren, können die Risiken innerhalb der Unternehmensgruppe verteilt werden. Jede S.A.R.L-Tochter hat zudem ihre eigenen Passiva und hat nicht für die Zahlungsfähigkeit der anderen Tochtergesellschaft einzustehen[836]. Da kein Beherrschungsvertrag besteht, braucht auch die Muttergesellschaft den Verlust der Tochtergesellschaft nicht auszugleichen.

Die Unternehmensgruppen mit einer vertraglichen Struktur stellen einige juristischen Probleme dar. Diese Probleme ergeben sich hauptsächlich daraus, dass die

---

836 Obwohl diese Risikoverteilung verfahrensrechtlich oft illusorisch ist, da die richterliche Rechtsfortbildung häufig eine Ausfallhaftung in diesen Fällen betrachtet.

traditionellen vertraglichen Regelungen nicht für die Unternehmensgruppe passen. Die juristischen Techniken, die angewandt worden sind, um die vertraglichen Strukturen der Unternehmensgruppen zu organisieren, beruhen auf den üblichen vertraglichen Rechtsgeschäften wie dem Kauf, der Vertretung usw. Die Konzentrierungsverträge und insbesondere diejenigen, die die vertraglichen Strukturen der Unternehmensgruppe organisieren, sind ziemlich komplex, weil sie auch komplizierte wirtschaftliche Situationen bestimmen[837]. Wenn diese vertraglichen Techniken mit anderen Regelungen vermengt werden, werden sie einige Veränderungen erleben, die die Anwendung dieser Regelungen schwierig machen: Es ist der Fall, wenn z. B. die Regelungen des Kaufs und diejenige der Vertretung angewendet werden.

Eine weitere Schwierigkeit ergibt sich daraus, wie lange Unternehmensgruppen bildende Verträge dauern können und ob sie verlängert werden können. Ist die Dauer kurz, besteht die Gefahr, dass der Kundenstamm entzogen wird, sofern der Vertrag nicht verlängert wird. Damit ein solcher Vertrag ständig verlängert wird, wird das Unternehmen neue Bedingungen, sogar strengere und nachteilige Bedingungen annehmen. Wenn die Dauer lang ist, wird die Unterordnung des Unternehmens enger organisiert, weil das Unternehmen für eine längere Zeit verpflichtet ist[838] und von der herrschenden Gesellschaft wirtschaftlich abhängig bleiben wird.

Diese Handelsverträge haben neben einer juristischen Ungleichheit auch eine wirtschaftliche Ungleichheit der Gesellschaften zur Folge. Sie bestätigen manchmal die totale Unterordnung der gruppierten Gesellschaften gegenüber einer größeren Gesellschaft, was an die gesellschaftsrechtliche Struktur der Unternehmensgruppen erinnert. Durch eine wirtschaftliche Exklusivität ist diese Unterordnung erreicht, die die Beherrschung der leitenden Gesellschaft auf die anderen Gesellschaften sichert. Diese Verträge sammeln mehrere kleine Gesellschaften um eine größere und wirtschaftlich stärkere Gesellschaft. Da die Gesellschaften meistens klein sind, bevorzugen sie lieber eine wirtschaftliche Abhängigkeit als ihre Auflösung.

Diese Verträge sind weder in der Theorie noch in der Praxis spezifische vertragliche Strukturen der Unternehmensgruppe. Es kann festgestellt werden, dass sie häufig nur benutzt werden, um die Errichtung von Unternehmensgruppen auf vertraglicher Grundlage zu ermöglichen, ohne die gesellschaftsrechtlichen Strukturen - insbesondere die Mechanismen der Beteiligungen - anzuwenden.

Der Begriff "beherrschende Gesellschaft" ist hier mit dem Begriff "Muttergesellschaft" nicht zu vergleichen, weil letzterer zu sehr an ein Kapitalbeteili-

---

837 Siehe auch CHAMPAUD, R.T.D.Com. 1967, Rdn 42 ff.

838 Dieses ist der Fall bei Handelsvertretern einer Tankstelle in der Mineralölbranche.

gungsverhältnis gebunden ist. Die beherrschende Gesellschaft umfasst im weiteren Sinne die Tochtergesellschaften und die einfachen Beteiligungen. Deshalb ist die Beherrschung einer Gesellschaft ohne mehrheitliche Beteiligung an ihrem Kapital nie gesichert. Da es im französischen Gesellschaftsrecht keinen Beherrschungsvertrag und kein Weisungsrecht gibt, kommt es öfter vor, dass eine französische Muttergesellschaft eine Tochtergesellschaft mit der Rechtsform einer GmbH in der Bundesrepublik Deutschland gründet, um diese gesellschaftsrechtlichen Merkmale genießen zu können. Dann bestehen Weisungsmöglichkeiten auf die Geschäftsführung der abhängigen Tochtergesellschaft für die französische Muttergesellschaft.

Viele französische unternehmensgruppenspezifische Vorschriften regeln hauptsächlich die gesellschaftsrechtlichen Probleme bezüglich des Minderheiten- und Gläubigerschutzes in den französischen Unternehmensgruppen. Es wird kaum etwas über die Haftung der Geschäftsführung der Muttergesellschaft oder der Tochtergesellschaft festgelegt, wenn eine von der Muttergesellschaft beschlossene Geschäftsführungsmaßnahme die abhängige Gesellschaft beeinträchtigt. Entweder wird das Gesellschaftsrecht angewandt werden. Dann werden solche beschlossenen Geschäftsführungsmaßnahmen der Muttergesellschaft aufgrund des Unternehmensinteresses angefochten und rückgängig gemacht[839]. Diese Anfechtung könnte schädlich für die Unternehmensgruppe sein, weil ihre Belange nicht berücksichtigt werden. Oder diese von der Muttergesellschaft beschlossene Geschäftsführungsmaßnahme wird von der Spitze der Gruppe durchgezogen werden, auch wenn sie dem Unternehmensinteresse der Tochtergesellschaften zuwider liefe. Dann läge hier eine Verletzung des Gesellschaftsrechts vor. In beiden Fällen ist die rechtliche Lage für den einen oder den anderen schlecht. Ein neues gesetzliches System, das das gemeinsame Interesse der Gruppe und der gruppierten Gesellschaften berücksichtigen würde, sollte schnellstens herausgearbeitet werden, um die Probleme innerhalb der Unternehmensgruppe ohne Hilfe der richterlichen Rechtsfortbildung effizient zu lösen.

3. Vergleichende Betrachtung der Konzerndarstellung

Festzustellen ist, dass im Gegensatz zum deutschen Recht das französische Gesellschaftsrecht über keine spezifische Regelung für das Recht der Unternehmensgruppe verfügt. Ein dem dritten Buch des deutschen AktG vergleichbares Konzernrecht ist dem französischen Gesellschaftsrecht unbekannt. Es darf aber nicht vergessen werden, dass das Konzernrecht des deutschen Aktiengesetzes von 1965 "am Ende einer jahrzehntelangen, von Rechtslehre, Rechtsprechung und Gesetzgeber getragenen Entwicklung stand"[840]. Demgegenüber hat sich in

---

[839] SOUSI, J.C.P. 1975, Ed. CI, II, Nr. 11816; PARIENTE, Rdn 50.

[840] BRACHVOGEL, ZGR 1980, S. 507.

Frankreich das Recht der Unternehmensgruppe erst seit 20 Jahren entwickelt. Eine angemessene gesetzliche Regelung bedarf einiger Veränderungen im französischen Gesellschaftsrecht, insbesondere im Prinzip der Autonomie des Gesellschaftsvermögens einer Gesellschaft. Aber zum einen hat es der französische Gesetzgeber nicht eilig, da in der wirtschaftlichen Praxis Minderheitengesellschafter und Gläubiger seit langen sehr gut geschützt sind. Zum anderen gibt es ein Recht der Unternehmensgruppe, das eher auf dem Richterrecht als auf dem Gesetz beruht, auch wenn Spezialgesetze mit konzernrechtlichen Tatbeständen vorliegen.

Das deutsche Recht ist genau geregelt[841]. Der Leser des Aktiengesetzes könnte über die Begriffe der verbundenen Unternehmen verwirrt werden, wenn er sich auf die §§ 15 bis 19 AktG beschränkt. Es liegt in der traditionellen Gestaltung des deutschen Gesetzgebers, die Substanz des Rechtes auf einen allgemeinen Teil und einen oder mehrere spezielle Teile zu verteilen. Das deutsche Gesellschaftsrecht unterscheidet zwischen dem Vertragskonzern und dem faktischen Konzern. In beiden Konzernen muss die beherrschte Gesellschaft fristlos schriftlich informiert werden, sobald die herrschende Gesellschaft mehr als 25 % besitzt. Im französischen Recht reichen schon 5 % gem. Art. L 233-7 Al. 1 C.Com. aus, obwohl kein Vertragskonzern vorliegt, durch den die Leitungsverantwortlichkeit der beherrschten Gesellschaft und die Verantwortlichkeit für deren Kapitalerhaltung gesellschaftsrechtlich wirksam auf das herrschende Unternehmen übertragen werden kann. Die Begriffe "Konzern" und "Gesellschaftsgruppe/Unternehmensgruppe" sind identisch. In der Definition der Gesellschaftsgruppe kehrt als Hauptelement die Vereinigung juristisch selbstständiger Unternehmen unter einheitlicher wirtschaftlicher Leitung wieder.

Es ist sehr bedauerlich, dass die deutschen konzernrechtlichen Vorschriften nur die AG betreffen. Der Inhalt der §§ 291 und 311 AktG ist klar: Eine abhängige AG wird gegen eine herrschende andere Gesellschaftsform geschützt. Demnach ist die GmbH vom Gesetz 1965 nicht geschützt. Obwohl im französischen Recht keine die Unternehmensgruppe betreffende gesetzliche Regelung besteht, gelten die wenigen Vorschriften häufiger für die S.A. als für die S.A.R.L. Die richterliche Rechtsfortbildung der beiden Gesetzgebungen hat demnach zu prüfen, ob eine analoge Anwendung der gruppenspezifischen Vorschriften auf die GmbH oder S.A.R.L. möglich ist. Dies hat jedoch den Nachteil, die Dauer eines gerichtlichen Verfahrens in einer Wirtschaftswelt zu verlängern, wo jede Minute für die Unternehmen zählt.

---

[841] Das dritte Buch des AktG enthält 39 lange Paragraphen über die verbundenen Unternehmen;

In beiden Gesetzgebungen wurde wahrscheinlich aufgrund der praktischen Schwierigkeiten keine Definition des "Unternehmens" gegeben. Diese Schwierigkeiten sind besonders relevant, wenn der Staat oder eine Gebietskörperschaft eine mehrheitliche Beteiligung an einer Gesellschaft hat. Das deutsche Konzernrecht hat in diesen Fall dem Unternehmensbegriff einen weiteren Sinn als im französischen Recht gegeben. Seit dem VEBA-Gelsenberg-Urteil ist jeder Gesellschafter ohne Rücksicht auf seine Rechtsform ein Unternehmen i.S. des Konzernrechts. Zu seiner Beteiligung an der Gesellschaft müssen genügend starke wirtschaftliche Interessenbindungen außerhalb der Gesellschaft hinzukommen, um die ernste Besorgnis zu begründen, der Gesellschafter könnte um ihretwillen seinen Einfluss zum Nachteil der abhängigen Gesellschaft geltend machen. Der BGH betrachtet die Bundesrepublik Deutschland wie ein Unternehmen i.S. des Konzernrechts, ohne jedoch die Auswirkungen zu präzisieren. Eine davon wäre, ob der Jahresabschluss einer vom Staat besessenen Gesellschaft nicht von einem öffentlichen Abschlussprüfer durchgeführt werden könnte. Die Frage nach der Rechtsanwendbarkeit ist gelöst: Es gilt allein das "private Konzernrecht" zur Lösung aller Konflikte, auch wenn die öffentliche Hand daran beteiligt ist. Es darf hervorgehoben werden, dass eine Tendenz im deutschen Gesellschaftsrecht vorliegt, die zum Teil öffentlichen Unternehmen genauso wie die privaten Unternehmen zu behandeln. Im französischen Recht erhält die Gesellschaft, bei der der Staat über mehr als 50 % der Aktien verfügt, einen öffentlichen Charakter.

Der Grundgedanke des deutschen Konzernrechts ist, dass der Beherrschungsvertrag der herrschenden Gesellschaft offiziell das Recht verleiht, die Geschäftsführung der abhängigen GmbH legal in vollem Umfang gem. § 308 AktG an sich zu ziehen. Der Grund liegt darin, dass Vorkehrungen zum Schutz der Gesellschaft, der Gesellschafter und der Gläubiger mit dem Abschluss dieses Beherrschungsvertrags getroffen worden sind. Dadurch lässt der Gesetzgeber eine gesetzmäßige Möglichkeit zu, unternehmensfremde Interessen in der abhängigen Gesellschaft durchsetzen zu können. Im französischen Gesellschaftsrecht liegt kein Vertragskonzern vor, deshalb wirkt auch kein rechtlich organisiertes Weisungsrecht der herrschenden Gesellschaft auf die Geschäftsführung der beherrschten Gesellschaft ein. Dies stört die herrschende Gesellschaft kaum, die andere Formen - wie z. B. die wirtschaftliche Abhängigkeit der verbundenen Gesellschaften - gefunden hat, um ihren Willen in der Gruppe bzw. in den abhängigen Gesellschaften durchzusetzen. Hier handelt es sich nicht um Abhängigkeit i.S.d. § 17 AKtG, sondern nur um wirtschaftliche Abhängigkeit. Fraglich ist dann, ob der französische Gesetzgeber auch eine Rolle in den wirtschaftlichen Abhängigkeitsverhältnissen zu spielen hat. Strenge Vorschriften zum Schutz der Gesellschaft, der außenstehenden Gesellschafter und Gläubiger sind jedoch vorhanden. Schon im Gesetzvorschlag *Cousté* wurden Vorschriften angeboten, die dem deutschen Recht sehr ähnlich waren, allerdings ohne Erfolg. Fraglich ist, ob hier das französische Gesellschaftsrecht eine gesetzliche Regelung der "Groupes de sociétés" tatsächlich braucht, da sich die französische richterliche Rechtsprechung besser der wirtschaftlichen Realität anpasst als an ein unflexibles Gesetz. Wenn hier ein Vergleich mit dem deutschen Konzernrecht gemacht werden darf, bleibt auch festzustellen, dass spezielle GmbH-konzernrechtliche Regeln noch entwickelt werden müssen. Die richterliche Rechtsfortbildung hat trotz gesetzlicher Regelung des Konzerns auch die Aufgabe, zu prüfen, ob eine Analogie der aktienrechtlichen Konzernvorschriften im GmbH-Konzernrecht möglich ist.

Der Grund für die strikte Haltung des Gesetzgebers gegenüber dem faktischen Konzern liegt darin, dass der faktische Konzern seine Lage legitimieren kann, indem er ein Vertragskonzern wird. Die wirtschaftliche Praxis hat gezeigt, dass es ein Misserfolg gewesen ist. Die faktischen Konzerne werden trotz der Gefahr einer strengeren Regelung häufiger gebildet als die Vertragskonzerne. Im französischen Recht liegen faktische "Groupes de sociétés" vor, aber ohne spezifische gesetzliche Regelung. Es gelten nur die allgemeinen gesellschaftsrechtlichen Vorschriften. Dies ist ein kleiner Trost für die abhängige Gesellschaft, die einen von der Muttergesellschaft verursachten Schaden erleidet. Im französischen Recht wurden vertragliche Techniken zwischen Unternehmen angewandt, um eine Unternehmensgruppe zu bilden. Im deutschen Recht begründen nur bestimmte Verträge wie §§ 18, 291 AktG einen Konzern, nicht aber Vereinbarungen, die zwischen Unternehmen abgeschlossen werden, um einen Markt zu beeinflussen. Hier wird der Unterschied zwischen Konzern und Kartell betont.

Es darf davon ausgegangen werden, dass die Begriffe Konzern und Unternehmensgruppe identisch sind, weil sie beide die Vereinigung rechtlich selbständiger Unternehmen unter einheitlicher Leitung als Element in ihren Definitionen enthalten. Die Beherrschung der Geschäftsführung führt zu einer stabilen und dauerhaften einheitlichen Leitung in beiden Rechten, weil die wichtigsten Entscheidungen für die Geschäftspolitik und die Bestellung des Geschäftsführers in der Macht der Gesellschafterversammlung als oberstes Organ liegen. Dies wird dadurch begründet, dass die einheitliche Leitung von einer Stimmenmehrheit abhängt. Die Muttergesellschaft kann diese Kontrolle in der Geschäftsführung nur sichern, indem sie über die absolute Mehrheit in der Gesellschafterversammlung verfügt. In beiden Länder liegt keine gesetzliche Definition der einheitlichen Leitung vor. Dies wird im französischen Recht dadurch begründet, dass der Beherrschungsvertrag nicht bekannt ist.

Wiedemann[842] führt aus, dass das bundesdeutsche Konzernrecht immer noch Recht im Werden ist. Dies wird mehrmals bestätigt, indem zum einen die Existenz des qualifiziert faktischen Konzerns erst vom Arbeitskreis GmbH-Reform eingeführt und vom Autokran-Urteil[843] anerkannt wurde und zum anderen kein spezielles GmbH-Konzernrecht vorliegt. Gleiches gilt auch für das französische Gesellschafts- und Konzernrecht. Mithin bleibt festzustellen, dass wieder einmal die Mehrheitsgesellschafter nicht nur in einer Gesellschaft, sondern auch in der Unternehmensgruppe die größte Rolle in der Bestimmung der Geschäftspolitik und in der Entscheidungsfindung innerhalb der Unternehmensgruppe spielen.

4. Die französische konzernrechtliche Haftungsgrundlage des Mehrheitsgesellschafters der abhängigen Gesellschaft gegenüber

Wie oben beschrieben wurde, muss das Maß der Unabhängigkeit und der Beherrschung innerhalb einer Unternehmensgruppe ausgewogen sein, um einen Interessenausgleich zwischen der Muttergesellschaft bzw. dem Mehrheitsgesellschafter und der abhängigen Gesellschaft zu gewährleisten. Je enger die Unternehmensgruppe geführt wird, desto mehr Gefahren ergeben sich aus dieser Intensität, die im Wesentlichen darauf beruhen, dass das Interesse der Unternehmensgruppe Vorrang vor dem Interesse der gruppierten Gesellschaften hat. Dies stellt die Gefahr dar, dass eine gruppierte Gesellschaft beispielsweise zugunsten der ganzen Unternehmensgruppe geschädigt werden kann.

Es wurde oben dargestellt, dass die Geschäftsführer der französischen Gesellschaften über umfangreiche Befugnisse verfügen, um die juristischen Personen zu leiten und zu vertreten und dass sie als Kehrseite der Medaille persönlich haften, wenn sie der Gesellschaft oder den Gesellschaftern einen Schaden zufügen. Oft wird der Mehrheitsgesellschafter selbst solche Schäden hinsichtlich der Belange der Unternehmensgruppe oder seiner persönlichen Interessen innerhalb der Unternehmensgruppe verursachen.

Im folgenden wird dargestellt, auf welcher Grundlage die benachteiligte Gesellschaft eine Haftungsklage gegen ihren eigenen Mehrheitsgesellschafter geltend machen kann[844]. Gesellschaftsrechtliche Vorschriften bezüglich der Haftung des Mehrheitsgesellschafters bestehen nicht. Da es kaum Vorschriften bezüglich der Unternehmensgruppe gibt, bestehen auch wenige Beschränkungen, die sich auf verbundene Gesellschaften beziehen. Demgegenüber spricht nichts dagegen,

842 WIEDEMANN, Die Unternehmensgruppe im Privatrecht, S. 1.

843 BGHZ 95, S. 330.

844 Bezüglich der Haftung des Mehrheitsgesellschafters liegt das Problem vor, dass die Geschäftsführer der Tochter-S.A.R.L. vermeiden, eine Haftungsklage mit Schadensersatzanspruch geltend zu machen, weil sie häufig mit der Geschäftsführung der Gruppe aufgrund von Personalverflechtungen identisch sind.

dass einige gesetzliche Regelungen oder Grundsätze, die zuerst für unabhängige Gesellschaften konzipiert worden sind, innerhalb der Unternehmensgruppe Anwendung finden. Diese bilden die Schranken der Überschreitungen des Mehrheitsgesellschafters.

a) Die Haftung des Mehrheitsgesellschafters der abhängigen GmbH aufgrund von Verstößen gegen das Unternehmensinteresse

Die Literatur[845] meint, dass der Begriff "Unternehmensinteresse"[846] ausschließlich zur Pathologie der Gesellschaften gehört, weil dieser Begriff nur auftaucht, wenn die Geschäftsführung der Gesellschaft nicht sorgfältig ausgeübt wird. Wenn die Leitung der S.A.R.L. oder der Unternehmensgruppe nicht missbräuchlich ist, sind Interessen des Mehrheitsgesellschafters und Interessen der Gesellschaft identisch. Sobald Geschäftsführungsmaßnahmen der Gesellschaft schaden, taucht das Unternehmensinteresse auf und spielt die Rolle einer Schranke der Befugnisse und Handlungen des Mehrheitsgesellschafters[847].

Obwohl in Kapitalgesellschaften das Prinzip der Mehrheit gilt[848], darf nicht vergessen werden, dass die Macht der Mehrheit hauptsächlich dazu dient, das Unternehmensinteresse zu befriedigen. Deshalb darf dieses Prinzip nicht auf Kosten der Gesellschaft angewandt werden. In diesem speziellen Fall sind das Unternehmensinteresse und das Interesse des Mehrheitsgesellschafters nicht mehr identisch[849]. Es handelt sich um einen Interessenumbruch. Die Gleichheit der Gesellschafter innerhalb der Gesellschaft besteht nicht mehr. Die Minderheit erleidet einen Schaden, der dem Mehrheitsgesellschafter einen Vorteil bringt.

Daher stellt sich das Problem, ob eine Muttergesellschaft bzw. der Mehrheitsgesellschafter von der Tochtergesellschaft ein Verhalten verlangen darf, das für die Tochtergesellschaft nachteilig ist bzw. ob der Mehrheitsgesellschafter der abhängigen Tochtergesellschaft nachteilige Geschäftsführungsmaßnahmen auferlegen darf.

---

848 SOUSI, J.C.P. 1975, II, Ed. CI, Nr. 11816, Rdn 25.

846 Siehe zur Erläuterung dieses Begriffs ausführlicher Teil I, 2 a) (1) (c) (i) in der vorliegenden Dissertation.

847 Allerdings nicht allein, weil das Unternehmensinteresse keine Haftungsgrundlage in sich ist.

848 OHL: "Das Gesetz der Mehrheit vermutet, dass das Interesse der Mehrheit dem Interesse von allen Gesellschaftern entspricht", Rdn 307; SCHMIDT, Diss., Rdn 25 ff, 38 ff: "Das Gesetz der Mehrheit ist das Gesetz der Unternehmensgruppe". Es wird später gezeigt, dass dies nicht immer der Fall ist.

849 SOUSI spricht dann vom Interessenumbruch, SOUSI, Diss., S. 295; PRIETO, Rdn 142, 443 ff; Siehe Paris, D. 1954, J., S. 758.

(1) Der Schutz des Unternehmensinteresses durch Art. L 241-3-4° C.Com.

Das Unternehmensinteresse ermöglicht die Enthüllung eines Rechtsmissbrauchs. Der Kern des Problems ist, was unter Unternehmensinteresse tatsächlich verstanden wird und wann eine Geschäftsführungsmaßnahme dem Unternehmensinteresse entgegensteht. Z. B. wenn eine Muttergesellschaft durch Gesellschafterbeschluss in der Tochtergesellschaft eine Entscheidung trifft, die sehr vorteilhaft für sie, aber finanziell sehr nachteilig für die Tochtergesellschaft ist. Der mehrheitliche Gesellschafterbeschluss läuft dem Unternehmensinteresse zuwider, weil die Tochtergesellschaft einen Schaden erleidet. Der Gesellschafterbeschluss liegt demnach nur im persönlichen Interesse der Muttergesellschaft und schadet den Minderheitsgesellschaftern. Durch den Hinweis auf einen finanziellen Schaden der Tochtergesellschaft wird vermutet, dass der Schaden im Gesellschaftsvermögen eintritt. Eine Geschäftsführungsmaßnahme, die dem Unternehmensinteresse zuwider läuft, ist also eine Maßnahme, die dem Gesellschaftsvermögen einen Schaden zufügt. Da die Machtposition des Mehrheitsgesellschafters in der Unternehmensgruppe leicht zu einigen Missbräuchen in der Tochtergesellschaft führen kann, tritt dieser Missbrauch im Bereich der gruppierten Gesellschaften durch den Mehrheitsgesellschafter häufig auf.

(a) Die gesetzliche Regelung

Das Sonderstrafrecht, das das Handelsgesetzbuch aufgenommen hat, gewinnt im französischen Gesellschaftsrecht an Bedeutung. Das französische Recht kennt ein Gesellschaftsrecht, dessen Verstöße durch das Strafrecht sanktioniert werden[850]. Gem. Art. L 241-3-4° C.Com. wird der Geschäftsführer einer S.A.R.L. bestraft, welcher bösgläubig[851] von den Gütern oder dem Kredit der Gesellschaft

---

850 SCHMIDT, Diss, Rdn 187 ff; PRIETO, Rdn 225; TROCHU/JEANTIN/LANGÉ, D. 1975, S. 7; LAMY, Rdn 2545; DELMAS-MARTY, S. 10 ff.

851 Hier wird die subjektive Voraussetzung "Bösgläubig" unmittelbar im Gesetzestext erwähnt. Der Schaden der abhängigen Gesellschaft muss vom Mehrheitsgesellschafter gewollt bzw. beabsichtigt werden. Die Nichtbeachtung des Unternehmensinteresses allein reicht nicht aus, um einen Rechtsmissbrauch darzustellen. Die subjektive Voraussetzung liegt vor, wenn der Mehrheitsgesellschafter das Unternehmensinteresse absichtlich nicht berücksichtigt, um ausschließlich seinen persönlichen Interessen den Vorrang zu geben. LESOURD, R.T.D.Com. 1962, S.14; "Der Verstoß gegen das Unternehmensinteresse muss zu Gunsten eines persönlichen Interesses begangen werden, um eine bestimmte Person oder Personengruppe vorzuziehen"; Siehe auch Com. 19.01.1959, D. 1959, J., S. 260; Nîmes, 08.06.1960, J.C.P. 1961, II, Nr. 11949; Im Fruehauf-Urteil bestand die Gefahr durch den Gesellschafterbeschluss, dass 600 Mitarbeiter arbeitslos würden. Es ist kaum denkbar, dass die Mehrheitsgesellschafter diesen Beschluss getroffen haben, ohne die Auswirkungen wirklich untersucht zu haben. Wenn sie sich zu diesen Maßnahmen trotz Arbeitslosigkeit von 600 Mitarbei-

zu persönlichen Zwecken oder zur Begünstigung einer anderen Gesellschaft oder eines anderen Unternehmens, an denen er mittelbar oder unmittelbar interessiert war, einen Gebrauch gemacht hat, von dem "er wusste", dass er den Interessen der Gesellschaft zuwiderlief[852]. Hier wird zum einen auf das Unternehmensinteresse und zum anderen gem. Art. L 241-9 C.Com. neben dem rechtlichen Geschäftsführer auch auf den faktischen Geschäftsführer verwiesen. Für unsere Untersuchung gilt Art. L 241-9 C.Com. für den Mehrheitsgesellschafter als faktischen Geschäftsführer[853]. Denn der Mehrheitsgesellschafter versucht, seine Ziele und seine persönlichen Interessen innerhalb der Geschäftsführung der gruppierten Gesellschaft durch den Einfluss seiner Machtposition durchzusetzen. Die Voraussetzungen des Missbrauchs von Gütern und Gesellschaftsvermögen sind:

1. Der Gebrauch von Gütern oder Gesellschaftsvermögen.
2. Dieser Gebrauch muss den Interessen der Gesellschaft zuwiderlaufen.
3. Dieser Gebrauch nützt nur dem persönlichen Interesse des Geschäftsführers, sei es unmittelbar oder mittelbar.
4. Die Bösgläubigkeit des Geschäftsführers.

Das Vermögen und die Kreditwürdigkeit der Gesellschaft werden durch Art. L 241-3-4° C.Com. geschützt. Deswegen umfasst dieser Schutz alle Handlungen, die auf das Vermögen und den Kredit der Gesellschaft Auswirkungen haben.

Die Darlehen oder Vermögensverschiebungen zwischen gruppierten Gesellschaften werden auch vom Begriff "Missbrauch von Gesellschaftsvermögen" umfasst[854]. Damit der Tatbestand des Art. L 241-3-4° C.Com. erfüllt ist, muss

---

tern entschieden haben, hatten sie einen bestimmten Vorteil daraus zu ziehen. Also lag die subjektive Voraussetzung vor: Der vorsätzliche Schaden der Gesellschaft, um einen Vorteil daraus zu ziehen, Fruehauf-Urteil, Paris, 22.05.1965, D. 1968, S. 147; Siehe auch FARNACCHIO, S. 429 ff ; SOUSI, Diss., S. 245 ff.

852 Also aufgrund eines Interessenumbruchs, siehe SCHMIDT, Diss., Rdn 209 und PRIETO, Rdn 259; OHL, Rdn 320; MERLE, Rdn 671; TROCHU/JEANTIN/LANGÉ nennen die Sanktionierung des Missbrauchs vom Gesellschaftsvermögen "die Garantie der Beachtung von Pflichten, die sich aus der Kontrolleübernahme ergeben", D. 1975, S. 15; Art. L 241-3-4° C.Com. stellt dementsprechend ein "inoffizielles" Element des Rechts der Unternehmensgruppe, weil eine gesetzliche Regelung der Unternehmensgruppe nicht besteht. Es ist aber die erste Stufe in der Regelung solcher Gruppierungen.

853 Siehe OHL, Rdn 324, Fn 70, Rdn 328, 369; RIPERT/ROBLOT, Rdn 972; Siehe SOUSI, S. 204 ff bezüglich der Rechtsprechung vor dem Gesetz 1966.

854 LEOTY unter Cass.crim. 14.02.1974, J.C.P. 1974, II, Nr. 11861, S. 486.

die Maßnahme der Geschäftsführung dem Gesellschaftsinteresse zuwiderlaufen - "acte contraire à l'intérêt social[855]" - und dem Interesse eines einzelnen bzw. des Mehrheitsgesellschafters dienen. Außerdem muss aufgrund dieser Maßnahme der Gesellschaft ein Liquiditätsmangel und ein finanzieller Engpass entstehen. Nicht nur ein effektiver finanzieller Verlust wird als Nachteil von der richterlichen Rechtsfortbildung und von der Literatur anerkannt, sondern auch das Risiko eines Verlustes[856]. Ich stimme damit nicht überein. Eine Geschäftsführungsmaßnahme kann, auch wenn sie gut überlegt ist, immer zum Verlust führen und in diesem Fall das Risiko eines Verlustes i.S. der Vorschrift darstellen. D. h. der Geschäftsführer oder Mehrheitsgesellschafter, der eine solche Geschäftsführungsmaßnahme durchführt, begeht schon zur Hälfte den Tatbestand des Delikts[857]. Außerdem führt die allgemeine Vermeidung jeden Risikos zur Lähmung der wirtschaftlichen Entwicklung der Gesellschaft.

Im Gegensatz dazu werden Gewinne und/oder eine künftige Gegenleistung als Rechtfertigungsgrund der Maßnahme betrachtet. Das Interesse der Gesellschaft wird allerdings nur gewährleistet, wenn die allgemeine gruppenorientierte Geschäftspolitik einen vorteilhaften Ausgleich vorgesehen hat. Die nachteiligen Geschäftsführungsmaßnahmen haben häufig das anerkennenswerte Ziel, einer Gesellschaft in finanziellen Schwierigkeiten mit Vermögenszuwendungen von "Schwestergesellschaften" zu helfen. Hinter diesem Ziel steckt manchmal der Wille des Mehrheitsgesellschafters, seine eigenen Fehler oder einen Missbrauch

---

855 SOUSI, S. 29: Eine Geschäftsführungsmaßnahme entspricht nicht dem Unternehmensinteresse, wenn sie dem Gesellschaftsvermögen das "Risiko eines Verlustes" auferlegt. Eine solche Geschäftsführungsmaßnahme bringt also für die abhängige Gesellschaft keinen Vorteil; Zust. CONSTANTIN, S. 28; Seine, 14.11.958, D. 1959, S. 568.

856 OHL nennt dieses Risiko eines Verlustes "Risque d'illiquidité", Rdn 335, 341: Die Zulässigkeit des Darlehens oder der Vermögensverschiebung ist mit den finanziellen Möglichkeiten der Gesellschaft unmittelbar verbunden. Wenn der Geldbestand der Gesellschaft negativ ist, wird eine finanzielle Hilfe in der Form von Darlehen oder Vermögenszuwendung schädlich für die Gesellschaft. Dies führt zum Risiko "d'illiquidité". Dieses Risiko würde aufgrund eines Verstoßes des Unternehmensinteresses als unzulässig erklärt, wenn eine Vermögenszuwendung stattfand, in einer Zeit, an der der Geldbestand der Gesellschaft niedrig war, Colmar, 04.02.1960, J.C.P. 1960, II, Nr. 11833; Siehe auch Crim. 16.01.1964, D. 1964, S. 194; Crim. 10.11.1964, J.C.P. 1965, II, Nr.14146; Crim. 07.03.1967, J.C.P. 1968, Ed. CI, II, Nr. 83523; Cass.crim. 08.12.1970, J.C.P. 1972, II, Nr. 17125; Vgl. CD-L, Rdn 174.

857 Ob dies der tatsächliche Willen des Gesetzgebers ist, ist fraglich, weil es viel zu früh eine Geschäftsführungsmaßnahme sanktionieren würde. Wirtschaftlich betrachtet führt ein Gewinnverlust am Ende des Bilanzjahres zur Absetzung, sogar zur Vermeidung der Köperschafts- und Umsatzsteuer. Wenn der Gewinn der Geschäftsführungsmaßnahme geringer als die Reduzierung der Steuer durch einen Verlust ist, ist diese Geschäftsführungsmaßnahme nicht ganz nachteilig für die Tochtergesellschaft.

in der Gesellschaftsleitung zu vertuschen. Als Mehrheitsgesellschafter bietet sich für ihn die Möglichkeit an, die Gesellschafterversammlung zu seinen Gunsten zu beeinflussen. Der Mehrheitsgesellschafter, der eine Maßnahme trotz Kenntnis der Nachteile für die Gesellschaft, aber zu seinen Gunsten durchführt, handelt bösgläubig und begeht das Delikt eines Missbrauchs von Gesellschaftsvermögen. Die subjektive Voraussetzung des Delikts eines Missbrauchs von Gesellschaftsvermögen ist dann erfüllt[858].

(b) Der Schutz des Unternehmensinteresses der benachteiligten Gesellschaft in der Rechtsprechung

Jede Gesellschaft muss unabdingbar und ausschließlich in ihrem eigenen Interesse geleitet werden. Nach dem Pariser Berufungsgericht sollte bewiesen werden, ob die von beiden Gesellschaften gegenseitig abgeschlossenen Verpflichtungen auf der wirtschaftlichen Ebene einen Ausgleich darstellen, um annehmen zu dürfen, dass das Delikt des Missbrauchs begangen wurde[859]. Die von der Unternehmensgruppe gebildete wirtschaftliche Einheit muss fortbestehen können, indem sie die Interessen von allen beachtet. Der Mehrheitsgesellschafter der gruppierten Gesellschaft wird demnach eine weise gruppenorientierte Politik bestimmen und das Prinzip der Mehrheit im Interesse der Gruppe und nicht der Gesellschaft anwenden. Fraglich ist, welche Auswirkungen sich ergeben, wenn die gruppierte Gesellschaft Schäden erleidet.

Der Kassationshof[860] entschied, dass ein Beschluss, der gegen das Unternehmensinteresse verstößt und der nur zur Bevorzugung der Mehrheit und auf Kosten der Gesellschaft getroffen wurde, missbräuchlich ist. Nach dem Kassationshof sind zwei Voraussetzungen erforderlich, um das Delikt des Missbrauchs zu begehen. Zum einen müssen die Mehrheitsgesellschafter gegen das Unterneh-

---

858 PRIETO, Rdn 262: "Die Bösgläubigkeit des Geschäftsführers muss bewiesen werden, weil es sich um ein vorsätzliches Delikt handelt". Da es sich hier um den Mehrheitsgesellschafter als faktischen Geschäftsführer handelt, wird diese Voraussetzung einfacher erfüllt. Unmittelbare oder mittelbare Interessen des Mehrheitsgesellschafters reichen schon aus, wenn sie nur ihm einen Vorteil bringen.

859 Paris, 18.05.1965, G.P. 1965, II, S. 260; Dieser Grundsatz wurde schon von anderen Entscheidungen hervorgehoben: Trib.corr. Seine, 11.05.1955, J.C.P. 1955, Ed. G., II, Nr. 8973; Trib.corr. Seine, 13.12.1957, Rev.soc. 1957, S. 415; Es ist auch angebracht zu sagen, dass diese und die folgende Rechtsprechung als Grundsatzentscheidungen meistens die société anonyme und nicht die S.A.R.L. betreffen. Es ist leider das Problem des Rechts der Unternehmensgruppe, da die meisten Gruppen der Einfachheit halber die Form einer S.A. haben, die Kontrolle einer Gesellschaft durch ihre Aktien zu übernehmen. Die Regelungen der S.A.R.L. über den Kauf von Geschäftsanteile sind hier strenger. Diese Rechtsprechung über das "Interêt social" gilt aber auch für die S.A.R.L., vgl. PRIETO, Rdn 486.

860 Cass.crim. 18.04.1961, D. 1961, J., S. 661.

mensinteresse verstoßen haben, und zum anderen muss dieser Verstoß nur zur Befriedigung persönlicher Belange auf Kosten der Interessen der Kollektivität begangen worden sein. Dann stellt sich die Frage, ob der Begriff "interêt social" hier das Interesse der Kollektivität der Gesellschafter, die die Gesellschaft bilden, bedeutet. Die Literatur[861] verneint das. Schon mit dem Fruehauf-Urteil[862] hatte die Rechtsprechung ihre eigene Meinung geäußert: Das Gesellschaftsinteresse ist von der Summe der Interessen der einzelnen Gesellschafter zu unterscheiden, selbst wenn es sich um das persönliche Interesse der Mehrheit handelt.

(i) Das Willot-Urteil[863]

Die Agache-Willot-Holding, deren Anteile die Gebrüder Willot halten, wollte die Kontrolle einer Gesellschaft "La belle Jardinière" übernehmen. Als Gegenleistung für die Aktien dieser Gesellschaft verpflichtete sich Agache-Willot am 28. April 1969, Aktien von anderen Gesellschaften in Höhe von 131 240 829 Frs zu tauschen[864]. Der Wert der Aktie stieg auf 148 Frs und nach neuerer vermögensrechtlicher Schätzung später auf 200 Frs. Aber der wirtschaftliche Wert, den das Gericht später erkannte, betrug 72,50 Frs und unter besten Voraussetzungen konnte die Aktie nicht den Wert von 100 Frs überschreiten. Eine Klage wegen missbräuchlicher Überbewertung von Aktien wurde gegen die Gebrüder Willot als faktische Geschäftsführer erhoben. Nach wild hin- und hergeschobenen Finanzmitteln zwischen den verschiedenen Gesellschaften der Gruppe zugunsten der Gebrüder Willot waren die Gebrüder Willot immer noch bei einigen Gesellschaften verschuldet und wurden für den Missbrauch des Gesellschaftsvermögens verklagt.

Das Pariser Gericht hob zum ersten Mal das Vorliegen eines Interesses der Gruppe hervor, das sich vom Unternehmensinteresse einer gruppierten Gesellschaft unterscheidet[865]. Danach liegt kein Missbrauch vor, wenn drei Voraussetzungen erfüllt sind:

---

861 CD-L., Rdn 253; Contin, D. 1968, J., S. 147.

862 Paris, 22.05.1965, D. 1968, J., S. 147; SCHMIDT, Diss., Rdn 198.

863 Trib.corr. Paris, 16.05.1974, G.P. 1974, II, S. 890.

864 Also ein Tauschvertrag i.S.v. Art. L 225-38 ff C.com.

865 Der Bericht Sudreau bezüglich des Schutzes der Gesellschafter in Unternehmensgruppen folgt diesem Sinne. Er geht von einem Vertrag zwischen Muttergesellschaft und Tochtergesellschaft aus, der solche Geschäftsführungsmaßnahmen zulässt: "Was die Funktionierung der beherrschten Gesellschaft betrifft würde das Gesetz einen Vertrag zwischen der Muttergesellschaft und der Tochtergesellschaft - also Beherrschungsvertrag - zulassen, in dem die Muttergesellschaft die Macht erwerben würde, ihre Tochtergesellschaft einheitlich nach ihren eigenen Bedürfnissen zu leiten. Ein Ausgleich für die Minderheitsgesellschafter würde dabei elaboriert werden. Die beherrschende Gesellschaft hätte dann das Recht, einige Geschäftsführungsmaßnahmen durchführen zu lassen. Solche Geschäftsführungsmaßnahmen würden zwar selbst als Rechtsmissbrauch oder Missbrauch von Gütern der Gesellschaft qualifiziert werden, wurden aber auch der weiteren Entwicklung der Unternehmensgruppe helfen",

- Die Unternehmensgruppe muss vorliegen und strukturiert sein - **"être en présence d'un groupe fortement structuré"**. Das Gericht verlangt hier eine strukturierte Unternehmensgruppe, ohne das Minimum des Kapitalanteils[866] zu präzisieren. Es heißt, dass die Qualifizierung als strukturierte Gruppe von den Richtern und zwar von Fall zu Fall entschieden wird. Demgegenüber muss das Vorliegen der Unternehmensgruppe auf festen und rechtlichen Grundlagen beruhen, obwohl das Gericht dabei den Begriff "Unternehmensgruppe" nicht erklärt. Es geht davon aus, dass eine strukturierte Gruppe eine Gesamtheit von finanziell miteinander verbundenen Gesellschaften ist und einige dieser Gesellschaften eine wirtschaftliche und/oder kapitalmäßige Leitungsmacht gegenüber den anderen haben[867]. Es ist dann angebracht, dass die Politik jeder gruppierten Gesellschaft in diesem Sinne ausgerichtet sein muss. Damit wird dazu beigetragen, dass die allgemeine Geschäftspolitik von der gesamten Gruppe bestimmt wird.

- Die Vermögensverschiebungen der benachteiligten Gesellschaft dürfen nicht zugunsten des persönlichen Interesses ihrer rechtlichen oder faktischen Geschäftsführer, der Muttergesellschaft oder sogar des Mehrheitsgesellschafters, sondern allein zugunsten des Interesses der ganzen Unternehmensgruppe vollzogen werden - **"Que ce soit le groupe tout entier et non les dirigeants, personnellement, qui tire profit des sacrifices des sociétés dominées"**. Die Mehrheitsgesellschafter Willot versuchten, durch ihren starken Einfluss eine missbräuchliche Überbewertung der Aktien durchzuziehen, um die Kontrolle der künftigen Tochtergesellschaften leichter zu erreichen. Durch wild hin- und hergeschobene Finanzmittel zwischen den verschiedenen Gesellschaften der Gruppe zugunsten der Gebrüder Willot sollte der Missbrauch von Gesellschaftsvermögen bewusst vertuscht werden[868]. Nur die

---

SUDREAU Rev.fid. 1975, Nr. 1349. Dann entsprechen diese Geschäftsführungsmaßnahmen dem Interesse der Gruppe, und nicht mehr - oder unbedingt - dem Interesse der abhängigen Gesellschaft. Es ist m. E. nicht falsch, solche Geschäftsführungsmaßnahmen im Interesse der Gruppe zuzulassen, aber der von SUDREAU erwähnte Ausgleich muss auch tatsächlich stattfinden. Da kein Vertrag zwischen Gesellschaften bezüglich einer Gruppierung vom Gesetz konzipiert worden ist, bleibt der Ausgleich für Nachteile der abhängigen Gesellschaft nur vom guten Willen des Mehrheitsgesellschafters abhängig.

866 Die Richter ziehen es vor, hier den vagen Begriff "Contrôle" anzuwenden. Vgl. TROCHU/JEANTIN/LANGÉ, D. 1975, S. 17; Das Strafrecht trifft hier das ewige Problem der Definition der Gruppe, FREYRIA/CLARA, J.C.P. 1993, I, Ed. E., Nr. 247, Rdn 6; Zust. HANNOUN, S. 176 ff.

867 Es ist, was CHAMPAUD die wirtschaftliche Beherrschung nennt, CHAMPAUD, Diss., S. 143; Vgl. SOUSI, J.C.P. 1975, II, Ed. CI, Nr. 11816, Rdn 8.

868 Die Voraussetzungen des Missbrauchs von Gesellschaftsvermögen waren demnach erfüllt, siehe oben Teil II C 3 a) (1) (a) in der vorliegenden Dissertation. Die Mehr-

Mehrheitsgesellschafter Willot und nicht die abhängigen Gesellschaften hatten ein persönliches Interesse[869] daran. Mit dieser zweiten Voraussetzung versuchte das Gericht, den Begriff "Interêt du groupe" zu definieren[870]. Auf jeden Fall darf das Interesse der Unternehmensgruppe nicht das der Muttergesellschaft oder des Mehrheitsgesellschafters sein[871]. Die Gründe des Gerichts waren klar genug:

> "In Erwägung, dass die Vermögensverschiebungen nicht als Geschäftsführungsmaßnahmen im Interesse der Gruppe angesehen werden, ... dass sie als Ziel nur die Konsolidierung der Schulden der Gesellschaft Agache-Willot, im exklusiven Interesse der Muttergesellschaft hatten; In Erwägung, dass eine gesetzliche Regelung bezüglich der Unternehmensgruppen fehlt, ... wird geprüft, ob die Nachteile im Interesse der Unternehmensgruppe ... und nicht im persönlichen Interesse ihrer Geschäftsführer liegen".

Das Interesse der Gruppe ist umfangreicher als das der beherrschenden Gesellschaft. Eine globale und kohärente Politik muss zur Harmonisierung und Ent-

---

heitsgesellschafter Willot hatten im Sachverhalt nur das Wachstum ihres eigenen Vermögens als Ziel. Die Verschiebungen des Gesellschaftsvermögens sollten dabei helfen, auch wenn es dem Interesse der Tochtergesellschaft zuwiderlief. Die Absicht, der Gesellschaft einen Schaden zuzufügen, ist hier nicht notwendig. Es reicht aus, dass die Mehrheitsgesellschafter Willot als faktischer Geschäftsführer einen persönlichen Vorteil auf Kosten der Tochtergesellschaft willentlich erzielt haben, Zust. TROCHU/JEANTIN/LANGE, D. 1975, S. 15; Siehe auch Amiens, 11.07.1962, G.P. 1963, 1, S. 438.

869 Die Zugehörigkeit einer Tochtergesellschaft zu einer Unternehmensgruppe macht die Feststellung schwieriger, dass ihre rechtlichen oder faktischen Geschäftsführer einen bestimmten Vorteil aus Vermögensverschiebungen auf Kosten einer anderen Gesellschaft zieht. Deshalb hat der Gesetzgeber im Art. L 241-3-4° C.Com. das Vorliegen eines "unmittelbaren oder mittelbaren" Interesses in der Gesellschaft, die Vermögensverschiebungen bekommt, eingefügt. Das Interesse ist unmittelbar, wenn der Geschäftsführer aus der bevorzugte Gesellschaft eine Gegenleistung zieht. Das Interesse ist nur mittelbar, wenn die bevorzugten Gesellschaft selbst gemeinsame Interessen in anderen Gesellschaften mit gleichen Geschäftsführern hat, TROCHU/JEAN-TIN/LANGE, D. 1975, S. 16.

870 TROCHU/JEANTIN/LANGE hatten nämlich den Eindruck, dass das Gericht versuchte, diesen Begriff tatsächlich zu definieren, D. 1975, S. 16 f; M. E. definiert das Gericht nicht das "Interêt du groupe", sondern sagt nur, was nicht unter diesem Begriff zu verstehen ist. Die richterliche Rechtsfortbildung ist und bleibt immer sehr vorsichtig bezüglich Definitionen im Bereich der Unternehmensgruppe. Es scheint, dass sie keine richtige Stellung nehmen möchte.

871 OHL meint, das Interesse der Unternehmensgruppe darf nicht persönliche Gründe des Mehrheitsgesellschafters vertreten, wie z. B. die Bevorzugung einer anderen Gesellschaft, in der er wirtschaftliche Interessen hätte, OHL, Rdn 289, 325; Zust. SOUSI, J.C.P. 1975, II, Ed. CI, Nr. 11816, Rdn 10, 11; TROCHU/JEANTIN/LANGÉ, D. 1975, S.15; Siehe auch Cass.crim. 08.12.1970, J.C.P. 1972, II, Ed. G., Nr. 17125.

wicklung der ganzen Gruppe und nicht allein zum Wohl der Muttergesellschaft führen[872]. Nach der Literatur[873] besitzt die Gruppe kein spezifisches Interesse, das sich von der Summe der Interessen der einzelnen Gesellschaften unterscheidet.

- Die Vermögensverschiebungen dürfen zu keinen relevanten Gefahren für die benachteiligten Gesellschaften ohne ausreichenden Ausgleich führen oder die finanziellen Möglichkeiten der Gesellschaft übersteigen, die die Kosten zu tragen hat - "**Que les dits sacrifices ne soient pas offerts sans contrepartie**[874]". Der Mehrheitsgesellschafter als faktischer Geschäftsführer muss die Belastungsgrenzen der abhängigen Gesellschaft beachten, damit die Gesellschaft in Zukunft Vorteile genießen kann, die ihr allerdings nur die Unternehmensgruppe bringen könnte[875]. Die aufgeopferte Tochtergesellschaft muss daran ein Interesse haben, auch wenn dieses in unterschiedlichen Formen dargestellt und zeitlich verschoben wird. Dadurch wird auch die vermögensrechtliche Autonomie der Gesellschaft und vor allem die Vollständigkeit des Kapitals beachtet und geschützt[876]. Der Begriff Ausgleich - "Contrepartie" - innerhalb einer Unternehmensgruppe ist sehr schwierig festzulegen. Die Literatur[877] meint in Anschluss an die richterliche Rechtsfortbildung, dass dieser Begriff über zwei Merkmale verfügt. Zum einen handelt es sich um einen finanziellen Ausgleich, der sehr leicht in der Gesamtheit der Geschäfte und Kapitalbewegungen zwischen gruppierten Gesellschaften einer Gruppe zu finden ist. Wie im Willot-Urteil muss geprüft werden, ob die

---

872 Dadurch soll vermieden werden, dass das Vermögen der gruppierten Gesellschaften zugunsten der Muttergesellschaft beeinträchtigt wird. Hier ist der Begriff "Interêt du groupe" sehr nützlich, weil er das finanzielle Gleichgewicht der verschiedenen Gesellschaften zum Vorteil der Minderheitsgesellschafter beinhaltet.

873 TROCHU/JEANTIN/LANGÉ, D. 1975, S. 7.

874 Auf deutsch wäre dies wortwörtlich übersetzt "Gegenleistung". Das Wort "Ausgleich" wird genau wie im deutschen Konzernrecht für das französische Recht der Unternehmensgruppe angewandt; Siehe auch C.A. Paris 29.05.1986, G.P. 1986 S. 489.

875 "Anzunehmen, dass eine Solidarität unter den gruppierten Gesellschaften einen Ausgleich für die von einer dieser Gesellschaften erlittenen Nachteile bilden kann, bedeutet, das Unternehmensinteresse als dynamischen Begriff zu qualifizieren. Dieser Begriff bedeutet die Hoffnung für diese Gesellschaften, dieselben Vorteile in einer nahen Zukunft genießen zu können", TROCHU/JEANTIN/LANGÉ, D. 1975, S. 16, 18.

876 Jeder Verstoß gegen das Vermögen der Gesellschaft und jeder Verlust der Aktiva ohne Ausgleich sind dem Interesse der Gesellschaft zuwider. In jedem Fall muss geprüft werden, ob jeder Verstoß gegen das Vermögen einen Ausgleich erhalten hat, um den Verlust kurz- oder mittelfristig zu konsolidieren. Das Vorliegen eines Ausgleiches lässt das Delikt vom Missbrauch von Gütern der Gesellschaft verschwinden.

877 SOUSI, J.C.P. 1975, II, Ed. CI, Nr. 11816, Rdn 12, 13.

Vermögensverschiebungen der gruppierten Gesellschaft schon zurückerstattet worden sind oder ob eine Chance besteht, dass sie es künftig werden. Das Gericht hob diesen Punkt in seinen Gründen hervor:

"Dass diese Zuwendungen ... , ohne reellen Ausgleich zugebilligt worden sind ... ; wenn dem Geschäftsleiter einer Gruppe ein Ermessensspielraum erteilt worden ist, um solche Verschiebungen zwischen den von ihm kontrollierten Gesellschaften aufgrund des Interesses der Gruppe zu veranlassen, ist es erforderlich, dass diese Summen zurückerstattet werden".

Wenn das Interesse der Gruppe solche Vermögensverschiebungen zwischen Gesellschaften ermöglicht, was schon ein Verstoß gegen die vermögensrechtliche Autonomie darstellen würde, bedeutet dieses Interesse nicht unbedingt einen Nachteil ohne Ausgleich für die gruppierte Gesellschaft. Das Delikt vom Missbrauch von Gesellschaftsvermögen oder Gütern der Gesellschaft wird nur begangen, wenn kein Ausgleich stattfindet.

Zum anderen ist das zweite Merkmal des Ausgleiches schwieriger zu umschreiben. Der Ausgleich kann sich aus dem Vorteil der wirtschaftlichen Solidarität der gruppierten Gesellschaften ergeben. Dann muss geprüft werden, ob die Politik der ganzen Gruppe stimmt. Die Leitung der Gruppe kann immer geltend machen, der Ausgleich wird in der Tatsache liegen, dass die finanzielle Solidarität der Unternehmensgruppe der von der Gruppe benachteiligten Gesellschaft eines Tages helfen wird. Sie kann damit rechnen, dass die Nachteile dieser Gesellschaft zur Entwicklung der gesamten Gruppe beitragen werden und dass deren Vermögenswachstum mittelbar die benachteiligte Gesellschaft selbst treffen wird. Jede für die Gruppe vorteilhafte Handlung wird auch für jede gruppierte Gesellschaft von Vorteil sein[878]. Das Gericht bemerkte, dass die Eingliederung der Gesellschaft Belle Jardinière in die mächtige Gruppe Agache-Willot einige Vorteile in der Weise darstellte, dass sie reorganisiert und umstrukturiert würde und dass sie über neue Verbraucher- und Vertriebsmärkte verfügte. Als Gegenleistung für diese Vorteile dachten die Mehrheitsgesellschafter Willot, könnte die Belle Jardinière veranlasst werden, einige Nachteile im Interesse der Unternehmensgruppe zu billigen.

Mithin ist festzustellen, dass das Pariser Gericht ein "Interêt du groupe" zum ersten Mal im französischen Recht der Unternehmensgruppe anerkannt hat. Es wurde nicht mehr vom Unternehmensinteresse der Mehrheitsgesellschafter Will-

878 Die Unternehmensgruppe könnte der Gesellschaft eine Hilfe in Sachen Know-How, sogar von ihrem guten Ruf innerhalb der Geschäftswelt profitieren lassen. Sie kann auch eine finanzielle Hilfe leisten, indem neue Investitionen innerhalb der ganzen Gruppe durch ihren Vorteil realisiert werden. Es bleibt aber immer die Frage offen, wie quantifizierbar ein solcher Ausgleich sein soll.

lot, der Minderheit oder der Gesellschaft, sondern vom "Interêt du groupe" gesprochen. Die Auslegung des Schadens wird mit allen Elementen der Unternehmensgruppe betrachtet. Außerdem stellt diese Rechtsprechung eine besondere Neuigkeit im Bereich des Missbrauchs von Gesellschaftsvermögen dar. Dieser Missbrauch ist bisher nur in den Verhältnissen zwischen Muttergesellschaften und Tochtergesellschaften, nicht jedoch in den Verhältnissen zwischen Gruppe und gruppierten Gesellschaften analysiert worden[879]. Im Willot-Urteil wurde geprüft, ob die Vermögensverschiebungen zwischen Mutter- und Tochtergesellschaft dem Interesse der Gruppe zuwiderliefen[880].

(ii) Das Rozenblum-Urteil[881]

Der Angeklagte Rozenblum war der alleinige Gesellschafter einer Holdinggesellschaft, die Allein- oder Mehrheitsgesellschafterin von 52 Gesellschaften im Bereich des Schuhhandels, der Gastronomie, der Reisevermittlung und der Finanzen war. Aufgrund eines Berufsverbots im Zusammenhang mit einer Vorstrafe wegen betrügerischen Bankrotts war Rozenblum selbst in den Geschäftsleitungsorganen nicht vertreten, sondern überließ diese Aufgabe seinen Freunden. Er nahm aber immer einen großen Einfluss auf die Geschäftsführung. Als einige Gesellschaften der Unternehmensgruppe in finanzielle Schwierigkeiten gerieten, wurden Finanzmittel und Sicherheiten zwischen verschiedenen Gesellschaften hin- und hergeschoben. Als die Unternehmensgruppe in Konkurs fiel, wurden Rozenblum und seine Freunde als faktische und rechtliche Geschäftsführer wegen des Delikts des Missbrauchs von Gütern einer Gesellschaft angeklagt.

Rozenblum hob als Verteidigung hervor, dass es sich bei den gruppierten Gesellschaften der Rozenblum-Gruppe um eine enge wirtschaftliche und finanzielle Einheit handelte, welche das Delikt des Missbrauchs von Gütern einer Gesellschaft im Hinblick auf ein Gruppenmitglied ausschließe. Außerdem sind die Vermögensverschiebungen nur im Interesse der Rozenblum-Gruppe vollzogen worden. Der Kassationshof nahm diese Verteidigung an, lehnte aber die Voraussetzungen dieses Rechtfertigungsgrundes ab. Die Strafkammer des Kassationshofs hatte drei Voraussetzungen entwickelt, bei deren kumulativer Erfüllung die

---

879 Siehe SOUSI, J.C.P. 1975, II, Ed. CI, Nr. 11816, Rdn 14.

880 Das Urteil zeigt genau, dass, wenn die Nachteile der gruppierten Gesellschaft von dem Interesse der Gruppe gerechtfertigt werden, "sind die klassischen gesetzlichen Voraussetzungen des Delikts von Missbrauch vom Gesellschaftsvermögen nicht anzuwenden ...". Das Interesse der Gruppe ist demnach eine neue Voraussetzung, die die traditionellen Voraussetzungen ersetzt. Vgl. SOUSI, J.C.P. 1975, II, Ed. CI, Nr. 11816, Rdn 14; Es ist hier ein typischer Fall des französischen Rechts. In Vorschriften werden die Grundvoraussetzungen geregelt oder Grundsätze festgesetzt, von der richterlichen Rechtsfortbildung werden die "Details", Ergänzungen oder mit der Zeit gezwungenen Verbesserungen zugefügt.

881 Rozenblum-Urteil, Cass.crim. 04.02.1985, Rev.soc. 1985, S. 648 ff.

Verlagerung von Mitteln von einer Gesellschaft der Unternehmensgruppe auf eine andere zulässig ist[882]. Die nachteilige Geschäftsführungsmaßnahme ist keine Pflichtverletzung des Mehrheitsgesellschafter und kein Delikt gemäß Art. L 241-3-4° C.Com., wenn:

- Die vom Mehrheitsgesellschafter beschlossene Geschäftsführungsmaßnahme einen Teil der Politik der Unternehmensgruppe - "**Une politique élaborée pour l'ensemble du groupe**[883]" - darstellt. Es heißt wie im Willot-Urteil, dass eine Unternehmensgruppe vorliegen muss[884]. Das Gericht erklärte allerdings immer noch nicht, was darunter zu verstehen ist. Das Tribunal Correctionnel de Paris verlangte als erste Instanz[885] eine stark strukturierte wirtschaftliche und finanzielle Einheit - "**Une unité économique et financière fortement structurée et reposant sur des bases non artificielles**"[886]. Der Kassationshof schließt sich dieser Voraussetzung an. Die gruppierten Gesellschaften müssen unter einheitlicher Leitung stehen, um eine Unternehmensgruppe zu bilden[887]. Die benachteiligende Maßnahme wird als Teil einer gruppenorientierten Politik von der Spitze der Unternehmensgruppe bestimmt. Im Rozenblum-Fall sah der Kassationshof das ständige Hin- und Herschieben von Finanzmitteln zur Vermeidung von finanziellen Schwierigkeiten einiger Gruppenmitglieder als Voraussetzung einer Unternehmensgruppe und einer gruppenorientierten Politik als nicht gegeben an: "Die Gesellschaften der Rozenblum-Gruppe bildeten keine Unternehmensgruppe"[888]. Die Komplementarität zwischen einer Tätigkeit in einer Schuhfabrik und der eines luxuriösen Restaurants in Paris oder der einer Rei-

---

882 Vgl. PARIENTE, Rdn 238.

883 So Rozenblum-Urteil, Cass.crim. 04.02.1985, Rev.soc. 1985, S. 651; OHL, Rdn 351; PRIETO, Rdn 486.

884 Dies wurde im Willot-Urteil unterstellt, indem die Geschäftsführungsmaßnahme - der Missbrauch von Gütern und/oder Gesellschaftsvermögen - dem Interesse der Unternehmensgruppe zuwiderliefe. Da ein Interesse der Unternehmensgruppe festgestellt wurde, musste der Begriff "Unternehmensgruppe" im Willot-Urteil auch erläutert werden. Siehe dazu TROCHU/JEANTIN/LANGE, D. 1975, S. 16 f.

885 Trib.corr., 29.04.1983, G.P. 1983, S. 425.

886 Dies bedeutet, dass die gruppierten Gesellschaften durch Kapitalanteile miteinander verbunden werden. Die wirtschaftliche Einheit wird durch eine einheitliche Leitung realisiert. Diese Voraussetzung entsprechen dem deutschen § 18 AktG.

887 Eine Unternehmensgruppe liegt nicht vor, wenn Gesellschaften keine gemeinsame wirtschaftliche Tätigkeit haben, und wenn die einzige Bindung zueinander das persönliche Interesse der Gesellschafter ist, Cass.crim. 29.10.1984, B.R.D.A. 1985, S. 10.

888 So Rozenblum-Urteil, Cass.crim. 04.02.1985, Rev.soc. 1985, S. 650; LAMY, Rdn 2546.

seagentur wurde von den Richtern erfolglos gesucht[889]. Sie wurde vom Strafgericht zum ersten Mal hervorgehoben[890]:

D war der Geschäftsführer von SEPAM-S.A.R.L. und hatte Vermögensverschiebungen zwischen Compagnie Nord-Alpes S.A. und SEPAM-S.A.R.L. durchgeführt. Das Gericht erklärte, dass SEPAM-S.A.R.L. eine kleine Gesellschaft war und Compagnie Nord-Alpes S.A. eine große, die neue Herstellungsmethoden erforschte. Die S.A.R.L. konnte ihr diesbezüglich regelmäßig andere ausländischen Patente verkaufen. Die S.A. verpflichtete sich, ihr Know-how und Gesellschaftssitz, Buchführer und Organisation mit der S.A.R.L. zu teilen. Demnach waren die Bedürfnisse der beiden Gesellschaften komplementär. Damit sie gut zusammenarbeiten konnten, mussten sie gemeinsame Geschäftsleiter haben. Das Gericht erklärte die Vermögensverschiebungen als nicht missbräuchlich, weil die beiden Gesellschaften gemeinsame Interessen hatten, was sie zwang, sich gegenseitig zu unterstützen.

Aufgrund der Abwesenheit der Komplementarität der Interessen und Tätigkeiten der verschiedenen Gesellschaften wurde im Rozenblum-Urteil erklärt, dass eine Unternehmensgruppe als solche nicht bestand[891].

- Die nachteilige Geschäftsführungsmaßnahme muss sich betrachtet und gemessen an der Gruppenpolitik als ausgewogen erweisen - **"Un équilibre entre les engagements respectifs des diverses sociétés concernées[892]"**. Der Ausgleich[893] zwischen Vor- und Nachteilen muss ausgewogen sein, das "Interêt social" bildet hier den Maßstab[894]. Im Rozenblum-Fall hat das Gericht die Nicht-Ausgewogenheit der Geschäftsführungsmaßnahme abgelehnt, indem es ein "Interêt commun du groupe"[895] hervorhob. Die vom faktischen

---

889 Die Komplementarität von Tätigkeiten und Interessen zwischen Gesellschaften ist ein Hinweis zum Vorliegen einer Unternehmensgruppe, siehe OHL, Rdn 349; PRIETO, Rdn 486.

890 SEPAM-Urteil, Seine, 05.07.1960, Rev.soc. 1961, S. 82.

891 Rozenblum-Urteil, Cass.crim. 04.02.1985, Rev.soc. 1985, S. 650.

892 So Rozenblum-Urteil, Cass.crim. 04.02.1985, Rev.soc. 1985, S. 651; PRIETO, Rdn 486.

893 Fraglich bleibt, was unter Ausgleich zu verstehen ist. Der Kassationshof hat sich dazu immer noch nicht ausgedrückt. Sind künftige Vorteile ausreichend oder müssen schon konkrete Ausgleiche vorliegen? Siehe TROCHU/JEANTIN/LANGÉ, D. 1975, S. 7 und 18.

894 Dies würde dem Nachteilausgleich des deutschen Rechts entsprechen.

895 Schon im Jahre 1949 hatte COULOMBEL diesen Gedanken erwähnt: "Eine Rechtspersönlichkeit bedeutet rechtlich betrachtet ein Unternehmensinteresse. Wenn eine andere juristische Person das gleiche Interesse in einer anderen Organisation hat, wie können diese beiden juristischen Personen durch dieses gemeinsame Interesse nicht identifiziert werden?", COULOMBEL, Diss., S. 190 ff; Siehe OHL, Rdn 286; FREYRIA/CLARA, J.C.P. 1993, I, Ed. E., Nr. 247, Rdn 9, 14.

Geschäftsführer Rozenblum getroffene Geschäftsführungsmaßnahme muss nicht seinem Interesse, sondern dem "gemeinsamen" Interesse der Gruppe dienen. Das heißt, dass die gemeinsame Gruppenpolitik "allen" Gruppenmitgliedern zugute kommen muss, auch wenn sie einem zunächst schadet. Das Vorliegen eines gemeinsamen Interesses ermöglicht eine zuverlässige, geschäftspolitisch gruppenorientierte Strategie, die jeder gruppierten Gesellschaft kurz- oder mittelfristig einen Vorteil verschafft.

- Die nachteilige Geschäftsführungsmaßnahme darf die finanziellen Möglichkeiten der betreffenden gruppierten Gesellschaft nicht übersteigen - **"Ne doit pas exceder les possibilités financières de la société qui en supporte la charge**[896]". Hier übernimmt das Gericht die Voraussetzung aus dem Willot-Urteil. Die Belastungsgrenzen der Gesellschaft müssen streng beachtet werden, damit die benachteiligte Gesellschaft nicht in starke finanzielle Schwierigkeiten gerät.

Dank der Strafkammer des Kassationshofs werden das französische Gesellschaftsrecht und das Recht der Unternehmensgruppen besser dargestellt[897]. Daraus ergibt sich, dass eine sorgfältige, geplante und ausgewogene gruppenorientierte Politik unter Umständen zulässig bleibt, auch wenn sie zu nachteiligen Geschäftsführungsmaßnahmen gegenüber einer S.A.R.L.-Tochter führen sollte. Die von der S.A.R.L.-Tochter erlittenen Nachteile sind in Anbetracht der wirtschaftlichen Verflechtungen zwischen verbundenen Gesellschaften gerechtfertigt, wenn die Vorteile später der Unternehmensgruppe und auch dieser Gesellschaft zugute kommen[898]. Es ist aber bedauerlich, dass diese Entscheidung die Frage der Haftung der Muttergesellschaft für nachteilige Geschäftsführungsmaßnahme nicht beantwortet.

Mithin ist festzustellen, dass der Kassationshof den vom Urteil-Willot anerkannten Begriff "Interêt du groupe" verfeinert und sogar ergänzt. Von nun an wird über ein "Interêt commun du groupe" gesprochen, das eine höhere Funktion als die Summe der Interessen der gruppierten Gesellschaften darstellt.

(iii) Ergebnis

Nach einer interessanten Rechtswendung hat die richterliche Rechtsprechung zuerst ein Gruppeninteresse und dann ein "Interêt commun du groupe" aner-

---

896 So Rozenblum-Urteil, Cass.crim. 04.02.1985, Rev.soc. 1985, S. 651; Siehe auch FREYRIA/CLARA, J.C.P. 1993, I, Ed. E., Nr. 247, Rdn 15; PRIETO, Rdn 486.

897 Vielleicht gehört es zur französischen Gewohnheit, dass die Verstöße gegen das Gesellschaftsrecht nur durch strafrechtliche Sanktionen im Gesetz betreffend der Handelsgesellschaften bestraft werden.

898 Siehe auch Cass.crim. 08.08.1995, J.C.P. 1996, Ed. G., I., Nr. 3916.

kannt[899]. Das "Interêt commun du groupe" hat Vorrang vor dem Unternehmensinteresse der gruppierten Gesellschaft[900], auch wenn sie einen Schaden erleidet. Durch die neue richterliche Rechtsfortbildung beeinflusst das Phänomen "Unternehmensgruppe" zwar nicht die Definition des Missbrauchs von Gütern oder Gesellschaftsvermögen oder die Beurteilung der Bösgläubigkeit des Geschäftsführers. Dieses Phänomen gibt jedoch den Voraussetzungen des persönlichen Interesses und des Unternehmensinteresses ein neues Erscheinungsbild[901]. Die vom Mehrheitsgesellschafter bestimmten und durchgeführten Geschäftsführungsmaßnahmen müssen dem "Interêt commun du groupe" entsprechen, d. h. die Handlungen werden durch das "Interêt commun du groupe" begründet und gerechtfertigt, auch wenn eine gruppierte Gesellschaft dadurch einen Schaden erleidet. Diese wird allerdings einen Ausgleich für ihre "Flexibilität" bekommen.

Es wird nach dem Rozenblum-Urteil irrelevant, ob die nachteilige Geschäftsführungsmaßnahme dem Gesellschaftsinteresse zuwider läuft, solange diese Geschäftsführungsmaßnahme mit dem "interêt commun du groupe" vereinbar ist. Hier überwiegt die von der Rechtsprechung verlangte Voraussetzung diejenige, die vom Gesetzestext gefordert ist[902].

---

899 Es ist m. E. sehr seltsam, einen solchen Begriff anzuerkennen, wenn schon das Konzept "Unternehmensgruppe" weder definiert ist noch keine gesetzliche Regelung bekommen hat. Dieses Interesse wurde aber immer wieder bestätigt, Crim. 30.09.1991, Rev.soc. 1992, S. 356; Crim. 09.12.1991, Rev.soc. 1992, S. 358; Crim. 23.03.1992, Bull.Joly 1992, Nr. 297.

900 Siehe RIPERT/ROBLOT, Rdn 711 und PRIETO, Rdn 262, 484 ff; Zust.CD-L., D. 1993, S. 250.

901 Die Voraussetzungen des Missbrauchs von Gütern oder/und Gesellschaftsvermögen sind: Der Gebrauch von Gütern oder Gesellschaftsvermögen, der dem "interêt commun du groupe" zuwiderläuft, das persönliche Interesse des Geschäftsführers, die Bösgläubigkeit; Bei der Berücksichtigung des "Interêt commun du groupe" wird von den Richter geprüft, ob eine Unternehmensgruppe tatsächlich vorliegt. Dies war der Gedankengang der Richtern im Willot- und Rozenblum-Urteil. Dadurch wurde die Unternehmensgruppe von der richterlichen Rechtsfortbildung betrachtet, ohne genau erfaßt zu werden. Es wurden nur unstrittige und konstante Elemente einer Gesellschaftsgruppierung in dem Begriff der Unternehmensgruppe aufgenommen, damit das Phänomen der Unternehmensgruppe noch weiterentwickelt werden kann, und nicht allzu eng erfaßt werden; Es sieht so aus, als ob die richterliche Rechtsfortbildung nur einen ungenau Rahmen für die Gesellschaftsgruppierung anbietet.

902 SOUSI betrachtet die Hypothese, ob die nachteilige Geschäftsführungsmaßnahme hier ein Delikt darstellen würde, wenn die Maßnahme dem Interesse der Gruppe zuwider wäre, obwohl sie mit dem Interesse der abhängigen Gesellschaft vereinbar wäre. Er meint, dieser Voraussetzungsersatz sei unzuverlässig auf der Ebene der theologischen Betrachtungsweise. Die künftigen gesetzlichen Regelungen über die Unternehmensgruppe, "wenn sie verabschiedet werden können" (SOUSI bleibt also skeptisch), müssen ein spezifisches Delikt des Missbrauchs vom Gesellschaftsvermögen

Das "Interêt commun du groupe" beruht auf der Wahrung eines wirtschaftlichen, sozialen oder finanziellen Ausgleichs, und es muss durch eine kohärente Strategie zur gemeinsamen Entwicklung der Gruppe erlangt werden[903]. Dies führt zwangsweise zum Interessenumbruch zwischen der Gesellschaft und der Unternehmensgruppe. Die Begründung und Rechtfertigung einer momentanen Aufopferung der gruppierten Gesellschaft sind, dass sie infolge ihrer Zugehörigkeit zur Unternehmensgruppe einen wirtschaftlichen Aufschwung nehmen wird. Dieser Gedanke war schon durch die Anerkennung des Unternehmensinteresses des französischen Rechts eingeführt[904]. Die Literatur[905] meint, der Begriff Unternehmensinteresse ist ein adäquates Werkzeug nicht nur für die Berücksichtigung der Interessen innerhalb einer gruppierten Gesellschaft, sondern auch gegenüber den Überschreitungen der Unternehmensgruppe. Weiterhin wurde eine Definition im weiteren Sinne nach der geltenden strafrechtlichen Rechtsprechung verfasst: Dieses "interêt commun du groupe" ist ein Bestandteil von verschiedenen Interessen nicht nur angesichts der Einheit der Unternehmensgruppe, sondern auch angesichts der Tochtergesellschaften selbst und deren rechtlichen Verbindungen mit den betroffenen Märkten, sei es der Arbeitsmarkt, sei es der Markt der Lieferanten oder der der Vertriebspartner[906]. Diese Definition stellt zwei Vorteile dar. Zum einen nimmt sie tatsächlich Rücksicht auf die Ausgewogenheit zwischen den Bedürfnissen der Unternehmensgruppe und den Möglichkeiten der gruppierten Gesellschaften[907]. Zum anderen ist sie von keinem gesetzlichen Text festgelegt, so dass sie angesichts der praxisbezogenen Entwicklungen der Wirtschaft immer erneuert werden kann.

---

für die Unternehmensgruppe behandeln. Diese neuen Regelungen würden dann das neue Element "Interêt commun du groupe" als Voraussetzung enthalten, siehe SOUSI, J.C.P. 1975, II, Ed. CI, Nr. 11816, Rdn 14.

903 CD-L., Rdn 280; Ablehnend, de FONTBRESSIN, R.J.C. 1988, S. 294.

904 Siehe Fruehauf-Urteil, 22.05.1965, D. 1968, S. 147.

905 DUCOULOUX-FAVARD, D. 1984, S. 287; Das gemeinsame Interesse in der Unternehmensgruppe ermöglicht dem Richter, vorteilhafte Entscheidungen gegenüber den Mehrheitsgesellschafter zu treffen. Die nachteiligen Geschäftsführungsmaßnahmen des faktischen Geschäftsführers führen hier zu keiner Sanktionierung, wenn die Unternehmensgruppe, bzw. der Mehrheitsgesellschafter das gemeinsame Interesse, das für die wirtschaftliche Entwicklung notwendig ist, in der Unternehmensgruppe als Vorwand benutzt; Zustimmend PARIENTE, Rdn 41.

906 DUCOULOUX-FAVARD, D. 1984, S. 287.

907 CD-L., Rdn 261: "Wir können nur hoffen, dass der strikte juristische Begriff des Unternehmensinteresses durch den geeigneteren Begriff Gruppeninteresse auf der Ebene der Unternehmensgruppe ersetzt wird. Dieser letzte Begriff erzielt eine besondere Annäherung der eigenen Interessen der Gruppen und den Schutz jeder Gesellschaft hinsichtlich ihrer handelsrechtlichen und finanziellen Stellung innerhalb der Gruppe".

Das "interêt commun du groupe" findet seine Begründung auch in der Tatsache, dass die Unternehmensgruppe eine wirtschaftliche Einheit bildet und somit auch eine Risikogemeinschaft. Wenn die Muttergesellschaft finanzielle Schwierigkeiten hat, kann dies auch verheerende Folgen für die gruppierten Gesellschaften haben. Deswegen müssen die gruppierten Gesellschaften sich gegenseitig unterstützen. Somit wird das "interêt commun du groupe" gewährleistet, insbesondere auch, wenn die gruppierten Gesellschaften, die eine finanzielle Hilfe geleistet haben, später einen wirtschaftlichen Aufschwung nehmen.

Durch die Anerkennung dieses "interêt commun du groupe" scheint jedoch eine Verdrängung des eigenen Interesses von jeder gruppierten Gesellschaft angenommen zu werden. Fraglich ist, ob diese Verdrängung vom Verstoß gegen die vermögensrechtliche Autonomie der Gesellschaften herrührt. Dieser Verstoß führt dann zu der Tatsache, dass die Gruppe durch das "interêt commun du groupe" zur eigenen Rechtspersönlichkeit strebt. Die Literatur[908] geht davon aus. Wenn die Gruppe eine eigene Rechtspersönlichkeit gewänne, würde es m. E. bedeuten, dass jede gruppierte Gesellschaft nicht mehr die volle Rechtspersönlichkeit hätte. M.a.W. der Mehrheitsgesellschafter bzw. die Muttergesellschaft würde die Rechte und die Pflichten der Tochtergesellschaft unmittelbar ausüben, was gefährlich wäre. Zum einen könnte der Mehrheitsgesellschafter über das gesamte Vermögen der abhängigen Gesellschaft verfügen, da letztere keine Rechtspersönlichkeit und insbesondere kein eigenes Vermögen hat. Diese Gesellschaft würde demnach ihrer Substanz beraubt[909] und wäre nur noch eine Art von Betriebsabteilung. Zum anderen heißt es dann, dass der Mehrheitsgesellschafter bzw. die Muttergesellschaft in jedem Fall für die Tochtergesellschaft Dritten gegenüber verantwortlich sein würde. Es ist daher nicht einleuchtend, dass dieses der Sinn des "Interêt commun du groupe" sein soll. Diese neue Voraussetzung sollte ausschließlich dem Fortbestand der Unternehmensgruppe hel-

908 SOUSI, J.C.P. 1975, II, Ed. CI, Nr. 11816, Rdn 14 f, 16: "Einem gemeinsamen Interesse entspricht eine gemeinsame Rechtspersönlichkeit, die diejenige der gesamten Gruppe *de facto* wäre. Dieses gemeinsame Interesse ist demnach tatsächlich das Interesse der Gruppe"; Zustimmend, CHAMPAUD, Diss., S. 273. Er geht sogar weiter in seiner Argumentation. Er meint, dass die Verdrängung des Gesellschaftsinteresses der gruppierten Gesellschaften eine Verdrängung der Gesellschaftsorgane mit sich bringt. Eine gute Perspektive für die Geschäftsführer der gruppierten Gesellschaften ... ; OHL meint, dass das Interesse der Gruppe durch die geschäftliche und finanzielle Strategie durchkommt, die irgendwie den Unternehmensgegenstand der Gruppe darstellt, OHL, Rdn 355; Vgl. TROCHU/JEANTIN/LANGÉ, D. 1975, S. 17; Siehe CD-L., Rdn 285;

909 CHAMPAUD meint: "Die einheitliche Leitung, die die Unternehmensgruppe charakterisiert, tendiert dazu, die gruppierten Gesellschaften von ihrem juristischen Substanz zu leeren. Die juristische Person scheint fortzubestehen, aber sie tendiert, nur ein Anschein zu werden", CHAMPAUD, Diss., S. 273.

fen, indem verbundene Unternehmen, der Verbrauchermarkt und Arbeitnehmerplätze geschützt werden sollten.

Hinsichtlich des Nachteilausgleichs wird weder von der richterlichen Rechtsfortbildung noch von der Literatur genau erklärt, ob dieser Ausgleich in zeitlichem Zusammenhang mit nachteiligen Geschäftsführungsmaßnahmen erfolgen muss und ob er quantifizierbar sein muss. Bis jetzt hat sich die Handelskammer des Kassationshofs noch nicht geäußert. Die Literatur[910] meint, dass ein zeitlicher Umbruch des Interesses zum Widerspruch zwischen der Autonomie der gruppierten Gesellschaften und deren wirtschaftlicher Abhängigkeit führt. Wenn die Gesellschaft eine Geschäftsführungsmaßnahme, die ihrem eigenen Interesse zuwider läuft, jedoch im Interesse der gesamten Unternehmensgruppe vollziehen muss, folgt sie einem eigenen Interesse, indem sie als gruppierte Gesellschaft einen künftigen Ausgleich erwartet[911].

(c) Die Bedeutung dieser Rechtsprechung in der Haftung des Mehrheitsgesellschafters aufgrund nachteiliger Geschäftsführungsmaßnahmen

Dank der Anerkennung des "Interêt commun du groupe"[912] in den genannten Entscheidungen nimmt das Sonderstrafrecht die Weiterentwicklungen der handels- und gesellschaftsrechtlichen Praxis besser wahr, weil es die Überschreitungen des Mehrheitsgesellschafters besser begrenzen bzw. nachträglich besser sanktionieren kann. Es lehnt die Argumente oder Vorwände des Mehrheitsgesellschafters ab, der sich hinter der Komplexität von Gruppenverbindungen und Gruppeninteressen versteckt, damit die Vermögensverschiebungen hauptsächlich zur Befriedigung seiner eigenen persönlichen Interessen, jedoch auf Kosten der Tochtergesellschaften, stattfinden können. Deswegen müssen alle vom Mehrheitsgesellschafter getroffenen Geschäftsführungsmaßnahmen dem "Interêt commun du groupe" untergeordnet werden. Nachteilige Geschäftsführungsmaßnahmen, die vom Mehrheitsgesellschafter als faktischem Geschäftsführer übernommen worden sind, werden zivilrechtlich nicht sanktioniert, solange sie nicht die Grenzen des "Interêt commun du groupe" überschreiten[913]. Das "Interêt

---

910 HANNOUN, Rdn 45; OHL, Rdn 310.

911 OHL, Rdn 310, 336: Er nimmt die Notwendigkeit für die Richter an, das Vorliegen eines ausgeglichenen Vorteils, der sich aus den wirtschaftlichen Subordinationsverhältnissen zwischen gruppierten Gesellschaften ergibt, sei es künftig, sei es gegenwärtig, nachzuprüfen.

912 Es wird also über das "gemeinsame Interesse in der Unternehmensgruppe", und nicht mehr über ein Interesse der Unternehmensgruppe gesprochen. Vgl. SOUSI, J.C.P. 1975, II, Ed. CI, Nr. 11816, Rdn 5.

913 Siehe Cass.crim. 03.05.1969, Bull.cass.crim. 1969, Nr. 350; Cass.crim. 07.03.1968, J.C.P. 1968, Ed. G., Nr. 83523; Cass.crim. 24.03.1969, J.C.P. 1969, Ed. G., Nr.

commun du groupe" stellt demnach ein Kriterium für die Zulässigkeit der Geschäftsführungsmaßnahmen in der gruppierten Gesellschaft dar.

In der nicht-gruppierten S.A.R.L. hat der Geschäftsführer wichtige Machtbefugnisse und soll diese Befugnisse ausschließlich im Interesse der Gesellschaft und der Unternehmensgruppe gem. Art. L 223-22 C.Com. ausüben[914]. Dank der Kapitalmehrheit in der S.A.R.L. ist die Macht des Mehrheitsgesellschafters sehr groß[915], und der Mehrheitsgesellschafter kann wie oben dargestellt als faktischer Geschäftsführer[916] die Geschäfte der Gesellschaft selber leiten[917]. Das "Interêt commun du groupe" bildet eine Schranke, um nachteilige Geschäftsführungsmaßnahmen wie z. B. Vermögensverschiebungen zu sanktionieren. Jede Verschiebung des Gesellschaftsvermögens einer gruppierten S.A.R.L. innerhalb der Unternehmensgruppe zugunsten des Mehrheitsgesellschafters ist strafbar[918]. Sobald eine vom Mehrheitsgesellschafter übernommene Geschäftsführungsmaßnahme dem "Interêt commun du groupe" zuwider läuft und Risiken für die Aktiva der Gesellschaft[919] - die Risiken sollen nicht bestehen[920] - birgt, haftet der Mehrheitsgesellschafter als faktischer Geschäftsführer[921] gem. Art. L 241-3-4°

86632; Com. 21.10.1974, Bull.cass.civ. 1974, IV, S. 208; Zur zivilrechtlichen Haftung des Rechtsmissbrauchs, siehe Teil II C 4 in der vorliegenden Dissertation.

914 Im Falle einer mittelbaren Durchführung dieser Geschäftsführungsmaßnahmen durch die von der Muttergesellschaft oder vom Mehrheitsgesellschafter bestellten Geschäftsführer wird die Mehrheit nicht zögern, die Geschäftsführer abzuberufen, wenn diese verweigern, die Geschäftsführungsmaßnahmen durchzuführen. Das Prinzip der Mehrheit wirkt sich nicht mehr auf der gesellschaftsrechtlichen Ebene, sondern auf der höheren Ebene der Unternehmensgruppe aus.

915 Auch wenn ihm kein Weisungsrecht im Gesetzestext zugeteilt wird.

916 Die Tatsache, dass der Mehrheitsgesellschafter der faktische Geschäftsführer ist, lässt nicht den Schluss zu, dass er sein eigenes Interesse anstelle des Unternehmensinteresses der abhängigen Gesellschaft eingesetzt hat, SOUSI, Diss., S. 227; SOUSI meint weiter, die Tatsache, dass der Gesellschafter nur in seinem eigenen Interesse innerhalb der abhängigen Gesellschaft handelt, führt nicht unbedingt zu seiner Haftung, weil das persönliche Interesse des Gesellschafters dem Unternehmensinteresse der abhängigen Gesellschaft entsprechen kann. Nur die Berücksichtigung des persönlichen Interesses anstelle des Unternehmensinteresses der abhängigen Gesellschaft zu ihrem Nachteil führt zur Haftung des Gesellschafters.

917 Vgl. Cass.crim. 23.04.1991, Bull.cass.crim. 1991, Nr. 193, S. 500.

918 Siehe Cass.crim. 07.03.1968, J.C.P. 1968, Ed. G., Nr. 83523.

919 Es genügt, dass die Geschäftsführungsmaßnahme der abhängigen Gesellschaft ein ungewöhnliches Risiko auferlegt, das ohne den Interessenumbruch nicht aufgetaucht wäre, VERDIER, S. 209.

920 OHL, Rdn 336.

921 OHL, Rdn 328; Vor dem In-Kraft-Treten des Gesetzes 1966 lehnte die Literatur die Erstreckung dieser Haftungsgrundlage auf Personen ab, die zwar kein Gesellschaftsorgan, aber die "maîtres de l'affaire" waren, ROBIN, Dr.pén. 1967, S. 4 ff; BASTI-

C.Com. i.V.m. L 241-9 C.Com. und wird mit Gefängnis von einem bis zu fünf Jahren und/oder mit einer Geldstrafe von 2.000 F bis 2.500.000 F bestraft[922].

Es liegt jedoch auf der Hand, dass dieses Interesse keinen Rechtfertigungsgrund für den Mehrheitsgesellschafter darstellen darf, dessen einzige Ziele es sind, seine eigenen Interessen auf Kosten der gruppierten Gesellschaften hervorzuheben. Diese Anerkennung ist vergleichbar mit der Suche nach dem Schutz der Gesellschaft. Die richterliche Rechtsfortbildung hat sich schon damit beschäftigt[923]. Im Willot-Urteil liegt diese Tendenz auch vor: Die Nachteile der gruppierten Gesellschaft müssen im Interesse der Gruppe erfolgen und dürfen zu keinen starken finanziellen Schwierigkeiten für die betroffene Gesellschaft oder den Minderheitsgesellschafter führen[924], weil dieser Interessenumbruch zwischen den Gesellschaftern, aufgrund des Interesses des Mehrheitsgesellschafters, der Gesellschaft selbst schadet, wenn kein Ausgleich vorliegt.

Mithin bleibt festzustellen, dass das "interêt commun du groupe" als Voraussetzung des Verstoßes gegen die Art. L 241-3-4° C.Com. weitgehend zur Haftung des Mehrheitsgesellschafters beiträgt. Diese Schranke ist m. E. jedoch als solche nicht vollkommen, weil sie die Überschreitungen des Mehrheitsgesellschafters gar nicht verhindern kann. Die Sanktionierung aller Überschreitungen des Mehrheitsgesellschafters, wie z. B. Missbrauch des Kredits oder des Gesellschaftsvermögens, kommt zu spät, denn die Gesellschaft hat den Schaden schon erlitten. Zum anderen bietet Art. L 241-3-4° C.Com. nur eine strafrechtliche Sanktionierung des faktischen Geschäftsführers, also des Mehrheitsgesellschafters. Es ist daher ein schwacher Trost für die Tochtergesellschaft, weil eine solche Sanktionierung den von der Tochtergesellschaft erlittenen Schaden nicht ersetzt.

(2) Die Haftung des herrschenden Unternehmens bzw. des Mehrheitsgesellschafters der abhängigen GmbH aufgrund von Verstößen gegen Art. L 223-19 ff C.Com.

Zwischen zwei Gesellschaften können viele Rechtsverhältnisse bestehen, die meistens vertraglicher Natur sind. Trotz Kontrolle des Bilanzprüfers oder der

---

AN, La réforme du droit des sociétés commerciales, J.C.P. 1967, Ed. G., I, Nr. 2121, Rdn 311.

922 Art. L 241-3-4° und 241-3-5° C.Com.

923 Die Strafkammer des Kassationshofs erklärte, dass schon Art. 38 des Gesetzes vom 7. März 1925 zum Schutz des Gesellschaftsvermögens im Interesse der Gesellschaft selbst und der Dritten tendierte, Cass.crim. 05.11.1963, D. 1964, J., S. 52.

924 SOUSI meint, dass die Interessen der natürlichen Personen leichter zu erkennen seien, als die einer juristischen Person, SOUSI, J.C.P. 1975, II, Ed. CI, Nr. 11816, Rdn 24.

Gesellschafterversammlung können auch nachteiligen Vermögensverschiebungen in vertraglicher Form vorliegen. Der Mehrheitsgesellschafter zögert nicht, Einfluss auf die Rechtsverhältnisse zwischen den gruppierten Gesellschaften zu nehmen. Es liegt auf der Hand, dass die verschiedenen Interessen der gruppierten Gesellschaften, sei es aufgrund einer Kapitalbeteiligung, sei es aufgrund einer gemeinsamen Leitung wie in den personalistischen Unternehmensgruppen - "groupe personnel", hier nicht gleichmäßig vertreten werden[925]. Der Grundsatz, nach dem der Vertragsabschluss auf der unabhängigen und freien Willensbildung der Vertragsparteien basieren soll, wird dann verletzt[926]. Es besteht nicht nur die Gefahr, dass eine gruppierte Gesellschaft mit einer anderen in vertragliche Beziehung treten muss, obwohl sie finanziell nicht in der Lage ist, einen solchen Vertrag zu erfüllen, sondern auch, dass der Mehrheitsgesellschafter die Vertragsbedingungen *de facto* schlicht diktiert[927]. Hier stellt sich nicht nur das Problem der Willensfreiheit beim Vertragsabschluss, sondern auch das eines Interessenkonflikts.

Dem Gesetzgeber waren diese Gefahren und Probleme bewusst, und er hat Vorschriften zum Schutz der Gesellschaft als Vertragspartner vorgesehen. Gem. Art. L 223-19 C.Com. besteht für die S.A.R.L. ein Kontrollsystem für Verträge, die eine S.A.R.L. mit einem ihrer Geschäftsführer oder einem Gesellschafter unmittelbar oder mittelbar[928] schließt und für Verträge der S.A.R.L. mit anderen Gesellschaften, deren persönlich haftender Gesellschafter oder Geschäftsführer gleichzeitig Geschäftsführer oder Gesellschafter der S.A.R.L. ist[929]. Deswegen erwähnt Art. L 223-19 C.Com den Fall von Gesellschaften mit personellen Verflechtungen. Bis jetzt hatte der Gesetzgeber keine spezielle Regelung für das Funktionieren der Unternehmensgruppe vorgesehen; Art. L 223-19 C.Com bildet daher eine Ausnahme[930]. Die Begründung dafür ist die Vermeidung von Vermögens- und Interessenvermischungen unter Gesellschaften einer Gruppe durch den Mehrheitsgesellschafter als faktischen Geschäftsführer. Außerdem

---

925 PRIETO, Rdn 142 ff.

926 VANHAECKE, Rdn 316; MARTY/RAYNAUD, Rdn 99 ff, 161 ff.

927 Leider bestehen keine Vorschriften im Handelsgesetzbuch, die eine Regelung des Interessenkonflikts zwischen dem Mehrheitsgesellschafter und der Gesellschaft regeln; Vgl. PRIETO, Rdn 173.

928 Auf französisch "ou par personne interposée"; Hier wird auf den Begriff "faktischer Geschäftsführer" verwiesen. Vgl. CD-L., Rdn 136; GUYON, Rdn 487.

929 Dies entspricht der Regelung des § 181 BGB. Siehe GUYON, Rdn 487 ff; RIPERT/ROBLOT, Rdn 964, 977; Siehe auch BALENSI, S. 11 ff; Die Rechtsprechung hat jedoch entschieden, dass dieser Artikel bei Verträgen zwischen einer Muttergesellschaft und deren 100%iger Tochtergesellschaft keine Anwendung findet. Deswegen bleibt hier der Fall der E.U.R.L. als Tochtergesellschaft außer Betracht, Trib.com. 26.04.1990, R.J.C. 1991, S. 35.

930 GUYON, Rdn 620.

bestehen größere Gefahren für die Tochtergesellschaft, wenn sie ihre Geschäftsbeziehungen nur auf die Gruppe beschränkt, insbesondere wenn eine starke personelle Verflechtung in der Unternehmensgruppe vorliegt.

Der Umfang der Geschäfte, die unter Art. L 223-19 C.Com fallen, betrifft alle Verträge wie Pachtverträge, Darlehen, Kooperationsverträge usw. Im Bereich der Unternehmensgruppe findet Art. L 223-19 C.Com Anwendung auf alle Verträge oder Vereinbarungen zwischen Mutter- und Tochtergesellschaft oder zwischen Gesellschaften einer Gruppe, die gemeinsame Geschäftsführer haben[931]. Durch Art. L 223-19 C.Com wird die Überwachung gruppeninterner Verträge möglich, ohne dass der gruppierten Gesellschaft als Vertragspartner zu schwere Nachteile daraus erwachsen[932]. Über die Verträge zwischen dem Geschäftsführer oder dem Mehrheitsgesellschafter muss von einem der Geschäftsführer oder von einem Bilanzprüfer - wenn ein solches Organ vorhanden ist - der Gesellschafterversammlung ein Bericht vorgelegt werden, damit sie diese Verträge billigt. Dieser vom Geschäftsführer geschriebene Bericht[933] enthält den Inhalt der Verträge, die die Billigung der Gesellschafter benötigen[934], die Namen der Geschäftsführer oder betreffenden Gesellschafter sowie die Natur und den Gegenstand solcher Verträge, gem. Art. 35 VO 1967. Die Abwesenheit eines Bilanzprüfers stellt m. E. die Gefahr dar, dass der Bericht vom Geschäftsführer geschrieben wird und insbesondere dass eine Person der Wahl und des Vertrauens des Mehrheitsgesellschafters als Geschäftsführer der S.A.R.L. bestellt werden kann. Dann kann die Richtigkeit und Objektivität des Berichtes in Frage gestellt werden.

Damit der Mehrheitsgesellschafter die gesetzlichen Regelungen nicht so leicht umgehen kann, hat der Gesetzgeber entschieden, dass der Mehrheitsgesellschafter oder Geschäftsführer-Mehrheitsgesellschafter an der Abstimmung nicht teil-

---

931 GUYON, Rdn 620; Dabei kann es sich auch um einen faktischen Geschäftsführer handeln.

932 Diese Verträge wären sonst das Ergebnis freier Verhandlungen, weil die Muttergesellschaft den Abschluss des Vertrags öfter erzwingt und seinen Inhalt festlegt. Hier kommt es auch zum Interessenkonflikt, VANHAECKE, S. 311 ff; Siehe auch GUYON, Rdn 620.

933 Wenn ein Bilanzprüfer vorhanden ist, wird er diesen Bericht selbst schreiben. Paris, 03.07.1976, Rev.soc. 1977, S. 465; Falls ein Bilanzprüfer vorhanden ist, stellt sich die Frage nach seiner Objektivität. Es darf nicht vergessen werden, dass er von den Gesellschaftern für sechs Geschäftsjahre gem. Art. L 223-38 i.V.m. Art. L 225-219 C.Com. bestellt wird. Der Mehrheitsgesellschafter kann demnach eine Person seines Vertrauens wählen. Somit besteht die große Wahrscheinlichkeit, dass der vom Bilanzprüfer geschriebenen Bericht die Verträge nur unter einem positiven Aspekt darstellen wird.

934 Paris 22.01.1993, D. 1993, I.R., S. 124.

nehmen darf und dass seine Anteile bei der Berechnung von der Mehrheit nicht mitgezählt werden dürfen[935] - es ist übrigens der einzige Fall eines Stimmverbots in der S.A.R.L., Art. L 223-19 Al. 1 C.Com. Dadurch wird erreicht, dass den Minderheitsgesellschaftern die Chance geboten wird, solche Verträge ablehnen zu können, wenn sie kurz oder langfristig nicht vorteilhaft für die Gesellschaft sind. Im Falle einer Nichtbilligung bleiben solche Verträge zwar gültig[936], Art. L 223-19 Al. 4 C.Com. Aber wenn diese Verträge nachteilige Folgen für die Gesellschaft mit sich bringen, haftet der Geschäftsführer oder der Gesellschafter der S.A.R.L. gegenüber - je nach Sachlage einzeln oder gesamtschuldnerisch:

> Z. B.: Die Muttergesellschaft A besitzt 45 % der Tochtergesellschaft B und 80 % der Tochtergesellschaft C. Die anderen Geschäftsanteile von B halten mehrere Gesellschafter. Als faktische Geschäftsführerin von B beeinflusst A die B dahingehend, einen Vertrag mit C abzuschließen, weil A dadurch einen persönlichen Vorteil erlangen kann. B schließt den Vertrag mit C gezwungenermaßen ab, obwohl sie sich in finanziellen Schwierigkeiten befindet. Da B ihre vertraglichen Verpflichtungen nicht erfüllen kann, wird der Vertrag von der Gesellschafterversammlung von B - den übrigen 55 % der Geschäftsanteile - nicht gebilligt, da A ein Stimmverbot gem. Art. L 223-19 Al.1 C.Com. hat. Die Nichtbilligung des Vertragsabschlusses führt nicht zur Nichtigkeit des Vertrages, sondern zur Verlagerung der Risiken auf die Mehrheitsgesellschafterin, Art. L 223-19 Al. 4 C.Com. Die Mehrheitsgesellschafterin haftet persönlich und unbeschränkt für die vertragliche Verpflichtung der B gegenüber C. B hat demnach C gegenüber keine Konventionalstrafe zu bezahlen. Wenn A auch Einfluss auf den Geschäftsführer X der C genommen hat, damit der Vertrag mit der B zustande kommt, haftet sie auch für jede nachteilige Folge der C gegenüber B.

Der Schadensersatzanspruch der Gesellschaft muss innerhalb von drei Jahren ab der Schadenshandlung oder nach deren Aufdeckung gem. Art. L 223-23 C.Com. geltend gemacht werden.

---

935 GUYON, Rdn 487; Der Mehrheitsgesellschafter als faktischer Geschäftsführer muss in der Sache sicher sein, dass er die Unterstützung der anderen Gesellschaftern bekommen wird, um einen solchen Vertrag zu seinen persönlichen Interessen zu erreichen. Dieser Fall kommt allerdings nicht häufig vor.

936 Cass.com. 28.06.1988, Bull.cass.com. 1988, IV, S. 155: "Die Verträge mit Dritten, die nicht von der Gesellschafterversammlung gebilligt worden sind - entweder weil sie nicht diesem Verfahren unterworfen wurden oder weil sie abgelehnt wurden - bleiben aber gültig"; Siehe auch GUYON, Rdn 487; RIPERT/ROBLOT, Rdn 977; Eine Ausnahme bildet jedoch die arglistige Täuschung. Dann wird der Vertrag nichtig gem. Art. L 235-1 Al. 2 C.Com.

Art. L 223-20 C.Com. sieht hierzu eine Ausnahme vor. Die laufenden Geschäfte der S.A.R.L., die unter normalen Bedingungen abgeschlossen wurden, bedürfen keines solchen Verfahrens. Laufende Geschäfte sind diejenigen, die von der Gesellschaft in einer üblichen Art und Weise innerhalb des Unternehmensgegenstands durchgeführt werden[937]. Bezüglich einer gruppierten Gesellschaft muss nur ihre Tätigkeit innerhalb der Gruppe betrachtet werden, ohne Rücksicht auf die Ziele der Muttergesellschaft, des Mehrheitsgesellschafters oder auf die Weisungen hinsichtlich des Finanzbereichs der gruppierten Gesellschaft Rücksicht zu nehmen[938]. Unter normalen Bedingungen werden Marktbedingungen verstanden, aus denen vom Geschäftsführer oder Gesellschafter kein außergewöhnlicher vertraglicher Vorteil gezogen werden kann[939]. Der Vergleichsmaßstab ist im normalen Fall, ob ein Lieferant oder ein Kunde denselben Vorteil gezogen hätte. Wenn ja, findet Art. L 223-20 C.Com. Anwendung. Fraglich ist, ob die normalen Bedingungen in der Unternehmensgruppe die gleichen sind. Die „Commission des Opérations de Bourse“ – Börsenüberwachungsausschuss - ist der Ansicht, dass alle privilegierten Verhältnisse innerhalb einer Gruppe berücksichtigt werden, um das Kriterium der Normalität der Verträge zu bestimmen[940]. Aufgrund der Besonderheiten und des Funktionierens einer Unternehmensgruppe meint die Literatur[941] eher, dass der Vergleichsmaßstab der Normalität anders angelegt werden soll: Vergleichsmaßstab könnte ausschließlich eine andere gruppierte Gesellschaft sein[942].

Mithin ist festzustellen, dass die Interessenkollisionen, die sich aus Verträgen ergeben können, zuerst gem. Art. L 223-19 C.Com. geprüft und dann neutralisiert werden können. Eine Verantwortung des Mehrheitsgesellschafters kommt in Betracht, indem er für die wirtschaftlichen Auswirkungen solcher Verträge persönlich haftet, wenn sie nicht von der Gesellschafterversammlung nachträglich gebilligt werden. Demnach entgeht die abhängige Gesellschaft einem finan-

937 Definition von der Assemblée Nationale, J.O. vom 04.04.1969, S. 870; Vgl. CD-L., Rdn 137 und PRIETO, Rdn 162 ff; com. 21.04.1977, Rev.soc. 1978, S. 252.

938 Diese Meinung vertritt auch die C.O.B., siehe Bull.C.O.B. 1981, S. 138; CD-L., Rdn 137; Lamy, Rdn 2852.

939 Siehe LEFEBVRE, Sociétés, Rdn 17244 ff; Das sind auch Geschäfte, die von der Gesellschaft innerhalb ihres Unternehmensgegenstands und ihres Aktivitätenbereiches wie üblich abgewickelt werden, Réponse Ministérielle LEBAS, J.O., Débats de l'Assemblée Nationale du 4 avril 1969, S. 870.

940 Bull.C.O.B. 1981, S. 138.

941 OHL, S. 159 ff; VANHAECKE, S. 338; CD-L., Rdn 137.

942 PRIETO, Rdn 165: "Die normalen Bedingungen werden im Vergleich zu denjenigen angenommen, die üblicherweise nicht nur für gleiche Verträge innerhalb der Gesellschaft, sondern auch in anderen Gesellschaften gleicher Aktivitätsbereiche angewandt werden".

ziellen Schaden, wenn die Geschäftsführungsmaßnahme, der Vertragsabschluss, sich als nachteilig erweisen würde.

(3) Ergebnis

Die Haftung des Mehrheitsgesellschafters der abhängigen Gesellschaft aufgrund von Verstößen gegen das Unternehmensinteresse erweist sich als enttäuschend. Zwar bietet das Code de Commerce durch Art. L 241-3-4° und Art. L 223-19 ff eine Haftung des Mehrheitsgesellschafters an, diese Haftungsgrundlagen bleiben aber auf einen bestimmten Bereich beschränkt. Zum einen betrifft Art. L 241-3-4° C.Com. ausschließlich eine Sanktionierung des Mehrheitsgesellschafters, weil sich diese Vorschrift nur auf das Sonderstrafrecht des Code de Commerce bezieht. M.a.W. kann sich kein Schadensersatzanspruch der abhängigen Gesellschaft gegen den Mehrheitsgesellschafter aus dieser Haftungsgrundlage ergeben. Dies deckt den von der Tochtergesellschaft erlittenen Schaden demnach nicht zivilrechtlich. Zum anderen bieten die Art. L 223-19 ff C.Com. trotz des Kontrollsystems der Verträge zwischen Gesellschaft und Gesellschafter bzw. Mehrheitsgesellschafter nur einen beschränkten Schutz, weil es sich um eine "nachträgliche" Kontrolle der Vertragsabschlüsse als Geschäftsführungsmaßnahmen handelt. Zwar haftet der Mehrheitsgesellschafter im Falle einer Nichtbilligung der Gesellschafterversammlung zivilrechtlich, die Art. L 223-19 ff C.Com. können sich für die Unternehmensgruppe aufgrund des Zeitaufwands und der Organberufung jedoch sehr belastend auswirken.

Mithin bleibt festzustellen, dass die Haftung des Mehrheitsgesellschafters der abhängigen Gesellschaft aufgrund von Verstößen gegen das Unternehmensinteresse nicht ausreichend für die Tochtergesellschaft ist, obwohl sich die Haftungsgrundlagen unmittelbar aus dem die Handelsgesellschaften betreffenden Gesetz ergeben. Es bleibt noch zu untersuchen, ob eine andere Haftungsgrundlage in Betracht gezogen werden kann.

b) Die Haftung des herrschenden Unternehmens bzw. des Mehrheitsgesellschafters der abhängigen GmbH aufgrund von Verstößen gegen Art. 1382 cc

Eine andere Haftungsgrundlage des Mehrheitsgesellschafters bildet Art. 1382 ff cc[943], wenn der der Gesellschaft vom Mehrheitsgesellschafter zugefügte Schaden nicht von speziellen Vorschriften des Gesellschaftsrechts geregelt wird. Da

---

[943] Hier wird der Unterschied zwischen Art. 1382 cc und Art. 1383 cc aus Platzgründen nicht näher untersucht. Es darf aber daran erinnert werden, dass Art. 1382 cc für ein vorsätzliches Verschulden und Art.1383 cc für fahrlässiges Verschulden anwendbar sind. Siehe näheres in MARTY/RAYNAUD, Rdn 431 f; LEFEBVRE, Contrats, Rdn 7515.

Art. 1382 ff cc allgemeine zivilrechtliche Vorschriften sind, werden sie hier in Betracht gezogen. Die Voraussetzung für eine Haftung aus unerlaubter Handlung ist, dass ein Verschulden und ein Kausalzusammenhang zwischen dem Verschulden und dem Schaden der Gesellschaft nachgewiesen wird[944].

Mehrere Konstellationen begründen die Haftung aus unerlaubter Handlung. Aus Platzgründen werden hier nur drei Fälle von unerlaubter Handlung dargestellt, die in der Unternehmensgruppe häufig auftreten.

(1) Die Verstöße gegen Art. 1382 ff cc aufgrund faktischer Geschäftsführung

Als faktischer Geschäftsführer kann der Mehrheitsgesellschafter die Geschäftsführung der Gesellschaft übernehmen, solange er der Gesellschaft keinen Schaden zufügt. Wenn die Gesellschaft aufgrund der faktischen Übernahme der Geschäftsführungstätigkeit einen Schaden erleidet, weil die Geschäftsführungsmaßnahme sich als nachteilig erweist, haftet der faktische Geschäftsführer. Wie oben dargestellt wurde, ist Art. L 223-22 C.Com. auf den faktischen Geschäftsführer nach einem langen Streit der Rechtsprechung[945] nicht anwendbar. Damit keine Gesetzeslücke besteht, sind die allgemeinen zivilrechtlichen Vorschriften anwendbar[946] und die Anspruchsgrundlage gegen den Mehrheitsgesellschafter der abhängigen S.A.R.L ist Art. 1382 ff cc[947].

In der französischen Unternehmensgruppe gewinnt Art. 1382 ff cc deshalb eine besondere Bedeutung. Mit Art. 1382 ff cc als Haftungsgrundlage ist der Beweis der nachteiligen Geschäftsführungsmaßnahmen, die zum Schaden der Tochtergesellschaft geführt haben, sehr einfach zu bringen: Verschulden, Schaden, Kausalität. Ein persönliches Verschulden des Mehrheitsgesellschafters könnte vorliegen, wenn nachteilige Geschäftsführungsmaßnahmen in der Ausübung der Leitungsbefugnisse *de facto* begangen worden sind. Art. 1382 ff cc findet hier Anwendung aufgrund eines persönlichen Verschuldens des Mehrheitsgesellschafters[948]:

---

944 Siehe Teil I, A 2 c) in der vorliegenden Dissertation.

945 Cass.com. 06.10.1981, J.C.P. 1982, Ed. G., II, 19891; D. 1983, J., S. 133; LAMY, Rdn, 2749; C.A. 17.10.1991, J.C.P. 1992, Ed. E., II, S. 105; Cass.com. 21.03.1995, D. 1995, I.R., S. 112.

946 Cass.com. 06.10.1981, J.C.P. 1982, Ed. G., II, 19891.

947 Req. 23.02.1891, Sirey 1892, I, S. 73: Das Gesetz knüpft rechtliche Beziehungen nur zwischen der Gesellschaft und Gesellschaftern.

948 Siehe Soc. 09.03.1989, J.C.P. 1989, Ed. G., II, Nr. 21333; Siehe auch LEFEBVRE, Contrats, Rdn 7515.

In einem Urteil[949] besass der Mehrheitsgesellschafter über 95 % der Geschäftsanteile der S.A.R.L.-Tochter und war gleichzeitig Geschäftsführer der Muttergesellschaft. Er übernahm faktisch die Geschäftsführung der Tochtergesellschaft, und der rechtliche Geschäftsführer der abhängigen Gesellschaft konnte seine Befugnisse innerhalb der Gesellschaft nicht mehr ausüben. Der Mehrheitsgesellschafter setzte zu seinem persönlichen Interesse auf Kosten der Tochtergesellschaft einige Geschäftsführungsmaßnahmen durch, um sein eigenes Unternehmen zu retten. Nachdem die Muttergesellschaft insolvent geworden ist, musste die Tochtergesellschaft das Konkursverfahren eröffnen und erlitt dadurch einen Schaden. Die Haftung des Mehrheitsgesellschafters wurde vom Kassationshof auf der Grundlage von Art. 1382 ff cc gestützt. Die Begründung des Kassationshofs war, dass das Verschulden - die nachteiligen Geschäftsführungsmaßnahmen um das eigene Unternehmen zu retten - des Geschäftsführers der Muttergesellschaft in der Ausübung seiner Befugnisse ein persönliches Verschulden des Geschäftsführungsorgans bleibt, weil er eigenmächtig in die Geschäfte der Tochtergesellschaft eingegriffen hatte. Es genügte demnach, nur das Verschulden und die Kausalität sowohl des Schadens als auch des Verschuldens nachzuweisen.

In einem anderen Urteil des Kassationshofs[950] hatte der Mehrheitsgesellschafter einer gruppierten S.A.R.L. seine Lebensgefährtin als Geschäftsführerin bestellt. Trotz der Bestellung der rechtlichen Geschäftsführerin der abhängigen Gesellschaft übernahm der Mehrheitsgesellschafter *de facto* die gesamten Geschäftsführungsmaßnahmen. Als eine von ihm getroffene Maßnahme - er hatte unter anderem versäumt, den Geschäftsbericht und den Jahresabschluss gem. Art. L 223-26 C.Com. aufzustellen - der abhängigen Gesellschaft einen Schaden zufügte, wurde er vom Kassationshof als faktischer Geschäftsführer eingestuft. Deswegen haftete er aus der Grundlage der Art. 1382 ff cc.

Die Tochter-S.A.R.L. kann gleichzeitig einen Schadensersatzanspruch gegen ihren Mehrheitsgesellschafter geltend machen, wenn sie einen Schaden an ihrem Ruf bzw. im Rechtsverkehr, beispielsweise gegenüber der Kundschaft, erleidet[951]. Dies ist der Fall, wenn der Mehrheitsgesellschafter z. B. den Ruf der Tochter gegenüber Dritten beschädigt hat, indem er als faktischer Geschäftsführer erst den Abschluss eines Vertrages zwischen einem Kunden und der Tochtergesellschaft erzwungen und anschließend die Erfüllung dieses Vertrages verhindert hat[952]. Die Dritten wollen künftig mit der S.A.R.L. keinen Vertrag mehr

---

949 Nadler/Gourdain-Urteil, Com. 31.01.1978, D. 1978. I.R.,S. 286.

950 Cass.crim. 06.10.1981, Rev.soc. 1981, S. 351.

951 SCHMIDT, Rev.soc. 1981, S. 725 f; JEANTIN, Droit des sociétés, Rdn 798.

952 Indem er z. B. die finanziellen Mittel andersweitig benutzt, oder die Herstellung eines Produktes - Gegenstands des Vertrages - einstellt.

abschließen, und die Gesellschaft erleidet einen Verlust, weil sie keinen Umsatz mehr erzielt. Aufgrund der Relativität der Verträge hat der Mehrheitsgesellschafter natürlich nicht zu haften. Da jeder Vermögensschaden gem. Art. 1382 ff cc aber ein Haftungsgrund ist, kann die S.A.R.L. einen Schadensersatzanspruch aufgrund eines immateriellen Schadens und aufgrund des entgangenen Gewinns geltend machen[953] [954].

(2) Die Verstöße gegen Art. 1382 ff cc i.V.m. Art. L 241-3-4° und Art. L 241-9 C.Com.

Wie oben gesehen, ermöglicht die Haftung des Mehrheitsgesellschafters der abhängigen Gesellschaft aufgrund von Verstößen gegen das Unternehmensinteresse gem. Art. L 241-3-4° C.Com. ausschließlich eine Sanktionierung des Mehrheitsgesellschafters, nicht aber den Schadensersatz des von der Tochtergesellschaft durch die nachteilige Geschäftsführungsmaßnahme erlittenen Schadens. Ein zivilrechtlicher Schadensersatzanspruch der abhängigen Gesellschaft gegen den Mehrheitsgesellschafter kann sich auf die Art. 1382 ff cc stützen. Da die Voraussetzungen dieser Haftungsgrundlage schon behandelt worden sind, wird auf das oben Dargestellte verwiesen[955].

(3) Die Verstöße gegen Art. 1382 ff cc i.V.m. Art. L 241-3-5° und Art. L 241-9 C.Com.

Das Stimmrecht in der Gesellschafterversammlung einer S.A.R.L. darf nicht so ausgeübt werden, dass die Beschlüsse der Mehrheit bzw. des Mehrheitsgesellschafters ihre bzw. seine Interessen bevorzugen, indem das Unternehmensinteresse stark beeinträchtigt oder/und die abhängige S.A.R.L. in Gefahr gebracht wird. Da eine solche Ausübung des Stimmrechts gesetzlich als missbräuchlich angesehen wird, können die betreffenden Geschäftsführungsmaßnahmen angefochten werden[956]. Art. L 241-3-5° C.Com. bildet die Schranke für einen solchen Rechtsmissbrauch. Gem. Art. L 241-3-5° C.Com. wird der Geschäftsführer einer S.A.R.L. bestraft, welcher von den Vollmachten, die er besass, oder den Stimmen, über die er in dieser Eigenschaft verfügte, zu persönlichen Zwecken oder zur Begünstigung einer anderen Gesellschaft oder eines anderen Unternehmens,

---

953 Ein Urteil des Tribunal de Grande Instance hat anerkannt, dass eine juristische Person auch einen immateriellen Schaden erleiden kann, T.G.I. Paris 08.07.1970, Paris D. 1972, S. 88 betreffend des Rufes eines Vereins gegen Alkoholismus; Siehe auch LEFEBVRE, Contrats, Rdn 7506.

954 Siehe dazu § 5 der vorliegenden Dissertation und in code civil Livre III, Titre IV, Chapitre II. "Des délits et des quasi-délits".

955 SieheTeil I A 2 c).

956 Siehe auch Cass.com. 15.04.1961, J.C.P. 1961, II, Nr. 12164; Fruehauf-Urteil, 22.05.1965, J.C.P. 1965, Ed. G., II, Nr. 14274 bis; Saupiquet-Cassegrain-Urteil, Cass.com. 21.01.1970, Bull.cass.com. 1970, IV, Nr. 28.

an denen er mittelbar oder unmittelbar interessiert war, einen Gebrauch gemacht hat, von dem er wusste, dass er den Interessen der Gesellschaft zuwiderlief. Gem. Art. L 241-9 C.Com. ist diese Vorschrift auch auf den faktischen Geschäftsführer anwendbar. Der Mehrheitsgesellschafter, der seine Machtposition in der Gesellschafterversammlung ausnützt, haftet als faktischer Geschäftsführer ebenfalls aus dieser Grundlage.

Der Beschluss des Mehrheitsgesellschafters kann gem. Art. L 235-1 Al. 2 C.Com. aufgrund der Verletzung einer zwingenden Vorschrift - "disposition impérative" - des Gesellschaftsrechts angefochten werden[957]. Hier kommt der Stimmrechtsmissbrauch[958] in Betracht. Im Pernot-Urteil[959] hielt die Pernot-S.A. die Anteilsmehrheit der Aubert-S.A.R.L. Der Geschäftsleiter der Pernot-S.A. war gleichzeitig Geschäftsführer der Aubert-S.A.R.L. Beide Unternehmen waren in verschiedenen Branchen tätig. Als die Aubert-S.A.R.L im Geschäftsabschluss des Jahres 1968 einen beträchtlichen Verlust aufwies, beschloß die Versammlung der Pernot-S.A., den Verlust der Aubert-S.A.R.L. auszugleichen. Die Minderheit focht den Beschluss mit Erfolg an. Der Kassationshof entschied, dass es sich trotz personeller Verflechtung um zwei getrennte juristische Personen handelte. Da der Beschluss ausschließlich auf dem persönlichen Interesse des Mehrheitsgesellschafters beruhte, wurde der Beschluss ohne Rücksicht auf das Unternehmensinteresse der S.A.R.L. gefasst, indem die schlechte Geschäftsführung der S.A.R.L. kaschiert und eine Haftung des Mehrheitsgesellschafters hierfür abgewendet werden sollte:

> "Dass vom Mehrheitsgesellschafter ein dem Unternehmensinteresse der abhängigen Gesellschaft widersprechender Beschluss gefasst worden ist, stellt einen Stimmrechtsmissbrauch der Gesellschafterversammlung dar"[960].

---

957 Siehe näher LEFEBVRE, Contrats, Rdn 3745 ff; GUYON; Rdn 455 f, 509 f.

958 Der Begriff "Stimmrechtsmissbrauch" wird in keinem gesetzlichen Text erwähnt. Er ist eine Schöpfung der richterlichen Rechtsfortbildung im Bereich der Unternehmensgruppe, siehe auch CD-L, Rdn 252; Nach der Literatur wird dieser Tatbestand über den Wortlaut des Art. L 235-1 Al. 2 C.Com. hinaus hergeleitet, siehe MERLE, Rdn 486.

959 Cass.com. 29.05.1972, J.C.P. II, Nr. 17337; Siehe auch Cass.crim. 27.01.1986, Rev.soc. 1986, S. 273; Com. 06.06.1990, Rev.soc.1990, S. 606.

960 So Cass.com. 29.05.1972, J.C.P. II, Nr. 17337; In dieser Entscheidung wird der Hinweis auf einem persönlichen Interesse des Mehrheitsgesellschafters hervorgehoben. Dieser Hinweis lässt zu, den Rechtsmissbrauch zu charakterisieren. Deshalb ist das Unternehmensinteresse beeinträchtigt worden: Der Mehrheitsgesellschafter hatte die Interessen der Minderheit oder der Gesellschaft nicht berücksichtigt. Daraus ergibt sich ein Interessenumbruch, indem der Mehrheitsgesellschafter seine Interessen vorzieht: Ohne die Beeinträchtigung des Unternehmensinteresses der abhängigen Gesellschaft hätte der Mehrheitsgesellschafter-Geschäftsführer nicht haften müssen.

Aber es existieren Konstellationen, in denen eine Rückgängigmachung eines Beschlusses oder einer Maßnahme die Belange der Gesellschaft nicht mehr zufriedenstellt[961], weil z. B. die Geschäftsführungsmaßnahme schon durchgeführt worden ist[962] und die Gesellschaft dadurch einen Schaden erlitten hat. Grundsätzlich kommt in einem solchen Fall eine Haftung des Mehrheitsgesellschafters aus unerlaubter Handlung in Betracht[963]. Die Art. 1382 cc i.V.m. Art. L 241-3-5° und Art. L 241-9 C.Com. sind anwendbar.

Die Kammer für Handelssachen des Kassationshofs[964] nahm das Delikt des Stimmrechtsmissbrauchs an und erklärte den Mehrheitsgesellschafter auf der Grundlage von Art. 1382 cc für verantwortlich. Hier handelte es sich um eine finanzielle Hilfe zwischen einer S.A. und deren Tochtergesellschaft, einer S.A.R.L. Die beiden Gesellschaften übten Tätigkeiten aus, die nicht komplementär waren. Von 1965 bis 1967 hatte der Vorstand der S.A., der gleichzeitig Mehrheitsgesellschafter der abhängigen S.A.R.L. war, Vermögensverschiebungen von der S.A. zugunsten der S.A.R.L. beschlossen. Diese finanzielle Hilfe war leider nicht ausreichend für die prekäre finanzielle Lage der S.A.R.L., und der Mehrheitsgesellschafter der S.A.R.L. entschied, den Betrieb dieser Gesellschaft einzustellen. Dieser Beschluss ist aufgrund Stimmrechtsmissbrauch angefochten worden. Nach der Ansicht der Kammer für Handelssachen des Kassationshofs hatte die S.A., die die Hilfe geleistet hatte, von der S.A.R.L. nichts mehr zu erwarten. Die beiden Unternehmen waren wirtschaftlich voneinander getrennt und hatten keine geschäftlichen Beziehungen, auch nicht gelegentlich. Aufgrund des Verstoßes gegen das Unternehmensinteresse könnte die Handlung nur missbräuchlich gewesen sein, wenn der Mehrheitsgesellschafter von dem Beschluss seiner Unternehmensgruppe profitierte, um sich seiner Verantwortung als Geschäftsführer der S.A.R.L. zu entziehen. Dies wurde durch den Kassationshof in einem Fall erneut entschieden, in dem der Mehrheitsgesellschafter eine rechtsmissbräuchliche Gewinnthesaurierung beschlossen hatte[965].

Die Haftungsklage aus Art. 1382 cc i.V.m. Art. L 241-3-5° und Art. L 241-9 C.Com. ist hier eine Klage auf Schadensersatz[966]. Der Mehrheitsgesellschafter muss der benachteiligten Gesellschaft aufgrund seines Einflusses auf die Gesell-

---

961 SCHMIDT, Rdn 247.

962 Eine Anfechtung ist zwar möglich aber kann/darf erst spät eingeleitet werden, da nach Art. L 235-9 C.Com. die Anfechtungsfrist erst nach drei Jahren verjährt. Dann ein Schaden kann für die Gesellschaft entstanden sein. Zum Vergleich verjährt die Frist nach deutschem Recht nach 4 Wochen aus §§ 241 ff AktG analog.

963 SOUSI, S. 179; SCHMIDT, Rdn 235.

964 Com. 29.05.1972, J.C.P. 1973, II, Nr. 17337.

965 Cass.com. 06.06.1990, D. 1990, I.R., S. 163.

966 OHL, Rdn 318; SCHMIDT, Rdn 233; BASTIAN, La réforme du droit des sociétés commerciales, J.C.P. 1967, Ed. G., I, Nr. 2121, Rdn 311.

schafterversammlung zu seinen Gunsten einen Schadensersatz, der der Höhe des der Gesellschaft zugefügten Schadens entsprechen muss, auszahlen[967]. Die Höhe des Schadensersatzanspruchs wird so geschätzt, dass sich die Gesellschaft wieder in der finanziellen oder wirtschaftlichen Lage wie vor dem Beschluss befindet. Der Mehrheitsgesellschafter erstattet den vollen finanziellen Vorteil zurück, und diese Summe wird unter allen Gesellschaftern aufgeteilt[968].

c) Ergebnis

Die Frage, ob der Mehrheitsgesellschafter der abhängigen Tochtergesellschaft nachteilige Geschäftsführungsmaßnahmen auferlegen darf, ist mit Vorsicht zu beantworten. Die Rechtsfigur des faktischen Geschäftsführers wird auf die Unternehmensgruppe übertragen. Das französische Recht knüpft die Ausübung von Leitungsmacht vom Mehrheitsgesellschafter als faktischem Geschäftsführer auch bei enger Geschäftsführung in der Unternehmensgruppe an keine Haftungsfolgen. Es kommt darauf an, wie die Leitungsmacht ausgeübt wird.

Dank der Anpassung der richterlichen Rechtsfortbildung an die wirtschaftliche Praxis der Unternehmensgruppe wurde ein "Interêt commun du groupe" entwickelt, weil der Begriff und die Entwicklung der Unternehmensgruppe dem Gesetzgeber von 1966 noch nicht bewusst war[969]. Die Anerkennung des "Interêt commun du groupe" von der richterlichen Rechtsprechung stellt den Maßstab der Zulässigkeit von nachteiligen Geschäftsführungsmaßnahmen dar. Solange die vom Mehrheitsgesellschafter beschlossenen Geschäftsführungsmaßnahmen sich innerhalb der Grenzen des "Interêt commun du groupe" befinden, besteht kein Haftungsgrund des Mehrheitsgesellschafters, auch wenn die abhängige Gesellschaft einen Schaden erleidet. Die Unternehmensgruppe bildet zwar eine wirtschaftliche Einheit, aber auch eine Risikogemeinschaft. Deswegen werden einige nachteilige Geschäftsführungsmaßnahmen aufgrund der Solidarität unter gruppierten Gesellschaften gerechtfertigt. Falls der Mehrheitsgesellschafter ausschließlich seine persönlichen Interessen bevorzugt, falls das "Interêt commun du groupe" gar nicht berücksichtigt wird und die benachteiligte S.A.R.L. in Zukunft keinen Ausgleich von der Unternehmensgruppe zu erwarten hat, ist die nachteilige Geschäftsführungsmaßnahme als unzulässig anzusehen. Die hier eng ausgeübte Leitungsmacht stellt dann einen Interessenumbruch zwischen dem Mehrheitsgesellschafter und der abhängigen S.A.R.L. dar. Eine Haftung kommt gem. Art. L 241-3-4° und Art. L 241-9 C.Com. in Betracht, weil das "Interêt

---

[967] OHL, Rdn 319.

[968] SCHMIDT, Rdn 247, 248: Diese Haftungsklagen auf Schadensersatzanspruch sind jedoch relativ selten.

[969] Somit wird das Sonderstrafrecht des Handelsgesetzbuches flexibler und anpassungsfähiger.

commun du groupe" als neue Voraussetzung des Missbrauchs von Kredit und Gesellschaftsvermögen gem. Art. L 241-3-4° C.Com. angewandt wird. Das Sonderstrafrecht des Handelsgesetzbuches verbietet demnach bei Strafandrohungen jeden eigenmächtigen Eingriff in die Belange der abhängigen Gesellschaft.

Jeder Verstoß gegen das "Interêt commun du groupe" führt zur Haftung des Mehrheitsgesellschafters gem. Art. L 241-3-4° C.Com.. Dies reicht aber nicht aus, weil diese Vorschrift, wie Art. L 241-3-5° C.Com. bezüglich des Stimmrechtsmissbrauchs, zum Sonderstrafrecht des Handelsgesetzbuches gehört, d. h. dass der rechtliche oder faktische Geschäftsführer nur strafrechtlich sanktioniert wird. So können z. B. die Beschlüsse als Grundlage nachteiliger Geschäftsführungsmaßnahmen zwar angefochten werden, es kann aber kein Schadensersatz erzielt werden. Dies stellt daher für die abhängige S.A.R.L. nur einen mageren Trost dar. Der Schaden der Tochtergesellschaft wird dadurch nicht ersetzt, weil dies nur eine zivilrechtliche Klage ermöglicht. Deshalb sind Art. 1382 ff cc als Haftungsgrundlage für die Tochtergesellschaft anzuwenden. Die Art. 1382 ff cc gewährleisten der benachteiligten S.A.R.L. einen sicheren Schadensersatzanspruch gegenüber den Mehrheitsgesellschaftern, wenn - wie bei der faktischen Geschäftsführung des Mehrheitsgesellschafters oder bei einfacher unerlaubter Handlung - Gesetzeslücken bestehen. Beim Stimmrechtsmissbrauch, bei dem es um die Frage der Wirksamkeit einseitiger Mehrheitsbeschlüsse der abhängigen Gesellschaft gegenüber geht, ist auch bei der Haftung des Mehrheitsgesellschafters aus Art. 1382 cc das "interêt commun du groupe" Maßstab der Beurteilung, wenn die Anfechtung und Nichtigkeit des Beschlusses den Schaden ausgleichen können.

Eine andere Haftungsgrundlage bietet Art. L 223-19 C.Com. Die Vertragskontrolle, die von Art. L 223-19 ff C.Com. geregelt wird, dient mittelbar auch dem Interesse der abhängigen S.A.R.L. Der Nachteil, den die abhängige S.A.R.L. erleiden kann, kann vertraglicher Natur sein, wenn der Mehrheitsgesellschafter aufgrund seiner Machtposition in der Gesellschafterversammlung den Inhalt des Vertrages diktieren kann. Die Schadensersatzansprüche der Gesellschaft umfassen den Nachteil, den sie vertraglich erleidet, wenn die Verträge nachträglich nicht gebilligt werden. Die Haftung des Mehrheitsgesellschafters ist demnach unbeschränkt.

Der isolierte Charakter der verschiedenen Einzellösungen ist zu bedauern, weil er veranschaulicht, dass die Entwicklung der Unternehmensgruppe im Gesetz und insbesondere in der richterlichen Rechtsfortbildung langsam und sehr mühsam ist. Die französische Haftung des Mehrheitsgesellschafters bei Übernahme der Geschäftsführungsmaßnahme im Recht der Unternehmensgruppe ist und bleibt eine Verschuldenshaftung -"responsabilité pour faute". Nur ein Verschulden des Mehrheitsgesellschafters als faktischer Geschäftsführer kann seine Haftung begründen. Im Allgemeinen bleiben die Auswirkungen der Haftungsgrundlagen der Art. L 223-19 ff, Art. L 241-3-4° und 5°, Art. L 241-9 C.Com. und Art. 1382 ff cc jedoch beschränkt, weil diese Vorschriften die Überschreitungen und nachteiligen Geschäftsführungsmaßnahmen leider nicht verhindern, sondern nur zur Verantwortung und zur Sanktionierung des faktischen Geschäftsführers führen.

5. Die deutsche konzernrechtliche Haftungsgrundlage des Mehrheitsgesellschafters gegenüber der abhängigen Gesellschaft

Die Gefahren, die von der Mehrheitsherrschaft allgemein ausgehen und die sowohl die Gesellschaft als auch die übrigen Gesellschafter treffen können, verstärken sich regelmäßig dann, wenn der herrschende Gesellschafter außerhalb der Gesellschaft unternehmerisch tätig ist. In der Rechtsprechung[970] und in der überwiegenden Meinung der Literatur[971] sind private Gesellschafter infolge ihrer unternehmerischen Beteiligung an verschiedenen Gesellschaften als Unternehmen i.S. des Konzernrechts zu qualifizieren. Also kann jeder Gesellschafter, der nicht nur in der GmbH, sondern auch außerhalb der Gesellschaft unternehmerische Interessen verfolgt, namentlich weil er noch an anderen Gesellschaften maßgeblich beteiligt ist, die Unternehmensqualität besitzen. Dies wurde vom BGH im EDV-Peripherie-Urteil erneut bestätigt[972]:

> "Herrschendes Unternehmen i.S. der Haftungsgrundsätze im faktischen Konzern kann auch eine natürliche Person sein, deren anderweitige unternehmerische Betätigung sich in der Einflussnahme auf andere Gesellschaften erschöpft, an denen sie maßgeblich beteiligt ist".

Es liegt also eine neue Voraussetzung vor: Die natürliche Person muss sich außerhalb ihrer Gesellschaft unternehmerisch betätigen[973].

Der Grund liegt darin, dass der Gesetzgeber, als er sich gegen die Einbeziehung des privaten Mehrheitsgesellschafters in das Konzernrecht entschied, davon ausgegangen ist, dass die besonderen Gefahren, denen das Konzernrecht begegnen soll, lediglich bei solchen Aktionären vorlägen, die zugleich außerhalb der

---

970 VEBA/Gelsenberg-Urteil, BGHZ 69, S. 334; Autokran-Urteil, BGHZ 95, S. 330; Video-Urteil, BGHZ 115, S. 187; TBB-Urteil, ZIP 1993, S. 589; EDV-Peripherie, NJW 1994, S. 446.

971 EMMERICH/SONNENSCHEIN, S. 44 ff; SCHOLZ/EMMERICH; Anhang Konzernrecht, Rdn 27 ff; SCHMIDT, Gesellschaftsrecht, § 31 II 1; 39 I 2a); HOMMELHOFF, ZGR 1994, S. 397.

972 EDV-Peripherie-Urteil, NJW 1994, S. 446 ff.

973 Vgl. HOMMELHOFF, ZGR 1994, S. 399.

Gesellschaft unternehmerische Interessen verfolgen[974]. Dass die Gesellschaft fremden Unternehmensinteressen dienstbar gemacht wird, ist eine solche Gefahr. Sie wird umso größer, wenn der Mehrheitsgesellschafter nicht nur an mehreren Unternehmen mit der Folge maßgeblich beteiligt ist, dass er die eine oder andere Beteiligungsgesellschaft für fremde Unternehmensziele einspannen kann, sondern selbst ein Unternehmen betreibt, das sich auf dem gleichen Markt oder auf einem Produktions- und Vertriebsbereich betätigt, der diesem Markt nahekommt. Dies trifft insbesondere dann zu, wenn die eingegliederte GmbH als unselbständige Betriebsabteilung geleitet wird. In einem Vertragskonzern z. B. ist es für den Geschäftsführer der abhängigen GmbH sehr schwierig zu beurteilen, ob eine Weisung der herrschenden GmbH inhaltlich rechtmäßig ist, wenn die erforderlichen Informationen und die Einsicht in die konzernrechtlichen Verhältnisse fehlen[975]. In der Rechtsprechung des BGH wurde z. B. im Autokran-Urteil[976] diese Unternehmensqualität des Mehrheitsgesellschafters bewusst am Anfang der Überlegungen des BGH betont, um damit die Haftung des Mehrheitsgesellschafters konzernrechtlich zu begründen.

Die Notwendigkeit eines eigenen GmbH-Konzernhaftungsrechts[977] beruht darauf, dass sich in bestimmten konzernrechtlichen Lagen aufgrund der undurchschaubaren Verhältnisse einzelne schädigende Eingriffe nicht mehr isolieren lassen. Diese beruhen auf der Dichte der Einflussnahme des herrschenden Unternehmens. Deshalb reichen die üblichen Haftungsnormen des Gesellschaftsrechts und des allgemeinen Zivilrechts nicht mehr aus. Das Unternehmensinteresse als Maßstab verantwortlicher Geschäftsführung wird weitestgehend durch das Interesse des herrschenden Unternehmens an einer rentablen Ausnutzung der im Konzern zusammengefassten Wirtschaftskraft verdrängt[978]. Der Unterschied zwischen einfach faktischem und qualifiziert faktischem GmbH-Konzern spielt eine herausragende Rolle in der Haftung des Mehrheitsgesellschafters und veranlasst deswegen auch eine Unterscheidung in der Haftung. Da eine generelle Übernahme des Aktienkonzernrechts ins GmbH-Recht im Wege einer Analogie nicht möglich ist, kommt die Frage nach der Haftungsgrundlage des Mehrheitsgesellschafters hinzu. Deshalb werden hier die Haftungsgrundlagen in den verschiedenen Konzernformen dargestellt.

974 SCHOLZ/EMMERICH, Anhang Konzernrecht, Rdn 28 m.w.N; HOMMELHOFF, ZGR 1994, S. 397.
975 Vgl. die Begründung des RegE, KROPFF, AktG, S. 404 und S. 406.
976 Autokran-Urteil, BGHZ 95, S. 330 ff.
977 Siehe GÄBELEIN, GmbHR 1987, S. 221.
978 KOPPENSTEINER, Kölner-Kom., § 308, Rdn 24.

a) Die Haftung im Vertragskonzern

Nach der Definition des Beherrschungsvertrags wird der Vertrag inhaltlich darauf gerichtet, die Leitung der abhängigen Gesellschaft dem anderen Unternehmen so zu übertragen, dass die abhängige Gesellschaft Weisungen des herrschenden Unternehmens hinsichtlich ihrer Leitung zu befolgen hat, §§ 291, 308 AktG. Wie oben beschrieben, legitimiert das Weisungsrecht den Vorrang des Konzerninteresses vor dem Eigeninteresse der Tochtergesellschaft und verlagert das unternehmerische Risiko der abhängigen GmbH auf das herrschende Unternehmen, weil die Lebens- und Überlebensfähigkeit der abhängigen Gesellschaft respektiert und die Grundsätze einer ordnungsmäßigen Konzerngeschäftsführung beachtet werden müssen. Häufig werden durch legale Weisungen des herrschenden Unternehmens nachteilige Eingriffe in die abhängige Gesellschaft und deren Vermögen häufig vollzogen. Fraglich ist, wie weit dies das herrschende Unternehmen darf.

(1) Die Haftung aus § 302 AktG

Die Haftung des herrschenden Unternehmens aus § 302 AktG ist sehr einfach geregelt. Im Falle eines Vertragskonzerns, konstituiert durch einen Beherrschungsvertrag, hat das herrschende Unternehmen jeden während der Vertragsdauer sonst entstehenden Jahresfehlbetrag auszugleichen, soweit dieser nicht dadurch ausgeglichen wird, dass den freien Rücklagen Beträge entnommen werden, die während der Vertragsdauer in sie eingestellt worden sind, § 302 Abs. 1 AktG[979]. Die abhängige GmbH verliert ihre unternehmerische Autonomie und somit auch jeden Anspruch auf Ersatz von Schaden seitens des herrschenden Unternehmens. Es bleibt dabei unerheblich, worauf der Jahresfehlbetrag beruht:

> "Wer die Geschicke der Gesellschaft bestimmen kann oder ihren ganzen Gewinn erhält, muss auch für Verluste einstehen"[980].

Der Ausgleichanspruch entsteht rechtlich mit der Feststellung des Jahresabschlusses gem. § 172 AktG und steht der abhängigen Gesellschaft zu, da er ihren Jahresfehlbetrag ausgleichen soll. Es handelt sich um den Jahresfehlbetrag, der

---

979 § 302 AktG ist auch im GmbH-Konzernrecht entsprechend anwendbar, KORT, S. 144 ff; KROPFF, Begründung bei RegE zu § 302, KROPFF, AktG, S. 391; STREYL, S. 21; LANG, S. 30; GEKELER, S. 235; SCHMIDT, Gesellschaftsrecht, § 39 II 2; SCHOLZ/EMMERICH, Anhang Konzernrecht, Rdn 309, 311; EMMERICH/SONNENSCHEIN, S. 482; EMMERICH, ZGR 1986, Sonderheft 6, S. 81 f; Gervais/Danone-Urteil, NJW 1980, S. 231 ff.

980 Siehe die Begründung des RegE, KROPFF, § 302, S. 391; SCHMIDT, Gesellschaftsrecht, § 31 III d); STREYL, S. 21.

sich in der Gewinn- und Verlustabrechnung ohne die Berücksichtigung der Verlustausgleichspflicht des herrschenden Unternehmens ergibt[981].

Der Anspruch muss von den Organen der abhängigen Gesellschaft - spätestens nach Ende des Geschäftsjahres - unverzüglich geltend gemacht werden. Fraglich ist, ob das herrschende Unternehmen diesen Anspruch unterbinden kann. Entgegenstehende Weisungen des herrschenden Unternehmens sind rechtswidrig und deshalb nicht zu beachten, § 308 AktG, § 134 BGB. Die Wirkung des § 302 AktG besteht darin, dass während der Dauer des Beherrschungsvertrags eine Überschuldung der abhängigen Gesellschaft nicht möglich ist. Ob es sich dabei um ein ausländisches Unternehmen handelt, ist ohne Belang[982].

Diese Verlustübernahmepflicht des herrschenden Unternehmens ist als Korrelat für die Legitimierung des Interessenvorrangs des herrschenden Unternehmens vor dem der abhängigen GmbH anzusehen. § 302 AktG statuiert keine Durchgriffshaftung[983], sondern einen schuldrechtlichen Anspruch der abhängigen GmbH gegen das herrschende Unternehmen. Die Beherrschbarkeit des Risikos legitimiert die in Abs. 1 enthaltene Zuordnung von Verlusten. Diese Verlustübernahmepflicht des herrschenden Unternehmens beruht unmittelbar auf dem Gesetz und bedarf gesellschaftsrechtlich keiner Aufnahme in den Beherrschungsvertrag[984]. Im Stromlieferung-Urteil[985] verdeutlicht der BGH seine Auffassung für die analoge Anwendung des § 302 AktG im Beherrschungsvertrag. Nach dem BGH ist es aufgrund des Beherrschungsvertrags dem herrschenden Unternehmen im Regelfall erlaubt, durch Weisungen an die abhängige Gesellschaft deren Geschäftsführung im Konzerninteresse[986] auch zu ihrem Nachteil zu beeinflussen. Das Gesetz knüpft an diese Rechtsmacht die unwiderlegbare Ver-

---

981 EMMERICH/SONNENSCHEIN, S. 299, m.w.N.

982 GEßLER, In GEßLER/HEFERMEHL, § 302, Rdn 44; KOPPENSTEINER, Kölner-Kom., § 302, Rdn 24.

983 EMMERICH/SONNENSCHEIN, S. 295.

984 Anders nach dem Steuerrecht aufgrund des § 17 S. 2 Nr. 3 KStG; Vielleicht wäre es besser, wenn diese Verlustübernahmepflicht im Beherrschungsvertrag tatsächlich aufgenommen würde, wie die Pflichten des Geschäftsführers in der Satzung. Der Grund liegt m. E. darin, dass es dem herrschenden Unternehmen richtig bewusst sein sollte, dass jede Beeinträchtigung der Belange der abhängigen Gesellschaft eine finanzielle Auswirkung auf das Vermögen des herrschenden Unternehmens mit sich bringt.

985 Stromlieferung-Urteil, DB 1992, S. 30 f.

986 Das Konzerninteresse könnte m. E. dann als Ausnahmesituation betrachtet werden, wenn die Geschäftsführung der abhängigen Gesellschaft zu ihrem Nachteil beeinflusst wird. Auch wenn der Beherrschungsvertrag es zulässt, kann es nicht das Ziel jedes Beherrschungsvertrages sein, die Belange jeder abhängigen Gesellschaft so zu beeinträchtigen. Der Beherrschungsvertrag wäre demnach die absolute Macht auf eine abhängige Gesellschaft.

mutung, dass das herrschende Unternehmen von ihr tatsächlich Gebrauch gemacht hat.

Die mit dem Beherrschungsvertrag verknüpfte Verlustausgleichshaftung greift aber auch ein, wenn das herrschende Unternehmen von seiner Leitungsmacht keinen Gebrauch macht[987]. *Stimpel* vertritt die Meinung, dass § 302 Abs. 1 AktG ganz offensichtlich nicht von tatsächlich ausgeübter Leitungsmacht, sondern von deren Möglichkeit motiviert ist[988]. Er spricht für eine Zustandshaftung des herrschenden Unternehmens, weil das Vorliegen eines Beherrschungsvertrages, also eines Vertragskonzerns, die Haftung begründet. Dies gewährt Schutz gegen die Insolvenz einer vermögensschwachen Gesellschaft, und zwar solange die herrschende Gesellschaft zahlungsfähig ist. Dies wird dadurch begründet, dass die Kapitalerhaltungsvorschriften für die abhängige GmbH durch das herrschende Unternehmen im Vertragskonzern nicht mehr beachtet werden können. Deshalb besteht eine unbeschränkte Haftung des herrschenden Unternehmens auf das Vermögen der abhängigen Gesellschaft[989]. Die Verlustausgleichspflicht stellt sich als eine vertragliche Dauerverpflichtung des herrschenden Unternehmens dar[990] und hat unabhängig davon zu erfolgen, ob die Verluste vom herrschenden Unternehmen auch zu vertreten sind[991]. Diese Verlustübernahmepflicht kompensiert m. E. die sich aus dem Vertragskonzern ergebenden Vorteile des herrschenden Unternehmens. Wenn das herrschende Unternehmen aufgrund einer durch den Beherrschungsvertrag legitimierten Weisung von der abhängigen Gesellschaft die Produktionseinstellung eines Produkts verlangt und wenn die beiden Gesellschaften auf dem selben Markt tätig sind, erlebt das herrschende Unternehmen einen Vorteil durch einen größeren Gewinn und die abhängige Gesellschaft einen Nachteil durch einen entgangenen Gewinn. Die abhängige Gesellschaft verkauft und/oder produziert ein Produkt weniger oder gar nicht mehr. Dadurch zieht das herrschende Unternehmen Vorteile aus der Konzernierung.

Im Familien-Urteil[992] erklärte der BGH, dass das herrschende Unternehmen dem Beherrschungsvertrag bereits aufgrund der analogen Anwendung des § 302 AktG zur Übernahme des bei der abhängigen Gesellschaft entstehenden

---

987 KOPPENSTEINER, Kölner-Kom., § 302, Rdn 4; STIMPEL, ZGR 1986, Sonderheft 6, S. 44.

988 STIMPEL, ZGR 1986, Sonderheft 6, S. 44.

989 EMMERICH/SONNENSCHEIN, S. 298.

990 So der BGH, BB 1989, S. 97; Siehe auch GEKELER, S. 237.

991 Ein Kausalzusammenhang zwischen Konzernleitung und Verlusteintritt wird nicht vorausgesetzt; Deshalb kann sich die Verlustausgleichspflichtspflicht m. E. nicht aus der Verletzung einer ordnungsgemäßen Konzerngeschäftsführung ergeben, da die Pflicht auch unabhängig von einer ordnungsgemäßen oder nicht-ordnungsgemäßen Konzernleitung eintritt.

992 Familien-Urteil, NJW 1988, S. 1326 ff.

Verlustes und nach Auflösung des Beherrschungsvertrags zur Sicherheitsleistung verpflichtet ist. Die Begründung des BGH lag darin, dass das herrschende Unternehmen durch den Beherrschungsvertrag die Möglichkeit einer fast schrankenlosen Disposition über das Vermögen der abhängigen Gesellschaft erlangt. Diese Möglichkeit reicht von Einflüssen mit eindeutig isolierbaren und deshalb ausgleichsfähigen Nachteilen bis zu solchen, deren nachteilige Wirkung auf das Gesellschaftsvermögen rechnerisch nicht fassbar - vielfach nicht einmal erkennbar - und deshalb im einzelnen auch nicht auszugleichen ist[993].

Mithin ist festzustellen, dass es seitens des herrschenden Unternehmens keinen Schadensersatz und keinen Ausgleich der einzelnen Eingriffe, sondern nur eine globale Kompensation gem. § 302 AktG gibt.

(2) Die Haftung aufgrund unzulässiger Weisungen

Eine beherrschungsvertragliche Weisung gem. § 308 Abs. 1 und 2 AktG wird vom herrschenden Unternehmen dem Geschäftsführer der abhängigen GmbH erteilt[994], um die Geschicke der abhängigen GmbH im Konzerninteresse zu bestimmen. Der Beherrschungsvertrag darf jedoch nicht als Machtinstrument der herrschenden GmbH angesehen werden, der die abhängige GmbH ihrem uneingeschränkten Willen unterwirft. Bei Erteilung von Weisungen hat das herrschende Unternehmen dafür zu sorgen, dass die abhängige GmbH so geleitet wird, dass sie - ihren Fortbestand vorausgesetzt - im Rahmen des Konzerns die ihr zugedachten Aufgaben erfüllen kann[995].

Falls eine Weisung mehr Nachteile für die abhängige Gesellschaft als Vorteile für den gesamten Konzern birgt, ist diese erteilte Weisung unzulässig. Es bleibt nur noch zu erörtern, was unter unzulässiger Weisung zu verstehen ist.

---

993 Familien-Urteil, NJW 1988, S. 1326; Siehe auch GEKELER, S. 44 ff.

994 Das Gesetz besagt aber nicht, ob es sich um eine Pflicht des herrschenden Unternehmens handelt, eine Weisung zu erteilen. Der Gesetzgeber erwähnt nur die Möglichkeit:"... so ist das herrschende Unternehmen berechtigt, dem Vorstand der Gesellschaft hinsichtlich der Leitung der Gesellschaft Weisungen zu erteilen". Dies stellt m. E. eine Gefahr dar, wenn der Geschäftsführer der abhängigen GmbH einige Geschäftsführungsmaßnahmen nur auf Weisungen des herrschenden Unternehmens durchführen darf. Vgl. KOPPENSTEINER, Kölner-Kom., § 309, Rdn 3; Verneinend, GEßLER, In GEßLER/HEFERMEHL, § 309, Rdn 17; Siehe auch STREYL, S. 19 f.

995 GEßLER, ZHR 140, S. 439; Aus dem Beherrschungsvertrag ergeben sich zwar Rechte, aber auch Pflichten für beiden Gesellschaften wie aus jedem gegenseitigen Vertrag. Die Rechte sind die Leitung der abhängigen Gesellschaft. Das Weisungsrecht und die Pflichten sind zum Teil als gesetzlich statuiert (§§ 300-303 AktG), zum Teil als zwingender Vertragsbestandteil vorgeschrieben (§§ 304-305 AktG) oder zum Teil als Sorgfaltspflichten der für das herrschenden Unternehmen Handelnden normiert (§ 309 AktG).

(a) Der Begriff der unzulässigen Weisungen

Trotz der uneingeschränkten Fassung des § 308 Abs. 1 S. 2 AktG darf das herrschende Unternehmen nicht über eine "Befehlsgewalt ohne Grenzen"[996] verfügen[997]. Deshalb beschränkt § 308 Abs. 1 S. 2 letzter Halbsatz AktG das Weisungsrecht auf Weisungen, die dem Konzerninteresse dienen[998]. Unzulässig ist eine nachteilige Weisung, die dem Konzerninteresse nicht dient. Fraglich ist, was unter nachteilig verstanden wird. Eine nachteilige Weisung ist nach *Autenrieth:*

> "Jede Weisung, die ein ordentlicher und gewissenhafter Geschäftsführer einer selbständigen GmbH überhaupt nicht oder unter erheblich anderen als den gegebenen Bedingungen vorgenommen hätte"[999].

Hieraus folgt, dass eine Weisung, die nur dem Interesse des herrschenden Unternehmens dient und nicht im Konzerninteresse liegt, unzulässig ist[1000]. Eine

---

996 GEßLER, ZHR 140, S. 437; STREYL, S. 42 f; Zu recht, sonst würden keine Gesellschaften einen Beherrschungsvertrag mit einem wirtschaftlich starken Unternehmen abschließen. Das Risiko von Nachteilen oder der Nichtfortführung der Gesellschaft wäre zu hoch.

997 Es sei denn, dass der Beherrschungsvertrag etwas anderes bestimmt, § 308 Abs. 1 S. 2 erster Halbsatz AktG. Die anderen Weisungen darf der Geschäftsführer der abhängigen Gesellschaft nicht befolgen, sonst haftet er persönlich nach § 43 GmbHG, siehe Teil I A 1 in der vorliegenden Dissertation.

998 GEßLER ist kritisch. Er meint, dass die Verfassung des § 308 Abs. 1 S. 2 AktG zweideutig ist, weil sie so verstanden werden kann, als dass es genügt, wenn die Zufügung von Nachteilen den Belangen eines Konzernunternehmens zugute kommt, d. h. dessen Eigeninteresse, insbesondere also auch dem eigenen Interesse des herrschenden Unternehmens, GEßLER, ZHR 140, S. 437; IMMENGA vertritt die Meinung, dass von einem nicht nur gegenüber der abhängigen Gesellschaft, sondern auch gegenüber dem Eigeninteresse des herrschenden Unternehmens "übergreifenden Konzerninteresse" auszugehen ist. Dem muss die nachteilige Weisung dienen. Dem ist m. E. zuzustimmen. IMMENGA, ZHR 140, S. 301 ff; EMMERICH, ZGR 1986, Sonderheft 6, S. 69; STREYL, S. 41.

999 AUTENRIETH, GmbHR 1984, S. 199.

1000 Siehe die Begründung zum Regierungsentwurf, bei KROPFF, AktG, 1965, S. 403; Damit würde das Konzerninteresse zum Maßstab der Reichweite der Weisungsgebundenheit, AUTENRIETH, GmbHR 1984, S. 199; Daraus ergibt sich, dass das Konzerninteresse als Maßstab nur situationsbezogen zu betrachten ist. Wenn eine für die abhängige Gesellschaft nachteilige Weisung für das Konzerninteresse nicht absolut notwendig wäre, wäre sie unzulässig. Das Konzerninteresse stellt eine Grenze in den Handlungen des Mehrheitsgesellschafters dar: Nur das Konzerninteresse darf berücksichtigt werden, wenn es um die Beeinträchtigung einer abhängigen Gesellschaft geht. Es darf nicht vergessen werden, dass es sich um verbundenen Unternehmen handelt, die ein bestimmtes Ziel zusammen erreichen wollen. Wenn ein einziges Un-

Weisung ist z. B. unzulässig, wenn sie zur Folge hat, dass die abhängige GmbH ihre Geschäftstätigkeit ganz oder zum größten Teil einstellen muss oder wenn die abhängige Gesellschaft durch die Nachteile nicht mehr die ihr im Konzern zugewiesenen Aufgaben erfüllen kann oder die Nachteile für sie in keinem durch die Vorteile des Konzerns zu rechtfertigenden Verhältnissen stehen[1001]. Deswegen müssen Nachteilzufügung und Konzernvorteil abgewogen werden[1002]. Der Grund besteht darin, dass jedes Konzernunternehmen im Konzern eine bestimmte Aufgabe zu erfüllen hat[1003]. Wenn ein Konzernunternehmen aufgrund des Konzerninteresses benachteiligt werden muss, muss dies nach dem Verhältnismäßigkeitsprinzip gerechtfertigt werden. Nach diesem Prinzip müssen die Vorteile für den Konzern stets in einem angemessenen Verhältnis zu den Nachteilen der Weisung für die abhängige Gesellschaft stehen[1004]. Jede unverhältnismäßige Schädigung der abhängigen Gesellschaft, der keine vergleichbaren Vorteile für andere Konzernunternehmen mehr gegenüberstehen, ist unzulässig. *Geßler* ist der Meinung, dass dieses Prinzip nicht erst bei existenzgefährdenden Eingriffen berücksichtigt werden muss[1005]. Dem ist zuzustimmen, weil m. E. kein mögliches Konzerninteresse vorliegen darf, das die Schädigung - sogar die Liquidation - der abhängigen Tochtergesellschaften zu rechtfertigen scheint.

Es muss jetzt geklärt werden, wie die übermäßig schädigenden - insbesondere die existenzgefährdenden - Weisungen von anderen nachteiligen Weisungen ab-

---

ternehmen sein Ziel auf Kosten der anderen erreicht, ohne dass das Konzerninteresse davon profitiert, ist das unzulässig.

1001 Nach EMMERICH muss das herrschende Unternehmen sogar die Sorgfalt eines ordentlichen und gewissenhaften herrschenden Unternehmens im Vertragskonzern haben. Diese Sorgfalt wäre im Falle eines Konkurses der Tochtergesellschaft nicht beachtet. Das herrschende Unternehmen hätte dann im Konkursfall die Möglichkeit, den Beherrschungsvertrag einseitig zu beenden, was für die abhängige Gesellschaft nicht von Vorteil ist, EMMERICH, ZGR 1986, Sonderheft 6, S. 71.

1002 GEßLER, ZHR 140, S. 437; Zustimmend IMMENGA, ZHR 140, S. 301 ff; Der Gesetzgeber ist davon ausgegangen, dass sich im Konzern letztlich die Vor- und Nachteile solcher Weisungen ausgleichen werden, da der Vertragskonzern vom Gesetzgeber als wirtschaftliche Einheit konzipiert worden ist, EMMERICH. ZGR 1986, Sonderheft 6, S. 69; STREYL, S. 41; Siehe KROPFF, Begr.RegE zu § 308 AktG, S. 403.

1003 Darum wird von verbundenen Unternehmen mit einem gemeinsamen Ziel gesprochen.

1004 EMMERICH, ZGR 1986, Sonderheft 6, S. 69; Das herrschende Unternehmen muss sogar bedenken, dass die Auswirkungen solcher nachteiligen Weisungen aufgrund seiner Verlustausgleichspflichtspflicht letztlich immer das herrschende Unternehmen selbst treffen, EMMERICH, Anhang Konzernrecht, Rdn 284; STREYL, S. 21.

1005 GEßLER, ZHR 140, S. 438; Zustimmend KOPPENSTEINER, Kölner-Kom., § 308, Rdn 29 f.

zugrenzen sind. Fraglich ist, welche Maßstäbe dabei anzuwenden sind und auf welche Zeitpunkte abzustellen ist. Die Literatur[1006] ist einstimmig: Die existenzgefährdenden Weisungen sind nach dem Verhältnismäßigkeitsprinzip unzulässig. Die Existenzfähigkeit der Gesellschaft bildet jedoch keine absolute Grenze des Weisungsrechts[1007]. In einigen Ausnahmefällen kann eine existenzgefährdende Weisung dem Konzerninteresse dienen, wenn es z. B. um die Rettung des ganzen Konzerns gehen sollte[1008]. Hiernach ist der Vorteil des gesamten Konzerns erheblich größer als der Nachteil der abhängigen Gesellschaft. Ausnahmsweise dient diese existenzgefährdende Weisung offensichtlich den Konzernbelangen[1009].

Hinsichtlich der Finanzplanung und der Finanzierung kann sich eine Weisung ebenfalls als existenzgefährdend erweisen. Die Literatur[1010] vertritt die Auffassung, dem herrschenden Unternehmen sei es untersagt, der Gesellschaft derzeit und in absehbarer Zukunft benötigte Liquidität zu entziehen, es sei denn, es sei bereit und in der Lage, diesen Liquiditätsbedarf seinerseits zu decken. Diese Frage lässt sich nicht anders beantworten als die nach der Zulässigkeit anderer nachteiliger Weisungen auch. M.a.W. errichtet der Liquiditätsbedarf der Tochtergesellschaft keine Weisungsgrenze *per se*. Hier kommt es vielmehr auf die verhältnismäßige Verbesserung der Lage anderer Konzernglieder an. Existenznotwendige Liquidität darf also abgesaugt werden, wenn sie an anderer Stelle des Konzerns ebenso dringend benötigt wird[1011]. Nach *Lutter* begründet der Beherrschungsvertrag die unternehmerische Verantwortlichkeit des herrschenden Unternehmens für die Tochtergesellschaft, wozu namentlich deren ordnungsmäßige Finanzierung gehöre[1012]. Deshalb dürfe z. B. das herrschende Unternehmen Liquidität bei der Tochtergesellschaft nur absaugen, wenn es jederzeit in der Lage ist, den Liquiditätsbedarf der Tochtergesellschaft wieder zu decken. Andererseits handelt das herrschende Unternehmen nach *Hommelhoff* beim Abzug von Liquidität bei der Tochtergesellschaft rechtswidrig und muss die fraglichen Mittel der Tochtergesellschaft sofort wieder erstatten[1013]. Die Zulässigkeit der exis-

---

1006 KOPPENSTEINER, Kölner-Kom., § 308, Rdn 32 ff; GEßLER, In GEßLER/HEFERMEHL, § 308, Rdn 55; Ders., ZHR 140, S. 433; EMMERICH, ZGR, Sonderheft 6, S. 64, 70; EMMERICH/SONNENSCHEIN, S. 357, 483; STREYL, S. 43.

1007 KROPFF, ZGR 1984, S. 112, 122.

1008 Siehe IMMENGA, ZHR 1976, S. 303 ff; GEßLER, ZHR 140 (1976), S. 436 ff.

1009 Die Befolgung der existenzgefährdenden Weisung kann dann verweigert werden, § 308 Abs. 2 S. 2 AktG; Siehe auch GEßLER, ZHR 140, S. 440; STREYL, S. 43.

1010 KOPPENSTEINER, Kölner-Kom., § 308, Rdn 33; HOMMELHOFF, WM 1984, S. 1105, 1112; GEßLER, ZHR 140, S. 439; SCHMIDT, ZGR 1983, S. 513; SCHNEIDER, ZGR 1984, S. 535; EMMERICH, ZGR 1986, Sonderheft 6, S. 74.

1011 EMMERICH, ZGR Sonderheft 6, S. 93.

1012 LUTTER, ZGR 1982, S. 265 ff; Ders., ZIP 1985, S. 1434.

1013 HOMMELHOFF, WM 1984, S. 1105.

tenzgefährdenden Weisungen hängt davon ab, ob der Grundsatz der Verhältnismäßigkeit beachtet wird.

(b) Der Schadensersatzanspruch aus positiver Vertragsverletzung

Die Haftung des herrschenden Unternehmens wird in bezug auf § 309 AktG behandelt, obwohl § 309 AktG keine besondere Vorschrift darüber enthält. Nach *Geßler*[1014] ist eine besondere aktienrechtliche Regelung nicht erforderlich, weil die Haftung des herrschenden Unternehmens sich vielmehr als Vertragshaftung aus dem zwischen dem herrschenden Unternehmen und der abhängigen Gesellschaft abgeschlossenen Beherrschungsvertrag ergibt, insbesondere auch als Haftung wegen positiver Vertragsverletzung[1015].

Die Haftung aus dem Beherrschungsvertrag entspricht der in § 309 Abs. 2 AktG ausdrücklich für den Geschäftsführer des herrschenden Unternehmens normierten Haftung. Diese beseitigt jedoch nicht die Haftung des herrschenden Unternehmens, weil sie vielmehr zur Verstärkung des Schutzes der Gesellschaft neben dieser vorgesehen worden ist[1016]. Der Grund liegt darin, dass der abhängigen GmbH dadurch eine zusätzliche persönliche Haftung des Geschäftsführers der herrschenden GmbH gewährleistet wird. Dies hat m. E. für die abhängige GmbH eine Vergrößerung der Erfolgsaussichten einer Haftungsklage zur Folge. Es liegt deshalb eine gesamtschuldnerische Haftung i.S. von § 421 BGB vor.

Aufgrund des Beherrschungsvertrags steht dem herrschenden Unternehmen ein Weisungsrecht zu, § 308 Abs. 1 S. 1 AktG. Dadurch ist allerdings die Erteilung von Weisungen, die für die abhängige GmbH nicht von Vorteil sind, ausdrücklich gestattet, solange sie dem Konzerninteresse dienen. Deshalb können sie allein keine Haftung des herrschenden Unternehmens begründen. Falls nachteilige Weisungen vom Beherrschungsvertrag ausgeschlossen werden, haftet das herrschende Unternehmen für die schuldhafte Erteilung nachteiliger Weisungen, sobald es die Sorgfalt eines ordentlichen und gewissenhaften Geschäftsführers nicht anwendet[1017] und der abhängigen GmbH ein Schaden entsteht[1018]. Das herr-

---

1014 GEßLER, In GEßLER/HEFERMEHL, § 309, Rdn 45.

1015 Vgl. LANG, S. 31; GEKELER, S. 258; BAUMBACH/HUECK, § 309 AktG, Rdn 1; KOPPENSTEINER, § 309, Rdn 25; EMMERICH/SONNENSCHEIN, S. 360, 482 f; EMMERICH, ZGR 1986, Sonderheft 6, S. 78; WIEDEMANN, Gesellschaftsrecht, Band I, S. 350.

1016 EMMERICH/SONNENSCHEIN, S. 360; GEßLER, In GEßLER/HEFERMEHL, § 309, Rdn 53; KOPPENSTEINER, § 309, Rdn 25; BEUTHIEN, JuS 1970, S. 53, 55.

1017 EMMERICH/SONNENSCHEIN, S. 482 f; SCHOLZ/EMMERICH, Rdn 281.

1018 Es wäre m. E. schon bedenklich, dass das herrschende Unternehmen den Geschäftsführer der abhängigen Gesellschaft zu Verstößen gegen zwingende gesetzliche Vorschriften anweisen dürfte, weil die Regelung zum Schutz der abhängigen Gesellschende Unternehmen haftet aufgrund der nicht-ordnungsgemäßen Ausübung des aus dem Beherrschungsvertrag beruhenden eingeschränkten Weisungsrechts[1019]. Jede Weisung, die über diese Beschränkung des Weisungsrechts hinausgeht, stellt eine Vertragsverletzung dar[1020], die zum Schadensersatz gem. §§ 249, 276 BGB verpflichtet[1021].

Für Vertragsverletzungen, die sein Geschäftsführer in Ausübung seiner Verrichtungen begangen hat, haftet das herrschende Unternehmen deshalb aus dem Beherrschungsvertrag[1022]. Von dieser Auffassung ist der Regierungsentwurf ausgegangen. Falls eine Haftung der herrschenden GmbH aus dem Beherrschungsvertrag nicht abzuleiten ist, kann eine Organhaftung des herrschenden Unternehmens schon aus der ihm durch den Beherrschungsvertrag eingeräumten Leitungsmacht und der für das herrschende Unternehmen nach ausdrücklicher Verweisung bestehenden Pflicht zur sorgfältigen Ausübung des Weisungsrechts durch seine gesetzlichen Vertreter, nämlich gem. § 31 BGB[1023], vorliegen. Dies setzt voraus, dass die vom Geschäftsführer des herrschenden Unternehmens ergangene Weisung vom Geschäftsführer der abhängigen GmbH zu befolgen war und dass der Geschäftsführer des herrschenden Unternehmens dabei seine Sorgfaltspflicht nicht beachtet hat.

Das herrschende Unternehmen haftet auch, wenn sein Geschäftsführer durch Ausübung des Stimmrechts seines Unternehmens in der Hauptversammlung der abhängigen Gesellschaft dem Geschäftsführer unzulässige Weisungen erteilt. Es steht in dieser Beziehung nicht besser als sein Geschäftsführer, der auch inso-

---

schaft ihre Rechtfertigung verlieren würde, wenn das herrschende Unternehmen die Möglichkeit hätte, durch Weisung die abhängige Gesellschaft zu schädigen.

1019 Es haftet dafür, dass Weisungen nur im Rahmen der gesetzlichen und vertraglichen Schranken erteilt werden; Vgl. KOPPENSTEINER, Kölner-Kom., § 309, Rdn 25; WIEDEMANN, Gesellschaftsrecht, Bd. I, S. 350; EMMERICH/SONNENSCHEIN, S. 360; BAUMBACH/HUECK, § 309 AktG, Rdn 1; KORT, S. 139.

1020 GEßLER/HEFERMEHL, § 309, Rdn 47; Zweifelnd BEUTHIEN, DB 1969, S, 1781; JuS 1970, S. 53, 55; Der organisationsrechtliche Charakter des Beherrschungsvertrags schließt jedoch die Anwendung schuldrechtlicher Grundsätze auf den Vertrag bei dessen Verletzung nicht aus, siehe GEßLER/HEFERMEHL, § 291, Rdn 25; KOPPENSTEINER, Kölner-Kom., § 291, Rdn 21.

1021 Gervais/Danone-Urteil, BGH, NJW 1980, S. 231ff; LANG, S. 31.

1022 GEßLER/HEFERMEHL, § 309, Rdn 47; KOPPENSTEINER ist sogar streng: "Dass das herrschende Unternehmen für Schäden infolge rechtswidriger Weisungen haftet, steht außer Frage.", KOPPENSTEINER, Kölner-Kom., § 309, Rdn 25; WIEDEMANN, Gesellschaftsrecht, S. 350.

1023 § 31 BGB gilt für alle juristischen Personen, PALANDT/HEINRICH, § 31BGB, Rdn 1; Diese Haftung ist jedoch nur intern, weil § 31 BGB keine haftungsbegründende Norm ist. Siehe REUTER, MK-Kom., § 31, Rdn 2 ff.

weit haftet[1024]. Das gleiche gilt auch im Falle der Organverflechtung, d. h. bei direkter Entsendung des Geschäftsführers des herrschenden Unternehmens in die Geschäftsführung der abhängigen Gesellschaft. Das herrschende Unternehmen haftet nach § 309 AktG i.V.m. § 278 BGB analog schon für das fehlerhafte Verhalten seines in die abhängige GmbH entsandten Organs, weil es sich seiner zur Erfüllung seiner Verpflichtung aus dem Beherrschungsvertrag bedient hat[1025]. Zuständig für die Geltendmachung des Schadensersatzanspruchs sind in erster Linie der Geschäftsführer der abhängigen Gesellschaft und daneben mit der *actio pro socio* die Minderheitsgesellschafter.

(c) Der Schadensersatzanspruch aufgrund der Treuepflichtsverletzung

Als zusätzliche Haftungsgrundlage des herrschenden Unternehmens kommt die Haftung aus der Treuepflicht der Gesellschafter der abhängigen GmbH untereinander zu[1026]. Dies wurde mit dem ITT-Urteil 1975 hervorgehoben[1027]. Da diese Treuepflichtsverletzung keine Besonderheit zu derjenigen im einfachen faktischen GmbH-Konzern enthält, wird auf die Erläuterung unten verwiesen.

Beim Verstoß gegen diese Treuepflicht hat das herrschende Unternehmen den Schaden gem. § 43 Abs. 2 GmbHG analog i.V.m. §§ 249, 276 BGB in erster Linie zu ersetzen. Um sich von der Haftung zu entlasten, hat es nachzuweisen, dass seine Einflussnahme nicht schädlich für die abhängige GmbH war[1028]. Hat das herrschende Unternehmen Geschäftschancen unter Verstoß gegen seine Treuepflicht anstelle der Gesellschaft selbst wahrgenommen, muss es gem. § 252 BGB alle gemachten Gewinne herausgeben[1029]. Dies gilt auch für die verdeckt ausgeschütteten Gewinne der Gesellschaft. Unterlassungs- und Beseitigungsansprüche können im Falle des Widerrufs unzulässiger Weisungen oder Rückgängigmachung schädigender Maßnahmen auch geltend gemacht werden.

(3) Ergebnis

Es wurde hiernach versucht, die Ergänzung des GmbH-Rechts durch eine konzernspezifische Haftung zu legitimieren, weil im GmbH-Konzernrecht eine gesetzliche Lücke aufgrund der undurchschaubaren und unkontrollierbaren Maßnahmen des herrschenden Unternehmens bei einer engen Leitungsausübung besteht. Außerdem sind hier die Kapitalsicherungsvorschriften nicht sehr effizient.

1024 GEẞLER/HEFERMEHL, § 309, Rdn 54.

1025 Gervais/Danone-Urteil, BGH, NJW 1980, S. 231.

1026 EMMERICH/SONNENSCHEIN, S. 361; SCHOLZ/EMMERICH, Anhang Konzernrecht, Rdn 286; EMMERICH, ZGR, Sonderheft 6, S. 78 ff; KORT, S. 141 ff.

1027 ITT-Urteil, BGHZ 65, S. 15.

1028 EMMERICH/SONNENSCHEIN, S. 440; SCHOLZ/EMMERICH, Anhang Konzernrecht, Rdn 182.

1029 BGH, BB 1977, S. 465; BGH, WM 1978, S. 1205.

Da der Beherrschungsvertrag der herrschenden GmbH erlaubt, die Unternehmenspolitik der abhängigen GmbH primär auf das Konzerninteresse auszurichten, muss das Weisungsrecht als Machtinstrument der herrschenden GmbH auf die abhängige GmbH beschränkt werden, damit die abhängige GmbH keinen aus dem Konzerninteresse resultierenden Nachteil erleidet. Diese Schranken für nachteilige Weisungen des herrschenden Unternehmens sind nicht effizient, wenn kein "operationales Sanktionssystem bei Verstößen gegen diesen Schranken dahinter steht"[1030].

Gem. § 302 Abs. 1 AktG hat das herrschende Unternehmen eine Verlustübernahmepflicht gegenüber jedem während der Vertragsdauer sonst entstehenden Jahresfehlbetrag. Dies gilt als Korrelat für die Legitimierung des Interessenvorrangs des Mehrheitsgesellschafters vor dem der Tochtergesellschaft. Es handelt sich hier prinzipiell um eine Zustandshaftung, da es nicht um eine sorgfältige oder nicht-sorgfältige Geschäftsführung der Tochtergesellschaft geht. Das herrschende Unternehmen muss deshalb bei geschäftsführenden Maßnahmen die rechtliche Selbständigkeit der abhängigen GmbH berücksichtigen, die Vor- und Nachteile zwischen den verbundenen Unternehmen abwägen sowie die unverhältnismäßige Schädigung der abhängigen GmbH und bei der Konzerngeschäftsführung die Regeln einer ordnungsmäßigen Unternehmensfinanzierung beachten. Dies gilt auch bei der Erteilung von Weisungen gem. § 308 AktG. Weisungen, die dem Konzerninteresse nicht dienen, sind unzulässig. Wenn sie trotzdem vollzogen worden sind und für die Tochtergesellschaft übermäßig schädigend geworden sind, haftet der Mehrheitsgesellschafter aus positiver Vertragsverletzung gem. §§ 249, 276 BGB und aus der Treuepflichtsverletzung § 43 GmbHG analog i.V.m. §§ 249, 276 BGB. Es handelt sich mithin um eine typische Verhaltenshaftung. Diese Sanktionen sind allerdings keine Garantie auf Schadensersatz, wenn sich das herrschende Unternehmen schon im Konkurs befindet oder wenn es zahlungsunfähig geworden ist.

b) Die Haftung im einfachen faktischen GmbH-Konzern

Die Entwicklung des GmbH-Konzernrechts in der richterlichen Rechtsfortbildung hat die Literatur veranlasst, vier Modelle zur Haftung des herrschenden Unternehmens zu konzipieren.

Die Organhaftung aller maßgeblicher Gesellschafter einschließlich des herrschenden Unternehmens stellt das erste Haftungsmodell dar[1031]. Wenn das herrschende Unternehmen die Leitung der abhängigen GmbH *de facto* übernimmt

---

1030 EMMERICH, ZGR 1986, Sonderheft 6, S. 77.

1031 KONZEN NJW 1989, S. 2985 f ; STEIN, Das faktische Organ, S. 155, 183 ff; LUTTER/HOMMELHOFF, Anhang § 13, Rdn 13 m.w.N.; LIMMER, S. 110; ENSTHALER/KREHER, BB 1995, S. 1424.

und die Gesellschaft führt, muss es wie ein Geschäftsführer analog § 43 GmbHG haften. Die Gleichbehandlung aller Gesellschafter ist der Ansatzpunkt der Organhaftung. Von Sonderfällen abgesehen[1032], hat sich dieser Ansatzpunkt im deutschen Konzernrecht nicht durchgesetzt[1033]. Der Grund liegt in der strikten Trennung zwischen Privat- und Unternehmensgesellschaftern, d. h. in der Entwicklung eines eigenständigen Unternehmenskonzernrechts[1034].

Die Sonderrechtsbeziehung zwischen herrschendem Unternehmen und abhängiger GmbH[1035] in sämtlichen Abhängigkeits- und Konzernverhältnissen veranlasst die herrschenden Unternehmen, die abhängige GmbH nicht zu schädigen. Im Falle einer schuldhaften Schädigung der Gesellschaft ist das herrschende Unternehmen schadensersatzpflichtig[1036]. Die Einwände gegen eine Konzernverschuldungshaftung gelten auch im Fall einer Sonderrechtsbeziehung zwischen dem herrschenden Unternehmen und der abhängigen GmbH[1037].

Das dritte Haftungsmodell ist die "Konzernverschuldungshaftung", die von *Lutter* und *Schneider* entwickelt worden ist[1038]. Hiernach ist das herrschende Unternehmen zu einer ordnungsgemäßen Konzerngeschäftsführung verpflichtet, d. h. das herrschende Unternehmen muss bei allen Maßnahmen die gebotene Rücksicht auf die wirtschaftliche Selbständigkeit und Existenzfähigkeit der abhängigen GmbH nehmen. Aufgrund von Verstößen gegen diese Pflicht ist das herrschende Unternehmen schadensersatzpflichtig gem. § 276 BGB. Dieses Haftungsmodell könnte die Position der Minderheitsgesellschafter sicherlich verbessern, reicht jedoch als ausschließliche Haftungsgrundlage nicht aus, weil die Konkretisierung der Grundsätze ordnungsgemäßer Konzerngeschäftsführung immer noch mit Schwierigkeiten verbunden ist[1039]. Der Gedanke einer Haftung

---

1032 Vgl. für § 64, BGHZ 104, S. 44 ff.

1033 EMMERICH/SONNENSCHEIN, S. 439; SCHOLZ/EMMERICH, Anhang Konzernrecht, Rdn 163.

1034 WIEDEMANN, Die Unternehmensgruppe, S. 35 ff; Ders., Gesellschaftsrecht, S.349 ff; FLUME, Die juristische Person, S. 88; KONZEN, NJW 1989, S. 2986; LUTTER, ZGR 1982, S. 253 ff; SCHNEIDER, BB 1981, S. 257; SCHOLZ/SCHNEIDER, § 43, Rdn 16; Siehe im Teil II B 1 (2) die Ergebnisse der Untersuchung hinsichtlich des faktischen Geschäftsführers.

1035 SCHMIDT unterscheidet zwischen einer Sonderrechtsbeziehung aus der Mitgliedschaft und einer Sonderrechtsbeziehung aus der Leitungsmacht. Diese ist allerdings noch nicht rechtsdogmatisch geklärt, SCHMIDT, Gesellschaftsrecht, § 39 III 2 b).

1036 §§ 249, 276 BGB; SCHMIDT, Gesellschaftsrecht, § 39 III 2 b).

1037 EMMERICH/SONNENSCHEIN, S. 440.

1038 LUTTER, ZGR 1982, S. 244, 265 ff; ZIP 1985, S. 425; SCHNEIDER, ZGR 1980, S. 511, 532; Siehe auch LIMMER, S. 124, und ENSTHALER/KREHER, BB 1995, S. 1424.

1039 Siehe EMMERICH/SONNENSCHEIN, S. 439; SCHOLZ/EMMERICH, Anhang Konzernrecht, Rdn 161.

des herrschenden Unternehmens für Verstöße gegen diese Grundsätze kann daher je nach Sachlage nur ergänzend herangezogen werden.

Eine gesteigerte Treuepflicht des herrschenden Unternehmens gegenüber der Gesellschaft wird von der überwiegenden Meinung[1040] vertreten. Das herrschende Unternehmen hat demnach die Pflicht, bei allen Geschäftsführungsmaßnahmen in der abhängigen GmbH auf den gemeinsamen Zweck und die Interessen der anderen Gesellschafter Rücksicht zu nehmen. Dagegen verstößt jede schädigende Einflussnahme des herrschenden Unternehmens, durch die die abhängige GmbH beeinträchtigt und die Rechte der Mitgesellschafter grundlos verkürzt werden[1041].

Mithin ist festzustellen, dass das Schädigungsverbot des herrschenden Unternehmens aufgrund dessen Treuepflicht die Haftungsgrundlage des Mehrheitsgesellschafters im einfachen faktischen GmbH-Konzern ist.

(1) Die Haftungsvoraussetzungen im einfachen faktischen GmbH-Konzern

(a) Eine schädigende Einflussnahme des Mehrheitsgesellschafters

Das herrschende Unternehmen bzw. der Mehrheitsgesellschafter hat die Interessen der abhängigen GmbH zu wahren, auch wenn er anderweitig unternehmerisch tätig ist. Deshalb sind Einflussnahmen, die die eigenen Belange der abhängigen GmbH schädigen, verboten. Es spielt keine Rolle, wie das herrschende Unternehmen bzw. der Mehrheitsgesellschafter auf die Geschäftsführung der abhängigen GmbH Einfluss nimmt[1042]. Es darf vor allem keine schädigende Einflussnahme sein, wie z. B. die Umlenkung von Geschäftschancen der abhängigen Gesellschaft auf das herrschende Unternehmen[1043] oder die Sanierung einer anderen Tochtergesellschaft des Konzerns auf Kosten der abhängigen Gesellschaft[1044]. Als Maßstab werden häufig die eigenen Belange der Gesellschaft

1040 WIEDEMANN, Unternehmensgruppe, S. 77 ff; WINTER, Mitgliedschaftliche Treuebindungen, S. 113 ff.

1041 Als Haftungsmaßstab wird i.d.R. § 43 GmbHG herangezogen, siehe EMMERICH/SONNENSCHEIN, S. 437 f; SCHOLZ/EMMERICH; Anhang Konzernrecht, Rdn 155.

1042 Als Einflussnahme auf die Geschäftsführung können z. B. unmittelbare Weisungen und/oder Einwirkungen auf den Geschäftsführer im Rahmen der gesetzlichen Zuständigkeitsordnung über Beschlüsse der Gesellschafterversammlung gelten. Siehe ITT-Urteil, BGHZ 15, S. 65; Autokran-Urteil, BGHZ 95, S. 330; Video-Urteil, BGHZ 115, S. 187.

1043 BGH, BB 1977, S. 465; BGH, NJW 1989, S. 2104.

1044 OGH, GesRZ 1982, S. 256 f; Siehe EMMERICH/SONNENSCHEIN, S. 441 m.w.N.

und/oder die Erhaltung bzw. die erfolgreiche Fortführung der vom Mehrheitsgesellschafter beherrschten Gesellschaft benutzt.

Dieses Schädigungsverbot des herrschenden Unternehmens findet in allen Abhängigkeitsverhältnissen[1045] Anwendung, solange sich noch einzelne Weisungen und deren Auswirkungen auf die abhängige GmbH isolieren lassen[1046]. Das Schädigungsverbot dient einer sachgerechten Behandlung der abhängigen GmbH, weil das herrschende Unternehmen nicht schädigend eingreifen darf. Dies gilt allerdings nicht im Falle der Zustimmung aller Mitgesellschafter und im Falle, in dem der Nachteil nicht in den durch § 30 GmbHG geschützten, dem Einfluss der Gesellschafter entzogenen Vermögensbereich eingreift[1047]. Die Anwendung findet nicht nur gegenüber der Tochtergesellschaft, sondern auch gegenüber der Enkelgesellschaft statt, und zwar selbst wenn das herrschende Unternehmen nicht unmittelbar an der letzteren beteiligt ist[1048].

Das Schädigungsverbot des Mehrheitsgesellschafters wird über den Begriff der Treuepflicht hinaus definiert: Aufgrund der Treuepflicht der Gesellschafter untereinander wird jede schädigende Einflussnahme auf die abhängige Gesellschaft verboten.

(b) Eine schädigende Einflussnahme, die sich aus der Verletzung der Treuepflicht des Mehrheitsgesellschafters ergibt

Der BGH[1049] hatte zuerst eine Treuepflicht der Gesellschafter nicht nur der Gesellschaft gegenüber, sondern auch untereinander, erkannt. Das ITT-Urteil brachte hier einen relevanten Wandel.

1045 In mehrstufigen Abhängigkeitsverhältnissen unterliegt der Muttergesellschaft das Schädigungsverbot nicht nur gegenüber der Tochtergesellschaft, sondern auch gegenüber der Enkelgesellschaft, auch wenn sie nicht unmittelbar an der letzteren beteiligt ist, Siehe näher SCHOLZ/EMMERICH, Anhang Konzernrecht, Rdn 158, 170.

1046 Sonst handelt es sich um einen Fall eines qualifiziert faktischen GmbH-Konzerns wie es im Teil II C 1 c) (2) behandelt wurde, siehe dazu auch EMMERICH/SONNENSCHEIN, S. 441; SCHOLZ/EMMERICH, Anhang Konzernrecht, Rdn 182; Das Schädigungsverbot ist allerdings auf den qualifiziert faktischen GmbH-Konzern anwendbar, weil der Mehrheitsgesellschafter im qualifiziert faktischen Konzern auch die Interessen der abhängigen Gesellschaft zu beachten hat. Siehe dazu DEILMANN, S. 147 ff; KONZEN, NJW 1989, S. 2986; STIMPEL, ZGR 1991, S. 159 f.

1047 Es darf nicht vergessen werden, dass das Gesellschaftsvermögen bis zu dieser Grenze zur Disposition der Gesellschafter steht. Vgl. LUTTER/HOMMELHOFF, Anhang § 13, Rdn 13.

1048 EMMERICH/SONNENSCHEIN, S. 442.

1049 BGHZ 9, S. 157 ff, BGHZ 14, S. 25 ff.

(i) Das ITT-Urteil

Die Beklagte, die zum ITT-Konzern gehört, kaufte sich 1968 in die G-Gruppe ein. Von der Inhaberfamilie blieb nur der Kläger an der Firmengruppe beteiligt. An der Spitze der Firmengruppe steht die G-GmbH, deren Gesellschafter mit 85% die Beklagte und mit 15% der Kläger sind. Die GmbH wiederum stellt den Komplementär für die F-KG und die S-KG, an denen sie mit 60% und der Kläger als Kommanditist mit 40% beteiligt sind. Das Mitwirkungsrecht des Klägers in bedeutenden Angelegenheiten der KGs ist, auch soweit es sich um Widerspruch gegen die Geschäftsführung handelt, vertraglich ausgeschlossen worden. Die KGs halten ihrerseits die Anteile an den drei Auslandsgesellschaften. Zusammengefasst beläuft sich die Beteiligung des Klägers an der Firmengruppe auf 49%, der Anteil der beklagten auf 51%. Mit der I-Inc., die eine 100 %ige Tochtergesellschaft der Beklagten ist, schlossen die Gesellschaften der G-Gruppe einen sogenannten Dienstleistungsvertrag ab. Danach haben sie für die Einbeziehung in den Service eine jährliche Vergütung in Form einer Konzernumlage von 1% ihres Gesamtumsatzes zu zahlen. Die beiden KGs und die drei Auslandsgesellschaften haben diese Vergütung für das Jahr 1970 entrichtet. Der Kläger verlangt von den Beklagten die Rückzahlung der Umlage. Beide Vorinstanzen haben die Klage abgewiesen. Auf die Revision des Klägers hat der BGH die Sache zur anderweitigen Verhandlung und Entscheidung zurückgewiesen.

Der BGH ging von den Behauptungen des Klägers aus, dass die Geschäftsführung der G-GmbH an die I-Inc. aufgrund einer Anordnung der Beklagten als Mehrheitsgesellschafterin der GmbH vorgenommen oder veranlasst wurde. Es handelte sich bei der Konzernumlage um eine einseitige verdeckte Gewinnausschüttung an die Beklagte oder ihre 100%ige Tochtergesellschaft. Der Kläger erlitt deswegen nicht als Gesellschafter einen Schaden der G-GmbH, sondern als Kommanditist der GmbH & Co.KG.

(ii) Die Anerkennung der Treuepflicht durch das ITT-Urteil

Der BGH erklärte in Weiterführung der bisherigen Rechtsprechung[1050] und in Anlehnung an die Literatur, dass nicht nur die Beziehungen zwischen Gesell-

---

1050 BGHZ 9, S. 157 ff: Es handelte sich hier darum, ob der Ausschluss eines Gesellschafters aus der Gesellschaft zulässig sei, wenn sein Verbleiben "eine gedeihliche Fortführung des Unternehmens in Frage" stellt; BGHZ 14, S. 25 ff: Hier ging es darum, ob ein Minderheitsgesellschafter seine Treuepflicht dadurch verletzt hatte, dass er die Zustimmung zu einem satzungsändernden Gesellschafterbeschluss verweigerte, durch den die Umwandlung der Gesellschaft in eine AG vorbereitet werden sollte, und ihn dadurch verhinderte; OLG Düsseldorf, DB 1996, S. 974: Für den Fall einer Beschlussfassung über Geschäftsführungsangelegenheiten muss der zur Treue verpflichtete Gesellschafter hierbei den Gesellschafts- und Unternehmensinteressen generell Vorrang vor seinen Eigeninteressen einräumen und darf bei der Beschlussfassung insbesondere keine gesellschaftsfremden Sondervorteile für sich oder andere zum Nachteil der Gesellschaft oder der anderen Gesellschafter durchsetzten.

schaftern und GmbH, sondern auch die der Gesellschafter untereinander von der gesellschaftsrechtlichen Treuepflicht bestimmt sein können, m.a.W. die Treuepflicht ist die Pflicht aller Gesellschafter zur Förderung der gemeinsamen Ziele und zur Rücksicht auf die Interessen ihrer Gesellschaft[1051]:

> "... dass nicht nur die Beziehungen zwischen Gesellschafter und GmbH, sondern auch die der Gesellschafter untereinander von der gesellschaftsrechtlichen Treuepflicht bestimmt sein können. Das hat seinen Grund darin, dass bei der GmbH unbeschadet ihrer körperschaftlichen Verfassung die nähere Ausgestaltung ihrer Organisation und ihre wirtschaftliche Betätigung oft in erheblichem Maß dem unmittelbaren Einfluss ihrer Gesellschafter unterliegen und die inneren Verhältnisse der GmbH daher auf eine deutliche Nähe zu den Personengesellschaften angelegt sein können[1052]."

Der Mehrheitsgesellschafter hat eine Treuepflicht gegenüber der Tochter-GmbH und gegenüber dem Minderheitsgesellschafter, die sich als Gegengewicht für die Einflussnahme auf die Geschäftsführung der Tochtergesellschaften darstellt[1053]. Also haftet die I-Inc. dem Kommanditisten der KG auf Ersatz seines Schadens[1054] wegen Verletzung der gesellschaftlichen Treuepflicht.

Diese gesteigerte Treuepflicht, die die Konzernspitze in allen Abhängigkeitsverhältnissen gegenüber der abhängigen Gesellschaft trifft, ist das erforderliche Korrelat dafür, dass die Mehrheit durch Einflussnahme auf die Geschäftsführung "die gesellschaftsbezogenen Interessen der Mitgesellschafter" beeinträchtigen kann[1055]. *Raiser*[1056] meint, dass die Treuepflicht zu bejahen ist, wenn ein über-

---

1051 LIMMER, S. 49; EBENROTH, S. 21; DEILMANN, S. 148; LUTTER, ZGR 1982, S. 259; Siehe dazu RAISER, ZHR 151, S. 424 f, 426 f.

1052 So der BGH, ITT-Urteil, BGHZ 65, S. 18 f. Siehe auch BUYER, GmbHR 1996, S. 98 ff.

1053 Die Treuepflicht stellt zwar eine Grenze in den Weisungen und Handlungen des Mehrheitsgesellschafters dar, ist jedoch in sich selbst begrenzt. Wie die richterliche Rechtsfortbildung es nachgewiesen hat, werden schädigende Einflussnahme, die sich aus der Verletzung der Treuepflicht herleiten, vom Mehrheitsgesellschafter immer noch durchgeführt. Es ist daher sehr theoretisch zu glauben, dass der Mehrheitsgesellschafter in schwierigen wirtschaftlichen Situation keine schädigende Einflussnahme versuchen wird, weil er - rechtlich betrachtet - eine Treuepflicht gegenüber der abhängigen Gesellschaft und dem Minderheitsgesellschafter hat. Diese Treuepflicht hilft nur bei der Feststellung der Ursache des Schadens der abhängigen Gesellschaft und bei der Schadensersatzpflicht des Mehrheitsgesellschafters. Es ist m. E. ein sehr kleiner Trost für die abhängige Gesellschaft.

1054 Also die Vereinbarung überhöhter Konzernverrechnungspreise zwischen den verbundenen Unternehmen, die Auferlegung einer Konzernumlage ohne entsprechende Gegenleistungen.

1055 REHBINDER, ZGR 1976, S. 39.

1056 RAISER, ZHR 151, S. 437.

wiegendes Unternehmensinteresse ein bestimmtes Verhalten der Gesellschafter fordert. Sie findet ihre Grenze, wo dies nicht der Fall ist.

Der BGH schweigt leider über die besonderen Voraussetzungen, nach denen eine Treuepflichtverletzung angenommen werden kann:

> "Unter welchen besonderen Voraussetzungen eine Treuepflichtverletzung angenommen werden kann ... ist hier nicht weiter zu erörtern[1057]."

Der BGH meint, dass eine solche Voraussetzungsbeschreibung von vielen Faktoren abhängt, wie z. B. vom satzungsmäßigen Zweck der GmbH, der gesellschaftsinternen Gestaltung oder dem Umfang der Mitgliedschaft[1058]. Die gesellschaftsrechtliche Treuepflicht ist stets Inhalt eines bestimmten einzelnen Gesellschaftsverhältnisses[1059] und deshalb grundsätzlich auch nur auf Rechte, Pflichten und Interessen innerhalb dieser Gesellschaft bezogen. Die Verletzung dieser Treuepflicht ist einfacher darzustellen als ihre Voraussetzungen[1060]. Deshalb ergibt sich das Verbot aller schädigenden Einflussnahmen auf die abhängige Gesellschaft aus dieser gesteigerten Treuepflicht. Für die Annahme der Treuepflichtsverletzung bleibt nach dem Urteil gleichgültig, wie die abhängige Gesellschaft geschädigt wird.

(2) Die Haftungsgrundlage im einfachen faktischen GmbH-Konzern

(a) Die Ablehnung der Anwendung des § 826 BGB als Haftungsgrundlage

Zur Frage nach der Grundlage der Haftung des Mehrheitsgesellschafters lehnte der BGH im ITT-Urteil die Bestimmung des § 826 BGB als Haftungsgrundlage ab[1061], weil § 826 BGB nur bei vorsätzlich sittenwidrigem Handeln einschlägig

---

1057 So der BGH, ITT-Urteil, BGHZ 65, S. 19.

1058 Der BGH meinte dadurch wahrscheinlich, dass eine Treuepflichtverletzung situationsgebunden ist, und dass sie deshalb keine bestimmten Voraussetzungen haben kann. ITT-Urteil, BGHZ 65, S. 19. Dies wird von der vorherigen Rechtsprechung des BGH gestützt. Siehe BGHZ 9, S. 157 ff, in der es sich hier um den Ausschluss eines Gesellschafters aus der Gesellschaft handelte, und BGHZ 14, S. 25 ff, in der es um die Verweigerung der Zustimmung zu einem satzungsändernden Gesellschafterbeschluss ging.

1059 Schon in einem Urteil des BGH wurde unmissverständlich und endgültig formuliert, dass die Treuepflicht "nicht bloß den Grundsatz von Treu und Glauben" zum Inhalt hatte, BGHZ 9, S. 163.

1060 Siehe die Beispiele von Treuepflichtverletzungen in SCHOLZ/EMMERICH; Anhang Konzernrecht, Rdn 146.

1061 So der BGH, ITT-Urteil, BGHZ 65, S. 21; Im Gegensatz zum BGHZ 31, S. 258, 278 f; Siehe auch DEILMANN, S. 148; SCHOLZ/SCHNEIDER, § 43, Rdn 16; LANG, S. 37; STEIN, S. 155 ff.

ist[1062]. Bei unmittelbarer Übernahme von Geschäftsführungsaufgaben durch den Mehrheitsgesellschafter ist die Bedeutung der Deliktshaftung jedoch gering. § 826 BGB wird wegen seiner strengen Anforderungen nur selten zu bejahen sein[1063].

(b) Die Anerkennung des § 43 GmbHG als Haftungsmaßstab

Wie der BGH in seinem ITT-Urteil oben erklärte, ist die Haftungsgrundlage die gesteigerte Treuepflicht des herrschenden Unternehmens, das entsprechend § 43 Abs. 1 GmbHG in bezug auf die individuellen Verhältnisse der von der GmbH geleiteten Firmengruppe die Sorgfalt eines ordentlichen Kaufmanns im Falle einer Beeinflussung der Geschäftsführung für persönliche Zwecke anzuwenden hat[1064]. Der BGH stellt bezüglich des Haftungsmaßstabs aus § 43 GmbHG allein auf die Beeinflussung der Geschäftsführung durch den Mehrheitsgesellschafter "für seine eigenen Zwecke" ab[1065].

Beim Verstoß gegen diese Pflicht hat der Mehrheitsgesellschafter den Schaden gemäß § 43 Abs. 2 GmbHG analog i.V.m. §§ 249, 276 BGB zu ersetzen. Das herrschende Unternehmen hat demnach nachzuweisen, dass seine Einflussnahme nicht schädlich für die abhängige GmbH war[1066]. Daher spielte es keine Rol-

1062 Vgl. ROWEDDER, ZGR 1986, Sonderheft 6, S. 25.

1063 STEIN, S. 174.

1064 Fraglich ist, ob eine analoge Anwendung des § 311 AktG möglich ist, d. h. ob nachteilige Weisungen dann erteilt werden dürfen, wenn die hieraus erwarteten Nachteile bis zum Ende des laufenden Geschäftsjahres gem. § 311 AktG ausgeglichen werden. Eine Analogie zu § 311 AktG kann aber nicht entsprechend auf die abhängige GmbH angewendet werden, weil das GmbH-Recht einerseits keine solche Erlaubnis zur Schädigung der Gesellschaft selbst gegen einen sofortigen anderweitigen Ausgleich und andererseits keinen Abhängigkeitsbericht enthält, so dass die von AktG geregelte Kontrolle des Einzelnachteilsausgleichs nicht vorliegt, und damit ein Nachteilsausgleich nicht gewährleistet werden kann. Der BGH lehnt eine solche Analogie zu § 311 AktG auch für den faktischen GmbH-Konzern ab. Darüber besteht in der Rechtsprechung und der Literatur Einigkeit. Nach der Ansicht des BGH im "Autokran-Urteil" BGHZ 95, S. 340 verbietet sich die analoge Anwendung aufgrund der wesentlichen strukturellen Unterschiede zwischen der AG und der GmbHG; Siehe auch LUTTER/HOMMELHOFF, Anhang § 13, Rdn 12; SCHOLZ/EMMERICH, Anhang Konzernrecht, Rdn 183; LIMMER, S. 136; LUTTER, ZGR 1982, S. 260; ZÖLLNER/ BAUMBACH/HUECK, Schlussanhang I, Rdn 10; JAHRAUS, S. 92 ff; ROWEDDER/KOPPENSTEINER, Anhang § 52, Rdn 49.

1065 STEIN meint, dass § 43 GmbHG den Mehrheitsgesellschafter nicht deshalb trifft, weil er in fremdem Funktionsbereich tätig wird, sondern weil und soweit er den Geschäftsführer daraus verdrängt, STEIN, S. 191; Siehe auch DEILMANN, S. 152; LIMMER, S. 136.

1066 EMMERICH/SONNENSCHEIN, S. 440; SCHOLZ/EMMERICH, Anhang Konzernrecht, Rdn 182.

le, ob die Zahlung der Konzernumlage und der Abschluss des Dienstleistungsvertrages eine Geschäftsführungsmaßnahme war[1067]. Nach *Rowedder*[1068] spielt ebenfalls die Häufigkeit des rechtswidrigen Eingriffs des herrschenden Unternehmens in bezug auf die Geschäfte der abhängigen GmbH bei dem ITT-Urteil keine Rolle, weil nur ein einziger Eingriff Gegenstand des Schadensersatzanspruches des Minderheitsgesellschafters war.

Außerdem hat das herrschende Unternehmen gem. § 252 BGB alle gemachten Gewinne herauszugeben, wenn es Geschäftschancen unter Verstoß gegen seine Treuepflicht anstelle der Gesellschaft selbst wahrgenommen hat[1069]. Ebenso müssen verdeckt ausgeschüttete Gewinne der Gesellschaft erstattet werden.

Abgesehen von Schadensersatzansprüchen kommen Unterlassungs- und Beseitigungsansprüche in Betracht. Der Widerruf unzulässiger Weisungen oder Rückgängigmachung schädigender Maßnahmen können als Beispiele erwähnt werden.

(3) Ergebnis

Mithin bleibt festzustellen, dass im einfachen faktischen Konzern die Pflicht des herrschenden Unternehmens zur Kompensation bezüglich jedes einzelnen schädigenden Eingriffs der abhängigen GmbH besteht. Leider liegt kein konzernspezifisches Haftungsrecht vor. Deshalb wird ständig auf die Schutzschranken des GmbH-Rechts wie die Treuepflicht zurückgegriffen. Es ist sehr enttäuschend, auf allgemeine Prinzipen oder Gedanken des Gesellschaftsrecht zurückzugreifen zu müssen, um eine abhängige Gesellschaft vor den Eingriffen des Mehrheitsgesellschafters zu schützen bzw. um der abhängigen Gesellschaft einen Schadensersatzanspruch zu bewahren.

c) Die Haftung im qualifiziert faktischen Konzern

(1) Die konzernrechtlichen Haftungsvoraussetzungen

Die richterliche Rechtsfortbildung[1070] hat ständig versucht, die Ergänzung des GmbH-Rechts durch eine konzernspezifische Haftung zu legitimieren, weil im GmbH-Konzernrecht eine gesetzliche Lücke aufgrund der undurchschaubaren und unkontrollierbaren Maßnahmen des herrschenden Unternehmens bei einer

---

1067 ITT-Urteil, BGHZ 65, S. 19.

1068 ROWEDDER, ZGR 1986, Sonderheft 6, S. 25; Allein eine schädigende Einflussnahme auf die Geschäftsführung der abhängigen Gesellschaft reicht für den Anspruch aus.

1069 BGH, BB 1977, S. 465; BGH, WM 1978, S. 1205.

1070 Autokran-Urteil, BGHZ 95, S. 330; Tiefbau-Urteil, BGHZ 107, S. 7; Video-Urteil, WM 1991, S. 1840; TBB-Urteil, NJW 1993, S. 1203; EDV-Peripherie-Urteil, NJW 1994, S. 446.

engen Leitungsausübung besteht. Außerdem sind hier die Kapitalsicherungsvorschriften nicht sehr effizient und die Einwirkungsmöglichkeiten des Mehrheitsgesellschafters größer als bei der GmbH[1071]. Ausgangspunkt ist die Frage, wann der Mehrheitsgesellschafter nach der richterlichen Rechtsfortbildung haftet, wenn er die Geschäftsführung einer abhängigen Gesellschaft im qualifiziert faktischen Konzern übernommen hat.

Seit dem Autokran-Urteil[1072] liegen zwei Haftungsvoraussetzungen im qualifiziert faktischen Konzern vor:

- die dauerhafte und umfassende Einflussnahme des herrschenden Unternehmens auf die Geschäftsführung der beherrschten Gesellschaft
- die Verletzung der eigenen Belange der abhängigen Gesellschaft zugunsten des Konzerninteresses[1073].

Im Autokran-Urteil handelte es sich um folgendes:

> Die Klägerin[1074] und ihr Schwesterunternehmen, die deutsche N-GmbH, schlossen in der Zeit von 1974 bis Mitte 1976 mit sieben GmbHs, deren Anteile sich im Wesentlichen in der Hand der Beklagten befanden, Leasing-Verträge ab, mit denen sie ihnen 39 Autokräne eines japanischen Herstellers überließen. Im Jahre 1977 kam es zwischen den Beteiligten zu Unstimmigkeiten, weil die Leasingnehmer-Gesellschaften Konstruktionsmängel der Kräne geltend machten und sich weigerten, die Leasing-Verträge weiter zu erfüllen. Daraufhin kündigte die Klägerin alle Verträge mit Schreiben vom 5.10.1978 fristlos und nahm die Autokräne zurück. Seit Anfang 1979 erwirkte sie, der auch die deutsche N-GmbH ihre Ansprüche abgetreten hatte, wegen der rückständigen Leasing-Raten gegen die einzelnen Gesellschaften rechtskräftige Urteile über eine Hauptforderung von mehr als 700 000 DM. Die durchgeführte Zwangsvollstreckung erbrachte knapp 44 000 DM. Alle Leasingnehmer-Gesellschaften waren schließlich vermögenslos. Die Klägerin nahm die Beklagten nunmehr als Gesellschafter der sieben Gesellschaften der sogenannten Heydemann-Gruppe vor allem im Wege der Durchgriffhaftung in Anspruch. Ihre auf einen Teilbetrag von 500 000 DM beschränkte Klage hat sie in erster Linie auf die bereits gegen die Gesellschaften titulierten Ansprüche gestützt, in zweiter Linie auf noch ausstehende, nicht ausgeklagte Leasing-Raten und in dritter Linie auf Schadensersatzforderun-

---

1071 H.P.WESTERMANN, Der GmbH-Konzern, S. 25 f.

1072 Autokran-Urteil, BGHZ 95, S. 330; Siehe auch näheres zur Übernahme der Geschäftsführung durch den Mehrheitsgesellschafter als faktischer Geschäftsführer Teil II B 1 b) (2) in der vorliegenden Dissertation.

1073 Vgl. KOPPENSTEINER, Kölner-Kom., Vor § 311, Rdn 22; LANG, S. 92.

1074 Es muss im Autokran-Urteil hervorgehoben werden, dass die Klägerin als Vertragspartnerin nicht die Mutter- oder Tochtergesellschaft, sondern ihre Schwestergesellschaften in Anspruch genommen hat, und dass es sich um einen Ein-Mann-GmbH-Gesellschafter handelt.

gen wegen Schäden an den Kränen bei deren Rückgabe. Das Landgericht hat der Klage gegen die Beklagten mit Ausnahme eines geringen Teils des geltend gemachten Zinsanspruches stattgegeben. Auf die Berufung der Beklagten hat das Berufungsgericht die Klage abgewiesen. Die Revision der Klägerin führte zur Zurückverweisung der Sache an das Oberlandesgericht.

Der BGH hat die beiden Elemente der Haftung im Wege einer widerlegbaren Vermutung verknüpft: An die Leitungsmacht des herrschenden Unternehmensgesellschafters[1075] ist die Vermutung geknüpft, dass diese Leitung nachteilig und unkontrollierbar ist. D. h. das herrschende Unternehmen kann der Verlustausgleichspflicht ausweichen, indem es beweist, dass ein Geschäftsführer einer selbständigen GmbH die Geschäfte der Gesellschaft "unter den gegebenen Umständen" nicht anders geführt hätte[1076]. Deswegen ist ein Haftungsmaßstab in der Form "Sorgfalt eines ordentlichen und gewissenhaften Kaufmannes" relevant für den Beweis einer einwandfreien Konzerngeschäftsführung.

Im Tiefbau-Urteil[1077] hat der BGH in Anschluss an das Autokran-Urteil entschieden, dass die Haftungsvoraussetzungen des Autokran-Urteils als ausgeräumt anzusehen sind, soweit die Verluste auf Umständen beruhen, die mit der Ausübung der Leitungsmacht nichts zu tun haben. Hier ging es um folgendes:

Die Beklagte X war die Hausbank eines in der Rechtsform einer GmbH betriebenen Tiefbauunternehmens T, das inzwischen überschuldet in Konkurs gefallen ist. Der klagende Konkursverwalter Y nimmt X unter anderem wegen eines konzernrechtlichen Verlustausgleichs auf einen Betrag in Höhe von 2,8 Millionen DM in Anspruch. Gesellschafter der T war u. a. der frühere Alleineigentümer des Unternehmens Sch., der auch die mit dem

---

1075 Im Autokran-Urteil handelte es sich bei dem herrschenden Unternehmen um eine natürliche Person, die zumindest wirtschaftlicher Alleingesellschafter und faktischer Geschäftsführer mehrerer GmbH war. Daher hebt es die Unterscheidung zwischen dem herrschenden Unternehmen und dem Privatgesellschafter im Autokran-Urteil hervor, d. h. die konzernrechtliche Anerkennung der Unternehmensqualität des Mehrheitsgesellschafters. Herrschendes Unternehmen kann auch eine Einzelperson sein, die ihre wirtschaftlichen Interessen nicht nur in der betroffenen Gesellschaft, sondern auch in anderen Unternehmen maßgeblich verfolgen kann. Aus dem oben zitierten Sachverhalt hat der BGH den Schluss gezogen, dass Herr Heydemann, der zugleich an den sieben Leasingnehmer-Gesellschaften beteiligt war, "herrschendes Unternehmen" i.S. des § 17 Abs. 1 AktG gewesen ist. Der BGH unterscheidet außerdem zwischen der mehrgliedrigen GmbH, bei der eine jährliche Verlustausgleichspflicht gelten soll und der Einmann-GmbH, die eine Ausfallhaftung des herrschenden Unternehmens nach sich zieht. Siehe WIEDEMANN, ZGR 1986, S. 666; Siehe auch WIEDEMANN, Die Unternehmensgruppe, S. 82, 88 f.

1076 Zust. STIMPEL, Die AG 1986, S. 39, 46; ULMER, NJW 1986, S. 1585.

1077 Tiefbau-Urteil, BGHZ 107, S. 7; Siehe auch ENSTHALER/KREHER, BB 1995, S. 1424.

eigentlichen Baubetrieb zusammenhängende Geschäftsführung weiter allein innehatte. Die weiteren Gesellschafter-Geschäftsführer waren A, ein Angestellter der X, und B, Nachbar und Freund des damaligen Vorstandsvorsitzenden S der X. Für die Revisionsinstanz war zu unterstellen, dass A und B ihren Anteil an der GmbH als mittelbare Treuhänder für X hielten, alle finanzielle Entscheidungen an sich gezogen hatten und im täglichen Geschäft nicht einmal Schecks oder Überweisungen der GmbHG ohne Unterschrift von A herausgeben durften. Die Vorinstanz hatte die Klage abgewiesen. Der Zivilsenat des BGH hat die Sache an das OLG zurückgewiesen. Der von Y vorgetragene Sachverhalt ließ den Schluss zu, dass X durch ihren in ihrem Auftrag handelnden Vorstandsvorsitzenden S und über diesen durch die Gesellschafter-Geschäftsführer A und B die Geschäfte der T seit deren Gründung umfassend beeinflusst hat. X hatte also alle finanziellen Entscheidungen an sich gezogen und ließ sie durch A ausüben. A hatte als Angestellter der Sch. dort im Auftrag der X auf besondere Weisung von S die kaufmännische Leitung ausgeübt. Da die Geschäftsführungsmaßnahmen vom Vorstandsvorsitzenden der X veranlasst worden sind, muss diese sich dessen Verhalten gemäß § 31 BGB zurechnen lassen, weil es in einem inneren Zusammenhang mit seiner Organstellung stand.

Nach dem BGH wird im Tiefbau-Urteil vermutet, dass die Verluste der abhängigen Gesellschaft von den nachteiligen Maßnahmen des herrschenden Unternehmens verursacht worden sind, wenn dieses die abhängige GmbH dauernd und umfassend geleitet hat. Der BGH stellt lediglich auf die Intensität der Leitungsmacht ab. Dies ist aber eine widerlegbare Vermutung, denn das herrschende Unternehmen kann nachweisen, dass die Leitung des herrschenden Unternehmens diese Verluste nicht verursacht hatte. Somit bestätigt der BGH das Autokran-Urteil, jedoch mit einer kleinen Modifizierung: Die konzernrechtliche Haftung des herrschenden Unternehmens hängt nicht mehr bedingungslos von der engen Leitungsmacht auf die abhängige GmbH ab.

Mit dem Video-Urteil[1078] kommen neue Haftungsrisiken im qualifiziert faktischen GmbH-Konzern hinzu. Der Allein- oder Mehrheitsgesellschafter einer GmbH, der gleichzeitig deren einziger Geschäftsführer ist und sich außerdem als Einzelkaufmann unternehmerisch betätigt[1079], haftet nach den Haftungsregeln im qualifiziert faktischen Konzern:

X, seine Ehefrau und zwei andere Personen haben 1980 die GW Video-Vertriebsgesellschaft mbH, im folgenden GW, mit einem Stammkapital in Höhe von

[1078] Video-Urteil, WM 1991, S. 1837 ff.

[1079] Der wesentliche Unterschied zwischen dem Autokran- und dem Video-Urteil liegt darin, dass es sich im Video-Urteil um ein einzelkaufmännisches Unternehmen handelt: "Die Unternehmenseigenschaft desjenigen, der selbst als Einzelkaufmann ein Gewerbe betreibt, lässt sich deshalb mit dem Hinweis auf die Legitimität haftungsbegrenzender Unternehmensaufspaltung nicht verneinen. Ein solcher Gesellschafter ist jedenfalls Unternehmen i.S. der §§ 15 ff AktG", Video-Urteil, WM 1991, S. 1839.

50 000 DM gegründet. Im August 1983 war X alleiniger Geschäftsführer und Mehrheitsgesellschafter der GW. Im Februar 1985 übernahm X die Geschäftsanteile der letzten Minderheitsgesellschafter. Am 30. Mai 1986 wurde W zum Geschäftsführer der GW bestellt. Dieser letzte erwarb durch Vertrag vom 20. Oktober 1986 alle Anteile der Gesellschaft. Ende 1988 wurde die GW wegen Vermögenslosigkeit im Handelsregister gelöscht. X, der auch als Einzelunternehmer tätig war, war außerdem an weiteren Gesellschaften mbH beteiligt. Er war u. a. Alleingesellschafter und Geschäftsführer der Y, die Ende 1985 den Geschäftsbetrieb der GW übernommen haben soll und über deren Vermögen am 9. Mai 1989 das Konkursverfahren eröffnet worden ist. Z, die Klägerin, erwirkte gegen die GW 1988 ein rechtskräftiges Urteil über eine Forderung von 1.396.255,44 DM nebst Zinsen sowie einen Kostenfestsetzungsbeschluss über 36.675, 25 DM, ebenfalls nebst Zinsen. Die Hauptforderung beruhte auf Werkleistungen von Z aus den Jahren 1984, 1985 und Anfang 1986. Die Zwangsvollstreckung aus jenen Titeln blieb erfolglos. Y ließ die Forderung der GW auf Verlustausgleich aus § 302 AktG analog gegen X pfänden, weil sie dachte, X war herrschendes Unternehmen von der GW. Z nahm X auf Erfüllung der von der GW nicht beglichenen Forderungen in Anspruch. Das Landgericht verurteilte X zur Zahlung an die GW. X legte gegen dieses Urteil Berufung ein und Y Anschlussberufung. Die Berufung von X wurde abgelehnt und der von Y stattgegeben. Das Berufungsgericht verurteilte X zur Zahlung an Y aus § 303 AktG analog. Die Revision von X blieb erfolglos.

Die Haftungsvoraussetzungen sind nach dem Video-Urteil einerseits das Vorliegen eines qualifiziert faktischen Konzerns mit einem Mehrheitsgesellschafter als Unternehmen i.S.d. § 15 ff. AktG, und andererseits in Bestätigung des Tiefbau-Urteils die Vermutung, dass sich die Ursache des Schadens der abhängigen GmbH aus der nicht ausreichenden Rücksichtnahme auf ihre Belange zugunsten des Konzerninteresses ergibt[1080]. D. h. der Mehrheitsgesellschafter haftet aufgrund einer qualifiziert faktischen Konzernierung, wenn die tatsächlich entstandenen Verluste der abhängigen Gesellschaft auf Umständen beruhen, die mit der Ausübung der Leitungsmacht verbunden sind[1081] [1082]. Die Meinung des BGH ist

---

1080 Video-Urteil, WM 1991, S. 1840; Im Video-Urteil wird klargestellt, dass der Grund des Mehrheitsgesellschafters allein die qualifizierte faktische Konzernierung sei. Deshalb ist das herrschende Unternehmen verpflichtet, dieses Risiko zu übernehmen, wenn eine Gefahrenlage für die abhängige GmbH durch eine enge Leitungsmacht vorliegt. Es darf daher hervorgehoben werden, dass der Haftungsgrund im Autokran- und Tiefbau-Urteil in einer aus übergeordneten Konzerninteressen schuldhaft nicht ordnungsgemäßen, pflichtwidrigen Geschäftsführung der abhängigen Gesellschaft angesehen war. Siehe dazu BAUDER, BB 1992, S. 1009.

1081 In der Literatur wurde stark diskutiert, ob die Haftung des Mehrheitsgesellschafters im qualifiziert faktischen Konzerns eine Verschuldens- oder eine Zustandshaftung ist. Nach der Meinung der Literatur handelt es sich im Autokran-Urteil dogmatisch um eine Haftung wegen fehlerhafter Konzerngeschäftsführung, weil die Haftung des herrschenden Unternehmens für nachteilige Weisungen an die abhängige Gesellsehr streng für das herrschende Unternehmen, weil das herrschende Unternehmen nachzuweisen hat, dass keine Kausalität zwischen den Verlusten und der Leitungsmacht vorliegt[1083].

Wichtig ist, dass es für die Verlustausgleichspflicht auf die einzelkaufmännische Tätigkeit ankommt, wenn das herrschende Unternehmen und Gesellschafter die GmbH und das einzelkaufmännische Unternehmen unter Missachtung des Trennungsgebots als Betriebsteile eines Gesamtunternehmens führt[1084]. Deswegen haftet der Allein- oder Mehrheitsgesellschafter einer GmbH, der gleichzeitig deren alleiniger Geschäftsführer ist und sich außerdem als Einzelkaufmann unternehmerisch betätigt, grundsätzlich nach den Haftungsregeln im qualifiziert fak-

---

schaft ein Verschulden voraussetzt, WIEDEMANN, ZGR 1986, S. 665; STIMPEL, ZGR 1991, S. 146 ff; ROWEDDER, ZGR 1987, Sonderheft 6, S. 36; Es kommt hier auf die Unternehmensqualität des herrschenden Gesellschafters nicht mehr an, und die Formel "Verhaltensmaßstab eines ordentlichen GmbH-Geschäftsführers" gewinnt an Bedeutung. Im Tiefbau- und Video-Urteil wird hervorgehoben, dass das herrschende Unternehmen zum Verlustausgleich verpflichtet ist. Der Vorteil der Verlustausgleichspflicht als Konzernzustandshaftung des herrschenden Unternehmens liegt darin, dass die Haftung allein aus dem vorliegenden Organisationsverhältnis herkommt, sei es rechtlich wie ein Beherrschungsvertrag, sei es faktisch wie eine qualifizierte faktische Beherrschung. Die Konzernzustandshaftung verlangt für den Durchgriff auf das herrschende Unternehmen lediglich die Feststellung eines Schadens und dessen Zusammenhang zwischen der qualifiziert faktischen Konzernherrschaft über die abhängige GmbH und den bei dieser letzteren eingetretenen Verlusten. Dabei bleibt irrelevant, ob der Schaden der abhängigen GmbH auf einem Verschulden des herrschenden Unternehmens beruht. Hier haftet das herrschende Unternehmen nur dafür, dass sich die Risiken der selbst geschaffenen Gefahrenlage tatsächlich realisiert haben. Es handelt sich hier um eine reine Gefährdungshaftung, die im Video-Urteil besonders hervorgehoben worden ist, weil das herrschende Unternehmen die Kausalität zwischen Konzernherrschaft und eingetretenen Verlusten zu widerlegen hatte; dazu siehe auch WESTERMANN, DWiR 1992, S. 198 ff; STIMPEL, ZGR 1991, S. 144, 154; Ders. AG 1986, S. 122 ff; SCHMIDT, ZIP 1989, S. 545; Ders., ZIP 1991, S. 1325 ff; SCHOLZ/EMMERICH, Anhang Konzernrecht, Rdn 219 ff; LANG, S. 110 ff; LUTTER/HOMMELHOF, Anhang § 13, Rdn 16.

1082 Video-Urteil, WM 1991, S. 1840; TBB-Urteil, NJW 1993, S. 1203; Deshalb ist die Leitungsdichte nicht allein Grund für eine konzernrechtliche Haftung gem. §§ 302, 303 AktG, sondern des weiteren die hierdurch verursachte Schädigung der Interessen der abhängigen Gesellschaft, LANG, S. 95.

1083 Dies ist aber dadurch begründet, dass die abhängige Gesellschaft keinerlei Möglichkeiten hat, die Kausalität nachzuweisen, wenn alle zentralen unternehmerischen Bereiche wie Beschaffung, Absatz, Finanzierung von der Konzernleitung übernommen worden sind. Die abhängige Gesellschaft hat keinen Durchblick über die verschiedenen Leistungen oder Finanztransfers, wenn sie nur als Betriebsabteilung für die Produktion benutzt wird. Deswegen ist die Entscheidung des BGH zwar streng, aber gerecht.

1084 SCHMIDT, ZIP 1991, S. 1326.

tischen Konzern. Der BGH begründet die Haftung des herrschenden Unternehmensgesellschafters mit der Intensität der Leitungsmacht, die er als Alleingeschäftsführer ausüben kann: eine "Art der Ausübung der Leitungsmacht, wie sie intensiver kaum vorstellbar ist"[1085].

Mit dem TBB-Urteil[1086] kommt eine wichtige Rechtsprechungswendung im Konzernrecht. Zuerst wird der Sachverhalt dargestellt:

> X, der Inhaber der Einzelfirma F-Finanzberatung ist, war als Gesellschafter neben seiner Ehefrau, Y, an der G-Fertigbau GmbH und der T-Erster Immobilien Fonds KG beteiligt. Die erstgenannte GmbH war persönlich haftende Gesellschafterin, die an zweiter Stelle genannte Kommanditistin der G-Grundstückverwaltungsgesellschaft mbH & Co.KG. Die Ehefrau von X war außerdem Alleingesellschafterin der T-Baubetreuungsgesellschaft mbH-TBB. X war alleiniger Geschäftsführer dieser letzteren Gesellschaft und der G-Grundstückver-waltungsgesellschaft mbH sowie Mitgeschäftsführer der G-Fertigbau GmbH. Sämtliche Gesellschaften sind inzwischen vermögenslos. Die von den drei GmbHs gestellten Konkursanträge wurden im Jahre 1983 mangels Masse zurückgewiesen. Die Erster Immobilienfonds KG wurde im Jahre 1986, die G-Grundstückverwaltungsgesellschaft mbH & Co.KG im Jahre 1987 aufgelöst. Z steht aus einem Bauvertrag für Maurer- und Betonarbeiten eine Restforderung von 68 521, 80 DM zu. Der Bauvertrag weist als Auftraggeber die Bauherrengemeinschaft Alexanderstraße, vertreten durch X, aus. Dieser hat ihn für die Auftraggeberseite unterschrieben. Weitere 43 100 DM hat Z aus einem Bauvorhaben Roonstraße zu beanspruchen. Der diesbezüglich Bauvertrag wurde am 2. Oktober 1984 mit der TBB geschlossen. Das Bauvorhaben konnte wegen des Zusammenbruchs dieser Gesellschaft nicht realisiert werden. Schließlich stehen aus einem Bauvorhaben Wienstraße noch 54 875,31 DM offen. Der hierüber am 30. November 1982 geschlossene Bauvertrag weist als Auftraggeber eine T-GmbH aus. Z nimmt wegen des Gesamtbetrages von 166 497,11DM X persönlich unter verschiedenen rechtlichen Gesichtspunkten auf Zahlung in Anspruch. Die Vorinstanzen haben der Klage stattgegeben. Mit der Revision verfolgt X seinen Klageabweisungsantrag weiter. Die Revision führte zur Aufhebung des angefochtenen Urteils und zur Zurückverweisung der Sache an das Berufungsgericht.

Im TBB-Urteil wird hinsichtlich der Haftung des Mehrheitsgesellschafters vorausgesetzt, dass die Verluste durch ein Verschulden aufgrund der Ausübung einer qualifiziert faktischen Konzernherrschaft eingetreten sind[1087]. Ein Haftungs-

---

1085 So der BGH, Video-Urteil, WM 1991, S. 1840.

1086 TBB-Urteil, NJW 1993, S. 1200; GmbHR 1993, S. 283; Siehe auch ENSTHALER/KREHER, BB 1995, S. 1426.

1087 Mit dem TBB-Urteil wurde die Konzernverhaltenshaftung hervorgehoben, siehe KOWALSKI, GmbHR 1993, S. 255; BORK, ZGR 1994, S, 260: "Die Konzernierung ist kein absoluter Zurechnungsgrund"; Bestätigt durch EDV-Peripherie-Urteil, NJW 1994, S. 446. Der Gedanke einer ordnungsgemäßen Konzerngeschäftsführung,

durchgriff des herrschenden Unternehmens ist nach dem TBB-Urteil erst möglich, wenn die abhängige Gesellschaft in einer Weise behandelt wird, die einen objektiven Missbrauch der Konzernherrschaftsmacht darstellt[1088]. Hiernach haftet der herrschende Unternehmensgesellschafter für nachteilige GmbH-Maßnahmen der abhängigen GmbH gegenüber auch in der Zukunft, wenn:

- Ihm die Unternehmenseigenschaft i.S. des §§ 15 ff AktG anerkannt wird.

- Die Geschäftspolitik des herrschenden Unternehmensgesellschafters gegen die Eigeninteressen[1089] der abhängigen GmbH verstößt.

- Sich dieser zugefügte Nachteil durch Einzelausgleichsmaßnahmen nicht mehr kompensieren lässt.

Das EDV-Peripherie-Urteil[1090] bestätigt erneut das TBB-Urteil. Das OLG hatte die Verurteilung auf die Haftungsgrundsätze im qualifiziert faktischen Konzern gestützt. Auf dieser Grundlage haftet der eine GmbH beherrschende Gesellschafter, der sich auch außerhalb der Gesellschaft unternehmerisch betätigt, wenn er die Konzernleitungsmacht in einer Weise ausübt, die keine angemesse-

---

der im Autokran-Urteil aufgegriffen worden ist, wird hier wieder aktuell. Es handelt sich im qualifiziert faktischen GmbH-Konzern um einen Globalausgleich statt Einzelausgleich, weil die durch eine nachhaltige Beeinträchtigung des Eigeninteresses der abhängigen GmbH gekennzeichnete Schwelle der qualifizierten Konzernherrschaft dort überschritten ist, wo das Einzelausgleichssystem seine Effizienz verloren hat, vgl. KLEINDIEK, GmbHR 1992, S. 575; DRYGALA, GmbHR 1993, S. 320; STIMPEL, ZGR 1991, S. 146.

1088 Der BGH präzisiert sogar, dass der Zugriff auf das Vermögen des herrschenden Unternehmens der abhängigen Gesellschaft zu gestatten ist, wenn diese abhängige Gesellschaft in einer Weise behandelt wird, die "einen objektiven Missbrauch der beherrschenden Gesellschafterstellung" darstellt.

1089 HOMMELHOFF, ZGR 1994, S. 402 f.

1090 EDV-Peripherie-Urteil, NJW 1994, S. 446; Der Sachverhalt: X war alleiniger Gesellschafter und Geschäftsführer der mit einem Stammkapital von 50 000 DM ausgestalten S-GmbH Produktions- und Vertriebsgesellschaft für EDV-Peripherie. Er ist außerdem Gesellschafter und Geschäftsführer der S-Gesellschaft für Datentechnik GmbH; von deren Stammkapital, das 350 000 DM beträgt, halten X 200 000 DM und seine Ehefrau Y 100 000 DM. Ferner ist X Geschäftsführer einer Gesellschaft namens ETC-International BV und Generaldirektor einer weiteren Gesellschaft mit dem Namen ETC-International SA. Z, die Klägerin, stand seit 1984 in Geschäftsbeziehungen zur S-GmbH. Sie verkaufte und lieferte an diese Gesellschaft vom Dezember 1987 bis Juni 1988 EDV-Geräte und EDV-Zubehör für insg. 64 914,85 DM. Hiervon sind 56 082,57 DM unbeglichen geblieben. Z nimmt X persönlich unter verschiedenen rechtlichen Gesichtspunkten auf Zahlung dieses Betrages nebst Zinsen in Anspruch. Die Vorinstanz hat der Klage stattgegeben. Mit der Revision verfolgt X seinen Klageabweisungsantrag weiter. Die Revision führte zur Aufhebung des angefochtenen Urteils und zur Zurückverweisung der Sache an das Berufungsgericht.

ne Rücksicht auf die eigenen Belange der abhängigen Gesellschaft nimmt, ohne dass sich der ihr insgesamt zugefügte Nachteil durch Einzelausgleichsmaßnahmen kompensieren ließe. Der BGH lehnte die Haftung von X ab. Der BGH hält die vom OLG Schleswig angenommene Konzernhaftung nach dem Sachverhalt nicht für begründet, weil die Haftung nicht auf die dauernde und umfassende Leitung gestützt werden sollte, sondern allein auf die rechtswidrige Interessenbeeinträchtigung durch den Mehrheitsgesellschafter. Dieser Auffassung ist nach dem TBB-Urteil zu folgen.

Mithin bleibt festzustellen, dass der Mehrheitsgesellschafter einer abhängigen GmbH im qualifiziert faktischen Konzern unter den folgenden Voraussetzungen haftet:

- Ein herrschendes Unternehmen i.S.d. § 17 AktG muss vorliegen[1091].

- Der Mehrheitsgesellschafter als herrschendes Unternehmen hat keine angemessene Rücksicht auf die Belange der abhängigen Gesellschaft genommen[1092].

- Der der abhängigen Gesellschaft insgesamt zugefügte Nachteil lässt sich durch Einzelausgleichsmaßnahmen nicht kompensieren[1093].

(2) Die Haftungsgrundlage im qualifiziert faktischen Konzern

Fraglich ist, aus welcher Grundlage der Mehrheitsgesellschafter haften wird, da es keine diesbezügliche gesetzliche Regelung im GmbH-Konzern gibt. Rechtsprechung und Literatur sind sich darüber einig: Eine analoge Anwendung der §§ 302 f AktG ist zulässig[1094]. Eine Analogie setzt jedoch auf der Tatbestandsseite voraus, dass ein vergleichbarer Sachverhalt vorliegt und auf der Rechtsfolgenseite, dass die "gleichen" Rechtsfolgen Platz greifen[1095]. Sobald Rechtsfolgen aus unterschiedlichen Rechtsnormen oder sogar systematisch verschiedenen Regelungsbereichen zusammengesetzt werden, scheidet eine Analogie aus, weil die

1091 Autokran-Urteil, DB 1985, S. 2345; Tiefbau-Urteil, BGHZ 107, S. 15; Video-Urteil, WM 1991, S. 1838, 1839; TBB-Urteil, NJW 1993, S. 1200.

1092 Autokran-Urteil, DB 1985, S. 2343; Tiefbau-Urteil, BGHZ 107, S. 17 ff; Video-Urteil, WM 1991, S. 1839; TBB-Urteil, NJW 1993, S. 1200.

1093 TBB-Urteil, NJW 1993, S. 1200.

1094 Autokran-Urteil, DB 1985, S. 2342; Tiefbau-Urteil, BGHZ 107, S. 15; Video-Urteil, WM 1991, S. 1838, 1839; TBB-Urteil, NJW 1993, S. 1200; RAISER, § 53 IV 4; DEILMANN, S. 160 ff; LIMMER, S. 81 ff, 282 ff; EMMERICH, GmbHR 1987, S. 213 ff; STIMPEL, ZGR 1991, S. 146, 151 f; LUTTER, ZGR, Sonderheft 6, S. 206 ff; ASSMANN, JZ 1986, S. 883 ff; SCHOLZ/EMMERICH, Anhang Konzernrecht, Rdn 223; SCHMIDT, Gesellschaftsrecht, § 29 III 3b; Ders., ZIP 1989, S. 545; KONZEN, NJW 1989, S. 2977.

1095 WIEDEMANN, ZGR 1986, S. 660 m.w.N.

Vergleichbarkeit von Tatbeständen nur im Hinblick auf ein und dieselbe Rechtsfolge festgestellt werden kann[1096].

Im Autokran-Urteil hat der BGH dem herrschenden Unternehmen die Pflicht zur Verlustübernahme aufgelegt und die Haftung des herrschenden Unternehmens bzw. des Alleingesellschafters durch eine analoge Heranziehung von § 302 AktG begründet[1097]. Entscheidend für den BGH war nur die Sachlage im Autokran-Fall: Die Heydemann-Gruppe hat durch Dauer, Dichte und Breite der Geschäftsführung des Alleingesellschafters sowie die Ausrichtung der Geschäftstätigkeit des Konzerns auf dessen Konzerninteresse und die Vernachlässigung der Eigenständigkeit der Einzelgesellschaften eine so hohe Konzernierungsstufe erreicht, wie sie im Vertragskonzern zulässigerweise überhaupt nur erreicht werden kann[1098]. Deshalb werden die aktienrechtlichen Vorschriften des Vertragskonzerns angewandt. Im Schrifttum[1099] wird daraus im Wesentlichen eine sich an § 302 AktG anlehnende Verlustausgleichspflicht des herrschenden Unternehmens hergeleitet, die in den Fällen des qualifiziert faktischen Konzerns das Unternehmensrisiko der abhängigen Gesellschaft auf die Konzernspitze verlagert. Dem dürfte[1100] für den Fall zu folgen sein, dass eine mehrgliedrige GmbH beherrscht wird, in der ein solcher Anspruch aus dem Interesse der Gesellschaft, der außenstehenden Gesellschafter und wohl auch der Treuepflicht des herrschenden Unternehmens hergeleitet und vom außenstehenden Gesellschafter auch tatsächlich laufend durchgesetzt werden kann.

1096 WIEDEMANN, ZGR 1986, S. 660 m.w.N.

1097 Autokran-Urteil, NJW 1986, S. 191; Eigentlich handelt es sich um eine analoge Anwendung der §§ 303, 322 II,III AktG und nicht § 302 AktG, aber wo § 302 AktG nicht anwendbar wäre, käme § 303 AktG gar nicht erst zum Zuge, ASSMANN, JZ 1986, S. 883 ; LANG, S. 92: "Hierbei handelt es sich um eine doppelte Analogie: zum Aktienrecht und innerhalb dieses zum Vertragskonzernrecht"; DERS., S. 101; EBENROTH, S. 19; EMMERICH/SONNENSCHEIN, S. 298; STIMPEL ist sehr kritisch. Er meint, dass der BGH ein Missverständnis verursacht, indem er die Haftung des verklagten Unternehmens-Gesellschafters aus einer Vermischung von Haftungselementen hergeleitet hat, STIMPEL, ZGR 1991, S. 145; Vgl. BORK, ZGR 1994, S. 258 ff; LIMMER, S. 283.

1098 Autokran-Urteil, DB 1985, S. 2344; Außerdem handelt es sich hier um einen Alleingesellschafter als herrschendes Unternehmen. Eine Haftung aus der Treuepflichtverletzung würde m. E. hier sofort scheitern, da keine Minderheitsgesellschafter existieren und dementsprechend keine Treuepflicht des Alleingesellschafters vorliegt.

1099 In der Literatur setzt sich überwiegend die Auffassung durch, dass die Grundsätze des aktienrechtlichen Konzernrechts, bzw. des Vertragskonzerns in vorsichtiger Weise heranzuziehen sind, siehe SCHOLZ/EMMERICH, Anhang Konzernrecht, Rdn 216 ff; BAUMBACH/HUECK/ZÖLLNER, Schlussanhang I, Rdn 29; LUTTER, ZGR, Sonderheft 6, S. 206 f; FISCHER/LUTTER, Anhang § 13, Rdn 16 ff; ROWEDDER/KOPPENSTEINER, Anhang § 52, Rdn 61 ff.

1100 Im Anschluss an das Gervais-Danone-Urteil.

In Anschluss an das Autokran-Urteil[1101] hat der BGH im Tiefbau-Urteil, in dem es um eine mehrgliedrige abhängige GmbH ging, erneut bestätigt, dass eine analoge Anwendung des § 302 AktG mit der im Vergleich zum AG-Vertragskonzern gleichartigen Gefährdung der Interessen der abhängigen Gesellschaft für die Haftung des Mehrheitsgesellschafters in Betracht kommt[1102]. Nach dem BGH dient die Verlustübernahmepflicht aus § 302 AKtG zumindest auch dazu, die Außerkraftsetzung der Kapitalsicherungsvorschriften auszugleichen. Deswegen kann diese Pflicht nicht davon abhängen, ob der Mehrheitsgesellschafter die abhängige Gesellschaft wie der Geschäftsführer einer selbständigen GmbH geleitet hat. Der Grund liegt darin, dass die ordnungsgemäße Geschäftsführung und der Grundsatz der Kapitalerhaltung keinen gemeinsamen Berührungspunkt haben, soweit es sich um die Geschäftsführerhaftung handelt[1103]. Dem herrschenden Unternehmen ist es verboten, über das zur Kapitalerhaltung erforderliche Vermögen der beherrschten Gesellschaft zu seinen Gunsten zu verfügen und/oder diese Gesellschaft unter Treuepflichtverletzung zu ihr nachteiligen Maßnahmen zu veranlassen. Hier bildet das Konzerninteresse keinen Rechtfertigungsgrund. Das Eigeninteresse der abhängigen Gesellschaft darf nicht ignoriert werden. Dies unterscheidet sich vom Vertragskonzern. Hieraus folgt, dass eine uneingeschränkte Analogiebildung des § 302 AktG nicht möglich ist, sondern nur eine Teilanalogie[1104]. Eine dauernde und umfassende Leitungsmacht des herrschenden Unternehmens wird auf die abhängige Gesellschaft ausgeübt. Ein Beherrschungstatbestand liegt vor, so dass die abhängige Gesellschaft in ihrem zur Kapitalsicherung eingesetzten Vermögen Nachteile zugunsten des Konzerninteresses erleidet. Das herrschende Unternehmen übernimmt das Risiko von Verlusten aufgrund einer dauernden und umfassenden Leitung[1105 1106].

1101 Im Autokran-Urteil hat der BGH die analoge Anwendung des § 303 AktG betont und erläutert. Deswegen hat der BGH § 302 AktG nicht weiter behandelt; Zwischen dem Autokran-Urteil und dem Tiefbau-Urteil besteht insoweit kein grundsätzlicher Unterschied.

1102 So der BGH, Tiefbau-Urteil, BGHZ 107, S. 15; Der BGH weigert sich jedoch zu entscheiden, ob die Verlustübernahmepflicht des § 302 AktG auf den Betrag beschränkt ist, um den das Gesellschaftsvermögen unter die Stammkapitalziffer abgesunken ist, und ob in dieser Hinsicht Unterschiede zwischen der mehrgliedrigen GmbH und der Einmanngesellschaft bestehen. Er begnügt sich zu erklären, dass nicht nur der Verlust des Stammkapitals, sondern darüber hinaus auch eine eingetretene Überschuldung auszugleichen ist, Tiefbau-Urteil, BGHZ 107, S. 16.

1103 Tiefbau-Urteil, BGHZ 107, S. 18, 19.

1104 STIMPEL, ZGR 1991, S. 153; ULMER, NJW 1986, S. 1584 f.

1105 Tiefbau-Urteil, BGHZ 107, S. 18; STIMPEL, ZGR 1991, S. 154.

1106 Die Literatur betrachtet deshalb das Tiefbau-Urteil als Anerkennung einer Zustandshaftung, siehe WIEDEMANN, ZGR 1986, S. 664; Ders., Die Unternehmensgruppe,

Im Video-Urteil war der herrschende Unternehmer Alleingesellschafter und einziger Geschäftsführer der Einmanngesellschaft-mbH und in gleicher Weise auch mit anderen GmbH verbunden. Der BGH hält daran fest, dass § 302 AktG auf die abhängige GmbH bei Vorliegen eines qualifiziert faktischen Konzerns[1107] auch ohne Abschluss eines Beherrschungsvertrags entsprechend angewandt werden kann. Die Literatur nennt das Video-Urteil **"Abschaffung der Haftungsbeschränkung im GmbH-Konzern"**[1108]. Der BGH hat seine Bedenken im Autokran-Urteil revidiert und nahm an, dass im qualifizierten faktischen GmbH-Konzern der Alleingesellschafter zum Verlustausgleich aus § 302 AktG entsprechend verpflichtet ist[1109]. Der BGH hat hier seine Auffassung im Autokran-Urteil kritisiert, die zu Missverständnissen bezüglich der Haftung der Konzernspitze geführt hatte. Hier wird demnach eine Teilanalogie wie im Tiefbau-Urteil angenommen[1110]. Es wurde klargestellt, dass es bei der Teilanalogie zu den Haftungsregeln nicht um eine Haftung wegen schuldhaft nicht ordnungsgemäßer Geschäftsführung geht, sondern um die Pflicht zur Übernahme des Risikos[1111], das sich aus der Einbindung der abhängigen Gesellschaft in die übergeordneten Konzerninteressen ergibt[1112]. Sobald der Mehrheitsgesellschafter das unternehmerische Risiko der Tochtergesellschaft zu tragen hat, bleibt der Grund der Verluste irrelevant. Das TBB- und EDV-Peripherie-Urteil bestätigen nur die frühere richterliche Rechtsfortbildung.

Mithin bleibt festzustellen, dass der Allein- oder Mehrheitsgesellschafter aus §§ 302 AKtG analog der abhängigen Gesellschaft gegenüber haftet.

S. 81; SCHMIDT, Gesellschaftsrecht, § 31 IV, 4; § 39 III 3; TIMM, GmbHR 1992, S. 218; ENSTHALER/KREHER, BB 1995, S. 1424; BAUMBACH/HUECK/ZÖLLNER, Konzernrecht, Schlussanhang I, Rdn 30 a; Streitig STIMPEL, ZGR 1991, S. 152: "m. E. ist das keine eigentliche Zustands- oder Strukturhaftung, sondern eine typisierte Konzernleitungshaftung. Aber um die Terminologie soll hier nicht gestritten werden".

1107 So der BGH, WM 1991, S. 1839; Str. ROWEDDER/KOPPENSTEINER, Anhang § 52, Rdn 60 ff m.w.N.; Der BGH hat außerdem zum ersten Mal im Video-Urteil den Begriff des qualifiziert faktischen Konzerns übernommen, obwohl er schon im Autokran- und Tiefbau-Urteil Maßstäbe für eine Haftung analog den §§ 302, 302 AktG gesetzt hat.

1108 TIMM, GmbHR 1992, S. 218.

1109 TIMM, GmbHR 1992, S. 218.

1110 Video-Urteil, WM 1991, S. 1839.

1111 Video-Urteil, WM 1991, S. 1840; Vgl. LANG, S. 95 ;STIMPEL, ZGR 1991, S. 154.

1112 Die Haftung des qualifiziert faktischen Konzerns ergibt sich aus der Vernachlässigung der eigenen Belange der abhängigen GmbH oder in einer vom Arbeitskreis GmbH-Reform geprägten Formulierung aus der nachhaltigen Beeinträchtigung des Eigeninteresses der abhängigen GmbH infolge des vom herrschenden Konzernunternehmen ausgeübten Einflusses, Arbeitskreis GmbH-Reform, Bd. II, S. 59, 67.

d) Ergebnis

Bezüglich der Verlustübernahmepflicht der herrschenden Gesellschaft aus § 302 AktG ergeben sich einige Probleme. Nach § 302 AktG hat die herrschende Gesellschaft jeden während der Vertragsdauer entstehenden Jahresfehlbetrag auszugleichen. In der Theorie verfügen Minderheitsgesellschafter und Gläubiger über einen geregelten Schutz. Aber die Praxis ist anders. Zum einen ist es schwierig, den entstehenden Jahresfehlbetrag und den verursachten Schaden zu messen. Diese Schwierigkeiten kommen insbesondere in Betracht, wenn es sich um Dauerlieferungsverträge oder um Kaufverträge mit der herrschenden Gesellschaft handelt, die selbst die Preise bestimmt oder manipuliert, weil sie über einen maßgeblichen wirtschaftlichen Einfluss auf dem Markt verfügt. Dies gilt auch für Maßnahmen wie Geschäftsführungsmaßnahmen der beherrschten Gesellschaft hinsichtlich Investitionen. Dann ist der Wert des Schadens schwer zu bestimmen. Zum anderen muss beispielsweise im Falle eines qualifiziert faktischen Konzerns bewiesen werden, dass der Schaden von der herrschenden Gesellschaft verursacht worden ist. Logischerweise ist dann anzunehmen, dass die außenstehenden Gesellschafter, die mangels Anwesenheit keinen Einblick in die Konzerngeschäftsführung haben können, nicht über die Möglichkeit verfügen, die "breitflächige Schädigung" ihrer Gesellschaft durch die herrschende Gesellschaft nachzuweisen. Wenn die beherrschte Gesellschaft in einer wirtschaftlich abhängigen Lage ist, wird sie dies nicht beweisen können, ohne dass sie große finanzielle Schwierigkeiten erlebt. Es ist demnach nicht überraschend, dass diesbezüglich wenige Klagen erfolgreich waren.

Bezüglich der Abfindungssumme oder der jährlichen Ausgleichszahlung der §§ 304, 305 AktG ist es problematisch, was unter annehmbarer Abfindung oder Ausgleichszahlung zu verstehen ist. Zum einen kann der richtige Wert des Unternehmens oder der Geschäftsanteile nur schwer geschätzt werden, weil es sich um einen festen oder variablen Ausgleich handeln kann. Zum anderen kommt es manchmal vor, dass dieser Ausgleich und diese Abfindungssumme nur faktisch angeboten worden sind, um die außenstehenden Gesellschafter bezüglich ihrer Zustimmung zum Abschluss des Beherrschungsvertrages davon abhängig zu machen. So werden Schutzmaßnahmen zugunsten der außenstehenden Gesellschafter überflüssig. Außerdem sind diese angemessenen Abfindungssummen und jährlichen Ausgleichszahlungen sehr teuer für die herrschende Gesellschaft. Diese hat schon viel Geld investiert, um die Geschäftsanteile der abhängigen Gesellschaft zu kaufen und muss auch noch den außenstehenden Gesellschaftern eine Abfindung oder Ausgleich leisten. Es ist daher nicht sehr überraschend, dass die herrschende Gesellschaft versucht, die Minderheitsgesellschafter in ihrer Zustimmung zum Beherrschungsvertragsabschluss zu zwingen.

Der Gesetzgeber wollte sicher nicht, dass das herrschende Unternehmen im faktischen Konzern über eine stärkere Leitungsmacht als im Vertragskonzern verfügt und dass der Mehrheitsgesellschafter der abhängigen GmbH unverantwortlich bleibt. Also blieb nichts anderes übrig, als dem Mehrheitsgesellschafter des qualifiziert faktischen Konzerns bei der Ausübung der gleichen starken Macht auch die gleiche Haftung aufzuerlegen.

Die "Verlustübernahmepflicht" im qualifiziert faktischen Konzern kann nur durch eine Analogiebildung entwickelt werden. Es handelt sich um eine analoge Anwendung der vertragskonzernrechtlichen Vorschriften auf den Fall einer faktischen Abhängigkeit, deren Voraussetzung ist, dass eine Übernahme der Leitungsmacht der abhängigen durch das herrschende Unternehmen vorliegt, die der beim Beherrschungsvertrag wirklich entspricht. Diese analoge Anwendung des § 302 AktG auf den qualifiziert faktischen GmbH-Konzern ist m. E. dadurch begründet, dass der Beherrschungsvertrag es dem herrschenden Unternehmen dank des Weisungsrechts gem. § 308 AKtG ermöglicht, das Konzerninteresse ohne Rücksicht auf die Eigeninteressen der abhängigen GmbH durch eine dauerhafte und umfassende Leitungsmacht durchzusetzen. Im qualifiziert faktischen GmbH-Konzern gefährdet das herrschende Unternehmen die Existenzfähigkeit der abhängigen GmbH ohne vertragliche Bindung[1113]. Die Sachlage eines qualifiziert faktischen Konzerns unterscheidet sich nicht wesentlich von der eines Vertragskonzerns. Deshalb spielt die Regelung des Vertragskonzerns eine zentrale Rolle hinsichtlich der Haftungsverfassung des deutschen qualifiziert faktischen GmbH-Konzerns[1114].

6. Grenzüberschreitende Beispiele

a) AEG-Telefunken[1115]

Im hier betrachteten Fall ging es um einen Wettbewerbsverstoß gegen Art. 85 Abs. 1 EWGV aufgrund des selektiven Vertriebssystems zwischen der AEG-Telefunken AG in Frankfurt als Muttergesellschaft (nachfolgend AEG genannt) und der AEG-Telefunken France in Clichy (nachfolgend ATF genannt), der AEG-Telefunken Belge in Brüssel und der Telefunken Fernseh- und Rundfunk

---

1113 Also ohne jährliche Verlustausgleichspflichtspflicht.

1114 Autokran-Urteil, DB 1985, S. 2344: "Wird im GmbH-Konzern ein solcher, die abhängige Gesellschaft ihre außenstehenden Gesellschafter und ihre Gläubiger ebenso gefährdender Zustand ohne vertragliche Grundlage tatsächlich hergestellt, was das herrschende Unternehmen in der mehrgliedrigen abhängigen GmbH kraft Stimmenmehrheit oder Sonderrechts verhältnismäßig leicht und als Alleingesellschafter kraft eigener Machtvollkommenheit ohne weiteres durchsetzen kann, dann ist auch hier ein vergleichbarer Schutz ... angeboten".

1115 AEG/KOMMISSION, Slg. 1983, Band III, S. 3151 ff.

GmbH (nachfolgend TFR genannt) als Tochtergesellschaften. Sie waren 100%ige Tochtergesellschaften der AEG. Die AEG-Telefunken AG hatte die Entwicklung, Herstellung und den Vertrieb von Erzeugnissen der Unterhaltungselektronik (Fernseh-, Rundfunk-, Tonband-, Phono- und Audiovisionsgeräte) ihrer Tochtergesellschaft, der TFR, überlassen. Die Verkaufspreise der Vertragshändler wurden unmittelbar oder mittelbar von AEG festgesetzt. AEG hatte sogar Druck auf die Tochtergesellschaften ausgeübt, damit sie bestimmte Preise respektierten. Die Tochtergesellschaften wiederum haben auch Einfluss auf die Vertriebspartner ausgeübt. Z. B. hatte ATF die Firma Auchan (Supermarktkette) erst in die Vertriebsverbindung aufgenommen, nachdem diese sich verpflichtet hatte, die von ATF empfohlenen Preise einzuhalten und jegliche Anzeigenwerbung für Telefunken-Waren einzustellen[1116]. Dadurch hat AEG die Vertriebs- und Preispolitik der Tochtergesellschaften in einer so entscheidenden Weise beeinflusst, dass eine Zuwiderhandlung gegen Artikel 85 Abs. 1 EWG-Vertrag vorlag.

AEG hat behauptet, dass sie für die einzelnen Verstöße, die ihre Tochtergesellschaften begangen hatten, nicht verantwortlich gemacht werden könne. Aus dem ständigen Einfluss der AEG-Telefunken AG auf ATF und AEG-Telefunken Belge ergibt sich, dass das Verhalten der beiden Tochtergesellschaften aufgrund der faktischen Geschäftsführung der Organe der Muttergesellschaft dieser zuzurechnen ist, weil sie ihr Marktverhalten aufgrund der Weisungsabhängigkeit der Muttergesellschaft gegenüber nicht autonom bestimmen können:

> "Der Umstand, dass die Tochtergesellschaft eigene Rechtspersönlichkeit besitzt, vermag nicht auszuschließen, dass ihr Verhalten der Muttergesellschaft zugerechnet werden kann, namentlich dann, wenn die Tochtergesellschaft trotz eigener Rechtspersönlichkeit ihr Marktverhalten nicht autonom bestimmt, sondern im Wesentlichen Weisungen der Muttergesellschaft befolgt.[1117]"

AEG-Telefunken hat sogar im Verfahren nicht bestritten, dass sie in der Lage gewesen ist, die Preis- und Vertriebspolitik der Tochtergesellschaften entscheidend zu beeinflussen, weil ATF und AEG-Telefunken Belge als 100%ige Tochtergesellschaften zwangsläufig die von den Muttergesellschaftsorganen festgelegte Geschäftspolitik befolgen müssen. Aber es blieb zu prüfen, ob AEG von einer solchen Beeinflussung Gebrauch gemacht hatte. Der Einfluss von AEG auf ATF ging mittelbar aus einem internen Vermerk der Tochtergesellschaft hervor,

---

1116 ATF hatte sogar Auchan so lange wie möglich von der Belieferung ausgeschlossen und sie erst nach Androhung gerichtlicher Schritte in das Vertriebssystem aufgenommen, nachdem Auchan sich verpflichtet hatte, die "Preisempfehlungen" von ATF zu befolgen.

1117 AEG/KOMMISSION, Slg. 1983, Band III, S. 3199.

wo es von einem Händler, mit dem ATF wegen seiner Zulassung in Verhandlung stand, hieß, er kenne "**die Geschäftspolitik von Telefunken, dank derer die Verkaufspreise stabil bleiben und den Wiederverkäufern eine angemessene Gewinnspanne gewährleistet wird**". Das Wort "Telefunken" zeigt, dass ATF auf eine Geschäftspolitik Bezug nahm, die in ihrer Vorstellung das Ergebnis einer Initiative von AEG-Telefunken AG war, die allein befugt war, eine einheitliche, von ihren verschiedenen mit dem Vertrieb der Telefunken-Erzeugnisse beauftragten Tochtergesellschaften zu befolgende Politik festzulegen. AEG und ihre Tochtergesellschaften sind als eine Einheit anzusehen[1118]. Daraus ergibt sich, dass wettbewerbswidriges Verhalten der Tochtergesellschaften der Muttergesellschaft zuzurechnen ist[1119].

b) NADLER/GOURDAIN

Einen interessanten Fall für unsere rechtsvergleichende Betrachtungsweise bildet auch die Entscheidung Nadler/Gourdain[1120]. Die deutsche F GmbH hatte zum Vertrieb ihrer Produkte in Frankreich die F France Manutention S.A.R.L. gegründet und besass 98 % der Geschäftsanteile ihrer Tochtergesellschaft. Nach der Insolvenz der Muttergesellschaft hat auch die Tochtergesellschaft einen Konkursantrag gestellt. Der Konkursverwalter, Gourdain, hatte die Klage weder gegen den satzungsmäßig bestellten Geschäftsführer der Tochtergesellschaft noch gegen die deutsche Muttergesellschaft, sondern allein gegen den Geschäftsführer der deutschen Muttergesellschaft erhoben, weil dieser die Tochtergesellschaft *de facto* und eigenmächtig geführt hatte. Der Geschäftsführer der deutschen Muttergesellschaft, Nadler, wurde als faktischer Geschäftsführer der französischen Tochtergesellschaft angesehen und sollte deshalb haften. Das Berufungsgericht bestätigte die Ausfallhaftung von Nadler, weil der satzungsmäßig bestellte Geschäftsführer der France Manutention S.A.R.L. nur Befehlsempfänger gewesen war -"**l'intéréssé n'avait fait qu'exécuter les instructions de la société allemande**". Nadler erhob eine Kassationsbeschwerde, weil er nur Handlungsorgan der Muttergesellschaft gewesen sei und die F GmbH der faktische Geschäftsführer der France Manutention S.A.R.L. sei. Der Kassationshof verwarf die Kassationsbeschwerde: Das handelnde Organ der deutschen Muttergesellschaft haftet in diesem Fall mit. Das Gericht hatte die Wahl, entweder die

---

1118 AEG/KOMMISSION, Slg. 1983, Band III, S. 3184.

1119 AEG/KOMMISSION, Slg. 1983, Band III, S. 3200; Basierende auf einer ständigen Rechtsprechung des EuGH wird davon ausgegangen, dass, sofern die Tochtergesellschaften trotz eigener Rechtspersönlichkeit ihr Marktverhalten nicht autonom bestimmen können, sondern im Wesentlichen weisungsabhängig sind, ihr Verhalten der Muttergesellschaft zugerechnet werden könne, EuGH NJW 1984, S. 1284; Siehe auch EuGH RSlg. 1971, S. 949; EuGH, RSlg. 1972, S. 619, S. 787; S. 845; EuGH RSlg. 1973, S. 215; EuGH RSlg.1974, S. 1147.

1120 Cass.com. 31.01.1978, D. 1978, I.R., S. 286.

deutsche Muttergesellschaft oder das Organ, durch das diese Muttergesellschaft gehandelt hat, oder beide gesamtschuldnerisch als faktischen Geschäftsführer in die Ausfallhaftung zu nehmen[1121]. Da die Muttergesellschaft selbst in ein Insolvenzverfahren einbezogen worden war, wäre es sinnlos gewesen, sie wieder für die Insolvenz ihrer französischen Tochtergesellschaft haftbar zu machen. Die Gläubiger hätten dann weniger Chancen gehabt, ihre Forderungen befriedigt zu sehen. Nadler sollte also als faktischer Geschäftsführer haften. Die Begründung war, wer nach Weisungen von außen - etwa der Gesellschafterversammlung der beherrschenden Gesellschaft - in den Innenbereich der beherrschten Gesellschaft eingreift, kann trotzdem als faktischer Geschäftsführer angesehen werden[1122].

Diese Entscheidung ist leider nicht ohne Fehler getroffen worden. Hier ging es nicht um die Einmischung der Muttergesellschaft in die Geschäftsführung der französischen Tochtergesellschaft. Diesbezüglich war die Haftung der Muttergesellschaft eindeutig, weil sie dem Geschäftsführer der Tochtergesellschaft Weisungen erteilt hatte, die nur ihren eigenen Interessen dienten. Die Haftung dieses Geschäftsführers hätte hier ausdiskutiert werden können, weil er überhaupt nicht in der Lage gewesen ist, seine Funktionen ordentlich auszuüben, außer wenn er sich gegen die "Wünsche" der Muttergesellschaft gestellt und dadurch seine Stellung verloren hätte[1123]. Also blieb nur die Haftung der Muttergesellschaft übrig. Aber wie oben dargestellt, war sie insolvent. Da das Gericht auch den Geschäftsführer der Muttergesellschaft haftbar machen konnte, war die Haftungsfrage gelöst.

7. Vergleichende Betrachtungen

In Frankreich werden für die S.A.R.L. keine anderen Lösungen erwogen als die, die auch für die Société Anonyme gelten. Im Gegensatz zum deutschen Recht hat das französische Recht keinen gesetzlichen Begriff der Unternehmensgruppe, jedoch sind die Lösungen der Haftungsprobleme aufgrund der richterlichen Rechtsfortbildung viel anpassungsfähiger und zweifelsohne befriedigender für die Unternehmen. Das französische Recht scheint die schrittweise Entwicklung eines Rechts der Unternehmensgruppe und damit eine flexible richterliche Rechtsfortbildung für vorteilhafter zu halten als eine Novellierung des Gesetzes.

1121 Siehe NOTTE, JCP 1980, I, 8560, Rdn 13, der darauf hinweist, dass die Gerichte dazu neigen, sich an die natürliche Person zu halten: "Da sind die rechtlichen Geschäftsführer der herrschenden Gesellschaften, die als faktische Geschäftsführer der beherrschten Gesellschaften betrachtet worden sind".

1122 JUNKER, RIW 1986, S. 344.

1123 Aber ist es nicht die Pflicht eines sorgfältigen Geschäftsführers, sich gegen eine unvorteilhafte Weisung im Gesellschaftsinteresse zu wehren? Die Literatur wird hier sehr kritisch; Siehe SORTAIS, R.J.C. 1977, S. 85 ff: So viel Heroismus des Geschäftsführers einer Tochtergesellschaft kann und darf nicht erwartet werden.

Das deutsche Konzernrecht ist jedoch einfacher, weil es schon zum Teil kodifiziert ist.

Der deutsche Unternehmensbegriff wird im französischen Recht nicht angewandt. Das deutsche Aktienrecht leitet die Konzernverantwortung nicht aus dem Geschäftsführerstatut wie das französische Recht ab, das auf den Begriff des faktischen Geschäftsführers abstellt, der die Geschäftsführung der Tochtergesellschaft übernommen hat. Im französischen Recht wird nicht zwischen einer Einflussnahme im Einzelfalle und einer ständigen Einflussnahme auf die Geschäftsführung der Tochtergesellschaft unterschieden. Ein Schaden der Tochtergesellschaft wird allein durch Einflussnahme der Muttergesellschaft hervorgehoben.

Der Begriff "Unternehmensinteresse" ist von der Leitung der Gesellschaften untrennbar geworden und ist in den meisten Urteilen bezüglich der Gesellschaften erwähnt. Das Unternehmensinteresse ist ein Symptom des Interessenumbruchs innerhalb der Gesellschaft und ein Begriff im Dienst der guten Funktionsfähigkeit der Gesellschaft und der richterlichen Rechtsfortbildung, anhand derer beurteilt wird, ob das Unternehmensinteresse in der Unternehmensgruppe zu Gunsten des Mehrheitsgesellschafters beeinträchtigt worden ist oder nicht.

Wenn die Übernahme der Geschäftsführungsmaßnahmen vom Mehrheitsgesellschafter unvorteilhaft und für die Tochtergesellschaft schadensbegründend ist, wird der Mehrheitsgesellschafter haften. Zum einen gilt der isolierte Charakter der verschiedenen Einzellösungen sowohl für die S.A. als auch für die S.A.R.L. im französischen Recht. Es ist dann konsequent, dass jede Gesellschaft unabdingbar und ausschließlich in ihrem eigenen Interesse geführt werden muss. Jeder Verstoß gegen dieses Prinzip ist eine klare Pflichtverletzung des betreffenden Gesellschaftsorgans, die nicht nur zur Nichtigkeit der entsprechenden Organbeschlüsse wegen Rechtsmissbrauchs und zu Schadensersatzpflichten der beteiligten Personen, insbesondere der Geschäftsführer und Mehrheitsgesellschafter, sondern auch zu strafrechtlicher Verfolgung führt, weil das französische Gesellschaftsrecht unter Strafdrohungen jeden Eingriff in die Belange der Gesellschaft, insbesondere der abhängigen Gesellschaft verbietet. Zum anderen entspricht das strafrechtliche Lösungsmuster des französischen Rechts fast der zivilrechtlichen Regelung des deutschen Konzernrechts mit seinem Schädigungsverbot der abhängigen GmbH durch das herrschende Unternehmen ohne entsprechende Zustimmung aller Gesellschafter sowie - im Fall eines Verstoßes - der Haftung auf Schadensersatz gegenüber der abhängigen GmbH. Das französische anwendbare Recht der Unternehmensgruppe wird stärker als im deutschen Konzernrecht durch das Strafrecht bestimmt und konturiert. Es weist allerdings eine Schwachstelle auf. Der von der abhängigen Gesellschaft erlittene Schaden wird nicht durch eine strafrechtliche Sanktionierung ersetzt. Deshalb sind andere Vorschriften des Gesellschaftsrechts und/oder des allgemeinen Zivilrechts anwendbar.

Mit der Untersuchung der ausgeführten richterliche Rechtsfortbildung ist festzustellen, dass die eng geführte Unternehmensgruppe in Frankreich privilegiert wird und nicht die isolierte Geschäftsführungsmaßnahme in der dezentral geführten Unternehmensgruppe. Der Begriff des qualifiziert faktischen Konzerns existiert in Frankreich nicht. Das ausschlaggebende Haftungskriterium ist in Frankreich nicht die Herkunft von Leitungsentscheidungen, wie es im deutschen Konzernrecht der Fall ist, sondern der Inhalt von Leitungsentscheidungen. Auch der Mehrheitsgesellschafter, der die Qualifikation eines faktischen Geschäftsführers erwirbt, muss die Sorgfalt eines ordentlichen Kaufmannes beachten. Im deutschen Konzernrecht ist der eng geführte Konzern seit dem Autokran- und dem TBB-Urteil unter Druck mit einer starken Tendenz zu Einheitslösungen geraten.

In der GmbH-Lösung des faktischen Konzerns besteht Übereinstimmung zwischen dem deutschen und französischen Recht bezüglich des Verschuldens des herrschenden Unternehmens: Wer handelt, der haftet. Im französischen Recht kann allein das Verschulden des Mehrheitsgesellschafters ein Haftungsgrund sein. Damit der Mehrheitsgesellschafter haftet, muss bewiesen werden, dass der Mehrheitsgesellschafter als faktischer Geschäftsführer die Gesellschaftsleitung übernommen hat und dass er einen Fehler in der Geschäftsführung verursacht hat. Das persönliche Interesse des Mehrheitsgesellschafters wurde allein berücksichtigt und nicht das der abhängigen Gesellschaft. Wenn die Tochtergesellschaft einen Schaden erleidet, kann sie Schadensersatzansprüche geltend machen. Es handelt sich um eine echte Verschuldenshaftung als Haftungsgrundlage - **"responsabilité pour faute"**. Im deutschen qualifiziert faktischen Konzern haftet der Mehrheitsgesellschafter einer deutschen beherrschenden GmbH entsprechend den §§ 302, 303 AktG, wenn er die Konzernleitungsmacht in einer Weise ausübt, die keine angemessene Rücksicht auf die eigenen Belange der abhängigen Gesellschaft nimmt, ohne dass sich der ihr insgesamt zugefügte Nachteil durch Einzelausgleichsmaßnahmen kompensieren ließe. Es ist daher eine Verhaltenshaftung.

Für den eng geführten Konzern, sei er beherrschungsvertraglich, sei er qualifiziert faktisch, verfügt das deutsche Recht über eine analoge Anwendung des § 302 bezüglich des Kapitalerhaltungsschutzes. Im französischen Recht liegt eine direkte Anwendung der Art. L 241-3-4° und 5° C.Com. vor. Die Ausgewogenheit der nachteiligen Geschäftsführungsmaßnahme mit Vor- und Nachteilen im französischen Gesellschaftsrecht entspricht dem deutschen Nachteilausgleich, jedoch ohne die materiellen Sicherungsmechanismen des § 311 AktG für den Zeitraum von einem Jahr, des § 312 AktG über den Bericht und ohne Prüfung gem. § 313 AktG. Der nachteilige Einzeleingriff im faktischen Konzern ist in beiden Rechtsordnungen verboten. Eine Ausnahme im deutschen Recht besteht jedoch, wenn alle Minderheitsgesellschafter zustimmen und die Grenze des Stammkapitals gem. § 30 GmbHG nicht tangiert wird. Der Ausgleich des Nachteils rechtfertigt nicht den Eingriff ohne Zustimmung der Minderheitsgesellschafter.

Die Frage, ob ein zusätzlicher Schutz für die Tochtergesellschaft aufgrund der Einwirkung des Mehrheitsgesellschafters auf die abhängige GmbH durch faktische Übernahme der Geschäftsführung vorliegen sollte, ist jetzt zu beanworten. Dieser zusätzliche Schutz aufgrund der faktischen Konzernierung wäre zwar erforderlich, würde aber bedeuten, dass die Muttergesellschaft bzw. der Mehrheitsgesellschafter und der Geschäftsführer der Tochtergesellschaft sich unrechtmäßig verhalten.

Es bleibt mithin festzustellen, dass sich der deutsche Gesetzgeber weniger Mühe gibt, um das GmbH-Recht zu verbessern, wenn neue Institute oder Rechtsbegriffe im Gesellschaftsrecht auftreten, obwohl er diese Möglichkeit hat. Dem deutschen Gesetzgeber scheint es zu genügen, eine Regelung im Aktienrecht einzufügen und die analoge Anwendung für das GmbH-Recht der richterlichen Rechtsfortbildung zu überlassen. Obwohl das französische Gesellschaftsrecht gar keine konzernrechtliche Regelung enthält, werden neue Rechtsfiguren wie die des faktischen Geschäftsführers aufgegriffen und dementsprechend gesetzlich geregelt.

Festzuhalten bleibt, dass die Rechtsfigur des faktischen Geschäftsführers nur im französischen Gesellschaftsrecht brauchbar ist, weil das französische Recht über kein Recht der Unternehmensgruppe verfügt. Demgegenüber haben deutsche Rechtsprechung und Literatur diese Rechtsfigur beiseite gelegt, weil ein Konzernrecht mit haftungsrechtlichen Vorschriften entwickelt wurde.

Mithin bleibt festzustellen, dass die Existenz des Konzerns eine Herausforderung an unser ganzes heutiges gesellschaftsrechtliches Rechtssystem darstellt[1124].

1124 DALLEVES, Diskussionsbeitrag zu den Verhandlungen der 114. Jahresversammlung des Schweizerischen Juristenvereins, 1980, ZSR 99, S. 418.

Rechtliche Grundaussagen:

1. In beiden Ländern besteht der Konzern, wenn auch in Frankreich nur *de facto*. Zwei Formen des Konzerns liegen in Deutschland vor: Der Vertragskonzern und der faktische Konzern.

2. Unter Konzern wird ein Zusammenschluss von mehreren Gesellschaften unter der einheitlichen Leitung einer anderen verstanden.

3. Die Diskrepanz zwischen wirtschaftlicher Realität und Rechtsordnung ist in beiden Ländern immer sehr groß. Deswegen spielen richterliche Rechtsfortbildung und Literatur eine große Rolle in der Entwicklung des Konzernrechts.

4. In beiden Ländern wird die Pflicht zur Berücksichtigung des Unternehmensinteresses der abhängigen Gesellschaft dem herrschenden Unternehmen auferlegt.

5. Im französischen faktischen Konzern werden alle nachteiligen Geschäftsführungsmaßnahmen des Mehrheitsgesellschafters ausschließlich zugunsten seiner persönlichen Interessen strafrechtlich sanktioniert. Dies ersetzt allerdings den von der abhängigen Gesellschaft erlittenen Schaden nicht. Um dies zu erreichen, wird auf Vorschriften des Gesellschaftsrechts und des allgemeinen Zivilrechts zurückgegriffen.

6. Bei Abschluss eines Beherrschungsvertrages gem. §§ 302, 308 AktG liegt keine Haftung des Mehrheitsgesellschafters, sondern eine Verlustübernahmepflicht vor.

7. Im einfach faktischen deutschen Konzern besteht eine Haftung des Mehrheitsgesellschafters für Schäden aufgrund nachteiliger Geschäftsführungsmaßnahmen zu Gunsten seiner persönlichen Interessen aus § 43 GmbH analog.

8. Im qualifiziert faktischen deutschen Konzern besteht bei nachteiligen Geschäftsführungsmaßnahmen in der abhängigen Gesellschaft eine Haftung des Mehrheitsgesellschafters aufgrund einer Verlustübernahmepflicht aus § 302 AktG analog.

9. Der französische Mehrheitsgesellschafter im faktischen Konzern haftet für alle nachteiligen Geschäftsführungsmaßnahmen in der abhängigen Gesellschaft zu Gunsten seiner persönlichen Interessen.

10. Die Rechtsfigur des faktischen Geschäftsführers ermöglicht es, den Mehrheitsgesellschafter im französischen Recht nach Art. 1382 cc verantwortlich zu machen.

Abkürzungsverzeichnis

Abs.	Absatz
AG	Die Aktiengesellschaft (Zeitschrift), Jahr, Seite
AktG	Aktiengesetz
Al.	Alinéa
Anm.	Anmerkung
AO	Abgabeordnung
Art.	Artikel
Ass.plé.civ.	Arrêt de l'assemblée plénière de la Cour de Cassation en matière civile
BB	Der Betriebs-Berater, Jahr, Seite
BFH	Bundesfinanzhof
BGB	Bürgerliches Gesetzbuch
BGH	Bundesgerichtshof
BGHs	Bundesgerichtshofs
BGHSt	Entscheidungen des Bundesgerichtshofs in Strafsachen, Band, Seite
BGHZ	Entscheidungen des Bundesgerichtshofs in Zivilsachen, Band, Seite
B.R.D.A	Bulletin Rapide de Droit des Affaires, Jahr, Seite
BT-Druck.	Drucksache des Deutschen Bundestages
Bull.cass.civ.	Bulletin des arrêts de la Cour de Cassation en matière civile, Teil, Seite oder Entscheidungsnummer
Bull.cass.crim	Bulletin des arrêts de la Cour de Cassation en matière criminelle, Teil, Seite oder Entscheidungsnummer
Bull.Joly	Bulletin des arrêts Joly, Jahr, Seite
bzw.	beziehungsweise
C.A.	Cour d'Appel (Berufungsgericht)
Cass.civ.	Arrêt de la chambre civile de la Cour de Cassation
Cass.com.	Arrêt de la chambre commerciale de la Cour de Cassation
Cass.Crim.	Arrêt de la chambre criminelle de la Cour de Cassation
Cass. req.	Arrêt de la chambre des requêtes de la Cour de Cassation
cc	Code Civil
C.Com.	Code de Commerce
C.G.I.	Code Général des Impôts
civ.	Arrêt de la chambre civile de la Cour de Cassation
Com.	Arrêt de la chambre commerciale de la Cour de Cassation
C.pén.	Code Pénal

C.pro.pén.	Code de procédure pénale
Crim	Arrêt de la chambre criminelle de la Cour de Cassation
C.séc.soc.	Code de la Sécurité Sociale
C.Tra.	Code du Travail
D.	Dalloz, recueil analytique de jurisprudence et de législtation, Jahr, Seite
D. 1975, Chr.	Dalloz 1975, Chronique
D. 1975, Som.	Dalloz 1975, Sommaire
D.1975, IR	Dalloz 1975, Informations Rapides
DB	Der Betrieb, Jahr, Seite
d. h.	das heißt
D.S.	Recueil Dalloz-Sirey
EStG	Einkommensteuergesetz
E.U.R.L.	Entreprise Unipersonnelle à Responsabilité Limitée
ff	folgende(r)
FG	Finanzgericht
G	Gesetz
gem.	gemäß
GmbH	Gesellschaft mit beschränkter Haftung
GmbHG	Gesetz betreffend die Gesellschaft mit beschränkter Haftung
GmbHR	GmbH-Rundschau, Jahr, Seite
G.P.	Gazette du Palais, Jahr, Teil, Seite
h.M.	herrschende Meinung
idR	in der Regel
i.S.v.	im Sinne von
i.V.m.	in Verbindung mit
J.C.P.	Jurisclasseur Périodique ou Semaine Juridique, Jahr, Teil, Entscheidungsnummer
J.C.P. (G)	Jurisclasseur Périodique ou Semaine Juridique, édition générale, Jahr, Teil, Entscheidungsnummer
KG	Kommanditgesellschaft
L.P.F.	Livre des Procédures Fiscales
Lefebvre	Mémento pratique Francis Lefebvre, Sociétés commerciales
Lefebvre, Contrats	Mémento pratique Francis Lefebvre, Contrats et droits de l'entreprise
MK-BGB	Münchener Kommentar zum Bürgerlichen Gesetzbuch
MitbestG	Mitbestimmungsgesetz

MitGF	Mitgeschäftsführer
NJW	Neue Juristische Wochenschrift, Jahr, Seite
Nr.	Nummer
OLG	Oberlandesgericht
OWiG	Gesetz über Ordnungswidrigkeiten
ProdHaftG	Produkthaftungsgesetz
Quot.Jur.	Le Quotidien Juridique, Erscheinungsdatum
Rdn	Randnummer
Recht	Das Recht (Zeitschrift), Jahr, Entscheidungsnummer
RegE	Regierungsentwurf
Rev.soc.	Revue des Sociétés, Jahr, Seite
RG	Reichsgericht
RGZ	Amtliche Sammlung von Entscheidungen des Reichsgerichts in Zivilsachen
R.J.C.	Revue de jurisprudence commerciale
R.J.D.A.	Revue de Jurisprudence de Droit des Affaires, Jahr, Seite
R.T.D.C.	Revue Trimestrielle de Droit Commercial, Jahr, Seite
R.S.C.	Revue de la science criminelle, Jahr, Seite
S.	Seite
S.A.R.L.	Société à Responsabilité Limitée
Soc.	Arrêt de la chambre sociale de la Cour de Cassation
sog.	sogenannt
StGB	Strafgesetzbuch
Trib.corr.	Jugement d'un tribunal, chambre correctionnelle
vgl.	vergleiche
VO	Verordnung
Vor	Vorbemerkung
WM	Wertpapiermitteilungen, Jahr, Seite
z.	Ziffer
z. B.	zum Beispiel
ZGR	Zeitschrift für Unternehmens- und Gesellschaftsrecht, Jahr, Seite
ZIP	Zeitschrift für Wirtschaftsrecht und Insolvenzpraxis, Jahr, Seite

Literaturverzeichnis

Unternehmensrechts-kommission	Bericht über die Verhandlungen der Unternehmensrechtskommission. Herausgegeben vom Bundesministerium der Justiz, Köln 1980
Regierungsentwurf eines Gesetz über GmbH	BT-Drs 595/71
Alibert, Bernard	La pluralité de gérants dans les sociétés à responsabilité limitée, In Rev.soc. 1975, S. 605
Alaisi, Pierre Gain, René	Les sociétés à responsabilité limitée, Dalloz Paris 1949
Altmeppen, Holger	Grenzenlose Vermutungen im Recht der GmbH, In DB 1991, S. 2225
Autenrieth, Karl-Heinz	Die Haftung für Darlehen der abhängigen Gesellschaft an die Konzernmutter im faktischen GmbH-Konzern, In GmbHR 1984, S. 198
Arbeitskreis GmbH-Reform	Thesen und Vorschlägen zur GmbH-Reform, Band II: Kapital- und Haftungsfragen, Gründung von Einmanngesellschaften, Konzernrecht und Arbeitnehmerbeteiligung, Heidelberg 1972
Balensi, Yvan	Les conventions entre les sociétés commerciales et leurs dirigeants, Diss. Paris II, 1973, Economica Paris 1975
Barbiéri, Jean-François	Droit des sociétés et des groupements d'affaires Masson, Paris, Milan, Barcelone, Mexico, 1988
Barz, Carl H. Brönner, Herbert Klug, Ulrich Mellerowicz, Konrad Meyer-Landrut, J. Schilling, Wolfgang Wiedemann, Herbert Würdinger, Hans	Aktiengesetz Großkommentar Vierter Band §§ 291-410 Dritte Auflage. Walter de Gruyter . Berlin . New York
Bassenge, Peter Edenhofer, Wolfgang Heldrich, Andreas Diederichsen, Uwe Heinrichs, Helmut Putzo, Hans	Palandt Bürgerliches Gesetzbuch 47. Auflage, C.H.Beck'sche Verlagsbuchhandlung München
Baumbach, Adolf Hueck, Götz	Kommentar zum Aktiengesetz C.H. Becks'che Verlagsbuchhandlung München, 13. Auflage

Baums, Theodor — Der Geschäftsleitervertrag
Verlag Dr.Otto Schmidt KG. Köln 1987

Baus, Matthias — Treuepflicht des Aktionärs im Gemeinschaftsunternehmen,
Verlag Peter Lang Frankfurt am Main. Paris 1991

Beguin, Jacques — Anmerkung unter C.C. 24.05.1982, In Rev.soc. 1986, S. 361

Berdah, Jean-Pierre — Anmerkung unter Aix 21.04.1971, In D. 1972, J., S. 164

Bernard, M.-Christine — Vergleich der Ansprüche der Gesellschafter bei der Aktien gesellschaft und der Gesellschaft mit beschränkter Haftung im deutschen und französischen Recht, insbesondere im Hinblick auf die "action individuelle" und die "action sociale exercée 'ut singuli'", Dissertation Köln 1977

Berr, Claude — La place de la notion de contrôle en droit des sociétés,
In Mélanges Bastian, 1974, Band I, S. 1ff

Besson-Grange, Véronique — Anmerkung unter Soc.18.06.1986, In Grands Arrêts du Droit des Affaires, Sirey 1992, Paris, S. 418 ff

Beuthien, Volker
Gätsch, Andreas — Einfluss Dritter auf die Organbesetzung bei Körperschaften,
In ZHR 157, S. 483 ff

Beuthien, Volker — Art und Grenzen der aktienrechtlichen Haftung herrschender Unternehmen für Leitungsmachtmissbrauch,
In DB 1969, S. 1781

Bézard, Pierre
Dahin, L.
Echard, Jean-François
Jadaud, B.
Sayag, Alain — CREDDA,
Etudes du centre de recherche sur le droit des affaires
Les groupes de sociétés, Une politique légistlative
de la chambre de commerce et d'industrie de Paris,
Paris 1976

Bézard, Pierre — La société à responsabilité limitée,
In Jurisclasseur des sociétés, Fascicule 74/2,
Editions techniques Paris

Bidan, Christophe
Le Bras, Thierry — La responsabilité du franchiseur dans la gestion du franchisé,
In Rev.jur.com.1986, S. 1 ff

Von Bitter, Christian
Espey, Günther — Haftungsrisiken des GmbHG-Geschäftsführers,
Werner-Verlag, 1. Auflage 1990

Boizard, Maurice — L'abus de minorité,
In Rev.soc. 1988, S. 365

Bon, Hélène — Rapport sur la notion de groupe,
In Rev.soc. 1980, S. 661 ff

Bork, Reinhard — Zurechnung im Konzern,
In ZGR 1994, S, 237

Bouffandeau, Corinne La S.A.R.L., Editions de Vecchi, Paris, 1978

Boujong, Karlheinz Zur Auslegung und Fortbildung des GmbH-Rechts in der neueren Judikatur des BGH, In GmbHR 1992, S. 207

Bouloc, Bernard Anmerkung unter C.C. 27.01.1986, In Rev.soc. 1986, S. 273

Bousquet, Jean-Claude Anmerkung unter C.A. Riom 01.12.1972, In D. 1973, S. 282

Ders. Anmerkung unter Cass.com 14.12.1992, In D. 1992, S. 337

Brachvogel, Gerrit Frankreich auf dem Weg zu einem Konzernrecht, In ZGR 1972, S. 87 ff

Ders. Die neuere Entwicklung des Konzernrechts in Frankreich, In ZGR 1980, S. 486 ff

Brilman, T. Le redressement d'entreprises en difficulté Editions Hommes et techniques, Paris 1978

Brill, J.P. La filiale commune et la commission de la concurence, In D. 1980, S. 283 ff

Bühler, Christoph Zur (Rechtsschein-) Haftung einer GmbH, In GmbHR 1991,S. 356

Buyer, Christoph Verdeckte Gewinnausschüttung bei Verletzung der gesellschafter- und mitgliedschaftlichen Treuepflichten, In GmbHR 1996, S. 98

Bulle, Jean-François Le statut du dirigeant de société, La Villeguerin Editions, Paris 1989

Bungeroth, Erhard
Eckardt, Ulrich
Fuhrmann, Hans
Geßler, Ernst
Grunewald, Barbara
Hefermehl, Wolfgang
Hüffer, Uwe
Kropff, Bruno
Semler, Johannes
Aktiengesetz Geßler/Hefermehl/Eckardt/Kropff Verlag Franz Vahlen, München 1994

Burst, Jean-Jacques Anmerkung unter C.C. 04.01.1982, In Rev.soc. 1983, S. 95

Calais-Auloy, M. Anmerkung unter C.A. 18.06.1975, In Rev.jur.com. 1976, S. 95

Cayron-Borissov, Jocelyn Anmerkung unter Crim. 25.10.1982, In GADA, Sirey, 1992, Paris, S. 261

Champaud, Claude Les méthodes de groupements des sociétés, In R.T.D. Com. 1967, S. 1003 ff

Ders. Le pouvoir de concentration de la S.A.
Diss. Rennes, Sirey 1962

Chesné, Guy Exercice "ut singuli" de l'action sociale dans les sociétés anonymes, In R.T.D.C. 1962, S. 347

Clara, Jean
Freyria, Charles De l'abus de biens et de crédit en groupe de sociétés, In J.C.P. 1993, Ed. E., S. 247

Claussen, Carsten P.
Geilen, Gerd
Kirchner, Christian
Koppensteiner, H-G
Kraft, Alfons
Lutter, Marcus
Mertens, Hans-Joachim
Zöllner, Wolfgang
Kölner Kommentar zum Aktiengesetz
Band 6, §§ 291-328
2. Auflage
Carl Heymanns Verlag KG
Köln.Berlin.Bonn.München

Code Civil Dalloz, 2000/2001, Paris

Code de Commerce Dalloz, 2000/2001, Paris

Contin, Raphael Anmerkung unter C.A. Paris vom 22.05.1965, In D. 1968, J., S. 147

Ders. L'arrêt Fruehauf et l'évolution du droit des sociétés, In Dalloz 1968, Chronique, S. 45

Ders. L'arrêt Fruehauf et l'évolution du droit des sociétés, In Rev.soc. 1968, S. 363

Contin, Raphael
Hovasse, Henri
L'autonomie patrimoniale des sociétés, In D. 1971, Chronique, S. 197

Cosson, P. Anmerkung unter Crim. 20.04.1980, In D. 1981, S. 33

Coulombel, Jean Le particularisme de la condition juridique des personnes morales de droit privé, Diss. Nancy 1949, Dactylographiée

Cozian, Maurice
Viandier, Alain
Droit des sociétés
3. Auflage Litec Paris

Crezelius, Georg
Emmerich, Volker
Priester, Hans-Joachim
Schmidt, Karsten
Schneider, Uwe H.
Tiedemann, Klaus
Westermann, Harm Peter
Winter, Heinz
Scholz-GmbHG
Band I und II, 8. Auflage, Verlag Dr. Otto Schmidt KG . Köln, 1993

Delmas-Marty, Mireille Droit pénal des affaires, Band I, 2. Auflage, Editions Thémis

Derrida, Fernand	Anmerkung unter Paris 01.02.1978, In D. 1979, I.R., S. 4
Despax, Michel	L'entreprise et le droit, Thèse LGDJ Toulouse, 1956
D'Hautoir-Lauprête, Catherine	L'émergence d'un droit des obligations adapté au phénomène des groupes de sociétés, In D. 1993, S. 248
Ders.	La notion de groupe de sociétés en droit français, Dissertation 1988, Lyon
Domain, Louis	La responsabilité délictuelle dans la gestion des groupes de sociétés, In G.P. 1994, S. 10
Drygala, Tim	Verhaltenshaftung im faktischen GmbH-Konzern, In GmbHR 1993, S. 315
Ducouloux-Favard, Claude	Anmerkung unter T.G.I. 23.03.1983, In D. 1984, S. 285
Ebenroth, Carsten Lange, Knut Werner	Sorgfaltspflichten und Haftung des Geschäftsführers einer GmbH nach § 43GmbHG, In GmbHR 1992, S. 69
Eickhoff, Andreas	Die Gesellschafterklage im GmbH-Recht Carl Heymanns Verlag KG Köln 1988
Emmerich, Volker Sonnenschein, Jürgen	Konzernrecht 5. Auflage, C.H. Beck'sche Verlagsbuchhandlung München
Emmerich, Volker	Bestandschutz im GmbH-Vertragskonzern, In ZGR 1986, Sonderheft 6, Konzernrecht, S. 64
Ders.	Nachlese zum Autokran-Urteil des BGH zum GmbH- Konzernrecht, In GmbHR 1987, S. 213
Ders.	Das GmbH-Konzernrecht, In Die AG 1975, S. 253
Englisch, P.	Les groupes d'entreprises à structure contractuelle, Fargiat-Droit économique 1980 Paris
Erbs, Georg Hohlhaas, Max Fuhrmann, Hans	Strafrechtliche Nebengesetze Band 2, 1, 4.Auflage München 1992
Ernaelsten, Hendrik	Fragen des Gläubigerschutzes in den Neuordnungen der GmbH im deutschen und französischen Recht, Dissertation Münster 1971
Farnocchia, Serge	Anmerkung unter Paris, 22.05.1965, In GADA, Sirey, 1992, Paris, S. 424

Ders. Anmerkung unter Grenoble, 30.06.1988, In GADA, Sirey, 1992, Paris, S. 94

Faye, Sylvie / Mestre, Jacques — Lamy sociétés commerciales Edition Lamy Paris 1994

Feuillet, Pierre — La consolidation des comptes, In Rev.soc. 1986, S. 173 ff

Fleck, Hans-Joachim — Die Drittanstellung des GmbH-Geschäftsführers, In ZHR 149 (1985), S. 387

Fleck, Hans-Joachim — Zur Haftung des GmbH-Geschäftsführers, In GmbHR 1974, S. 224

Flume, Werner — Allgemeiner Teil des Bürgerlichen Recht Erster Band, Zweiter Teil, Die juristische Person Springer Verlag Berlin 1983

Fontbressin, Patrick — La volonté individuelle à l'épreuve du droit des groupes, In R.J.C. 1988, S. 294

Gavalda, Christian — Les crédits dits intra-groupes, In Rev.dr.bancaire 1991, S. 168

Gäbelein, Wolfgang — GmbH-Konzernrecht - neue Konzeption erforderlich? GmbHR 1987, S. 221 ff

Gavalda, Christian — La loi bancaire du 24 janvier 1984, In G.P. 1985, 2, S. 644

Geßler, Ernst — Der Schutz der abhängigen Gesellschaft, In Festschrift für Walter Schmidt München 1972, S. 247 ff

Ders. — Bestandsschutz der beherrschten Gesellschaft im Vertragskonzern? In ZHR 140, S. 433

Ghestin, Jacques — Contrat de vente et contrat d'entreprise en matière de sous-traitance, In Rev.trim.dr.com. 1981, S. 1ff

Giesecke, Horst — Interessenkonflikte der GmbH-Geschäftsführer bei Pflichten-Kollision, In GmbHR 1996, S. 486

Gribbohm, Günter — Untreue zum Nachteil der GmbH, In ZGR 1990, S. 1ff

Grunewald, Barbara — Die Haftung von Organmitglieder nach Deliktsrecht, In ZHR 157, S. 451ff

Gübel, Nils — Die Auswirkungen der faktischen Betrachtungsweise auf die strafrechtliche Haftung faktischer GmbH-Geschäftsführer, Nomos Verlagsgesellschaft Baden-Baden 1994

Guyénot, Jean — Anmerkung unter Cass.com. 05.01. 1973, In D. 1973, S.581

Guyon, Yves — Droit des affaires,
Band 1, 8. Auflage Economica Paris

Habetha, Joachim — Corporate-purchased directors' and officers' liability insurance und der Regress der mir deliktsrechtlichen Verbindlichkeiten belasteten Korporation gegen ihren organschaftlichen Vertreter, Dissertation Kiel 1993

Hamiaut, Marcel — La réforme des sociétés commerciales, Tome I,
Paris librairie Dalloz, 1966

Hamel, Jean — La personalité morale et ses limites,
In D. 1949, Chronique, S. 141

Hannoun, Charley — Le droit et les groupes de sociétés
LGDJ 1991 Paris

Haß, Peter — Die persönliche Haftung des GmbH-Geschäftsführers bei Wettbewerbs verstößen und Verletzung gewerblicher Schutzrechte, In GmbHR 1994, S. 666

Hémard, Jean — Les sociétés de fait en droit français
Travaux de l'association Henri Capitant, Band II (1957)
L.G.D.J. Paris

Hémard, Jean
Mabilat, Pierre
Terré, Françcois — Sociétés commerciales
Band I,
Dalloz 1974 Paris

Höhn, Reinhard — Die Geschäftsleitung der GmbH,
Verlag Dr.Otto Schmidt KG . Köln, 1987

Hölters, Wolfgang — Der Beirat in der GmbH
In BB 1977, S. 105

Hommelhoff, Peter — Die Konzernleitungspflicht,
Zentrale Aspekte eines Konzernverfassungsrechts,
Köln-Berlin-Bonn-München 1982

Ders. — Eigenkapitalersatz im Konzern und in Beteiligungsverhältnissen, In WM 1984, S. 1105

Ders. — Die qualifizierte faktische Unternehmensverbindung,
In ZGR 1994, S, 395

Honorat, Adrienne — Anmerkung unter C.C. 02.05.1977, In Rev.soc. 1977, S. 736

Honorat, Jean — Anmerkung unter CC 24.02.1987, In D. 1987, J., S. 599

Immenga, Ulrich — Bestandsschutz der beherrschten Gesellschaft im Vertragskonzern?
In ZHR 140, S. 301

Jahraus, Gerd	Ordnung und Haftung im faktischen GmbH-Konzern, Dissertation Mannheim 1988
Janin, Philippe Mercadal, Barthélemy	Sociétés commerciales, Mémento pratique Francis Lefebvre Editions Francis Lefebvre Paris 2000
Jauffret, Alfred	Droit commercial L.G.D.J. Paris, 1991
Jeandidier, Wilfried	Anmerkung unter Crim. 11.04.1983, In Rev.soc. 1983, S. 817
Jeantin, Michel	Droit des sociétés Montchrestien Paris 1989
Jeantin, Michel Langé, Daniel de Trochu, Michel	De quelques applications particulières du droit pénal des sociétés au phénomène économique des groupes sociétés, In D. 1975, Chr., S. 7
Jestaedt, Egbert,	Die actio pro socio als Notbehelf bei Informationsverweigerung in Zweipersonen-GmbH, In GmbHR 1994, S. 442
Junker, Abo	Die faktische Geschäftsführung ("gérance de fait") in Frankreich und ihre Gefahren für deutsche Unternehmen, In Riw. 1986, S. 337 ff
Jurisclasseur Civil	Art. 1136-1270 Editions techniques, Paris 1993
Keßler, Jürgen,	Deliktische Eigenhaftung des GmbH-Geschäftsführers, In GmbHR 1994, S. 429 ff
Kleindiek, Detlef	Haftung, freie Beweiswürdigung und Beweiserleichterung im qualifizierten faktischen Konzern, In GmbHR 1992, S. 574
Kohlmann, Günther	Untreue zum Nachteil des Vermögens einer GmbH trotz Zustimmung sämtlicher Gesellschafter? In Festschrift für Werner, 1984, S. 387 ff
Konzen, Horst	Geschäftsführung, Weisungsrecht und Verantwortlichkeit in der GmbH und GmbH & Co KG, In NJW 1989, S. 2977
Kort, R.	Der Abschluss von Beherrschungs- und Gewinnabführungsverträgen im GmbH-Recht, Köln - Berlin - Bonn - München 1986
Kowalski, André	TBB Rückkehr zu Autokran? In GmbHR 1993, S. 253
Kraft, Alfons Kreuz, Peter	Gesellschaftsrecht 8. Auflage, 1990 Alfred Metzner Verlag Frankfurt am Main

Kratzsch, Dietrich	Das faktische Organ, In ZGR 1985, S. 506 ff
Kropff, Bruno	Aktiengesetz Düsseldorf 1965
Kust, Egon	Zur Sorgfaltspflicht und Verantwortlichkeit eines ordentlichen und gewissenhaften Geschäftsleiters, In WM 1980, S. 758
Lagarde, G.	Anmerkung unter C.A. 11.07.1957, In D. 1957, S. 717
Larroumet, Christian	Anmerkung unter Cass. 27.04.1977, In D. 1977, IR S.442
Ders.	Anmerkung unter Ass. plén. 19. 05.1988, In D. 1988, S. 513
Léauté, Jacques	La reconnaissance de la notion de groupe en droit pénal des affaires, In J.C.P. 1973, Nr. 2551
Le Cannu, Paul	L'abus de minorité, In Bull.Joly 1987, S. 429
Ders.	Anmerkung unter Paris, 19.05.1981, In G.P. 1981, S. 748
Leoty, Denise	Anmerkung unter Crim.14.02.1974, In J.C.P. 1974, II, Nr., S. 486
Lindacher, Walter F.	Fragen der Beschlussfassung und –feststellung nach § 46 Nr. 8 GmbHG, In ZGR 1987, S. 121
Lutter, Marcus	Das System des deutschen GmbH-Konzernrechts, In ZGR Sonderheft 6, 1986, Konzernrecht, S. 193
Ders.	Die zivilrechtliche Haftung in der Unternehmensgruppe, In ZGR 1982, S. 244
Ders.	Die Haftung des herrschenden Unternehmens, In ZIP 1985, S. 1425
Ders.	Haftungsrisiken des Geschäftsführers einer GmbH, In GmbHR 1997, S. 329
Lyon-Caen, Antoine De Maillard, Jean	La mise à disposition du personel, In Dr. soc. 1981, S. 320
Maier, Adolf	Wettbewerbsrechtliche Haftung geschäftsführender Organe, Carl Heymanns Verlag KG Köln.Bonn.München 1988
Marty, Gabriel Raynaud, Pierre	Droit civil, Les obligations, Band I, Les sources 2. Auflage 1988 Sirey Paris
Mercadal, Barthélemy	Contrats et droits de l'entreprise, Mémento pratique Francis Lefebvre Editions Francis Lefebvre Paris 1998

Merle, Philippe — Droit commercial, Sociétés commerciales
Dalloz, Paris, 1992

Ders. — Contrat de management et organisation des pouvoirs dans la société anonyme,
In D. 1975, Chr., S. 245

Mertens, Hans-Joachim — Das Recht des Geschäftsführers der GmbH,
Walter de Gruyter . Berlin . New York 1979

Ders. — Die Geschäftsführungshaftung in der GmbH und das ITT-Urteil, In Festschrift für Robert Fischer, S. 461
Walter de Gruyter . Berlin . New York 1979

Ders. — Anmerkung unter BGH 05.12.1989,
In JZ 1990, S. 486

Mestre, Jacques — Anmerkung unter Cass.com.06.06.1990,
In GADA, Sirey 1992, Paris, S.432 ff

Noack, Ulrich — Kapitalersatz bei verbundenen Unternehmen,
In GmbHR 1996, S. 154

Notté, Gérard — La notion de dirigeant de fait au regard du droit des procédures collectives,
In J.C.P. 1980, Ed, E, I, 8560

Ders. — Les dirigeants de fait des personnes morales de droit privé,
Thèse 1978 Paris I

Ders. — Anmerkung unter Rouen 23.05.1978,
In J.C.P. 1979, II, 19235

Ders. — Anmerkung unter Cass. com.06.10.1981,
In J.C.P. 1982, II, 19891

Ders. — Anmerkung unter Paris 10.05.1989,
In J.C.P. 1989, II, Ed. G., 15558

Ders. — Anmerkung unter Paris, 17.10.1991, In J.C.P. 1992, II, 291

Ohl, Daniel — Les prêts et avances entre sociétés d'un même groupe
Librairies techniques 1982 Paris

Oppetit, Bruno; Sayag, Alain — Méthodologie d'un droit des groupes de sociétés,
In Rev.soc. 1973, S 1973

Pache, Sven — Spätlese- Die Rechtsentwicklung nach dem Supermarkt-Beschluss, In GmbHR 1995, S. 90

Paillusseau, Jean — Faut-il en France un droit des groupe de sociétés?
In J.C.P. 1971, Ed., CI, Nr. 10173

Pariente, Maggy — Les groupes de sociétés, Editions Litec Paris 1994

Ders. Les groupes de sociétés et la responsabilité pénale des personnes morales, In Rev.soc. 1993, S. 247 ff

Pizzio, Jean-Pierre La théorie de la gérance de fait a-t-elle un rôle à jouer en matière de responsabilité du gérant majoritaire de S.A.R.L.? In Rev.soc. 1977, S. 411

Plantamp, Didier L'originalité du groupe de sociétés au sens de l'article L. 439-1 c. Trav, In D. 1991, S. 69

Priester, Hans-Joachim Bildung und Auflösung des GmbH-Vertragskonzerns, In ZGR Sonderheft 62, Konzernrecht, S. 151ff

Prieto, Catherine La société contractante Presses universitaires d'Aix-Marseille 1994

Raiser, Thomas Recht der Kapitalgesellschaften 2. Auflage Verlag Franz Vahlen München

Ders. Das Recht der Gesellschafterklagen, In ZHR 153, S. 1 ff

Rehbinder, Eckard Gesellschaftsrechtliche Probleme mehrstufiger Unternehmensverbindungen, In ZGR 1977, S. 581

Ders. Treuepflichten im GmbH-Konzern, In ZGR 1976, S. 386

Ders. Rechtliche Schranken der Erstattung von Bußgeldern an Organmitglieder und Angestellte, In ZHR 148 (1984), S. 555

Reich, Norbert Die zivil- und strafrechtliche Verantwortlichkeit des faktischen Organmitgliedes im Gesellschaftsrecht, In DB 1967, S. 1663

Reinhard, Yves Anmerkung unter Cass.soc.08.10.1980, In D. 1981, S. 257

Ders. Droit Commercial Centre de polycopie des sciences juridiques, Lyon, 1988

Reuter, Dieter Kommentar des § 31 BGB In Münchener Kommentar zum Bürgerlichen Gesetzbuch Band 1, Allgemeiner Teil (§§ 1-240) 3.Auflage, C.H.Beck'sche Verlagsbuchhandlung München

Ripert, Georges Roblot, René Traité élémentaire de droit commercial Tome I, Sirey 1991, L.G.D.J. Paris

Rives-Lange, Jean-Louis La notion de dirigeant de fait, In D. 1975, Chr., S. 41

Robin, J. Les responsabilités pénales des dirigeants "de fait" de sociétés commerciales dans la loi du 24 juillet 1966, In Rec. droit pénal 1967, S. 1 ff

Rodière, René
Oppetit, Bruno
Droit commercial
Dalloz, Paris, 1980

Rodiére, René
Anmerkung unter Cass.com. 02.07.1973,
In Rev.soc. 1974, S. 514 ff

Ders.
La protection des minorités dans les groupes de sociétés,
In Rev.soc. 1970, S. 243 ff

Rousseau, Jean
Traité des sociétés à responsabilité Limitée
Librairies techniques Paris 1952

Ders.
Anmerkung unter Cass.com.05.01.1973,
In J.C.P.1973, Nr. 17407

Rowedder, Heinz
Fuhrmann, Hans
Koppensteiner, H-G
Rasner, Henning
Rittner, Fritz
Wiedemann, Harald
Zimmermann, Klaus
GmbHG,
Verlag Franz Vahlen
München, 2. Auflage

Rowedder, Heinz
Bestandsschutz im faktischen GmbH-Konzern,
In ZGR 1986, Sonderheft 6, S. 20

Rüthers, Bernd
Allgemeiner Teil des BGB
8. Auflage, Verlag C.H. Beck

Säcker, Franz Jürgen
Zur Problematik von Mehrfachfunktionen im Konzern,
In ZHR 151 (1987), S. 59

Saintourens
Anmerkung unter Ch. com. 04.05.1993,
In Rev.soc. 1993, S. 567

Schapira, Jean
L'intérêt social et le fonctionnement de la société anonyme,
In Rev.trim.dr.com. 1971, S. 62

Schießl
Die Wahrnehmung von Geschäftschancen der GmbH durch
ihren Geschäftsführer, In GmbHR 1988, S. 53 ff

Schmidt, Dominique
Les droits de la minorité dans la S.A.
Diss. Sirey, Paris 1970

Schmidt, Karsten
Gesellschaftsrecht
2. Auflage, Carl Heymanns Verlag KG,
Köln.Berlin.Bonn.München 1991

Ders.
Konzernrecht, Minderheitenschutz und GmbH-Innenrecht,
In GmbHR 1979, S. 121

Ders.
Konzernhaftung oder mitgliedschaftliche Haftung
des privaten GmbH-Gesellschafters?
In ZIP 1986, S. 146

Ders.	Zum Stand des Konzernhaftungsrechts bei der GmbH, In ZIP 1991, S. 1325
Schneider, Uwe H.	Konzernleitung als Rechtsproblem, In BB 1981, S 249
Ders.	Der Anstellungsvertrag des Geschäftsführers einer GmbH im Konzern, In GmbHR 1993, S. 10
Ders.	Konzernbildung, Konzernleitung, und Verlustausgleich im Konzernrecht der Personengesellschaften, In ZGR 1980, S. 511
Schönke, Adolf Schröder, Horst Cramer, Peter Eser, Albin Stree, Walter	Strafgesetzbuch 24. Auflage, C.H. Beck'sche München
Schwab, Dieter	Einführung in das Zivilrecht, 6. Auflage, C.F. Müller, Heidelberg 1985
Sievert, Monika	Unternehmensgedanke und Kapitalinteressen im neuen französischen Gesellschaftsrecht, Dissertation Kiel 1972
Sinay, Robert	Vers un droit des groupes de sociétés, In G.P. 1967, 1, S. 70 ff
Soinne, Bernard,	Anmerkung unter Cass.com. 06.10.1981, In D. 1983, S.133
Sonnenberger, Hans J.	Gesellschaftsrechtliche Verantwortlichkeit geschäfstführender Organe von Kapitalgesellschaften, In GmbHR 1973, S. 25
Sonntag, Bernd	Konzernbildungs- und Konzernleitungskontrolle bei der GmbHG, Peter Lang Verlag Frankfurt am Main, 1990
Sousi, Gérard	La notion d'interêt social dans le droit français des sociétés commerciales, Diss. Lyon 1974, Dactylographiée
Ders.	Intérêt du groupe et intérêt social In J.C.P. 1975, Ed. CI, II, Nr. 11816
Stapelfeld, Ait	Außenhaftung des Geschäftsführers bei Verletzung der Buchführungspflicht, In GmbHR 1991,S. 94
Stein, Ursula	Das faktische Organ, Carl Heymanns Verlag KG Köln.Berlin.Bonn.München 1984
Steinacker, Gisbert	Anmerkung unter OLG Düsseldorf 15.11.1984, In ZIP 1984, S. 1476
Stimpel, Walter	Haftung im qualifiziert faktischen Konzern, In ZGR 1991, S. 144

Ders. | Bestandsschutz im faktischen GmbH-Konzern, In Hommelhoff, Entwicklungen ZGR 1986, Sonderheft 6, S. 39 ff

Stodolkowitz, H.D. | Die Haftung im qualifizierten faktischen GmbH-Konzern, In ZIP 1992, S. 1517

Storck, Michel | Définition légale du contrôle d'une société en droit français, In Rev.soc. 1986, S. 385 ff

Stoufflet, Jean | Anmerkung unter Paris 06.01.1977, In J.C.P. 1977, II, Ed. G., 18689

Ders. | Anmerkung unter Nancy 15.12.1977, In J.C.P. 1978, II, Ed. G., 18912

Strohn, Lutz | Die Verfassung der Aktiengesellschaft im faktischen Konzern, Köln. Berlin. Bonn. München 1977

Sudhoff, Heinrich | Der Gesellschaftsvertrag der GmbH C.H. Beck'sche Verlagsbuchhandlung München, 7. Auflage

Sudreau | La protection des actionnaires dans les groupes de sociétés, In Rev.fid. 1975, Nr. 1349

Supiot, Alain | Groupe de sociétés et paradigme de l'entreprise, In R.T.D.com. 1985, S. 621

Terré, Francois; Simmler, Philippe; Lequette, Yves | Les obligations Editions Dalloz Paris 1999

Tiedemann, Klaus | Insolvenzstraftaten aus der Sicht der Kreditwirtschaft, In ZIP 1983, S. 513 ff

Tillmann, Bert | Wettbewerbsverbot des Gesellschafters-Geschäftsführers einer GmbH, In GmbHR 1991, S. 26 ff

Timm, Wolfram | Geklärte und offene Fragen im Vertragskonzernrecht der GmbH, In GmbHR 1987, S. 8

Ders. | Neue Entwicklung im GmbH-(Vertrags-)Konzern, In GmbHR 1992, S. 213

Ders.; Geuting, Markus | Gesellschafterbeteiligung bei der Aufhebung von Beherrschungs- und Gewinnabführungsverträgen im "einheitlichen" GmbH-Konzern, In GmbHR 1996, S. 229

Ulmer, Peter | Gläubigerschutz im "qualifizierten" faktischen GmbH-Konzern, In NJW 1986, S. 1579

Vanhaecke, Michel — Les groupes de sociétés
Diss. Caen, L.G.D.J., Paris 1959

Viandier, Alain — La notion d'associé
LGDJ Paris 1978

Weisser, Johannes — Gesellschafterliche Treuepflicht bei Wahrnehmung von Geschäftschancen durch de facto geschäftsführenden Gesellschafter, In DB 1989, S. 2010

Westermann, H.P. — Rechte und Pflichte des mitbestimmten Aufsichtsrats und seiner Mitglieder, In ZGR 1977, S. 224

Wiedemann, Herbert — Gesellschaftsrecht, Band I Grundlagen
C.H. Beck'sche Verlagsbuchhandlung, München 1980

Ders. — Die Unternehmensgruppe im Privatrecht
J.C.B. Mohr Tübingen 1988

Ders. — Korreferat "Stellung des Mitbestimmungsgesetz",
In ZGR 1977, S. 164

Ders. — Spätlese zu Autokran,
In ZGR 1986, S. 656

Ders. — Die Bedeutung der ITT-Entscheidung,
In JZ 1976, S. 392

Winter, Martin — Mitgliedschaftliche Treuebindungen im GmbHG-Recht,
München 1988

Zacher, Thomas — Beschränkungen und Missbrauch der Vertretungsmacht des GmbH-Geschäftsführers, In GmbHR 1994, S. 842

Peter Lang · Europäischer Verlag der Wissenschaften

Jung, Klaus-Peter

Zukunftsforschung in der Logistik

Konzeptioneller Entwurf und Konkretisierung am Beispiel der deutschen Automobilindustrie

Frankfurt/M., Berlin, Bern, Bruxelles, New York, Wien, 1999. XVII, 327 S., zahlr. Tab. und Graf.
Europäische Hochschulschriften:
Reihe 5, Volks- und Betriebswirtschaft. Bd. 2524
ISBN 3-631-35506-8 br. DM 98.– / € 50.10*

Diese Arbeit wurde mit dem Stinnes Logistics Award ausgezeichnet. Die zukunftsgerechte Entwicklung, Gestaltung und Lenkung komplexer, unternehmensweiter und -übergreifender Wertschöpfungssysteme unter logistischen Gesichtspunkten stellt eine der größten Herausforderungen der kommenden Jahre und Jahrzehnte dar. Mit dieser Arbeit wird eine Methodik präsentiert, diesen Herausforderungen gerecht zu werden. Auf Basis eines fließsystemorientierten Logistikverständnisses wird ein mehrstufiger Zukunftsforschungsprozeß konzeptualisiert und anhand des Beispiels der deutschen Automobilindustrie nachvollzogen. Dabei stehen sowohl die Möglichkeiten der Entwicklung einer Logistikvision als auch die Bestimmung des logistischen Innovationsbedarfs im Mittelpunkt des Interesses.

Aus dem Inhalt: Funktionale Verankerung der Zukunftsforschung in der Unternehmensführung · Methoden und Grenzen der Futurologie in der Betriebswirtschaft · Entwurf einer Methodik zur Zukunftsforschung und Logistik · Konkretisierung der Methodik zur Zukunftsforschung in der Logistik am Beispiel der deutschen Automobilindustrie

Frankfurt/M · Berlin · Bern · Bruxelles · New York · Oxford · Wien
Auslieferung: Verlag Peter Lang AG
Jupiterstr. 15, CH-3000 Bern 15
Telefax (004131) 9402131

*inklusive der in Deutschland gültigen Mehrwertsteuer
Preisänderungen vorbehalten

Homepage http://www.peterlang.de